全国司法职业教育"十二五"规划教材

罪犯心理与矫正（第三版）

全国司法职业教育教学指导委员会　审定

主　编 ◎ 马立骥

副主编 ◎ 姚　峰

撰稿人 ◎（以撰写工作任务先后为序）

马立骥　王　亮　邵晓顺　姚　峰

张建平　王怡然　雷成宏

中国政法大学出版社

2018 · 北京

图书在版编目（ＣＩＰ）数据

罪犯心理与矫正/马立骥主编. —3版. —北京：中国政法大学出版社,2018.7（2022.1重印）
ISBN 978-7-5620-8372-6

Ⅰ.①罪… Ⅱ.①马… Ⅲ.①犯罪心理学②犯罪分子—监督改造 Ⅳ.①D917.2②D914

中国版本图书馆CIP数据核字(2018)第140449号

出 版 者　中国政法大学出版社

地　　址　北京市海淀区西土城路 25 号

邮　　箱　fadapress@163.com

网　　址　http://www.cuplpress.com (网络实名：中国政法大学出版社)

电　　话　010-58908435(第一编辑部) 58908334(邮购部)

承　　印　保定市中画美凯印刷有限公司

开　　本　720mm×960mm　1/16

印　　张　22.75

字　　数　433 千字

版　　次　2018 年 7 月第 3 版

印　　次　2022 年 1 月第 3 次印刷

印　　数　9001～14000 册

定　　价　56.00 元

出 版 说 明

　　世纪之交，我国高等职业教育进入了一个以内涵发展为主要特征的新的发展时期。1999 年 1 月，随着教育部和国家发展计划委员会《试行按新的管理模式和运行机制举办高等职业技术教育的实施意见》的颁布，各地成人政法院校纷纷开展高等法律职业教育。随后，全国大部分司法警官学校，或单独升格，或与司法学校、政法管理干部学院等院校合并组建法律类高等职业院校举办高等法律职业教育，一些普通本科院校、非法律类高等职业院校也纷纷开设高职法律类专业，高等法律职业教育蓬勃兴起。2004 年 10 月，教育部颁布《普通高等学校高职高专教育指导性专业目录（试行）》，将法律类专业作为一大独立的专业门类，正式确立了高等法律职业教育在我国高等职业教育中的重要地位。2005 年 12 月，受教育部委托，司法部组建了全国高职高专教育法律类专业教学指导委员会。2012 年 12 月，全国高职高专教育法律类专业教学指导委员会经教育部调整为全国司法职业教育教学指导委员会，积极指导并大力推进高等法律职业教育的发展。

　　截至 2007 年 11 月，全国开设高职高专法律类专业的院校有 400 多所，2008 年全国各类高校共上报目录内法律类专业点数达到 700 多个。为了进一步推动和深化高等法律职业教育教学的改革，促进我国高等法律职业教育的质量提升和协调发展，原全国高职高专教育法律类专业教学指导委员会（现全国司法职业教育教学指导委员会）于 2007 年 10 月，启动了高等法律职业教育规划教材编写工作。该批教材积极响应各专业人才培养模式改革要求，紧密联系课程教学模式改革需要，以工作过程为导向，对课程教学内容进行了整合，并重新设计相关学习情景、安排相应教学进程，突出培养学生一线职业岗位所必需的职业能力及相关职业技能，体现高职教育职业性特点。教材的编写力求吸收高职教育课程开发理论研究新成果和一线实务部门工作新经验，邀请相关行业专家和业务骨干参与编写，着力使本规划教材课程真正反映当前我国高职高专教育法律类专业人才培养模式及教学模式改革的新趋势，成为我国高等法律职业教育的精品、示范教材。

全国司法职业教育教学指导委员会
2013 年 6 月

第三版说明

　　《罪犯心理与矫正》是一本围绕罪犯心理形成及对其不良心理矫正等方面的内容，为提高学习、训练心理健康技能而编写的实用性与操作性很强的书籍。

　　通过对本课程的学习与训练，要求学生获得有关罪犯心理的基本知识，了解罪犯心理并掌握矫正其不良心理的基本方法与技能，能在我国的监狱等矫正机构中对罪犯开展基本的心理咨询与心理健康教育等活动。

　　本书主要围绕罪犯在监狱里的改造而编写，重点从时间、犯罪类型、群体分类以及心理危机等方面来介绍罪犯心理方面的基本知识，对罪犯心理问题进行识别并进行矫正。在这本书中，我们先让学生掌握一些基本知识，主要有罪犯心理的概念，罪犯心理的形成、发展与变化，罪犯心理的评估等；接着我们从不同的角度来剖析罪犯心理的不同表现，并重点展示不良（不利于改造）的心理，以及如何进行有针对性的矫正训练。特别是在涉及心理障碍、心理危机，属于不同类型、处于不同时期的罪犯心理方面的内容时，我们在每个工作任务的开始部分先介绍案例，使学生有一个直观感受，能更好地理解理论知识，更容易体会到加强罪犯心理健康教育与矫正工作的必要性。

　　本书有以下特点：一是内容新颖。本书加入了一些目前国内罪犯心理与矫正领域中的最新研究成果。二是体系完整。本书涉及罪犯心理的形成、改造心理、类型心理、罪犯心理评估和矫正等多方面的内容。三是注重实用。罪犯心理矫正工作需要理论的指导，更需要重视其实用性，书中每个工作任务都有案例作为引导，每个部分的案例都经过我们的精心挑选，并有一定的代表性，案例所占的比重之大也是以往教材所无法比拟的。四是资料充实。参与编写的作者或多年来都一直从事应用心理学特别是罪犯心理方面的教学研究工作，或者在监狱一线从事罪犯心理咨询工作，他们均具有较强的理论和实践功底，而书中所论述的不少案例都是作者在多年工作中的积累。五是立体性。根据内容需要，本书的编写集学习目标、工作项目、操作流程、知识链接和能力实训五个部分的内容于一体，是颇具实践特色的书籍。

本书在结构上可划分为四大部分：一是罪犯心理，包括工作任务一、二的内容，主要介绍罪犯心理的概念、形成、发展与变化。二是罪犯改造心理，包括工作任务三、四、七的内容，主要介绍罪犯改造动机、违规和又犯罪心理以及回归社会心理，并介绍一些不良心理的矫正和预防。三是罪犯类型心理，包括工作任务五、六的内容，主要介绍不同犯罪类型的罪犯心理以及特殊类型的罪犯心理。四是罪犯的临床心理，包括从工作任务八到工作任务十三的所有内容，主要介绍罪犯心理健康教育、心理咨询、异常心理和心理诊断、心理矫正等内容，同时还对罪犯危机干预进行了介绍。

本书的编写分工是（以撰写工作任务先后为序）：

马立骥（浙江省省级专业带头人、浙江警官职业学院心理学教授）：工作任务一、九、十一；

王亮（广东司法警官职业学院心理学副教授）：工作任务二、五、六；

邵晓顺（浙江警官职业学院心理学教授）：工作任务三；

姚峰（安徽省省级专业带头人、安徽警官职业学院心理学讲师）：工作任务四、十三、附录；

张建平（浙江省第二监狱国家二级心理咨询师）：工作任务七；

王怡然（中央司法警官学院心理学副教授）：工作任务八、十；

雷成宏（浙江省十里坪监狱副监狱长、国家二级心理咨询师）：工作任务十二。

本书主编与副主编对稿件进行了适当修改，并对全书进行了统稿与整理。

由于罪犯心理与矫正是尚处于探索中的学科，在编写过程中，我们借鉴了一些最新的发展成果，但是可能有一些观点还有值得商榷的地方，加之我们水平有限，时间仓促，错误和不当之处在所难免，敬希广大读者提出批评意见，以便再版时修正。

编　者
2018 年 3 月修改

课 程 标 准

一、课程性质及设计思路

《罪犯心理与矫正》课程是高等职业教育刑事执行专业的核心必修课，属专业知识课程模块。该课程体系庞大，理论博大精深，具有极强的实践应用性。该课程总学时 54 学时。

《罪犯心理与矫正》课程主要有以下特点：

1. 基础理论的综合性。本课程以心理学、罪犯心理学、心理咨询学、心理治疗学的相关理论为基础，并进行高度的综合，坚持高职教育中基础理论"够用"原则，创新本课程的理论基础。

2. 技能模块的实践性。本课程以培养适应刑事执行（监狱管理）岗位工作人员的罪犯心理咨询与矫正的基本技能为主要内容之一，强调教学内容的操作性与实践性。

3. 工作模式的创新性。通过本课程的建设与教材编写，努力探索与创新我国监狱罪犯心理矫正教学的新模式与新标准，促进我国罪犯心理矫正工作的发展。

二、课程目标

通过本课程的教学，力求把学生培养成为一名罪犯心理咨询与矫正的准专业人员。即要使学生获得心理咨询、矫正的基础知识，以及罪犯心理学知识，获得罪犯心理咨询与矫正的基本技能，再经过一段时间的实践操作，能在我国的矫正机构中开展有效的心理咨询与矫正活动。

三、课程内容和要求

（一）课程任务

通过本课程的教学与训练，要使学生获得罪犯心理学知识及罪犯心理矫正的基础知识和基本技能，经过一段时间的实践训练后，使学生能在我国的矫正机构中开展基本的心理服务工作。

（二）知识要求

在这本书中，我们先让学生掌握一些基本知识，主要有罪犯心理的概念，罪犯心理的形成、发展与变化，罪犯心理的评估等；接着我们从不同的角度来剖析罪犯心理的不同表现，重点展示不良（不利于改造的）心理并进行针对性的矫正训练。特别是对有心理障碍、心理危机以及不同类型、不同时期罪犯的心理方面，我们将在每章的起始部分先介绍案例，使学生有一个直观感受，这样能更好地理解理论知识，也更容易体会加强罪犯心理健康教育与矫正的重要性。通过本课程的学习，能够使学生初步建立起罪犯心理咨询与矫正的知识体系框架。

（三）技能要求

学生能运用相关罪犯心理咨询与矫正知识去发现罪犯心理问题，并能初步运用相关的咨询与矫正技术与罪犯进行心理沟通，同时对罪犯进行心理教育以及配合有关人员对罪犯心理危机进行干预。

四、实施建议

（一）教材编写

本书主要围绕罪犯在监狱里的改造，重点从时间、犯罪类型、群体分类以及心理危机等方面，介绍基本知识与心理问题的识别并进行调适的实训。主要体现在：

1. 创新性。以培养适合监狱管教岗位人民警察对罪犯进行心理识别与矫正的基本技能为内容。

2. 实践性。要求学生积极到监所参观及调研，积极投入实践实训。

3. 先进性。紧紧围绕教材内容的主题需要，有针对性地介绍知识和能力培训，根据完善知识结构的要求，在实践教学中引入开放式、研究性的理念。

4. 针对性。随着信息技术的发展和提高，从问题入手，提出有针对性、研究性的要求，使学生可以从研究问题的角度进入情境进行学习与训练。

5. 立体性。根据培养对象应该具备的能力要求及教材的内容建设需要，编写集实践、教学设计、单元知识文本资料、配套案例、练习作业等带有实践特色的书籍。在课程内容的构建上，以罪犯心理咨询与矫正的职业能力标准为基点，结合案例分析、知识点介绍，设计仿真的模拟实训课。

（二）教学建议

1. 教学原则。

（1）理论联系实际。罪犯心理与矫正是一门应用性、实践性较强的学科，因此，在教学过程中要注意把基本理论与实践相结合，引导学生去发现、探究、思索实际问题。

（2）加强实践教学，突出能力培养。通过多种形式的实践教学活动，着重培养学生的倾听、反馈、共情、语言表达、发现与分析心理问题、初步判断与解决心理问题等各种综合能力，注重培养学生的职业意识，为职业能力的形成打下一定的基础。

2. 教学方法。教学方法应体现以教师为主导，以学生为主体，因材施教、因人施教的特色；采取案例教学、模拟实训、角色扮演、分析讨论等教学形式。

3. 活动建议。在教学过程中，师生利用课堂教学、模拟实训、参观见习及社会活动时间，有计划地组织小组讨论、演讲辩论、课堂模拟、心理测验等，开展社会调查，参加访问等活动，并通过安排学生撰写调查报告、小论文或总结以及毕业论文设计等形式考核成绩。

4. 教学用具。教师应充分利用教材、案例及教学参考资料（包括影像资料）所提供的资料开展教学活动，并合理利用心理咨询室、团体辅导室、督导室、心理测量量表、心理治疗仪器（设备）、录像、幻灯等教具，充分利用多媒体、互联网等设备辅助教学。

（三）学习评价

1. 评价目的。通过学习评价，判断课程目标是否达到，分析教学方法是否有效及教学进度是否得当，从而检查教与学的质量和效果。

2. 评价原则。学习评价应遵循知识与能力（技能）相统一，理论和实践相结合的原则。

3. 评价途径。评价的主体包括教师考核、学生互评和学生自我考核，必要时可以结合社会和行业评价。评价的方式包括笔试、口试（主要为知识要点、技术应用等）、实践活动（如模拟现场的罪犯心理咨询）等。

4. 评价标准。学习评价标准分为基本知识、认知水平和能力（技能）运用评价。认知水平分为了解、识记和理解三个层次。能力（技能）运用分为案例分析和矫正方案的制订、实践体验等环节。

五、课时计划及分配建议

知识模块顺序及对应的学时、课程内容选取依据

内容　序号	工作任务	学时	
		理论	实践
一	罪犯心理与矫正概述	2	
二	罪犯心理的形成、发展与变化	2	2
三	罪犯的改造动机与服刑态度	2	2
四	罪犯违规心理与又犯罪心理	2	2
五	罪犯类型心理与群体心理	2	2
六	特殊类型罪犯心理	2	2
七	罪犯回归社会心理	2	2
八	罪犯异常心理	2	2
九	罪犯的心理危机干预	2	2
十	罪犯心理评估	2	2
十一	罪犯心理健康教育	2	2
十二	罪犯心理咨询	2	4
十三	罪犯心理矫正	2	4
合计	54	26	28

目录 CONTENTS

工作任务一　罪犯心理与矫正概述

一、罪犯

   ◎ **案例**：你看过美国影片《人骨拼图》吗？在该片中，纽约的侦探林肯·莱姆是研究犯罪的专家。在一次巡逻中，女警官艾米利亚发现了一具男尸。此后，惨案接连发生，凶手每次都在犯罪现场故意留下线索，提示下次作案的时间和地点。

   在影片的最后，凶手主动现身。凶手名叫马可斯·安德鲁，他曾是纽约一名出色的警察。在一起谋杀案的现场勘查中，安德鲁被人诬陷，被指控篡改证据，使 6 名无辜者被判入狱。莱姆曾就该案发表专家意见，安德鲁最终被判处 6 年监禁。狱中的安德鲁备受凌辱，过着地狱般的生活，他决定以极端的方式报复莱姆，报复社会。

   安德鲁在遭受命运的打击时，没能通过合法的途径来救济自己。然而，这并不能成为导致他犯罪的根本原因。安德鲁一案中不公正的司法程序、不健全的申诉机制以及有弊病的监狱管理体制，才是使安德鲁由天使转变成魔鬼的罪魁祸首。

论证分析：

1. 不公正的司法程序使安德鲁遭受了 6 年监禁。安德鲁将自己的不幸归罪于莱姆，指责莱姆在发表专家意见时没有听取自己的辩护。莱姆则辩称，自己的专家意见并不代表最终的调查结果。事实是，法庭在采纳莱姆的专家意见时没有遵循正当的程序。专家意见只是刑事证据的一种，受对案件的了解程度和个人能力等因素的限制，专家意见并不能做到绝对正确。为维护司法公正，法庭应当安排发表意见的专家出庭接受当事人的询问，听取当事人的辩护，之后，专家才能正式发表专家意见。然而，法庭根本没向安德鲁提供任何询问莱姆和进行辩护的机会，就采纳了莱姆的专家意见，认定安德鲁有罪。不公正的程序使司法正义失去保障，安德鲁含冤入狱，系列惨案的祸根就此埋下。

2. 不健全的申诉机制使安德鲁的冤案迟迟不能平反。刑罚如果被不适当地强加在无辜者身上，会给社会带来巨大损失，申诉机制正是为减少和限制不当刑罚的消极后果而设置的一道防线，许多冤假错案都是通过当事人的申诉得以平反的。从理论上来讲，在监狱中，安德鲁仍可以通过申诉证明自身的清白，以早日从错误的刑罚中解脱。然而，申诉机制的不健全、不完善，使错误的判决没能及时得以纠正，更谈不上通过刑事赔偿程序来救济安德鲁的权利。由此，安德鲁心理的失衡就在情理之中了。

3. 监狱的管理体制存在弊病，直接导致安德鲁产生犯罪动机和犯罪决意。监狱不仅是统治者实施专政的暴力工具，更应该成为改造和教育失足者的机构。要实现这一职能，监狱就应该有科学、规范的管理体制，应该充满对人和人性的尊重，对罪犯的合法权利应该给予充分保护。遗憾的是，安德鲁所在的监狱与这些要求相去甚远。对于曾身为警察的安德鲁，监狱根本没有考虑到他身份的特殊性而对他采取特别的保护措施，使他免受其他罪犯的侮辱和伤害。在安德鲁遭到不法侵害后，监狱也没能及时采取措施防止侵害的继续发生。不幸的安德鲁身处充满敌意的罪犯群体中，在 6 年中日复一日地遭受凌辱，身心受到极大摧残，人生信念也随之改变。错误的判决和 6 年地狱般的监禁，让他失去的不仅是自由，还有他对法律的信心。于是，一个正直的警察"死去"，一个邪恶的罪犯"诞生"。

此案例说明：了解罪犯，懂得罪犯心理，并对其进行矫正是非常必要的。作为司法警察，尤其是在监管岗位，直接、长期与罪犯相处，要做好本职工作，就需要从国家、社会、人民、监狱、罪犯改造、罪犯家庭、罪犯未来回归社会等多角度进行全面的思考。

　　　　◎ 案例：王某，男，42 岁，经营一家香肠店。刘某，男，48 岁，与王某是邻居，经常从墙缝处偷吃王某家的香肠而与王某结怨。王某曾多次劝说刘某不要再偷吃自家香肠，但刘某不听劝告。王某气急，某日买来毒药放入香肠中，挂在院内（刘某常偷香肠处），刘某不知情，再次偷吃后，中毒而死。

论证分析：

1. 犯罪主体。王某作为自然人，年龄已过 18 周岁，是完全负刑事责任年龄人，并且能够独立经营商店，说明其精神正常，对自己行为有辨认和控制能力，是完全刑事责任能力人。

2. 犯罪客体。刘某的生命安全是受刑法保护的社会关系，王某用放了毒药的香肠将刘某毒死，侵犯了刘某的生命安全，所以犯罪客体为刘某的生命安全，犯罪对象是刘某的身体。

3. 犯罪客观方面。王某在某日买来毒药放入香肠中，并将毒香肠放到刘某经常偷拿的位置，致使刘某由于食用了王某放毒药的香肠而死亡。刘某死亡的结果，是由王某投毒的行为造成的，王某投毒的行为与刘某死亡的结果之间有内在的必然联系，存在刑法上的因果关系。因此王某实施了刑法所禁止的行为，属于作为形式的犯罪行为。

4. 犯罪主观方面。王某因为刘某经常偷自家香肠且劝阻无效而怨恨对方，具有犯罪动机；香肠是食品，而王某明知将毒药放入食品中，会发生毒死人的结果，他还把它挂在刘某经常偷吃的地方，心想："你不偷就没事儿，再偷你就死。"主观上具有放任犯罪结果发生的故意。

结论：王某的行为具有很明确的犯罪动机，并且从主观上存在犯罪故意。他的行为与刘某的死亡结果之间有直接的因果关系，并对社会造成严重的不良影响。按照刑法犯罪构成四要素的规定，应当判处王某间接故意杀人罪。

此案例说明：这是有关犯罪构成的案例分析。王某经过公安的拘捕（此时为犯罪嫌疑人，这是因涉嫌犯罪而受到刑事追诉的人在被人民检察院提起公诉前的称谓。在刑事案件的侦查阶段和审查起诉阶段，被追诉刑事责任的人只是具有犯罪嫌疑，受到有关机关的侦查和审查，但尚未被正式起诉，因而被称为"犯罪嫌疑人"，简称"疑犯"），人民检察院以正式的起诉书将其诉至人民法院（此时为被告人。因涉嫌犯罪而受到刑事追诉的人，经过审查起诉，人民检察院以正式的起诉书将其诉至人民法院后，以及在整个审判活动过程中，已是名副其实的被告人。另外，在自诉案件中，因自诉人自行向人民法院提起诉讼，直接启动审判程序，故此类案件一经人民法院受理，被自诉人起诉的人即成为被告人），法院进行宣判，再投入到监狱服刑，此时他就成为罪犯（我国实行罪刑法定制度。未经人民法院依法审判，对任何人都不得确定有罪。只有经过人民法院审理之后，被发生法律效力的裁判确定为有罪的，才成为罪犯）。

需要说明的是：如果被告人罪行较轻、主观恶性较小、社会危害性不大，被宣告缓刑，就只需在社区进行矫正，也就是监外执行，此时被告人被称作"社区矫正人员"。

案例：　　　罪犯导演冠心病骗取保外就医

2008 年，福建省漳州市检察院技术部门运用法医文证审查，在保外就医审查中发现该省首例通过服用药物"阿托品"，"诈病"骗取保外就医、逃避刑罚的案件，并由此查出一连串案件。

罪犯黄某某于 2003 年 5 月 9 日因犯销售伪劣产品罪（未遂）和妨害公务罪被法院判处有期徒刑 6 年。在看守所里黄某某因病先后 3 次由"120"急转至医院抢救、住院，住院期间黄某某出现类似冠心病的症状。同年 8 月 10 日，漳浦县法院以罪犯患有严重冠心病为由，决定对黄某某暂予监外执行。

2008 年 5 月，漳州市检察机关在开展"减刑、假释、保外就医"专项行动中，有关人员举报黄某某服用药品"诈病"并可能通过行贿手段获取保外就医。监所检察部门随即展开调查，由于案件涉及专业医学知识，监所检察部门将有关材料委托技术部门进行文证审查。

主办该案的法医刘某某在黄某某的病例中发现其心电图中的心率快到 130 次/分，这一体征正符合"阿托品"的药理特性，也印证了举报线索的准确性。技术部门法医联合监所人员对黄某某突击进行身体检查，经检查证实黄某某没有冠心病。随后，检察院召集技术、监所、反贪、反渎四部门联合对黄某某监外执行案进行调查。黄某某在检察官对其询问时佯装心脏病发作瘫倒在地，早已准备在旁的法医马上联合市医院对其进行心电图及全身检查。在科学的鉴定结论面前，黄某某只得承认其买通"关卡"，服药"诈病"的事实。

目前，涉嫌受贿的原漳浦法院院长、已退休的吴某已被依法逮捕，黄某某也被法院裁定撤销暂予监外执行，决定对其收监执行，原判决刑期重新计算。其他相关案件还在进一步侦查中。

法医解析：据主办该案的法医刘某某介绍，"阿托品"原本是用来治疗有机磷农药中毒的常见药物，一次服用一定剂量的"阿托品"会引起心率增快，就容易造成冠心病的假象。通过服用"阿托品"来佯装冠心病在法医鉴定的实践过程中十分罕见，这种做法具有很大的隐蔽性，该案件的查处对于发现类似案例具有借鉴意义。如今罪犯"诈病"的伎俩越来越高明，从外表装病到检查结果都"似病"，运用药物等技术手段层出不穷，这对文证审查和技术鉴定提出了更高的要求，必须从细节入手，全方位、多角度分析对照，才可能发现事实真相。

检察官说法：在监外执行检察监督中，保外就医是重点，也是难点。随着一些新药品及医疗手段的更新，一些罪犯为逃避刑罚执行铤而走险，而保外就医所需环节、涉及人员较多，一旦成案，社会影响极其恶劣。为此，检察机关应在监督环节堵塞漏洞，加强监管，监所检察官要注意联手技术鉴定人员"细化检查""严格审查"，戳穿犯罪分子的伎俩，并及时发现和查处此类现象背后可能隐藏的职务犯罪案。

此案例说明：警察要了解罪犯心理、时刻掌握罪犯心理的变化。特别是在一些涉及罪犯切身利益或面临重大事件的关键时刻，作为司法警察与罪犯接触机会多、相处时间长，尤其是参与事件有关程序以及组织材料的呈报、审批等关键岗位的警察，一定要做好本职工作，不徇私利，不抱侥幸，坚持原则，并对可能出现的漏洞严加防范。需要特别提防被不法分子拉拢、腐蚀、利用等。

 案例: **男子为保外就医狱中装瘫6年**

在临汾监狱,有个外号叫"小胳膊"的服刑人员,一直是个"名人"。

之所以叫他"小胳膊",是说他在监狱的床上躺了6年,两条健康的下肢最后变得细如胳膊,大家就给他起了这个绰号。

他来自阳城,大名张明军(化名)。说他是个"名人",一点不假,不过这个"名"是臭名昭著的"名"。张明军在监狱混刑度日,不服管教,顶撞干警,不守监规,经常开口闭口"大不了把我枪毙了"来回应对他苦口婆心地进行教育的人;他恶习不改,为躲避劳动达到离开监狱的目的,竟然诈病,伪装下肢突然"瘫痪",享受了6年"一级病号"待遇;他一切以自我为中心,根本不顾及他人的感受,他的诈病让监狱领导、干警、他的父母为此操碎了心,花费了大量的人力、物力与财力,全国人大代表韩雅琴为了他的"瘫痪"也牵肠挂肚,多次亲临监狱看望他,奔赴他的家乡去做他父母的工作。

狱中"刺猬"

首先让我们来了解一下他的情况,1994年张明军25岁,是晋城市阳城人。进入临汾监狱之前,曾因诈骗在长治监狱服刑2年。

出狱后的张明军不思悔改,继续在阳城坑蒙拐骗,最后成了一个人见人躲的混混。

1994年6月,张明军因犯抢劫罪、强奸罪、敲诈勒索罪、诈骗罪,被晋城中级人民法院判处死刑,上诉后被改判死缓,进入临汾监狱再次服刑。

像这类罪犯一般反社会心理突出,社会化偏差大,恶习较深,犯罪心理与抗改心理明显,改造难度特别大,一般的方法对其很难有效果。

关押在临汾监狱的二千多名服刑犯人中,既有杀人越货的职业杀手,也有声名显赫的黑道老大。如何能在短时间内"出人头地",张明军煞费苦心。

张明军有服刑经历,他为了达到自己不可告人的目的,竟认为必须让监狱干警对他"刮目相看",他一到监狱就在他犯面前摆谱,"别人敢的,我不干;别人不敢的,我偏干"。入监第一天,管教干警把在押犯们叫出监房训话，惟有张明军赖在床上故意"呼呼大睡"。管教耐着性子将其推醒，张明军一翻身，看着大家正在注视着他，众目睽睽下，就一翻白眼，故意大声对干警嚷道，"不想起！咋地了！"

这是一些顽危犯惯用伎俩的第一步，他们首先出其不意地当着众人面在干警面前抗改，公然挑衅，让你措手不及，希望你被激怒但又收不了场，使干警的威信受损。

"初次亮相"便不同凡响，这让在押犯们对张明军还真有点"刮目相看"。

为了自己尽快在他犯中"确立地位"，他不是积极改造，而是反其道而行之。他冥想苦思的是如何为难干警，如何让他犯对自己"佩服"。入监第一次整队出操，张明军再次"大摆龙门阵"，带队的管教刚对在押犯喊"立正"时，排在队尾的张明军便故意扯着嗓子起哄，喊起了"稍息！"队伍顿时大乱。

张明军对此是精心谋划了的，当闻听被彻底激怒的管教要关其禁闭时，他"腾腾"跑回监室，将行李被褥等一股脑儿卷起，扔到管教跟前，满脸玩世不恭地对干警挑衅"我正巴不得住单间"。双方关系一度紧张。

入监不到半年，张明军终于成了"监狱名人"。

一有空闲，张明军便在监室里大摆龙门阵，反复炫耀自己的"事迹"：第一次刑满释放后，张明军和几个"弟兄"的女友们先后扮作"受害人"，陪意欲敲诈的同伙"四处索赔"；张明军还常率"弟兄们"在长途客车上洗劫，多则数千元，少则几块钱，得手后大吃大喝……

每次吹嘘完毕，张明军总是满不在乎地说："能活着出去，算我命大；出不去无所谓，反正早就死过一次。"

对于这样一个有服刑经历，抗改心理极强的狱中"刺猬"，我们该怎么办呢？有着丰富改造罪犯经验的干警们见多了这种"刺头"，管教们有的是办法，他们没有进入张明军设下的圈套，在没有完全掌握其心理与行为特征之前，先侦查，寻找其软肋，为下一步教育改造找准突破口。

"突然瘫痪"

大家一定要清楚，张明军是被判死缓进入临汾监狱的，而他自己又比谁都更清楚，如果这样下去，两年后，他将面临什么。

就这样，冬来夏往，一年时间过去了，张明军"奋斗"了一年，监狱干警也苦口婆心地对他谈心、感化、教育了一年，就在大家研究制订对他如何进行下一步改造方案时，他所在监区的管教发现，一向桀骜不驯的张明军突然变了，干啥都按时，为人也和善，大事小事总是汇报请示，还带头在监狱报上发表文章，尽情抒发悔罪之情。

是"浪子回头"了，还是另有他意？

这是一些顽危犯惯用伎俩的第二步，一计不行再生一计，而这一计往往与第一计反差明显，如果没有仔细推敲，真易受其迷惑。

到 1996 年冬，张明军入狱快 2 年了，经过监狱上下讨论，大家本着"治病救人"的方针，给他提供了更多的机会去接受教育改造，张明军最终获得减刑，由死缓减为有期徒刑 18 年。

殊不知，刚获减刑的张明军立刻恢复旧态。原来，他的目的就是争取减刑。

告别死亡恐惧，但漫长的 18 年服刑生涯也同样令张明军不寒而栗。时间一年一年过去，其无时不在考虑早日走出高墙，回到从前"吃香喝辣"的生活。

时间到了 2000 年夏天，正和本监区犯人一起受训的张明军突然一声大叫，接着就栽倒在地。管教干部急忙奔过去，只见张明军脸色煞白，几次吃力地想站起来，却软软地瘫在地上。

当晚，被背回监室的张明军流着泪告诉管教，"完了，我的双腿没有知觉了"。

犯人有病，立即治疗。张明军被迅速送往医院。医生经过仔细检查，甚至不动声色地使用了多种器械，均没有发现任何异常。

为什么"双腿没有知觉"却检查发现不了异常呢？

纸是包不住火的，张明军清楚地知道干警们早已对他重点对待，不下点"猛药"就会"前功尽弃"。这也是顽危犯的又一伎俩。

要想改造好顽危犯、累惯犯，其实主要是与其进行心理较量，这是一场斗智斗勇的过程。

其实，监狱干警经历得多了，犯人装病是比较常见的，目的就是逃避劳动或想保外就医。1990 年司法部发布了《罪犯改造行为规范》（现已废止），其中明确规定"不准抗拒管理教育，逃避改造，装病和自伤自残"。一旦发现这种情况，监狱会给犯人以严肃处理。

临汾监狱教育科科长把张明军归到"只能智取、不能强攻"之列。管教们也见多识广，"袭击"式的局部针刺、敲打多次被采用，但张明军一脸木然，双腿纹丝不动。

即使医生和管教们现在还没有明显看出破绽，但躺在病床上的张明军心理也没有安稳过，他开始使出全身解数，时而寻死觅活，时而长吁短叹；他要周围都不得安宁，一到晚上，任陪侍犯人如何劝慰，其就是不肯入睡。

一曲落幕了，又开始下一曲。既然戏已经开演了，不到万不得已也不好戛然而止，尽管戏演得很不怎么的。

大夏天，张明军双腿盖着厚厚的被子，虽然大汗淋漓，却总是一动不动。

冬天到了，张明军下身却不盖被子，人人可见其日渐"消瘦"的下肢。

渐渐地，医护人员的眼光都由最初的怀疑变得充满同情；陪侍犯背其上厕所时，也不再冷嘲热讽。

最后，张明军终于等来了医院"进行性肌肉萎缩症"的一纸诊断。

他似乎有了初战告捷的"喜悦"，但让他没有想到的是，这一躺就是 6 年。张明军的双腿肌肉开始逐渐萎缩，原来健壮的下肢成了"小胳膊"。

张明军似乎"感到自己得逞了"，可由此付出的代价也是他始料未及的，真是哑巴吃黄连，有苦说不出。

遭遇好人

年纪轻轻瘫痪在床，人们嗟叹之余，张明军保外就医的问题也提上议事日程。

2001 年年初，经过监狱的多方努力，张明军终于盼来了亲人的消息。接到监狱通知的父母风尘仆仆地赶到医院，母亲握着儿子瘦骨嶙峋的双腿，放声大哭；父亲则一言不发，只顾闷头抽烟。

张明军以前的所作所为此时在父母的脑海里反复闪现，他们对此恨之入骨；但看着"病"成这样的儿子，他们又心如刀绞；想想家里的经济情况，他们是左右为难，再想想即使治疗好了张明军的"病"，如果他没有改造好，还不老实、不安分，还不如……

张明军此时此刻虽然面色平静，但内心潜流激荡。一心期盼着，只要父母点头同意，他就可以出去。但是，父母接下来的表态令张明军瞠目结舌。

最后，父母还是转身离去了，张明军绝望地嚎啕大哭，但父母一直没有回头。

张明军咬牙切齿道："父母看我瘫痪在床，竟然拒绝将我带走。"

此后几年，张明军利用一切机会，请求父母带自己回家，但遭到一次次无情的拒绝。父母对其已经伤透了心。

这就是顽危犯、累惯犯的心理与行为特征，即一切以自我为中心，为达到自己的目的，不惜牺牲他人甚至亲人的财物、情感、甚至一切！

从 2003 年开始，全国监狱系统开始大力提倡"人性化管理"，这个政策上的变化也惠及了张明军。

张明军被父母拒之门外后，情绪很不稳定。那些日子，张明军从早到晚奋笔疾书。管教悄悄一看，上面的话杀气腾腾："我要让你们好好地过！"

监狱教育科科长说："这 6 年，我们想尽办法为他治疗，花钱无数，总想让他重新站起来。"除了花费重金为其看病，管教们开始刻意地接近张明军。"怕他想不开，我们一有机会就和他谈心"，张明军所在临汾监狱的监区长说："他喜欢晒太阳，大热天，我们就陪着他顶着烈日聊天。"为了舒缓张明军的心理问题，临汾监狱特意为其请了一名心理辅导老师，此后的一年，这位心理老师成了张明军无话不谈的"忘年交"。

长期躺在床上，洗漱是最大的麻烦。管教除了指定其他犯人轮流照料张明军外，还经常亲自打来热水帮其擦洗。监狱教育科科长和科里的几名管教，多次牺牲双休日远赴阳城，不断找张明军的父母做思想工作。

管教们甚至请到了被服刑浪子称为"韩妈妈"的全国人大代表韩雅琴。闻听了张明军的"不幸遭遇"，"韩妈妈"几次到临汾监狱看望张明军。

除了给张明军打气，"韩妈妈"还夜访阳城，找张明军的父母求情，却连吃"闭门羹"。但是，"韩妈妈"总是说，"妈再给你跑一次"。

我的病全是装的

我们以人为本，极力教育与感化。功夫不负有心人，一切的努力没有白费。

2006年是张明军"卧病"在床的第6个年头。年底，经过持之以恒地做思想工作，张明军的父母终于松了口。

张明军离保外就医只有一步之遥。

2006年年底的一天下午，张明军突然让陪侍的犯人把他背到监狱教育科，科长和几位管教都在。教育科科长把其让到床上，递过去一杯水。

"他先是长时间不吭气"，但最后还是开了口。教育科科长说，"他一开口不要紧，我的嘴巴半天没合上"。

就在监狱准备让其保外就医时，张明军却满脸惭愧地道出一个惊天秘密，"我的病，全是装的"。在场的人不相信自己的耳朵，他们听到的是："这6年，我的病全是装的。我错了，我想站起来。"

一个四肢健壮的年轻小伙，为什么甘愿卧床6年，硬把两条健壮的小腿躺成两条"小胳膊"呢？计划即将成功，他又为何前功尽弃、自曝秘密？

大家起初愕然，没人相信。但张明军经过近一年的锻炼，就已能正常地下地行走。如果没有思想准备，谁会想到，这是一个曾经卧床6年的"瘫痪"病人。

张明军再次出名：6年的瘫痪，不到一年竟不治而愈。

"他们对我越好，我越不安"，对此，张明军自己心里是最清楚不过了的，自入狱以来自己做了什么？干警是怎样对待他的？为了他的这个"病"，监狱上下以及周围的人为此付出了多少……

自此后，经常听到张明军说得是："我要好好改造，争取早日出去！"

此案例说明：有些罪犯在监狱服刑期间心理成分相当复杂且多变，有些罪犯的恶习较深，伪装的成分不时呈现，对这些罪犯进行识别、矫正和教育难度大，对他们的改造需要我们做好充分的思想准备。

（一）罪犯的概念

罪犯，亦称服刑人员，是指因犯罪而服刑役的人。具体包括以下三类人：一是实施过犯罪的自然人；二是法院依法予以一定刑罚处罚的人；三是正在受到刑罚处罚的人。

罪犯是一个在多门学科中经常被使用的概念。然而它在不同学科中有不同的含义。例如，在犯罪学中，罪犯与犯罪人往往是同义的，泛指一切实施犯罪行为的人；在刑法学中，罪犯指的是一切触犯刑法，并被法院判处刑罚的犯罪人的总称。应该如何理解监狱学意义上的罪犯呢？目前监狱学中有关罪犯概念的表述大致有如下几种：

1. 罪犯是指在监狱或其他改造场所被执行刑罚，实行劳动改造的人。

2. 罪犯是指应负刑事责任和接受改造的，被法院判处死缓、无期徒刑、有期徒刑、拘役的，在判决（裁定）发生法律效力期间的犯罪行为人。

3. 罪犯是指已经构成犯罪，依法判处徒刑，具有劳动能力，并根据人民法院的执行通知书、判决书投入劳动改造的人。

4. 罪犯是指犯有罪行，已被国家审判机关判处徒刑，依法应由国家监狱机关监禁，用劳动改造手段予以惩罚改造的受刑人。

5. 罪犯是经生效刑事裁判定罪量刑，入狱服刑改造的受刑人。

6. 罪犯是指依法被国家审判机关判处刑罚，送交监狱机关实施惩罚和改造并使之成为新人的受刑人。

上述第3、4两种表述，把被判处死刑缓期2年执行的罪犯排除在罪犯这一范畴之外，显然与我国监狱立法和监狱工作实践不相符合。其他几种表述并无原则区别。比较而言，第6种表述较为全面。这一定义表明：①罪犯已因实施犯罪行为而受到刑罚处罚，并且刑罚已从确定阶段到实施阶段；②与罪犯发生法律关系的国家机关已由审判机关变为监狱机关；③罪犯已经进入劳动改造变成新人的过程；④此时犯罪人的法律身份为受刑人。

通过上述分析，我们可以看出监狱学意义上的罪犯在内涵上具有因犯罪人实施犯罪行为而被国家审判机关判处刑罚并投入监狱机关服刑改造的典型特征；在外延上指的是被判处死刑缓期2年执行、无期徒刑、有期徒刑的受刑人。

（二）社区矫正人员的概念

2011年2月25日，全国人大常委会第十九次会议审议通过《中华人民共和国刑法修正案（八）》，明确规定对管制、缓刑和假释的罪犯依法实行社区矫正，这标志着我国社区矫正法律制度的确立。社区矫正是非监禁刑罚执行方式，是指将符合法定条件的罪犯置于社区内，由专门的国家机关在相关社会团体、民间组织和社会志愿者的协助下，在判决、裁定或决定确定的期限内，矫正其犯罪心理和行为恶习，促进其顺利回归社会的非监禁刑罚执行活动。有关社区矫正的详细内容请参见相关章节。

社区矫正人员是指对罪行较轻、主观恶性较小、社会危害性不大的罪犯或经过监管改造、确有悔改表现、不致再危害社会的人员。

根据《最高人民法院、最高人民检察院、公安部、司法部联合下发的关于开展社区矫正试点工作的通知》，社区矫正的适用范围规定为五种罪犯，即被判处管制、被宣告缓刑、被裁定假释、被暂予监外执行和被剥夺政治权利并在社会上服刑的罪犯。以上范围是严格根据我国《刑法》《刑事诉讼法》的有关规定确定的。

另外，根据"两高两部"的通知要求，在社区矫正试点工作中，人民法院必须严格准确地适用刑事法律和刑事司法解释，依法充分地使用非监禁刑刑罚措施和减刑、假释等鼓励罪犯改造、自新的刑罚执行措施。人民检察院要加强法律监督，完善刑罚执行监督程序，保证社区矫正工作依法、公正地进行。公安机关要配合司法行政机关依法加强对社区服刑人员的监督考察，依法履行有关法律程序。对违反监督、考察规定的社区服刑人员，根据具体情况依法采取必要的措施；对重新犯罪的社区服刑人员，及时依法处理。司法行政机关要牵头组织有关单位和社区基层组织开展社区矫正试点工作，会同公安机关搞好对社区服刑人员的监督考察，组织协调对社区服刑人员的教育改造和帮助工作。街道、乡镇司法所要具体承担社区矫正的日常管理工作。监狱管理机关要依法准确地适用暂予监外执行措施，对符合假释条件的人员要及时报请人民法院裁定假释，并积极协助社区矫正组织的工作。

附：罪犯与劳动教养人员的区别：

1. 演变历程。劳动教养制度创办于 1955 年 8 月。1955 年下半年，我国在取得全国范围内的镇压反革命运动的重大胜利的基础上，又在机关内部开展了大规模的肃清暗藏反革命分子的运动。1955 年 8 月 25 日，中共中央发布了《关于彻底肃清暗藏的反革命分子的指示》，该指示明确指出："对这次运动中清查出来的反革命分子和其他坏分子，除判处死刑和罪状较轻、坦白彻底或因立功而继续留用的以外，分两种办法处理：一种办法是判刑后劳动改造。另一种办法是不够判刑、而政治上又不适用于继续留用，放到社会上又增加失业的，则进行劳动教养，就是虽不判刑，虽不完全失去自由，但亦应集中起来，替国家做工，由国家发给一定的工资。"这是党中央提出的第一个关于劳动教养的指示。《中国劳动教养制度的检讨与改革》一书资料显示，1955 年 8 月发布的《关于彻底肃清暗藏的反革命分子的指示》规定了内部"肃反"的劳教对象是党、政、军、群、企事业单位的"反革命分子"和"坏分子"。

1955 年定义的"反革命分子"具体指：特务、土匪、恶霸等，"坏分子"指：政治骗子、流氓分子等。1982 年劳动教养的适用对象调整为不够刑事处分的抢劫、强奸等"六种人";2002 年劳动教养的范围扩大到"十种人"。

几十年间,劳教制度适用范围逐渐扩大,对劳教适用对象的规定达二十多种,其中有些纯属道德范畴,如婚外与他人同居的;有些规定也早已过时无效,如倒卖各种计划供应票证,不够刑事处分的;有些规定认定起来较为模糊,如因犯罪情节轻微而被人民检察院不起诉,人民法院免予刑事处罚的。

劳动教养对象的地理范围也在不断地扩大。近年来,劳动教养的适用面由城市逐渐扩大到农村,如山东省就颁布了《关于在集中整治农村社会治安斗争中办理劳动教养案件若干问题的意见》,专门就此作出部署。

2. 现状。劳动教养,即"劳动""教育""培养",设立初期是一种就业安置办法,也是对公民违法行为实施的一种强制性教育措施,目的在于将被劳教者"改造成为自食其力的新人"。无需法庭庭审、宣判,公安机关可对疑犯直接进行最高期限为 4 年的限制人身自由的处罚,并强迫其劳动,接受思想教育。接受劳教人员通常行为违法,但并未达到入刑标准。被决定劳动教养的人,由司法行政部门的劳动教养管理所收容并进行教育改造。

1996 年开始实施的《行政处罚法》规定,行政法规只能设定除限制人身自由以外的行政处罚。劳教虽然被定性为行政处罚,却未纳入《行政处罚法》所列处罚种类,而且劳教限制人身自由与《行政处罚法》的立法精神严重冲突。

在 2013 年初召开的全国政法工作会议上,中共中央已经研究,将由有关部门报请全国人大常委会批准后,当年停止使用劳教制度。在全国人大批准之前,严格控制适用劳教措施,对缠访、闹访等三类对象,不采取劳教措施。

罪犯与劳动教养人员相比,具有以下明显的不同:

(1)性质不同。罪犯是有犯罪行为,社会危害性较大,其行为已经触犯刑律,受到人民法院刑事处罚的人。而劳动教养人员通常是有违法行为,但其社会危害性较小,尚未触犯刑律,受到公安机关行政处罚的人。因此,罪犯是一种对有罪之人的称呼,而劳动教养则是一种行政处罚,二者具有罪与非罪的原则性区别。

(2)执行的机关不同。罪犯经人民法院判决或裁定后,除死刑立即执行犯和非监禁刑犯外,均由监狱执行刑罚。而劳动教养人员则是经劳动教养管理委员会依法决定之后,送劳动教养管理所接受教育改造。监狱与劳动教养管理所是两个性质不同的执法机关。监狱是有武装看押的刑罚执行机关,而劳动教养管理所是不实行武装看押,在管理上相对宽松的强制性教育改造场所。

(3)处罚的期限不同。刑罚处罚是一种最为严厉的处罚,从有期徒刑到死刑都属于刑罚的处刑范围。若对罪犯实行数罪并罚,有期徒刑可超过 20 年;犯罪情节特别恶劣的,可以判处无期徒刑或死刑。而劳动教养相对而言是一种较轻的行政处罚，最多可以决定教养3年，对屡教不改、表现极坏的，最长可以延长1年劳动教养期限。

（4）法律后果不同。罪犯的身份一经确定，若其原属于国家公职人员，一般要开除公职，是党员的还要开除党籍。被判处过有期徒刑以上刑罚的人刑满释放后又重新犯罪的，被视为有前科，构成累犯的，从重处罚。而劳动教养人员原系国家公职人员的，有的可以保留公职，且不计为前科。

（5）作出决定的机关不同。罪犯的判决和裁定是由人民法院作出的，而劳动教养的决定是由劳动教养管理委员会作出的。前者属于国家司法权的范畴，后者属于国家行政权的范畴。

二、罪犯心理

罪犯是一个特殊的群体，就其数量而言，他们在人类社会中只占极少数，但这并不影响其存在方式的多样性和复杂性。在每个罪犯身上，都存在着生理的、心理的、社会的属性。对罪犯的探讨，需要从多个角度，运用多门学科进行，才能对其作全面深入的分析。罪犯心理是罪犯一个侧面的存在，因而对罪犯心理作清晰的界定是十分必要的。

◉ **案例**：某监罪犯官某，贵州省人，21岁，小学文化，犯故意杀人、抢劫罪被判处无期徒刑，入监以来，由于恶习较深、对自己要求较低、行为散漫、监规纪律意识淡薄、服刑期间违规不断，还与其他服刑人员打架斗殴，民警对其多次进行谈话教育，效果不大。其有时还顶撞民警，被监狱列为顽危重点控制人员。后来心理咨询师在与他交流时发现，其家中还有父母、兄弟姐妹等亲人，但从未来探望联系过，经过监狱多方努力，多次与其家属联系、沟通，以协商帮教工作。经过近一年的帮教与心理咨询，该犯在思想、行为上有明显的改观，改造表现也有较大进步，并获得了减刑1年的奖励。由此可以反映出心理咨询与帮教工作尤其是亲情帮教在促进监管安全稳定，教育改造罪犯中不可忽视的作用，它可以改变一个人的心理，唤回迷失的灵魂，找回失去的信心，树立正确的人生观、价值观和世界观。

（一）罪犯心理的成分

在监狱中服刑的罪犯，他们的心理是复杂多变的，所以分析其心理是一件十分重要的事情，这样做不但有利于了解罪犯，更重要的是会对罪犯的改造教育有很大的帮助。

我们来分析一下罪犯心理的性质，或者说其共同特性。罪犯在未服刑前一般就已经具备了一种反社会性，这个可以称得上是罪犯的一种共同特性，其原因也是多方面的，如工作方面、家庭方面、生活以及罪犯自身方面的诸多原因。当然，最主要的是他们对上述原因认识的心态，同时这四点也是作为一名正常人的基本需求，或者说是基本环境，而且对人的精神都起着极大的作用，我们可以简单地把上述四点因素串成一条链。比如，有一份满意的工作才能有稳定的生活，具备前两者后，可以组成一个幸福的家庭。而一般人，在前三者都具备后，精神上会感到欣慰和满意，也就不存在反社会性。也正是因为如此，当这条链的某一环节突然出现中断的时候，对人的刺激不言而喻，从而导致人的心理、精神出现问题，严重的会使人做出极端行为，从而导致犯罪行为的发生。

在监狱服刑的罪犯，其心理的反社会性依然存在，而由于受到环境的极大限制，他们的这种性质不能够从行为上表现出来，也不允许他们表现出来。于是，在心理极端不平衡的作用下，罪犯开始以自己的方式进行"反抗"，如不服从干警管教、破坏生产工具、装病逃避劳动改造，甚至是自残或轻生。还有的也许会在监狱内散布"反社会言论"，以此来表示心中的不满，来抗拒改造。而此时罪犯把其心里所想全部地表露了出来，但这是一个心理过程。

心理过程分析：罪犯在押服刑期间，其心理所要承受的压力是很大的，他们是刑罚承受者，他们要为自己的行为付出代价。

罪犯的服刑心理有广义和狭义两种理解。广义的服刑心理是指罪犯在监狱服刑期间所有心理现象的总和。它包括罪犯的常态心理、残存的犯罪心理、刑罚心理和改造心理。狭义的服刑心理仅是指罪犯在服刑期间承受刑罚环境的刺激所新产生的心理，主要指罪犯承受刑罚心理和刑罚执行之下所产生的改造心理。这里指狭义的服刑心理。

罪犯心理就是指刑罚承受者的特殊心理现象，它基本是由常态心理、犯罪心理、刑罚心理等多种心理有机结合而成的。

1. 常态心理。罪犯的部分心理仍然是正常人的心理，所以被看成常态心理，它是指罪犯与一般守法公民相同或者相似的心理。如正常的生理心理需要，人所共有的情感、自尊、兴趣等，这与罪犯的犯罪心理是对立的，也是罪犯接受监管改造，改恶向善的心理基础，干警应以此为动力，对其进行思想改造。

2. 犯罪心理。简单地说，犯罪心理就是一种极端的、反常的，能指使人进行犯罪行为的变态心理，是影响和支配犯罪人实施犯罪行为的心理。诸如恶性膨胀的欲望、异常的性欲、错误的精神需求及其恶习。而这些并不会因为罪犯入狱服刑而自然消失，而是在服刑的过程中延续下来，成为罪犯心理的重要组成部分。究其根源，也就是前面所提到的反社会性。

3. 刑罚心理。刑罚心理是指罪犯被判决执行刑罚以后，在服刑过程中产生的心理。诸如痛苦心理、恐惧心理、怨恨心理、渴求自由心理、改造向上心理等。而上述心理的形成是由其反社会性的轻重与否所决定的，他们的犯罪行为越严重，所要承受的刑罚也就越重，直至被剥夺生命。当然，罪犯对刑罚心理的承受并不是一成不变的，他们的心理也在不同的服刑阶段，发生着不同的改变。

尽管罪犯的常态心理和社会守法公民的心理在形成过程和心理构成上是一致的，但罪犯毕竟是触犯了法律、受到刑罚处罚的特殊公民。他们处在高墙电网的监狱之中，失去了人身自由，并在准军事化的管理下，接受强制性的劳动改造和教育改造，其常态心理必然呈现出特殊性。

（1）在内容上，与社会守法公民相比，罪犯的常态心理有些被强化，有些被弱化。以罪犯的需要为例，罪犯在服刑期间，由于人身自由被剥夺，有的基本的常态需要的满足变得很困难，因此在这些方面其会比社会守法公民表现得更为强烈。如在艰苦的改造环境中，罪犯对吃、喝等的生活改善的需要更为强烈；面对刑罚的惩罚和来自其他罪犯的可能侵害，罪犯对安全的需要更为强烈；已婚罪犯性生活的中止，使他们对性的需要异常强烈；受到社会否定性评价，被强制与社会隔离，罪犯更需要别人，尤其是其亲人的理解、关爱和帮助。此外，由罪犯的角色和法律地位所决定，他们大多缺乏高级的社会性情感，如自尊、自我实现的需要就很微弱。

（2）在实现途径上，与社会守法公民相比，罪犯的常态心理，特别是需要的满足方式具有特殊性。如对性的需求，由于没有满足的途径，罪犯只好以代偿的方式来获得满足。有些罪犯为了满足自己的性冲动，相互交流过去的性经验和性体验；有些偷偷摸摸，相互抚慰；有的感情无法寄托，在狱内搞同性恋来满足自己的性冲动。不过，狱内同性恋大多是假性同性恋，与监狱罪犯的单一性别环境密切相关。

（3）在常态心理特别是各种需要的满足程度上，较社会守法公民要低。有些心理是罪犯作为常人的正常的表现，但由于刑罚的惩罚作用，这些常态心理需要无法得到满足或者不能得到完全的满足。如罪犯的人际关系，是罪犯在改造活动过程中所形成的，建立在个人感情基础上的相互联系。在正常社会生活中，人们的人际关系不仅具有情感性、直接性和可感受性，更重要的是具有个人性。而罪犯的人际关系要受到一定的限制，不能随意自由地发展，尤其是其人际关系的个人随意因素要受到严格限制，甚至被禁止。

总之，罪犯作为一个人，他同常人之间必定有着某些共同点，有着许多共同的需要、愿望和意向，有对未来的设计，有正常人的喜怒哀乐，有悔恨和憧憬，有嫉妒和羡慕，有羞耻心和荣誉感。有些罪犯甚至还保持着某种程度的爱国心，对党和社会主义、对人民的朴素的情感等。罪犯与社会守法公民相同的常态心理应当成为监狱矫正工作的出发点和基础，这是罪犯改造里程的起跑线。如果我们不承认这些事实，也就从根本上否认了改造罪犯的可能性。

罪犯的上述常态心理，除性心理需要无法满足外，对其他心理需要监狱机关一般会酌情给予满足。在刑罚执行过程中，为了保障罪犯的权利，满足罪犯的基本生活和生理、心理需要，《中华人民共和国监狱法》对罪犯的权利作出了广泛而具体的规定。《中华人民共和国监狱法》中直接或间接涉及罪犯权利的就有33条，并且把对罪犯处于监禁状态下的需要予以特别保护的权利写进了该法的总则。这些权利的规定，基本上可以满足罪犯作为人所必需的常态生理需要和心理需要，同时也保障了罪犯的人权。

（二）罪犯心理的特征

1. 服刑初期的心理特征。由于罪犯在服刑初期与在社会上比较而言反差较大，要接受强制性改造，且管理极为严格，加之社会地位与生活环境突然改变，使得其在心理和生活上都难以适应。这种不适应以情绪不稳定为主要特征呈现出来，具体表现有可能为：悲观失望、焦虑不安、苦闷、蒙混过关、欺骗干警等心理动向及行为。罪犯入监初期的心理不适应期一般要经过半年至一年的时间。而其长短与三种因素有关：①罪犯入监前被关押的时间，这段时间越长，入监后的心理不适应期越短；②刑期长短，刑期长者，心理压力就会大，而且容易过于压抑，心理不适应期也就会长，反之亦然；③罪犯自身的特点，性格外向开朗的罪犯心理不适应期短，性格内向抑郁的罪犯心理不适应期则长。

　　◎ **案例**：罪犯闫某某，年龄24岁，因盗窃罪被判16年。自入监以来长期沉默不语，改造情绪低落，并不和家人联系。分监区干警几次找其谈话，他都是沉默不语，罪犯中称他为"老面"（即干什么都不行，也不爱说话的意思）。

2. 服刑中期的心理特征。罪犯经过半年到一年左右的改造后，对监狱的生活应该基本适应，也就是进入了适应期，而从这个阶段开始，罪犯开始有了一个明确的改造目标，其认罪悔改的心理会大为增强，这种心理是促进罪犯进一步改造的"催化剂"，罪犯开始认识到自己犯罪的原因，罪责感大增，并产生自悔心理，这也是他们进行积极改造的心理基础。在这期间，他们对生活有了新的希望，对自己的改造前途有了一定的信心，但需要注意的是：在这期间，罪犯可能会产生一种矛盾心理，也就是出现反复的心理现象，这是一种不利于改造的消极心理，在改造中要尽量避免这种心理的产生，但由于一些主观或客观的原因，在改造中，面对罪犯所产生的这种心理，还是要对罪犯进行最大力度的说服、感

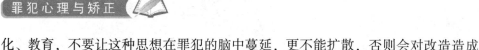

化、教育，不要让这种思想在罪犯的脑中蔓延，更不能扩散，否则会对改造造成极大的困难。

> ◎ **案例**：罪犯吴某，28 岁，身高 176 厘米，高大强壮，刑期 10 年，入狱 4 年，急躁易怒，情绪容易失控，在监狱中顶撞警察，经常因琐事与同改的罪犯争吵、打架，反对改造，出言威胁他人，攻击行为严重。

3. 服刑后期的心理特征。罪犯在服刑后期即快要出狱时，原来相对平静的心理可能被打破，他们开始为自己出狱后的前途担忧，对前途又向往又担心受到社会的歧视；自尊心理虽有建立但仍以自卑为主，即因为自己在监狱服过刑而萌生自卑感，当然这些是在服刑后期的罪犯一种普遍的忐忑不安的心理。对此，我们干警更应该以改造教育相结合的方式对罪犯进行心理上的疏通，让他们放下思想包袱，不要有上述的忧虑，意识到只要改造的好，社会是会重新接纳他们的，他们还会成为对社会有用的人。

4. 监狱的改造因素与罪犯心理的关系。此因素是一个综合性的因素，由于罪犯在狱中所承受的刑罚程度不同以及他自身个体因素的不同，其对改造的认识也不同。正如前文所述，在罪犯服刑的不同阶段，他们的心理适应期也不一样，他们会用不同的眼光去洞悉改造因素，而他们所观察到的一切有关改造的因素都会对其心理产生影响。但这里我们必须注意：

（1）罪犯心理是在特定的时空条件下产生的。罪犯心理在特定的时间——服刑改造时期，特定的空间——监狱环境下产生。人的心理就其内容来说都来自客观现实。罪犯过去生活的环境构成了其原有的心理的源泉，那么特定的时空条件，则是罪犯新的心理产生的源泉。

（2）罪犯心理是服刑前即已存在的心理与服刑环境相互作用的产物。客观现实是心理的源泉，心理是对客观现实的反映。但是人的心理的反映不同于摄影，不同于镜子。人脑不是复印机而是加工器。人在新事物作用下所产生的反映，均经过已有的知识、经验以及个人特性的折射。同样，罪犯心理也是其对周围客观现实的主观反映，他们对服刑环境的反映必然通过其原有的心理进行。罪犯的原有心理，既有常态心理，也有区别于常人的犯罪心理和在接受刑事审判过程中形成的审判心理。

（3）罪犯心理存在于其服刑活动中，并通过服刑活动得到表现。人们对客观现实的反映不是机械、静止、孤立的，而是通过活动完成，并在活动中表现出来的。罪犯心理也是在服刑活动中形成的，并在服刑活动中随着客观因素的变化而发展变化。

根据上述分析，我们认为罪犯心理是罪犯在服刑期间存在的，在其原有心理与服刑环境的相互作用下产生的，是通过服刑活动表现出来的心理和行为的总和。

犯罪嫌疑人经法庭宣判有罪后成为罪犯，那些曾经导致其犯罪行为产生的社会因素和具体的情境刺激基本被切断，而致罪的个体原因仍然不同程度地保留着，并阻碍着我们对罪犯心理的矫正。所以导致罪犯犯罪的个体原因尤其是心理原因就成为我们必须要研究的问题。

我们认为个体的致罪因素主要包括以下方面：人生观和价值观缺陷、法律观念淡漠、道德水平低下、需要结构畸形、犯罪动机强烈、性格特征消极和自我意识有缺陷等。

（三）罪犯对刑罚的态度

罪犯对刑罚的态度，又称为罪犯的刑罚感受度，是指刑罚作用于罪犯后所产生的罪犯对刑罚的评价态度，包括对刑罚痛苦的评价态度和对刑罚效用的评价态度。将对刑罚痛苦的评价态度列为横向维，并分为弱、中和强三个等级；同时将对刑罚效用的评价态度列为纵向维，并分为低、中和高三个等级。两条数轴相交，产生了刑罚感受度的四个区域，构成了下图。罪犯的刑罚感受度处于其中的某一个点。典型的区域特征表现如下：

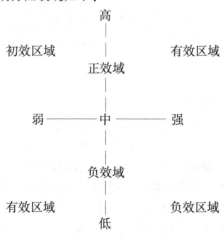

图1-1　刑罚感受度

1. 有效区域。罪犯强烈感受到刑罚惩罚带来的痛苦，同时也承认刑罚的正确性并理解刑罚的意义所在，认罪悔罪，服判服法，积极改造。

2. 初效区域。对刑罚的痛苦感受较低，但对刑罚的正确性及其意义持肯定评价，大多数短刑犯具有这种心理。

3. 无效区域。对刑罚的痛苦感受和效用都比较低，对刑罚改造持不合作的态度，大多为刑期不长的累、惯犯。

4. 负效区域。罪犯强烈地感受到刑罚惩罚带来的痛苦，同时对刑罚持激烈的否定态度，不认罪服判，不悔罪服法，与改造相对立。

对罪犯来说，在其刑罚心理中占主要地位的，莫过于对"罪"与"刑"的认识和评价，以及依据这种认识和评价对自己服刑改造行为的控制和调节。犯罪判刑后若能认罪服法，说明其人身危险性减弱，具有接受改造的良好心理基础；犯罪判刑后若没有认罪服法，说明其人身危险性增加，这意味着会给矫正教育工作带来一定的难度。但是，我们应该知道，罪犯的刑罚感受度不是一成不变的，随着刑期的发展，在主客观因素影响下，罪犯对刑罚的痛苦感受、对刑罚的正确性评价和其认罪态度都会有所变化。

三、罪犯心理矫正

◎ 案例：罪犯孙某某，男，1972 年生。1987 年因盗窃财物被劳动教养，劳动教养期间多次脱逃；1989 年因盗窃罪被判处有期徒刑 3 年；1992 年刑满释放，在回家途中行窃，同年 9 月因盗窃罪被判处有期徒刑 5 年；1993 年 11 月脱逃，途中行窃被判处有期徒刑 15 年，数罪并罚决定执行有期徒刑 20 年；1994 年 11 月脱逃又被加刑 3 年，数罪并罚决定执行有期徒刑 20 年；2002 年及 2005 年脱逃 2 次，均被及时抓获。孙犯在劳动教养及服刑期间脱逃及预谋脱逃 10 余次，大约平均 1 年零 3 个月发生 1 次。

(一) 本案的矫正过程

本案存在的主要问题是习惯性脱逃、拒绝改造。对该类罪犯进行矫正可以遵循以下过程：

1. 建立矫正关系和进行准备工作。通过查阅档案，找干警及罪犯了解孙犯情况，多次找他谈心聊家常进行沟通，以建立信任关系。通过调查发现，该犯脱逃有以下特点：①习惯性，平均 1 年零 3 个月发生 1 次；②反常性，原判 5 年刑期却反复脱逃；③幼稚性，脱逃方式幼稚，有游戏特点；④奇特性，撑杆越墙、潜入水底；⑤脱逃妄想，当他想象脱逃时有欣快感；⑥心理与行为的矛盾，他多次痛心疾首地忏悔发誓不再脱逃，行为却又不能自控。

2. 心理测量。对罪犯进行心理测量的工具主要有：卡特尔 16 种人格因素测验问卷。

进行测量的结果及其意义：16 种基本人格因素中 7 种为极端分数，分别是乐群性 3 分，情绪稳定性 2 分，恃强性 3 分，敢为性、敏感性、幻想性和独立性均为 8 分。反映了此人个性极端、不合群、独立行事、敏感多疑、感情用事、不合实际、情绪不稳、冒险、敢为、具有一定创造力的个性特点。测试后将结果对他进行解释，促使他了解自身个性。测量结果分析与情况调查有吻合之处。

3. 心理分析。他 5 岁左右丧母，与父亲、继母关系紧张，常遭打骂，时常逃学，13 岁离家出走，流浪街头，受人教唆实施盗窃犯罪，一系列的童年心理创伤、恋母恨父情结和极度缺乏亲情等因素，是他脱逃的深层原因。

4. 行为治疗和支持疗法。

（1）结合测验和分析结果，鼓励他发挥优势、扬长避短、积极改造、树立信心。

（2）克服孤独无助心态。①要求其定期向干部汇报思想，并使其认识到脱逃的危害性和表示积极改造的决心，要求其参加劳动；②在转变个人观念的基础上，逐渐消除其对周围犯人的敌意，并采取行动逐渐改善其人际关系。

（3）当有脱逃意念时，及时回想以往脱逃带来的恶果，像脱逃后挨饿、遭受惩罚、关禁闭、加刑等情节，迫使自己及时中断脱逃妄想，最好主动向管教干部坦白脱逃念头，让干警采取相应措施。

（4）建议监区改变监控方式，由联号贴身监控改为区域监控，增加他的自由度，缓解紧张心态，允许他犯与其正常交往，改善他的生活环境。监区要采取多种方式激发他的改造热情，比如在他生日那天，给他买来蛋糕和蜡烛举行庆贺仪式，不但使他深为感动，而且也促使周围犯人转变对待他的态度。

（5）建议他主动写信与家人联系，获得家庭支持，最后在监区干部动员下，其家人来狱会见，终于使他恢复了断绝 10 年的家庭关系。

5. 矫正效果。心理测量结果的变化：矫正后的 16 种基本人格因素比之前有明显好转。该罪犯的心理行为变化过程如下：

（1）改造态度转变。原先对"改造"一词反感，转变后认为"改造"是每个人都需要的过程，含有自我完善、自我修正的意义。

（2）自我认识深化。领悟到童年心理创伤与顽固脱逃的关系，通过测量认识到极端个性的危害。

（3）责任感增强。认识到成年人应对家庭和社会负有责任。

（4）人际关系改善。能定期向干警汇报思想，与犯人正常交往，与家庭保持联系。

（5）出现利他行为。坚持打扫卫生，主动帮助新犯人缝被子等，3 年中未再出现脱逃行为。

鉴于他的表现，为了鼓励他继续进步，2007 年 11 月，中队破例将他由五级管理对象晋升为四级管理对象。2008 年 11 月依法给予他减刑 1 年的奖励。

（二）罪犯心理矫正

罪犯在犯罪入狱之前，他们的身份是合法公民。因为他们有着对社会或个人不满的情绪或不正确的看法，或个人心理有压抑、偏激等特点，或精神上曾经受到过一定创伤，或无法正常宣泄不满情绪，从而导致他们将这些不良情绪转化为不良甚至是严重的犯罪行为，对社会、家庭和个人等造成严重的后果，触犯了法律而被送入监狱。然而，并不是把这些危害社会的犯罪分子送入监狱就没事了，我们要对其进行再社会化，进行改造，而且是在思想、行为等多方面、多元化的改造与矫正。

罪犯心理矫正是指系统地运用心理学的理论和方法技术，矫正罪犯的不良心理结构或心理障碍，改造罪犯心理结构，完善其人格的一种活动。

罪犯心理矫正要以尊重罪犯为前提。心理矫正作为一种改造手段，通过改变罪犯的认知、情绪和行为，完善他们的人格，使他们更好地适应社会，不致再重新犯罪。然而，这种改变要以尊重罪犯，建立矫正双方的相互信赖关系为必要条件。在心理矫正中，不论是通过心理测验间接地推测罪犯的心理，还是通过咨询、矫正促使罪犯自我面对问题，如果没有罪犯的真诚配合，任何高明的心理专家都会无所作为。那么，怎样才能获得罪犯的配合呢？唯有以矫正者的爱心和以这种爱心为基础的对罪犯的尊重。在对罪犯进行心理矫正的过程中，矫正工作者既要严格遵循平等交友、为来访罪犯保守秘密等原则，又要善于运用关注、倾听和支持等技术，还要真正做到耐心、细心和诚心。

对罪犯进行心理矫正时，首先要对罪犯心理有一个具体的分析，而在各种分析的结论中，"反社会性"是所有罪犯共同存在的一种特点，也就是所谓的共性。他们由于对社会的某种现象或体制不满，或自己的利益得不到满足，一时冲动，从而犯罪。这也是在对罪犯进行心理矫正时所要集中解决的问题。那么如何开始对服刑人员进行心理矫正呢？可以分为三个主要阶段：

1. 心理诊断阶段。这一阶段主要要做的就是广泛收集服刑人员的心理信息，通过与其进行深入的谈话，以确定他们的心理定向与心理发展趋势，分析和确立服刑人员的心理健康状况。还可以通过心理测验等方式，对其心理进行评估。

心理矫正工作者还要善于从服刑人员个体与环境相互作用的动态过程中考察其心理疾病的产生和发展过程。也只有这样，才能说对服刑人员心理疾病的诊断，做到了"知其然"，也"知其所以然"。

（1）把问题具体化。是指在心理矫正中要找出事物的特殊性，事情的具体细节，使重要的、具体的事实及情感得以澄清。矫正工作者要重视服刑人员问题的个体差异性，切忌把自己的想当然作为事实，轻率地给出评估结论或提供建议，而使心理矫正工作缺乏针对性、共情关系被破坏、心理矫正效果不如人意。

（2）分清表面与深层次问题。大多数服刑人员出于自由受阻、情感困扰、对狱警的顾虑以及对心理矫正的接受程度低，往往讲的都是问题的表面现象，而对问题的本质，如问题产生的真正原因及其与其他事物之间的关系，却不易直接显示，需要心理矫正工作者由表及里进行挖掘，若抓不住问题的本质，则只能治标而不能治本。心理矫正工作者只有按照某一途径、方法将一个个零散的现象构架整合起来，进而找到表面现象背后的根源，心理矫正才能真正有效。

（3）对服刑人员问题的性质进行甄别。心理矫正的对象和范围是比较广泛的。一般来说，除了脑器质性病变、精神病以及严重人格障碍等情况以外，大都可以进行心理矫正，只是适宜程度有所差别。因此，心理矫正的第一步就是进行有关此类问题的甄别，一旦发现服刑人员有这些病症，则必须将他们转介到医院。

（4）区分心理咨询和心理治疗对象。通常认为心理咨询所要着重解决的是各种一般性心理问题，如监所适应、人际关系（与其他服刑人员、狱警等）、强制劳动、教育和婚姻家庭方面的问题等，而心理治疗则主要针对某些神经症、性心理障碍、情绪与行为障碍、心身疾病、早期或康复期精神病患者。

（5）对特殊心理的判断。心理矫正工作者要特别关注服刑人员有没有特殊心理倾向：①自杀（或自伤自残）；②杀人和暴力（劫持、斗殴、脱逃）等。特别要关注那些重刑、服刑期长、恶习深、个性偏激、抑郁程度重、有自杀未遂史、急性应激强度大、生命质量低、慢性心理压力大、有严重的人际关系冲突行为等的罪犯。

（6）矫正方案的确定。评估的最终目的是为了进行针对性地矫正，所以，作为评估的最后一个环节，心理矫正工作者还要根据病因、病源、可矫正性诊断和评估，对如何矫正服刑人员提出具体方案，以便日后的管理、教育和心理矫正等。

2. 矫正实施阶段。在对矫正对象有一个正确的分析与评估后，就可以开始对他们进行有效的心理矫正了。心理矫正的方法有支持疗法、行为疗法、认知疗法和综合疗法等。矫正实施阶段一定要根据评估阶段制定的具体方案来进行，同时还要结合矫正罪犯的具体情况进行具体分析，以便及时调整矫正方案。

3. 心理矫正效果的巩固阶段。

（1）初期的效果巩固。当心理矫正开始时，心理矫正工作者常常可以观察到一些早期的效果，主要为自觉状态的改善，如焦虑、不安、悲伤、忧郁、疑惑、气愤等情绪障碍会有显著的改善。这种早期效果，有几种原因。如矫正开始，服刑人员因被关心而放心；有机会进行倾诉，把过去所累积下来的烦恼或情绪压抑发泄出来，从而感到心理上的舒适；受到矫正工作者的鼓励与安慰，振作起来；对矫正工作者有信心，对将来产生希望等。

（2）中期的效果巩固。中期效果主要是外显行为的改善。如对周围人的态度好转；能听从狱警、同监犯的话；对监所的教育或劳动逐渐有兴趣等。有时是经由环境的调整改变，服刑人员较能适应其环境而得到的效果。这种效果，可能是短暂的容易出现波动，也可能是较长久性的，逐渐影响到性格上来，呈现后期的效果。

（3）后期的效果巩固。在心理矫正的最后阶段，要对干预措施的有效性以及是否达到矫正目标进行思考，使矫正工作者知道何时可以结束矫正，何时需要修补干预行动计划；后期的效果往往属于人格上的变化，如对人生的基本看法、待人处世的态度以及应对环境的行为方式等都逐渐变得比较成熟、积极和有效。

心理矫正是一个对专业技能要求较高的工作，要求心理矫正工作者有专业的技能和高尚的道德品质，而且心理矫正工作者本人的精神世界也需要不断得到提高。

复习与思考

1. 什么是罪犯？

2. 简述罪犯心理的主要特征。

3. 罪犯心理诊断要注意哪些问题？

4. 案例：罪犯叶某（故意伤害罪）初中毕业后进工厂工作。与人交往时往往自以为是，任性专横。一天，叶某在车间劳动工间休息时，与他同车间的工人朱某凑过来要他让个座，叶某不肯，朱某即在叶头上摸了一把，并骂了一句走开，叶某顿感受了侮辱，顺手抄起凳子追上前去猛击朱某的后脑，朱某当即倒地，经抢救无效死亡，叶某因此被捕判刑。提审时，叶某还说："活该！谁让他（死者）惹我。"透过这个典型案例，分析罪犯叶某的主要心理问题。

5. 在本章开始的内容中，我们介绍了3个案例，请分析他们的心理成分。

工作任务二　罪犯心理的形成、发展与变化

一、学习目标

知识目标：了解罪犯心理的形成过程和表现；理解和掌握罪犯心理的发展变化规律。

能力目标：能利用所学的知识分析罪犯心理的形成、发展及其过程；能利用所学的知识对罪犯心理的转化进行调控和预防。

二、工作项目

调查一：入监初期罪犯心理调查

利用 SCL-90 症状自评量表对入监初期罪犯心理进行调查研究。调查结果显示，入监新犯在各症状指标上的得分均高于正常人群。主要心理问题表现为焦虑、抑郁、显著的躯体化症状以及精神病性，在人际关系上，罪犯的心理问题也比较明显。原因可能与监禁环境、家庭压力以及社会压力有关。陌生的监狱环境，如高墙电网、武警看押、监规纪律、管教民警等，在看守所时的道听途说也可能引起入监新犯的焦虑感与恐惧感。服刑导致家庭正常关系中断，使罪犯多疑、敏感、精神恍惚。自我调节能力差者则可能变得抑郁，压抑自己的情感。由于对新环境不太适应，部分罪犯出现了一些躯体不适，表现为肌肉紧张、消化系统溃疡等症状。

分析：研究表明，由于年龄、文化程度、家庭状况、生活经历、关押前的职业以及是否累犯等方面的差别，罪犯入狱后对监狱、看守场所环境的适应程度有所差别，呈现以下五类心理特征：

1. 焦虑恐惧心理。一怕干警施行强制管教；二怕老犯人欺侮打骂；三怕自己挨饿受冻；四怕劳动强度大吃不消等。表现为神经高度紧张、战战兢兢、身体和精神都很脆弱，稍有异常就惊惶不安。

2. 悲观失望心理。不相信有谁会爱护他们，深感人们讨厌和歧视自己，社会冷酷无情，丧失改造信心，情绪消沉，觉得前途渺茫。表现为精神麻木、少言寡语、有时拒绝进食与劳动。

3. 绝望抗拒心理。多见于累犯与重犯。迷恋过去的犯罪生活，对改造抱抵制反抗态度，觉得生活没有希望。表现为态度蛮横强硬，常常抵制监管，抗拒改造，欺侮其他犯人。

4. 痛苦怨恨心理。多见于过失犯。对自己的行为抱有悔意，但大都认为自

己不应受到如此惩罚。常考虑在关押期间如何度日，父母、爱人、孩子等亲人在家如何生活。表现为整天愁眉苦脸、顾虑重重、寝食不安、情绪变化无常。

5. 负疚忏悔心理。多见于过失犯，其能认识到自己的行为给国家和他人造成的损害，给自己家庭带来的痛苦，对自己的罪行抱有悔意，表现较好。

调查二：服刑中期——经过管理干预后的入监罪犯调查

某监狱新入监参加入监教育的非文盲服刑人员共 60 名，全部为男性。将 60 人随机分成两组，并根据其中一组（30 人）的测验结果制订相应的管理计划，这一组称为实验组或干预组；另一组（30 人）不制订相应的管理计划，仅按常规管理，称为控制组或对照组。

方法：采用北京大学陈仲庚等修订的艾森克人格问卷（成人），以团体测验的方式（一般是 30~50 人同时在教室内测试），由主试者用统一的指导语，按顺序念测试题，要求受试者逐条按自己的实际情况在案卷纸上画"√"来回答"是"或"否"，当场交卷。将答卷全部输入司法部的 WM-2000 人格测查软件系统，并进行分析统计。初测与后测均由同一名主试担任，测试场地与所用指导语等均相同。初测完毕后实验者以书面形式制定出实验组每名服刑人员的管理建议，由实验者对入监集中教育期间的实验组服刑人员按管理建议进行管理干预。整个过程的目的，服刑人员都不知晓，只告之为"入监心理普查"。

干预方法是在入监集中教育的 2~3 个月里，由实验者根据心理测评结果制定的干预方案定期对实验组成员实施干预。干预方式是实验者定期与干预组服刑人员谈话。

1. 针对焦虑情绪（N 分≥80）（分值是指 T 分，下同）的建议：焦虑是一种不明原因的恐怖，重点鼓励服刑人员面对现实，发挥主动性，坚定信心，学会自我调节放松，提高自身的心理承受能力，减少服刑人员惧怕的外在动因，强化服刑人员对自己个性特点的正确客观的认识，培养其积极的生活态度，使其对周围环境、现实状况有正确客观的判断。

2. 针对忧郁情绪（N 分≥50）的建议：强化个别教育，攻心为上，维护监狱稳定，促使服刑人员转化，对此类服刑人员应重点加强心理转化工作，加大情感力度，提高其自信心，多从生理上、心理上和生活上关心他们，增强人际关系指导，加强心理疏导、解释和说理工作，预防心理疾病的发生。

3. 针对精神质为迟钝（P 分≥80）的建议：因此犯社会化程度极低，建议经常谈心，促使其振作精神，正视今后改造之路，尽快适应监内环境，引导其谈出内心的苦闷，消除他的焦虑，同时鼓励其建立正确的认识，去适应监狱，改造其心理现状。

4. 针对精神质为孤独（P 分≥50）的建议：孤独的时间较长，对服刑人员的改造和心理危害较大，应引导其谈出内心的苦闷，消除焦虑，同时鼓励其建立正确的认识，去适应监狱，改造其心理现状，通过解释、劝慰、鼓励和支持设法让其发现并正视自身存在的但以往并没有意识到的才能。

5. 针对内向性格（E 分<50）的建议：严密防范，保障监管安全，此类服刑人员在遭受刺激或挫折后易出现自伤、自残、自杀行为，在其遭受刺激或挫折后必须及时给予疏导宣泄。

6. 针对外向性格（E 分≥50）的建议：外向的人容易毛躁、冲动、兴奋，应加大惩罚与改造力度，促使服刑人员转化。

7. 针对社会化高掩饰性格（L 分≥50）的建议：强化个别教育，提高警觉性，识别这些服刑人员为达到某种目的而存在的说谎、伪装、掩饰与包装自我现象。

8. 针对社会化低真诚性格（L 分<50）的建议：建议与其多沟通，使其正视并回到现实中来，和其共同讨论制定生活或改造的目标。

第一次干预是在初测完毕并制定出相应管理建议后 1 周内，以建议内容为主要依据与实验组成员逐一谈话，时间是每人 30~60 分钟；在入监教育中期再次干预，集中 1 周时间与实验组成员逐一谈话，内容主要是了解初次谈话后的效果，另外继续对第一次谈话中本人没有理解或没有接受的内容进一步进行解释，另外强化管理建议中的一些和其个性因素以及适应性因素密切相关的内容，时间也是每人 30~60 分钟；第三次干预是在入监教育即将结束前 1 周内进行逐一谈话，内容是了解前两次谈话后的情况，仍然对前两次谈话中本人没有理解或没有接受的内容进一步进行解释，另外强化管理建议中的一些和其个性因素以及适应性因素密切相关的内容，时间仍然是每人 30~60 分钟。对其余服刑人员的管理不做干预。

在第三次干预后采用同样的心理测评工具测查实验组，并和没有采用该管理建议的对照组进行比较，对数据进行 t 检验以找出显著性差异。

结果：经过前测、管理干预、后测，将前后测结果汇总统计整理，并进行显著性差异检验，得出如下结果：

表 2-1 实验与控制组前测 EPQ 各项目显著性差异检验

因子	控制组服刑人员 （n=30）-x±s	实验组服刑人员 （n=30）-x±s	t	p
P	52±7.83	51.67±8.24	0.16	>0.05
E	55±8.61	54.67±8.30	0.15	>0.05

续表

因子	控制组服刑人员 （n＝30）－x±s	实验组服刑人员 （n＝30）－x±s	t	p
N	54.33±8.78	54.5±8.65	−0.075	>0.05
L	47.5±9.98	47.17±9.89	−0.08	>0.05

注：显示实验组与控制组在前测各项目上均无显著差异。

表 2-2　实验与控制组后测 EPQ 各项目显著性差异检验

因子	控制组服刑人员 （n＝30）－x±s	实验组服刑人员 （n＝30）－x±s	t	p
P	51.5±8.22	51±10.20	0.21	>0.05
E	55±8.61	54.67±8.30	0.15	>0.05
N	54.67±8.30	51±5.63	2.00	<0.05＊
L	47.5±9.72	47.33±9.98	0.07	>0.05

注：显示后测中实验组与控制组进行均值比较，N（稳定性）因素方面得分差异明显，实验组 N 因素的均值比控制组显著下降（p<0.05）。

通过以上研究结果可以看出：经过随机分组的两组无差异的组（见表 2-1）经过管理干预后，控制组被试在 N 因素上的分值高于干预组，并存在异常显著的差异（见表 2-2）。N（稳定性）分高则意味着容易焦虑、紧张、愤怒，这在一定程度上说明接受管理干预的服刑人员情绪稳定性好，而控制组服刑人员更容易产生焦虑、忧愁、郁郁不乐、忧心忡忡之类的情绪反应。本研究也验证了以心理测评结果为依据的管理方法对服刑人员进行管理可以有效地减少其焦虑、忧郁等不良的情绪反应。而在监狱实际工作中，服刑人员出现焦虑、忧郁等情绪反应的概率很大，而忧郁、焦虑等心理状况很容易引起服刑人员改造中的不稳定，从而出现一些不够理智的行为。因此，本研究所构建的以心理测评结果为主要依据的管理方法对于消除服刑人员的不良心理状态，避免其出现一些不理智行为，从而保持狱内的稳定，是有现实意义的，在此基础上可以更为有效地对服刑人员进行管理教育。另外，由于本研究的对象是新入监服刑人员，至于服刑期间以及服刑末的服刑人员是否也有同样结果则需要进一步研究。

P（精神质）因素主要是测试被试的心理病态倾向，高分意味着不大关心他人，对他人与社会抱有一定敌意，喜欢做一些不同寻常的事。表中结果显示，P

分无显著差异，可能预示 P 分是一个较稳定的人格因素，不易改变，但也可能的干预时间短尚未形成显著性差异，需进一步研究。E（内外向）分表示内外向因素，这也是一个比较稳定的人格因素，表中显示实验组与控制组并无显著差异。L（掩饰性）分为掩饰性因素，高分代表掩饰性较强，测试结果显示实验组与控制组无显著差异。

分析：

1. 对服刑人员的人文关怀是提高服刑人员改造质量的重要因素。由本研究所得出的结果来看，经过一段时间的管理干预，干预组的稳定性明显提高，这在一定程度上说明了经过以心理测评结果为依据的管理后，服刑人员的心理能向稳定的方向发展。而和控制组相比，实验组在这其中和控制组有差异的因素就是对服刑人员进行个性化教育和人文关怀的措施，而对服刑人员进行人文管理和传统的管理思路所不同的是前者把服刑人员当成一个独立的个体来看待，并且重视他们的差异，重视他们的情感表达，而这些是本身在管理过程中都非常重要的因素。特别是通过在监狱里对服刑人员进行的人文管理，使得服刑人员的人身权利得到了尊重，人的正常生理、心理需求得到了理解，情绪得到了稳定，这对他们更有效地接受文化、技术等教育以及提高劳动改造的效率都能够起到积极作用。从监狱管理的发展轨迹也可以明显地看出，随着社会的发展和人类社会的进步，监狱管理工作的人性化色彩也必将一步步地突显。

2. 科学化管理是监狱管理现代化的前提。在 2003 年司法部就提出要"推进监狱工作法制化、科学化、社会化建设，努力提高服刑人员教育改造质量"，2017 年又提出"治本安全观"。司法部对推进监狱工作法制化、科学化、社会化建设以及教育改造回归本位的总体目标作了说明，其中对科学化与教育改造本质进行了详细表述，即逐步实现监狱职能专门化，提高执法管理水平，实现改造手段和改造措施的先进性、文明性、科学性。树立科学的观念，运用科学的理论、思维和方法，研究和把握监狱工作规律，使改造质量显著提高，管理、教育、劳动等改造手段的功能得到综合发挥。

而本研究中所使用的方式方法都严格按照科学程序，并且实际操作者必须要有相应学科的知识，只有以此为前提才可能真正地实行人性化与科学化管理，否则又将回到经验化的老路上去。对服刑人员进行的管理和教育所具有的特点，决定了从事这项工作的管理人员在教育学、心理学、社会学、管理学等专业方面要具有一定的知识，需要他们具有科学化的意识。从监狱发展来看，科学化必将成为监狱管理的一个发展趋势，经验式监狱管理必然会向科学化的方向发展。

3. 监狱管理的现代化是一个系统工程。管理者在对服刑人员的管理干预过程中起主导作用，如果把科学的手段比作交通工具，那么管理者则是司机，司机技能的高低决定着交通工具的运行状况。而本研究使用的方法与得出的结论如果要更大范围地得到扩展，则将是对监狱管理人员的知识与素质的巨大挑战，但管理人员的知识与素质也只是其中的一个重要方面，同时还需要完善相应的管理制度，使一些新的管理理念制度化。因此，全面实施对服刑人员的人性化与科学化管理，提高服刑人员的改造质量将会是一个系统工程，这也是对新时期的监狱工作的一个巨大挑战。

4. 入监评估体系还有待进一步完善。一个完善的服刑人员入监评估不仅应包括心理测评的内容，而且应该包括一个综合的内容，它应该包括每个服刑人员的犯罪史、心理健康史、社交情况、教育以及其他与决定犯罪危险和鉴别服刑人员需求有关的因素。服刑人员的心理发展是一个动态的过程，入监初期的心理测评结果可能在服刑中期或者释放前有所变化，因此要对不同时期的服刑人员的心理进行评估，不断修改入监初期制定的管理计划。

（一）罪犯心理的形成

1. 罪犯心理的形成过程。罪犯心理是后天形成的。罪犯心理，始于犯罪心理，经过诉讼过程的量的累积，在服刑心理产生之时正式形成。罪犯心理的形成主要经历三个阶段：

（1）罪犯心理形成的初始阶段。罪犯经历了一个从自然人到社会人，又从社会人到犯罪人，再从犯罪人到罪犯的漫长的过程。从自然人到社会人，是一个人经由社会教化获得作为社会成员资格的过程，也是常态心理形成的过程。从社会人到犯罪人，即犯罪心理的形成过程。犯罪心理的形成是以社会化过程中形成的不良心理为基础的，与常态心理没有直接关系，常态心理不是罪犯心理形成的初始环节或阶段。罪犯心理是在犯罪心理的基础上形成的，犯罪心理是罪犯心理形成的初始阶段。

（2）罪犯心理形成的关键阶段。犯罪人从实施犯罪到被投入监禁场所改造，其间虽然要经历侦查、起诉、审判、交付执行等一系列诉讼过程，但对一个实施了犯罪行为的犯罪人来说，随着拘留、逮捕等强制措施的实施，适用刑罚的可能性增大，他们在诉讼过程中表现出来的刑罚心理也就越来越强烈和明显。自犯罪人犯罪案发，到被投送行刑机关改造之前，犯罪人在经受一系列新的刺激的过程中，其心理发生着剧烈的变化，这些变化恰恰为罪犯心理的形成做了量的积累。而自判决宣布到罪犯被正式投入行刑机关改造，则是犯罪人心理量变最为激烈的时期，因而也是罪犯心理形成的关键阶段。

（3）罪犯心理形成的完成阶段。罪犯心理，始于犯罪心理的产生，经过整个诉讼过程，尤其是从宣判到投送这一过程的量的积累，在罪犯被投送到监狱机关接受惩罚和改造后，伴随着行刑关系的确立，罪犯产生了服刑心理，罪犯心理最终形成。

2. 罪犯心理的形成机制。罪犯心理是由常态心理、犯罪心理和服刑心理等多种心理因素有机结合而形成的。认识罪犯心理的形成机制，可以了解罪犯心理形成的主要过程。

（1）主客观相互作用的机制。罪犯心理与其他人的心理活动一样，既受到客观环境因素的制约，又受其自身生理、心理因素的制约。个体生理因素，是罪犯心理活动的生理基础，但不是罪犯心理形成的决定因素。罪犯心理形成的决定因素，是经过具有某些生理特点的个体加工后表现出来的信息内容。在罪犯心理的形成过程中，其原有的心理与新的客观刺激相互作用，既形成新的心理内容，又在一定程度上改变着其赖以存在的微观客观环境。研究表明，那些具有人格缺陷和不良心理品质的人，对社会环境中的消极信息具有高度的敏感性和选择性，并通过进一步的强化和泛化作用，形成常态心理和有利于犯罪心理形成的某些不良心理因素。这些不良心理因素又与客观环境中的不良刺激相互作用，产生了犯罪心理，而这些常态心理与犯罪心理又与特定诉讼过程的一系列刺激发生联系，并由此形成特有的犯罪人心理，而具有常态心理和诉讼心理的犯罪人又在特定的监禁行刑环境中，产生服刑心理，并最终形成罪犯心理。

（2）从量变到质变的机制。罪犯心理是由常态心理、犯罪心理和服刑心理有机组成的，缺少其中的任何一种心理因素都不能称之为罪犯心理。从自然人到社会人，又从社会人到犯罪人，再从犯罪人到罪犯，是一个人逐步形成常态心理、犯罪心理和服刑心理的过程。犯罪心理的形成过程为罪犯心理的形成作量的累积；罪犯投入改造前后的刑罚心理，也是在为罪犯心理的形成进行着量的累积。正是这些量的累积，才使罪犯心理最终得以形成。

（3）由心理主要矛盾决定的机制。主观和客观因素的极其复杂性，决定了罪犯心理的形成也是一个充满矛盾与冲突的过程。犯罪人在实施犯罪前进行激烈的动机斗争，以及在实施犯罪过程中的伪造作案时间、破坏和伪造犯罪现场，案发后的串供、谎供和拒供等，是刑罚所特有的威慑效应的体现。犯罪人在不同的阶段，由于其面临的主要心理矛盾不同，其心理也就表现出明显的差别。犯罪人在实施犯罪过程中，虽然伴随着刑罚心理，但他此时的主要心理矛盾是如何克服各种阻力以满足其畸变的犯罪需要，而由这一主要矛盾所决定的心理就是犯罪心理。随着犯罪的结束或因其他原因受阻而无法完成，犯罪人的犯罪心理会逐渐衰落或衰退，取而代之的是逃避刑罚处罚的需要，而这种需要还会随着案发后的一系列诉讼活动的开展而变得越来越强烈。也正是这一主要矛盾，决定了犯罪人在这一时期的心理主要是刑罚心理。随着刑罚的确定和行刑关系的确立，罪犯又开始形成以早日出狱为内容的核心需要，并由此产生服刑心理。由此，在罪犯心理的形成过程中，存在不同内容和不同层次的心理矛盾和冲突，而每个阶段的心理又是由心理的主要矛盾所决定的。

3. 罪犯心理的表现。罪犯心理在服刑的不同阶段，有不同的表现。

（1）服刑初期的罪犯心理。由于罪犯在服刑初期接受的强制改造力度较大，管理严格加上社会地位、生活环境的突然改变，使他们在心理上难以承受这种不适应心理，以情绪不稳定为主要特征，具体表现为：忧虑、孤寂、痛苦、悔恨心理等。罪犯入监初期的心理不适应期一般要经过半年至一年时间，其长短与三种因素有关：①罪犯入监前在看守所被关押的时间。这段时间越长，入监后的心理不适应期越短。②刑期的长短。刑期长者，心理压力大、不适应期就长，反之亦然。③罪犯自身的个性特点。外向、开朗的罪犯，心理不适应期短，内向、抑郁的罪犯，心理不适应期长。

（2）服刑中期的罪犯心理。罪犯经过半年至一年的服刑改造，对监狱生活基本适应，心理上进入适应期。这个阶段，罪犯开始有了较为明确的改造目标，进入了半自觉或自觉改造的状态，主要表现为：①悔改心理。罪犯开始认识到自己犯罪的原因，罪责感增强，并产生自我悔恨心理，这是他们积极改造的心理基础。②希冀心理。经过教育，罪犯开始向往新生活，对改造前途产生一定的信心。③形成监狱人格。这是某些罪犯因长期服刑而出现的一种消极适应现象，其主要人格特征为屈从、卑微、缺乏活力、双重人格等。④矛盾冲突与反复心理。罪犯在服刑中期虽然有了一些进步，但由于主客观不良因素的干扰，还会产生矛盾冲突心理，可能会出现改造中的反复现象。

（3）服刑后期的罪犯心理。罪犯在刑满释放前半年至一年里，心理上会打破原来的相对平静，进入不安期。主要表现为：①对前途的向往与忧虑心理。既渴望重返社会，获得自由，又担心无业可就，遭到歧视。②自尊与自卑交织的心理。既不愿放弃自己的人格尊严，又因自己服过刑而萌生自卑心理，二者交织重叠，使他们忐忑不安。③归属心理。越是接近出监日期，罪犯对家庭与社会团体的归属心理也日趋强烈。④报复心理。少数罪犯对执法者、被害人、检举人、证人一直怀恨在心，刑满释放前其报复心理就日益强烈，并着手制定报复计划。⑤重操旧业心理。那些消极抗改的罪犯，总是盼望着出监后重操旧业，谋取非法利益，因而临近释放时就兴奋不已，跃跃欲试。

（二）罪犯心理的发展与变化

罪犯心理的发展与变化的形式主要是罪犯心理的强化和罪犯心理的消退。

1. 罪犯心理的强化。罪犯心理的强化是指罪犯心理在内外因素的作用下得以巩固、加强并向恶性转化的过程。罪犯心理的强化的本质是罪犯恶性的加重，其表现是罪犯相互之间恶习的交叉感染和深度感染。罪犯心理的强化，包括四个方面的内容：①罪犯原有积极心理因素的强度弱化或数量减少；②罪犯原有消极心理因素的强度增强；③新的消极心理因素的出现和强度增强；④心理因素的恶性组合。

2. 罪犯心理的消退。罪犯心理的消退是指罪犯心理在内外因素的作用下减弱、消失，并向良性转化的过程。罪犯心理减弱、消失的过程实际上是罪犯逐步放弃原有的反社会心理和不良个性，完成再社会化的过程。这个过程是罪犯心理和行为习惯转变的过程，它不是一帆风顺的，其间会有反复。不过，从整体上来看，这一过程可以分为三个阶段：表面服从、自愿认同和自觉改造。罪犯心理的消退，也包括四个方面的内容：①罪犯原有积极心理因素的强度增强；②新的积极心理因素的出现即量的增加及强度增强；③罪犯原有消极心理因素的减弱和消除；④心理因素的良性组合。

三、操作流程

罪犯心理形成后，由于受内部心理、外部刺激和情境等因素的影响，常常处于不断发展变化之中，其基本发展方向是良性转化和恶性发展。矫正并转化罪犯不良心理是监狱工作的基本目标，因此，对罪犯心理发展变化进行有效的调控，有利于实现将罪犯改造成为守法公民这一监狱工作的基本目标。

（一）罪犯心理良性转化的调控操作流程

罪犯心理良性转化，是在罪犯心理基本矛盾的推动下，其内在积极心理因素与外界积极刺激因素相互作用的结果。对罪犯心理良性转化进行的调控，要通过依法并公正地运用监狱行刑权力，激发并维持罪犯的核心需要，遏制并矫正罪犯的消极心理，改善并净化罪犯的改造环境这些措施和手段。

1. 激发并维持罪犯的核心需要。

（1）善于运用报偿性权力。

（2）科学设定减刑、假释的条件和比例。

（3）规范考核与评比的程序。

（4）及时兑现奖励。

2. 遏制并矫正罪犯的消极心理。

（1）善于运用惩罚性权力和制约性权力。

（2）结合文化教育，提高罪犯的认识水平。

（3）诱发"认知失调"，利用典型事实材料和从众原理，改变罪犯的认知结构。

（4）实行科学文明的管理。

（5）注重对罪犯进行前途教育。

3. 改善并净化罪犯的改造环境。

（1）充分运用惩罚性权力，以行政的、法律的手段，分化瓦解并彻底摧毁狱内的消极非正式群体。

（2）善于运用报偿性权力和制约性权力。

（3）改善监狱人民警察与罪犯之间的关系，引导罪犯进行自我管理和教育。

（4）重视罪犯合理需要的满足，加强监区文化建设。

（5）强化罪犯的分类管理和矫正等措施。

（6）充分发挥罪犯正式群体在促进罪犯重新社会化，满足罪犯心理和情感需要，控制罪犯等方面的作用。

（二）预防罪犯心理恶性发展的操作流程

罪犯心理恶性发展，是其原有不良心理与监禁环境中不良因素相互作用的结果。预防罪犯心理恶性发展，要立足于罪犯改造的全过程，坚持矫正与预防相结合的原则，逐步消除罪犯心理恶性发展的原因，切实落实下列预防措施：

1. 强化积极改造动因。

（1）强化监狱行刑的正面影响作用，始终让罪犯保持早日出狱的核心需要；

（2）激励、督促和引导其逐渐达到改造目标和要求，最终满足其重获自由的需要。

2. 改善恶变心理基础。

（1）增强监狱的正面影响，使罪犯在保持并强化原有积极心理因素的同时，增加新的积极心理因素；

（2）通过专业化的矫正，改善罪犯原有的不良心理和行为习惯；

（3）逐步培养罪犯遵纪守法的习惯。

3. 控制外在恶变因素。

（1）通过严格管理来净化监禁改造环境；

（2）消除或控制可能引发罪犯心理恶变的各种消极刺激因素；

（3）积极开展心理矫治，提高罪犯的心理素质，增强其适应环境和应对各种挫折的能力。

4. 转变监狱行刑模式。

（1）对惩罚性权力的运用要坚持合法性、节俭性原则，确保罪犯的合法权益不受侵犯；

（2）通过开发利用报偿性权力资源，细化、硬化罪犯的思想改造和劳动改造考核；

（3）规范行政、法律奖励程序等措施，确保奖励的公正性；

（4）通过尊重教育规律，发展心理矫正等专业化的矫正手段，推行一系列人性化管理和教育措施，提高运用制约性权力的效率。

 案例 1： **教育转化抗改犯**

苗犯，男，汉族，1990 年 4 月生，因故意伤害罪被判处 18 年有期徒刑，2009 年 9 月入监。经入监教育后，苗犯被分到一监区 5 中队 3 组服刑，下组后该犯因劳动思想不端正，曾多次拖欠生产任务，原承包组民警多次找其谈心，进行个别教育但收效甚微，劳动观念并没有改变，依然在生产上慵懒散慢，2011 年 7 月，该犯与原组组长及同组大部分罪犯不合，关系紧张，被调入 4 组服刑改造，当时该犯已被监狱确定为监狱级具有自杀倾向的重点人。

操作示范：

1. 外围摸底。①从监区领导、监区分队长以及原承包民警了解苗犯的具体细节情况，以便较为客观的对苗犯作出相应的评价；②深入该犯周围的罪犯并对其日常行为模式调查，以掌握苗犯与周围人群之间的关系、性格特征及兴趣爱好等；③调阅苗犯的档案，通过档案切实掌握其犯罪事实、经过、案件审理及判决情况，通过档案材料初步掌握其顽危的性质、恶劣程度以及入监改造过程全貌；④通过服刑指导中心调取犯的《COPA-PI 测评报告》《COPA-犯罪心理结构变化状况测试报告》。通过外围摸底，确定首次谈话的切入点及内容。

2. 顽危原因分析。通过外围摸底，对对苗犯的消极抗劳原因进行初步的分析。首先，从苗犯的生长背景分析，苗犯自幼父母离异，离异后苗犯跟随父亲，在苗犯 4 岁时父亲去世，由其残疾的叔叔抚养长大，由于其叔叔有残疾平时对苗犯关心甚少，因此苗犯自幼在社会上混迹，以至于自身行为自控力差，集聚了较为散漫的不良习气，也有着比较丰富的社会经验，再者苗犯被捕前曾经收容站工作过一段时间，长期接触社会底层人员，其行为养成十分的差，混日子偷懒的心理很明显；其次，苗犯自幼生活困难，长期接触社会阴暗面，因而一定程度造成其心怀对社会的诸多不满，同时也造成了其心理上更加倾向于强烈的绝对公平意识，因此对组长的正常管理以及监狱半军事化的管理十分不适应。因此，该犯对服刑改造争取减刑信心不足，加上监狱对罪犯改造的严格考核，该犯时有破罐破摔的念头，以至于不断出现消极抗劳以及其他违规违纪的行为。

3. 制定具体实施方案。经分析研究，确立如下转化方案：①信任关系的建立；②运用激励的改造措施；③帮助该犯确立改造目标；④改造成绩等信息的反馈；⑤坚决摒弃强硬的处罚措施；⑥预测、追踪；⑦对教育转化过程中的有关信息及时交换意见，调整转化措施。

4. 入组首次谈话。该犯调入 4 组后，监狱警察有意不在当天找其谈话，而是过了一个星期之后故意创造一个偶然的机会单独与其谈心，首先并没有问及其生产和监狱有关的生活改造情况，只是问了下其叔叔具体情况，问其叔叔是否来接见过，或者进来后是否与其联系过，其没有回答，蹲在地上默不作声。警察然后说其叔叔很辛苦单身一人把其拉扯大，然后又帮其找了一个收容站的工作，对其尽心尽力，其此时表情比较惊讶，顿了半天后说确实比较挂念残疾的叔叔，对不起他，然后又说到其叔叔含辛茹苦把其抚养长大，对其还是抱有一定期望的，虽然其犯了错，但不能一错再错，应该在此好好想想今后的出路，做人最起码要有人的尊严。自己都看不起自己，那谁能够看得起你。听完后其低头不语，然后让其回去自己好好想想。

首次谈话取得了较理想的效果：①取得该犯的基本的信任；②该犯还是有一定羞耻心，且家里还是有牵挂的亲人；③教育转化苗犯概率不小。

5. 实施方案情况。信任关系的建立。在其调组后情绪极不稳定的情况下让其感觉到新直接管理警察确实可以信赖，一定程度上消除该犯的诸多偏见，使其隐隐感觉到在监狱服刑改造有希望。但是，毕竟该犯恶习较深，偷懒、混日子、劳动观念不强不是短时间可以纠正的，随后的几次谈话中，逐步走入正题，加强其劳动观念，引导其树立劳动守纪争取减刑的观念，同时帮他出招处理好与组长以及同组组员的关系，然后授意组长在其表现好的前提下适当在生产上帮助他，但是又不能让苗犯产生依赖思想。由于其叔叔有残疾，接见确不方便，与其叔叔沟通后，让叔叔与其建立书信联系，适时鼓励其好好改造，并答应其只要能保持进步势头，帮其申请拨打亲情电话。

取得的初步效果：

自调至 4 组服刑改造的当月起，苗犯由原来基本生产任务都完成不了，到能够完全完成生产任务，至今都没有违规违纪行为，工作上较为主动，内务卫生检查良好，性格比之前开朗，消极情绪明显好转，逐步树立了积极向上的心态。

◉ **案例 2**：蔡某，女，因犯故意杀人罪，被判处死刑缓期两年执行。1990 年投入某监狱服刑后，蔡某恶习不改，打架、顶撞和辱骂警察，曾先后被关禁闭 11 次，记大过处分 1 次。1997 年 2 月 28 日下午，蔡某不服当班警察教育，动手推打警察，还扬言："你们谁敢动我？我跟谁玩命！"为此，蔡某受到关禁闭和严管 3 个月并记大过的处分。在禁闭期间，蔡某不但不思悔改，不好好反省，反而暗示、教唆其他禁闭人员化装脱逃。解除禁闭后老实了没几天，她又破罐破摔，是个让警察们伤透脑筋的极端抗改分子。

后来，通过监狱警察经常性和有针对性地对她开展耐心细致的教育，从易到难、循循善诱地引导、教育她做人的基本道理，严格规范她的行为，慢慢地，蔡某增强了自我控制能力，她的改造表现逐渐好转，进而平稳，获得了行政奖励，并得到了减刑。

操作示范：

1. 强化积极改造动因。抓住服刑人员的心理特点，实行严格管理和情感教育并举，对其违纪行为、不良思想和心理倾向必须进行客观公正的批评，及时纠正，才能促其悔改。警察在教育她们时不能恶语相向，横加指责，而应该在理解和尊重其人格的基础上，根据女性服刑人员心理细腻等特点，做有针对性和艺术性的教育批评。

2. 消除其个性中的消极因素。充分了解抗改服刑人员的个性特征，并根据其性格特点和行为规律进行有针对性的教育，适时适度表扬和鼓励他们微小的进步，消除其个性中的消极因素，引导其个性向积极、健康方向发展。

3. 掌握罪犯心理发展变化的规律。监狱警察应该认识到任何事物的发展变化都是有规律的，只有认清服刑人员的心理和行为的变化规律，才能教育、改造好她们；同时，面对服刑人员在改造中出现的反复，不能灰心，要给她们改正错误的机会和矫正恶习的时间，教育改造工作不能急躁，更不能怕麻烦。

四、知识链接

(一) 社会化

个人凭借其生理特点（主要是神经系统尤其是脑），在社会实践中通过学习获得符合特定社会要求的知识、技能、习惯、价值观、态度、理想和行为模式，成为具有独特人格的社会成员并履行其社会职责。在社会生活中，一个人自出生起就接受社会的影响，开始了社会化的过程。社会化的途径主要是社会教化和个体内化。社会化的基本内容是：传授生活技能；教导行为规范；指点生活目标；培养社会角色。

（二）"需要"及马斯洛的"需要层次理论"

需要是有机体感到某种缺乏而力求获得满足时的一种心理紧张状态，它是有机体自身和外部生活条件的要求在头脑中的反映。

需要层次理论是美国心理学家马斯洛提出来的。人的需要包括不同的层次，而且这些需要都由低层次向高层次发展。层次越低的需要其强度越大，人们优先满足较低层次的需要，再依次满足较高层次的需要。马斯洛把需要分为五个层次，即生理需要、安全需要、归属与爱的需要、尊重的需要和自我实现的需要。

马斯洛认为，需要的产生由低级向高级的发展是波浪式地推进，在低一级需要没有完全满足时，高一级的需要就产生了，而当低一级需要的高峰已过去了但没有完全消失时，高一级的需要就逐步增强，直到占绝对优势。

马斯洛的需要层次理论系统地探讨了需要的实质、结构以及发生发展的规律。这不仅对建立科学的需要理论具有一定的积极意义，而且在实践上也产生了重要影响。但马斯洛的需要层次理论也存在一定的不足。首先，马斯洛把生理需要、安全需要、归属与爱的需要、尊重的需要都称为基本需要，并认为这些需要是与生俱来的，需要的发展是一种自然成熟的过程，这严重低估了环境和教育对需要发展的影响；其次，马斯洛强调个体优先满足低级需要，忽视了高级需要对低级需要的调节作用。

（三）交叉感染和深度感染

罪犯心理恶性发展，即是罪犯恶习的加重。在监禁改造环境中，罪犯恶习加重主要表现为罪犯相互之间的恶习感染。感染是非正式群体中罪犯互动的重要形式，也是罪犯相互传染恶习的主要途径。罪犯的恶习感染分交叉感染和深度感染。所谓交叉感染，是指罪犯相互之间的感染或罪犯感染了与原有恶习不同的新的恶习。所谓深度感染，是指罪犯经过与其他同类型罪犯的消极互动，进一步加深了原有的恶习。

五、能力实训

（一）案例分析训练

1. 训练目的：通过本训练，熟练掌握案例分析的方法，从中发现犯罪人犯罪心理形成、发展和变化的规律。

2. 实例。

案例1：　　　一个少年的犯罪历程

李飞（化名），12岁，某工读学校小学班学生。8年的盗窃历史，偷窃近百次，偷得自行车40多辆、黄鱼车5辆、电动车1辆，以及手表、衣物等，当时市值总价值7000余元。李飞的父母原是云南插队的上海知青，在李飞出生不久，父母离异，李飞随父回沪生活。李飞从小备受父亲的宠爱，逐渐养成了衣来伸手、饭来张口、花钱如流水的恶习。李飞的父亲有前科，做了个体户有了钱，旧习不改，玩女人，搞流氓活动。李飞刚满 5 岁，父亲因盗窃、流氓两罪被判劳动改造 3 年。从此，李飞断绝了经济来源，回到了祖母身边，生活靠政府救济，一时很难适应。一次李飞在街上游荡，看到水果摊成串的香蕉，他馋涎欲滴，萌发了偷香蕉的动机，首次的成功使李飞尝到了甜头，从此开始了盗窃生涯。李飞 6 岁半上小学，由于从小失去母爱，性格孤僻，对成年人不亲近，与同学不合群。上学经常迟到、早退，老师多次教育无效。后来发展到逃学、辍学，整天闲逛，走到哪里，偷到哪里，越偷越精明，越偷胆子越大。由于年龄小，人们对李飞的盗窃行为往往采取宽容和同情态度，甚至司法机关对他的违法犯罪行为也没能给以必要的惩罚和阻止。李飞进工读学校受教育一年半，偷窃心理并未改变，偷窃行为不断发生。进校 18 个月就逃跑 18 次，每次逃出去都有作案行为。

从少年李飞违法犯罪的历程看，其犯罪心理的形成经历了一个由量的积累到质的飞跃的渐进过程，经历了由朦胧的犯罪意向到形成清晰犯罪心理的过程，而且从产生不良欲求到形成犯罪决意，具有明显的预谋性。李飞幼年的生活经历及外界的不良影响和违法尝试，使其逐渐形成了不良心理或不良人格，并最终发展成为犯罪心理。由于李飞的社会化不完全，并经历了错误的社会化，且始犯年龄早，犯罪恶习深，矫治难度大。

◎ **案例 2**：2001 年 2 月，西北边陲某一城市 312 国道附近，连续发生了 4 起持刀抢劫、强奸案件：国道旁的 4 家餐饮旅店连遭抢劫，4 名服务小姐被强奸。霎时，一诨号"小佛爷"的犯罪团伙头子带人手持钢刀在 312 国道附近专门抢劫路边小店、强奸妇女的消息疯传开来。事隔两天当他们又继续抢劫时，被早已守候在此的刑警抓获。这天，离"小佛爷" 15 岁的生日还差 3 天。"小佛爷"原来有名有姓也有家。7 岁那年，父母因感情不和离异后，他无人管教抚养。7 岁就开始偷东西吃，靠偷偷摸摸来维持生活。后因被误认为是偷车贼而被开除学籍。之后，他只好在社会上游荡，由小偷小摸开始转向入室盗窃财物。12 岁那年，他离开家乡进入城市，被人收养，取名"小佛爷"，还交给他两个工作：一是白天去偷，偷来的钱物全部上缴；二是晚上"看场子"

（录像厅）。13 岁时，他身手越来越高，"小佛爷"的名气渐渐传响了，一些小混混相继找到他，表示愿意投靠他，拜他为大哥。"小佛爷"答应了，俨然成了这个犯罪团伙的头目。

试分析"小佛爷"走向犯罪道路的心理历程。

◎ **案例 3**：2004 年 4 月 25 日，湖南省衡阳锦江饭店服务员唐某在衡阳市与男网友见面后，被男网友抢劫强奸杀害。5 日后犯罪嫌疑人李某某被抓获。据调查，李某某 1972 年生于衡南县一个农民家庭，家里有母亲、继父、五个姐姐、一个哥哥，李某某只与四姐、五姐感情较好，对其他家庭成员比较冷漠，没有什么亲情。父母对他的约束较少，使其逐渐形成了我行我素的心理。12 岁小学毕业后就没再读书，一直在外流浪，没有合法固定的工作和生活来源，接触到的基本上都是社会底层的人和一些偷、扒、拐、骗的违法犯罪人员。1989 年偷渡到香港并结婚育有一女。1993 年回到大陆后，经济困顿，生活没有着落，基本上靠抢劫等违法犯罪活动谋取财物。1994 年 1 月 5 日与 5 名同伙在广东清远市 107 国道抢劫一辆公共汽车上的旅客，抢劫 4500 元后侥幸逃脱。1997 年因抢劫罪被判刑 4 年。2000 年 9 月减刑释放后，多次用化名流窜各地侵财劫色。2001 年，他在广东花都市钓鱼时与人发生口角，用铁锤将被害人砸死，并将尸体踢入水中，后又侥幸逃脱。2001 年至案发，李某某先后流窜至湖南、贵州、云南、香港地区等 7 地及缅甸、泰国、越南 3 国侵财劫色杀人作案 16 起，杀死 19 人。

试用本章所学的理论分析导致其心理恶性发展变化的因素。

（二）归因训练

训练目的：避免悲观归因模式。

训练要求与步骤：

第一步：咨询。通过观察受训者或与其谈话或问卷测量等方式了解受训者在应激状态下的归因倾向，在此基础上进行归因指导，提出具体的措施，帮助他们克服困难，做出积极的归因。

第二步：定向训练。让专门训练的专业人员与他们密切交往，在生活中对他们进行积极言语渗透，鼓励、帮助他们一点点地进步，使其树立信心，改变悲观归因倾向，逐步形成积极归因定势。

（三）亲社会行为训练

1. 训练目的：使受训者学会社会交往技能，学会适当控制自己感情的技能，能够正确表达自己的感情，建立正常的人际关系。

2. 训练的内容：戈尔茨坦（A. P. Goldstein）等人曾经对攻击性罪犯进行了亲社会行为的心理学训练，并且将这种训练归纳为50课，认为通过这50课的心理学训练，就能使攻击性罪犯学会社会交往技能，学会适当控制自己感情的技能，能够正确表达自己的感情，建立正常的人际关系。这50课的心理学训练的内容如下：

（1）倾听和了解别人谈话的能力。训练罪犯学会耐心地倾听别人的谈话，理解别人的意思，是矫正这些青少年动辄进行攻击、打架、伤害等行为的重要基础，因此，这是整个训练计划的起点。

（2）谈话的技巧。训练罪犯与别人接触时，首先主动开口向别人说一些无关紧要的话，待感情相互协调时，再谈论比较严肃的话题或者比较重要的问题，从而避免冲突的发生。

（3）交谈的技巧。训练罪犯能够与别人交谈双方感兴趣的话题，以便建立融洽的人际关系。

（4）询问问题的技巧。训练罪犯掌握能够随时明确自己的问题，以适当的方式向人提出问题的技巧，使罪犯能够通过询问获得自己需要的信息。

（5）表示感谢的技巧。训练罪犯在获得别人的帮助或者服务时，如何向对方表示自己内心的谢意。

（6）自我介绍的技巧。训练罪犯在不熟悉的人面前，怎样进行恰当的、有礼貌的自我介绍。

（7）介绍他人的技巧。训练罪犯怎样以恰当的方式和言语将某人介绍给其他人，使大家相互熟悉起来，进行相互交往。

（8）表达赞扬的技巧。训练罪犯正确表达赞扬或者称赞别人高尚品德与行为的技能。

（9）请求帮助的技巧。训练罪犯在遇到困难时，如何以恰当、礼貌的方式请求和获得别人的帮助。

（10）参加社会活动的能力。训练罪犯如何以正当的方式参加一些有意义的社会活动的能力。

（11）解说能力。训练罪犯如何以简洁、准确的言词向别人解说某件事情的能力。

（12）接受教诲的能力。训练罪犯听取、理解别人的解说、劝导的能力。

（13）表示歉意的技巧。训练罪犯在做错事情时，如何向别人表示歉意。

（14）说服能力。训练罪犯如何向别人阐述自己的想法，论证自己的想法比别人更加优越，从而说服别人接受自己的想法的技能。

（15）体验和理解自己的感情变化的能力。训练罪犯如何知道和准确把握自己的感情变化，了解自己的情绪状态。

（16）表达感情的能力。训练罪犯如何恰当地向别人表达自己的感情，或者如何宣泄消极的情绪。

（17）理解他人情感的能力。训练罪犯如何理解和想象别人情感变化的能力。

（18）理解和正确对待别人的愤怒情绪的能力。训练罪犯如何知道别人是否产生愤怒情绪、愤怒情绪的强度，以及用何等强度对待别人的愤怒情绪的技巧。

（19）表达对别人的关心的技巧。训练罪犯如何以恰当的言语和行为表达对别人的关心。

（20）理解和正确对待自己的恐惧情绪的技巧。训练罪犯正确了解自己产生恐惧情绪的原因、自己的恐惧情绪的主要表现和如何恰当对待自己的恐惧情绪的技巧。

（21）自我鼓励的技巧。训练罪犯在做了好事之后，如何鼓励自己继续这样的努力。

（22）请求允许的技巧。让罪犯明白，许多事情必须得到别人的许可之后才能进行，训练罪犯如何以恰当的方式请求别人的允许，获得别人的同意。

（23）分享欢乐的技巧。训练罪犯在遇到好事情时，如何与别人一起分享欢乐和喜悦的心情。

（24）助人为乐的精神。培养罪犯形成助人为乐的精神，在别人需要帮助时，主动地给别人以帮助。

（25）商谈与调解的技巧。训练罪犯掌握基本的商谈与调解的技巧，明白如何通过恰当的商谈与调解活动，兼顾双方的利益。

（26）自制能力。训练罪犯控制自己的情绪和行为的能力。

（27）捍卫自己的正当权利。训练罪犯如何让别人了解自己对某种事物的观点、态度和立场，从而保护自己的合法权利，不受别人的控制和支配的技巧。

（28）恰当对待别人对自己开玩笑的技巧。训练罪犯恰当对待别人对自己开玩笑的活动，控制自己在遇到不恰当的开玩笑活动时，不发脾气，不进行攻击行为。

（29）避免与其他人发生纠纷的技巧。训练罪犯如何尽量回避与别人发生矛盾，避免发生麻烦和人际冲突。

（30）避免殴斗的技巧。训练罪犯在发生人际冲突时，如何以恰当的方法解决人际冲突，避免发生殴斗行为。

（31）倾诉苦衷的技巧。训练罪犯如何向别人诉说自己的烦恼与困难，告诉别人自己准备如何解决这些烦恼与困难等，从而宣泄内心的苦衷。

（32）对待别人的牢骚的技巧。训练罪犯如何恰当对待别人发牢骚，如何公正看待的技巧。

（33）培养运动和游戏的道德。教育罪犯掌握良好的运动和游戏的道德准则，以忠实的态度参加体育活动和游戏活动。

（34）解除窘态的技巧。教给罪犯在遇到窘态时，通过进行其他事情等方法摆脱窘态。

（35）正确对待被抛弃的情境。教育罪犯在遇到被别人抛弃时，如何正确对待这种情境，通过进行更加有意义的事情等方式适应这种情境。

（36）帮助朋友伸张正义。教育罪犯学会辨别是非和伸张正义，在朋友遇到不公平的事情时，帮助朋友解决不公平的事情。

（37）自我劝解。训练罪犯在产生愤怒情绪而要使用武力解决问题时，能够进行自我劝解，设身处地地为对方着想，尽可能谅解对方，平息自己的激动情绪。

（38）学会如何面对失败。教育罪犯在遇到失败时，能够不灰心、不泄气，以恰当的态度和行为对待失败。

（39）正确对待受骗。教育罪犯能够正确对待别人言行不一、欺骗自己的行为。

（40）正确对待遇到的责难。训练罪犯在自己遇到别人的责难时，能够合理地分析产生责难行为的原因，正确对待责难自己的人。

（41）准备解决争端的谈判。训练罪犯如何在进行一场解决争端的谈判之前，进行恰当的准备工作。例如，学会准备一个很好的发言，准备如何在谈判中阐述自己的观点。

（42）正确对待别人的阻挠。训练罪犯如何恰当处理在进行某种事情时遇到的别人的阻挠。

（43）摆脱无聊的状态。训练罪犯如何从事有趣的、建设性的事情，以摆脱无聊的状态。

（44）考虑后果。训练罪犯在进行一件事情之前，考虑和估计自己的行为可能产生的后果，适当约束自己的行为。

（45）提出目标。训练罪犯能够为自己提出现实的、建设性的目标，使自己进行有目的的工作或学习。

（46）正确估计自己的力量。训练罪犯恰当评价和准确估计自己的力量和能力，明确自己是否能够进行一定的工作或者完成一定的认识等。

（47）收集信息。训练罪犯如何判定信息的价值，掌握收集有用信息的方法。

（48）根据重要性安排工作的技巧。训练罪犯能够正确按照事情的严重性安排进行活动的先后顺序，以便罪犯自己全盘考虑事情。轻重有别，首先进行最重要的事情。

（49）决策能力。训练罪犯能够全面考虑解决问题的各种可能性，从而做出最佳决策的技能。

（50）就业准备。训练罪犯集中精力掌握一门职业技能或者专长，以便使自己能够在社会中找到职业。

复习与思考

1. 罪犯心理是如何形成的？又会怎样发展？
2. 监狱行刑是如何影响罪犯心理的良性转化和恶性发展的？
3. 监狱人民警察应当如何促进罪犯心理的良性转化？

工作任务三 罪犯的改造动机与服刑态度

一、学习目标

知识目标：理解罪犯改造动机与服刑态度的概念，掌握罪犯服刑态度的形成与转变的规律。

能力目标：掌握改造动机的表现与识别，获得矫正罪犯不良改造动机与服刑态度的技能。

二、工作项目

◎ 案例：罪犯吴某因盗窃罪被判刑 3 年。入狱后，他仍留恋入狱前花天酒地的生活，由于好逸恶劳而惧怕劳动改造，对艰苦的监狱生活既厌烦又难以忍受。正巧，在狱外的劳动工地，他发现一个个砖垛可以藏身，于是，他决定逃跑。他想：凭自己的体力和机灵准能逃出去，但时机还不成熟，因为主管监狱的人民警察对他这个新罪犯十分注意。于是，他变得劳动特别积极，经常汗流浃背，因而常受表扬。这期间，他天天仔细观察每个带班警察的特点：哪个眼近视、哪个眼尖，哪个粗心、哪个细心。他讨厌那个眼尖、心细的警察，但一想到还有粗心、近视的警察，他便认为还是有机可乘的。终于有一天晚上加班运砖，而且又是粗心、近视的警察带班，他心中暗自庆幸。半夜零点左右，推砖任务完成了，他磨蹭着站在队后，眼睛盯着押送的武警，心里一阵紧张和恐惧，但一想到即将重温那花天酒地的生活，心中的喜悦和激动油然而生，胆量和勇气克制了紧张和恐惧。当队伍转到一个大砖垛时，他急忙隐身于砖垛后面，在夜幕的掩护下脱逃了。

第二天，他父亲配合监狱人民警察把他抓了回来，他被加刑一年半。这时，他后悔了，逃跑不但没有得到自由，反而使自己失去自由的时间更长了。在主管监狱人民警察的耐心教育下，他更深刻地认识到自己的错误，产生了改变自己的想法并付诸行动。此后，在劳动中，他多次受到表扬，看到自己制出的砖块对社会有用，产生了自豪感。他开始热爱劳动了，在监狱的鼓励下逐渐养成了勤劳的习惯，学会了制砖技术，他说："释放后自己开砖窑，靠勤劳致富过好日子，不再偷了，偷窃太可耻。"吴某从此不仅没再脱逃，反而走上了积极改造的道路。

从上述案情介绍中可以看出，罪犯吴某经历了从抗拒改造到自觉地积极接受改造的过程，其改造动机也由最初的抗拒改造逐渐转变为后来的积极改造。

罪犯吴某刚入监时，由于留恋以前花天酒地的生活，对监狱生活不适应，因而想逃跑。为了有利于脱逃，他首先在劳动中表现积极，以给监狱警察留下好印象，从而使他们对其的关注降低（这是罪犯言行虚伪性的一面）；同时，吴某还细心观察，注意寻找有利于脱逃的环境条件、带班警察的特点等。这里，可以反映其脱逃动机的言行主要有四方面：①由刚入监时劳动表现一般突变为劳动特别积极；②注意观察带班监狱人民警察特点的行为（这种行为较隐蔽，需特别注意才能发现）；③站队时位置的变化；④该罪犯的背后言行（虽然从案例中没有反映出来）。本案例中的罪犯吴某之所以能脱逃成功，虽然与其伪装得好有关，但也与监狱人民警察没有细心观察吴某的日常行为，没有仔细分析吴某表面行为的深层含义，对吴某轻信有很大关系。

罪犯吴某因脱逃被加刑后非常后悔，这是促使他产生改变自我的愿望的基础；在监狱人民警察的耐心教育下，他深刻认识到自己的错误，这是他产生改变自己行为的前提；看到自己制出的砖块对社会有用而产生自豪感，进而热爱劳动、养成勤劳的习惯、学会制砖技术等，都是吴某真正积极改造的行为表现；吴某所说的释放后靠开砖窑过好日子的话，也表明他是真心想改好。总之，通过以上几方面的分析，可以判断出罪犯吴某的改造动机是积极的，而非消极的。

那么，什么是罪犯改造动机呢？如何识别罪犯改造动机的表现类型？罪犯不良改造动机该如何矫正呢？下面我们将分述之。

（一）罪犯改造动机的表现与识别

罪犯改造动机，是指在罪犯某种需要基础上产生的，推动罪犯实施某种性质的改造行为以达到一定改造目的的内部动力。罪犯改造动机同人的其他行为动机一样，也来源于罪犯改造的需要，它所推动的改造行为，正是为了达到一定的改造目的，从而使罪犯的需要得到满足。因此，罪犯的需要不同，产生的改造动机就会有所不同，所推动的改造行为、达到的改造目的就会存在一定差异。

罪犯改造动机的表现是复杂多样的，但为了研究方便，可以按照一定的标准对它进行类型划分。例如，按稳定性的不同，可把改造动机分为长远动机和短期动机；按所起作用的不同，可把改造动机分为主导动机和辅助动机；按积极性的不同，可把改造动机分为积极改造动机、表面改造动机、混刑度日动机和抗拒改造动机。下面重点分析根据积极性的不同所划分的四种罪犯改造动机的表现特征与识别。

1. 积极改造动机的表现与识别。积极改造动机是推动罪犯自觉主动地产生积极改造行为的内部动力。这种改造动机是在罪犯形成改恶向善的需要的基础上产生的，它是监狱机关最希望罪犯产生的改造动机。这种动机并不是每一个罪犯都有的，也不是罪犯刚入狱就可以产生的，它是罪犯入狱后，在各种改造措施对其产生一定作用之后，才逐渐形成和发展起来的。

积极改造动机的首要表现特征是罪犯能认罪服判。因为只有当罪犯对自己的罪行有了深刻的认识，痛恨自己的过去，悔恨自己给他人和国家造成的损失，并产生改变旧我的强烈愿望时，他才能真正认识到，在监狱中服刑，不仅是接受惩罚的过程，也是监狱机关帮助他重新塑造自我的过程，因而才能自觉按照各种监管改造措施的要求去做，并始终朝早日成为新人的方向努力。当然，罪犯产生了改恶向善的需要只为形成积极改造动机提供了内在动力，同时监狱机关还要为罪犯创造一个有利于其积极改造的良好外部环境，确立对其有吸引力的改造目标并予以强化，这样，三种力量共同作用才能使罪犯的积极改造动机真正产生，并激发罪犯的积极改造行为。因此，是否认罪服判，可作为识别罪犯是否建立了积极改造动机的主要标准。

积极改造动机对罪犯的改造行为能产生积极的作用。具有积极改造动机的罪犯，在学习、劳动和生活等各方面都有积极的表现。他们能模范地遵守监规纪律，积极配合监狱人民警察的工作，他们不仅争取早日新生的愿望迫切，而且会通过积极有效的行动使愿望离现实越来越近。

2. 表面改造动机的表现与识别。表面改造动机是推动罪犯为了达到某种个人目的而产生积极改造行为的内部动力，如第一章中"男子为保外就医狱中装瘫6年"的死缓犯，在死缓到期前的改造动机。这种动机从表面上看是带有积极性的，而且它所推动的改造行为也是积极改造的行为，但它与积极改造动机有本质的区别。这种动机并非来自于改恶向善的需要，只是外界压力太大或改造目标太具诱惑力，罪犯为了自身安全或满足自己的功利心才产生的改造动机。例如新入监的罪犯，为了尽快融入监狱生活，获得主管监狱人民警察的好感，往往会在这种改造动机的推动下积极改造；某些罪犯为了达到通过减刑、假释等方式使自己早点离开监狱以便尽快实现报复他人的目的，也会在表面改造动机的推动下"积极"改造。

表面改造动机具有一定的普遍性。特别是在市场经济条件下，对经济利益的刻意追求对罪犯产生影响，使其功利心理加重，在改造中表现为急功近利，只要对自己有好处的事就会去做。因此，在表面改造动机推动下产生的改造行为，只是一种虚假的积极行为，它对罪犯可能很实惠，但却不能从根本上改造罪犯。具有表面改造动机的罪犯，往往有一定的对付改造的经验，其表现特征是：他们只有在监狱人民警察面前才会表现得非常积极，因而，其积极改造行为只是在做样子，只要能得到奖励或监狱人民警察的赏识，就算达到目的了，有时会出现"当面一套、背后一套"的情形，即监狱警察在与不在时表现不一，甚至表现出判若两人的情况。对这类改造动机的识别，要特别加强观察与考察，必要时可设置"耳目"来观察。

3. 混刑度日改造动机的表现与识别。混刑度日改造动机是推动罪犯产生既不积极、也不消极的改造行为的内部动力。这种改造动机的产生，主要有三种情况：①罪犯无改造自己的内在要求，而且认为在监狱中衣食有保障，与在家没有太大区别，没有必要为了早点回家而积极改造；②罪犯虽有改造自己的内在要求，但强度不大，而且外在的支持其改造的力量较弱，一旦遇到困难就会失去信心而放弃积极改造的努力；③刑期因素的影响，刑期过长者，觉得减少点刑期也解决不了大问题，仍然要在监狱中度过漫长的岁月；刑期短者，觉得减刑的期望较小，即使积极改造，也可能是白费力气，还不如轻轻松松地度过刑期为好。

在混刑度日动机的推动下，罪犯在改造中的表现是：不求有功，但求无过，除能平安、轻松地度过刑期外，别无他求。其表现特征就是既不积极、也不消极，少数表现为"大错不犯、小错不断"。混刑度日是许多罪犯的改造动机及表现。

4. 抗拒改造动机的表现与识别。抗拒改造动机是推动罪犯产生消极的、拒绝接受改造行为的内部动力。这种动机是监狱机关最不希望产生的。这种动机的产生，主要是因为罪犯没有改造自己的内在要求，甚至是拒绝改变自己，而且改造目标对其没有吸引力，再加上外界要求他改造自己的压力太大，无法承受而导致逆反行为。此外，也有极少数罪犯认为自己无药可救，从而自暴自弃，破罐子破摔，故意表现出拒绝改造的行为，如第一章中"男子为保外就医狱中装瘫6年"的死缓犯。

在抗拒改造动机的作用下，罪犯不仅会表现出各种违反监规纪律的行为，甚至会故意制造事端，破坏正常的监管改造秩序，以达到某种不可告人的个人目的。

总之，不同类型的改造动机可以推动罪犯产生不同性质的改造行为与表现，而且每一个罪犯身上可能并非只有一种改造动机，在某一时期，可能会同时并存多种改造动机，但只有一种动机是主导动机，它对罪犯产生何种性质的改造行为与表现起决定作用。因此，监狱机关工作的目标就是要使更多的罪犯产生积极改造动机并使之起到主导作用，使罪犯的表面改造动机向积极改造动机转变，激发混刑度日罪犯的改造热情，消除罪犯的抗拒改造动机。只有这样，我们的改造工作才能真正达到使罪犯改恶向善的目的。

（二）对罪犯不良改造动机的矫正

通过前述对罪犯改造动机及其表现的分析，可以明确后三类动机，即表面改造动机、混刑度日改造动机与抗拒改造动机属于不良改造动机。对罪犯的不良改造动机，可以从以下两方面进行矫正。

1. 激发罪犯改恶向善的需要。罪犯的需要是其改造动机产生的内在动力，因此，要矫正罪犯不良的改造动机，首先要促使罪犯产生改恶向善的需要。那么，如何激发罪犯改恶向善的需要呢？

（1）帮助罪犯正确认识其犯罪行为的性质。通过组织罪犯进行文化、法律、道德等方面知识的学习，在提高文化水平、增长法律知识、掌握道德规范的基础上，使罪犯深刻认识到其犯罪行为危害社会的恶劣性质，进而认罪服判。

（2）帮助罪犯对犯罪后果进行客观评价。这种评价不仅是站在罪犯自己的立场上，更重要的是，要使罪犯学会站在他人的立场上来对事物进行评判。监狱人民警察可以帮助罪犯分析这样一些问题，如"自己的犯罪对自己的益处和害处是什么""自己的犯罪给家人带来了什么""自己的犯罪给被害人带来了什么""如果我是被害人，遭受犯罪侵害的感受是什么"等。通过分析这些问题既可以使罪犯对其犯罪后果产生一定程度的客观评判，也可以进一步加深罪犯对其犯罪危害性的认识。

（3）促使罪犯产生自我悔恨心理并萌生改变自己的愿望。对犯罪本质的正确认识可促使罪犯否定其犯罪行为，但是，仅仅否定其犯罪行为还不够，因为行为的主体是人，恶劣行为的产生与行为人的不良心理有密切关系。因此，监狱人民警察还要帮助罪犯在否定其犯罪行为的基础上，进一步认清其犯罪行为与其自身犯罪心理的关系，从而促使罪犯产生自我悔恨心理，并由恨自己进而产生改变自己的愿望。当罪犯憎恨那个犯罪的"旧我"，产生改变"旧我"、重塑"新我"的愿望时，其改恶向善的需要就形成了。改恶向善需要的形成，使罪犯积极改造动机的产生具有了内在动力。

激发罪犯改恶向善的需要，矫正罪犯的不良改造动机，有以下方法可供选择：①知识传授法。对认知水平低、知识较为贫乏的罪犯，通过课堂形式，向罪犯传授法律、道德、文化等知识，提高罪犯的法律常识、道德和文化水平，为罪犯的不良改造动机的矫正提供基础性认识。②集体互动法。组织不良认知大致相同的罪犯，由监狱警察设置有针对性的讨论课题，罪犯共同参与研讨，获得启发，以提高对事物的认识。监狱警察要注意发挥指向性作用，引导好讨论的方向。③自我批判法。引导罪犯对其不良人生经历进行反思，批判其错误的思想与行为，特别是对犯罪心理的挖掘与批判。④教育疏导法。绝大多数罪犯的自我反省能力较差，监狱人民警察要注意开展教育疏导，进行主动干预，对新收押罪犯及有继续不良心理表现的罪犯尤其如此。

2. 提供外部诱因条件。外部诱因是影响罪犯矫正不良改造动机的外部因素，其作用有两个方面：①有时能够促进罪犯产生改恶向善的需要，成为矫正罪犯不良改造动机的起因和"源泉动力"。例如，在罪犯家庭因素中，如果家庭关系稳定，家人不仅不歧视他，反而非常关心他，对他的改造情况非常关注，强烈期望他能改邪归正，并给予全力支持，这常常会使罪犯产生悔罪、赎罪心理，或进一步强化罪犯的悔罪心理，从而转变其混刑度日的动机。②在多种因素作用之下，罪犯自身产生了改恶向善的需要，此时外部诱因成为矫正罪犯不良改造动机的条件，起到了"助推器"作用。即当罪犯自身产生了改恶向善的需要后，监狱机关应该为罪犯提供有利于其改造的环境，对罪犯提出一定的改造要求，建立多种多样的激励罪犯积极改造的措施；罪犯的亲人也要殷切期望他改好并以实际行动全力支持他；社会也要表现出对死不悔改者的拒绝。在这些外部诱因条件的作用下，罪犯改恶向善的需要就可以顺利转变为积极改造动机，从而实现不良改造动机的切实转化。

（三）罪犯服刑态度的形成与转变

　　案例：罪犯张某，1966年生，高中文化程度。被逮捕前他有着令人羡慕的家庭与职业，他曾是一家大型医药公司的团委书记，父母都是当地赫赫有名的人物，妻子与他情深意笃，小家庭富裕、温馨。可就是这样的环境和条件仍抑制不住私欲的恶性膨胀，他伸出了不该伸出去的第三只手。1989~1994年间，他先后伙同他人盗窃医药公司的名贵中药材十几起，总价值数万元。"手莫伸，伸手必被捉。"1994年底，他被依法判处死刑缓刑2年执行。

　　在狱中，罪犯张某的服刑表现反反复复，曾多次受到政府的表扬与奖励，又屡犯监规纪律。

　　入监伊始，他总觉得自己盗窃的是国有资产，对个人的危害不大，认为法院的量刑太重了。一想到漫漫刑期，久久的铁窗生涯，他就感到失落、悲观，自叹时运不济，命途多舛，改造消极。在获知产后的妻子与家人关系僵化，父亲又受到党纪处分时，他更是万念俱灰，精神完全崩溃并留下遗书，多次伺机自杀均未果。他所在分监区的分监区长，是一位在罪犯群体中威望颇高的"个别教育能手"。分监区长运用自身的人格魅力和高超的教育艺术，对他循循善诱，并积极帮助其家庭化解矛盾纠纷，使他解除了思想顾虑，打开了心结，树立了改造信心，扬起了新生活的勇气。分监区还千方百计地发挥他的写作特长，使其改造态度由消极转向积极。1996年他被改判为有期徒刑18年，曾先后多次被评为优秀撰稿人，获"改造积极分子"称号。在改造成绩面前，他的改造态度出现了波折，他不再愿意下车间劳动，一心想着要专门从事文字工作，他不出工，不参加学习，甚至还顶撞监狱人民警察。对此，分监区长并没有狠狠地惩罚他，而是采用了"冷处理"和耐心疏导的方法，使其认识了错误，增强了角色和规范意识，他又认认真真地重新接受改造，还主动申请到最苦、最累、最脏的熔化工锻劳动，各方面的表现突出。积极的改造行为持续了4年之久，受到减刑两年半的奖励。

不久，分监区班子大调换，因新的分监区长的管教方式单一，动辄训斥罪犯，在考核奖励上也有失公允，在他眼中的中队长只是一句话——"也不过如此"。这时，他的改造精神支柱——妻子又提出离婚的请求，他的改造之心再次冷却到冰点，他痛苦、焦虑、迷茫，当监狱领导下分监区检查卫生之际，他在黑板上公然写下了"无理要求、拒不接受"8个大字，还策划和煽动同犯闹事，以此宣泄心中的愤懑，他因此而被关禁闭。监区在了解到他的改造表现后，及时找他本人谈心，了解事情的原委。他违纪的原因主要有三：一是妻子提出离婚；二是分监区长管教无方，处事欠公正；三是自己的改造已到中期，依据法律他必须服满14年的徒刑，他推测自己在今后的几年中，只要有2年或3年改造积极就可以了，因为表现再好也没有任何用处，表现不好也不过是关关禁闭而已，只要自己不犯罪，别人也奈何不了他。找到症结后，监区领导及时对症下药，先是与其妻子沟通，打消了她的离婚念头，使二人重归于好。其后在调查属实的基础上，更换了分监区长。恰逢此时，狱内开始实施狱务公开制度，对于改造表现好的罪犯除给予减刑、分级处遇等奖励外，还采用了"探亲日夫妻可同居"的政策，这些均使他的改造热情重新被点燃，改造信心倍增，干劲十足。当他自己有了要重蹈覆辙的言行时，他便默背这样一段话："对于一个沾染恶习的人来说，只有认罪态度和改好的决心是不行的，还需要坦诚的行动和艰辛的改造。我扭曲的心灵没有因判刑而自然得到净化，自身的恶习没有因进监狱而自动得以矫正。我所处的环境、我周围的人在影响着我，所有这一切都要我自己从一点一滴做起，不能有丝毫的懈怠和侥幸。"他也常把自己喻为一名纤夫，他身后的船里，满载着悔恨的昨天和希望的明天，逆水行舟，不进则退。

对上述案例的分析表明，该犯服刑态度的特点主要是服刑态度由消极至积极，几起几落。在改造认知上，他已能认识到自己的犯罪行为，并承认自己有罪，但因盗窃的是国家财产，因而在对量刑上存在着认知偏差，认为是轻罪重判了。他能认识到劳动改造是必然的，也是必需的，但在改造情感上，却因从小养尊处优，好逸恶劳的情感严重，又因认知偏差所致，对社会和他人的负疚感和悔罪感较轻，在服刑改造的行为倾向上与认知和情感基本保持一致。

那么，什么是罪犯服刑态度？它是如何形成的？罪犯不良的服刑态度又如何矫正呢？

1. 罪犯服刑态度的含义。罪犯服刑态度是指罪犯对服刑改造这一特定活动所持有的相对稳定的、持久的评价和心理倾向。理解罪犯服刑态度需要注意以下四点：①服刑态度是罪犯对服刑活动的一种特殊心理反应。服刑态度的主体就是罪犯这一特定个体。而主体所指向的客体则是服刑这一特定的活动。这一活动具有明确的限定，它包括了与服刑有关的一切事物、制度、观念和人，而非罪犯主体之外的一切对象。服刑态度就是罪犯对服刑活动这一刺激对象反应时所产生的一种心理状态，它表现了罪犯这一主体与服刑活动这一客体之间的关系。②服刑态度的构成具有一定的结构。罪犯服刑态度由多种成分组成，各成分间相互联系、相互制约，并形成一定的结构。③服刑态度是一种相对稳定的、较为持久的评价和心理反应倾向。服刑态度首先是一种评价，是一种主观的东西。心理反应倾向可以有多种表现形态，可以是瞬间的、短暂的，也可以是长期的、持久的。罪犯的服刑态度一旦形成便会持续一段时间而不改变，具有相对的稳定性和持久性。④服刑态度是一种内化了的特殊心理过程。罪犯服刑态度不能被观察，具有内隐性，是在其他心理过程的基础上对认识、情感和动机等各种过程的配置，相互间有着制约关系，由经验组合而成。服刑态度作为一种心理反应倾向，含有不同的内容，其中有以认知和情感为主要内容的动机倾向。

2. 罪犯服刑态度的形成。罪犯服刑态度是在罪犯服刑生活中形成的，主要是通过以下途径与方式：

（1）服刑环境的刺激。服刑环境对罪犯个体的影响主要是指通过监狱硬件环境和软件环境的相互作用来影响罪犯服刑态度的形成。监狱的硬件环境主要包括监狱的高墙、电网、武装警戒及禁闭室等，这些因素会对罪犯产生极强的威慑作用，使罪犯服刑态度趋于肯定或积极。监狱的软件环境主要包括监狱法律法规、监区规范、监狱亚文化、监狱矫正手段特别是监狱人民警察的素质及教育管理水平等，这类因素对罪犯服刑态度的形成起着决定性的作用，其中既有强制力的影响，又有宣传说服教育等潜移默化式的影响。

服刑环境对罪犯服刑态度的影响具有选择性，使罪犯个体在特定的环境中，更多地接受有利于矫正的信息刺激，迫使罪犯产生肯定的、积极的服刑态度，转变否定的、消极的服刑态度。同时，服刑环境对罪犯的影响是持久的、不间断的。此外，与服刑环境密切相关的大社会环境也可能会对罪犯服刑态度及其转变产生一定的影响和作用，如社会对犯罪及犯罪人所持的态度，社会及公民对罪犯刑满释放回归社会后的认识和评价等，这类影响和作用虽然大多是间接的、次要的，却不容忽视。

监狱法律、规范对罪犯服刑态度的形成具有强大的不容抗拒的影响和作用，它会作为一种强刺激，直接作用于罪犯的认知、情感和行为倾向，对罪犯的外在行为具有极为重要的约束力，迫使罪犯在巨大的压力和威慑力的作用下，不得不服从于改造活动，对服刑活动持肯定的和接受的态度。监狱规范的科学性、合理性的程度也会影响罪犯服刑态度的形成与转变。尤其是在罪犯入监的初期阶段，这种影响更为重要。

（2）罪犯家庭的影响。家庭对每个个体至关重要。对于受到刑罚处罚、身在监狱中的罪犯个体而言其意义尤为重大，罪犯从物质到精神、从外在到内心对家庭的依赖感和依恋感也更为强烈。家庭成员对罪犯的态度尤其是其被判刑入监后的态度会直接或间接地影响罪犯在狱内的服刑态度及其转变。例如，有的家庭对罪犯不嫌弃、不抛弃，抱着关心、帮助的态度，这可能会增强罪犯积极服刑改造的决心和信心，从而对罪犯服刑态度的转变起到积极的影响作用。相反，若家庭成员对罪犯怨恨、嫌弃，持不管不问的态度，罪犯可能会产生消极、否定的服刑态度。

（3）罪犯群体成员间的模仿与学习。罪犯群体成员对服刑持有何种态度会对罪犯个体的服刑态度起到一定的影响。一方面，罪犯群体成员间如有相近的犯罪经历和经验、同样的刑罚处罚、类似的价值观和人生观以及人格缺陷等诸多相似性，就使得罪犯个体的服刑态度更容易和群体成员接近。另一方面，共同的服刑生活，相同的环境和刺激，一样地接受改造，类似的问题和想法等，也使得罪犯个体的服刑态度更易与群体成员保持一致。罪犯个体主要是通过观察、模仿学习等方式来习得罪犯群体成员的态度。

罪犯的参照群体是罪犯在价值取向上认同的群体。这种群体会为罪犯提供评判标准。通常情况下，罪犯的参照群体也就是罪犯自身所属的群体，但有时罪犯所属的群体也并非是其参照群体，其参照群体可能是一个与自己密切相关的、熟悉的、认可的群体。罪犯在参照群体中的身份、地位和关系程度对其自我价值会发生重要的影响。一是参照群体的规范、态度会形成群体压力，迫使罪犯屈从于压力而产生与其成员相一致的态度；二是可通过观察、模仿学习群体成员的态度来满足自己内心的种种需要，使自己的服刑态度与参照群体的服刑态度相同或相似。

（4）改造认知和评价的引导。罪犯尤其是在其入监伊始，对自身受到的刑罚处罚这一客观事实的认识和评价，特别是对法院的量刑的看法和评判会对罪犯的服刑态度起到极为重要的影响作用。倘若罪犯认为自己理应受到法律制裁，罪不可恕，人民法院对自己适用刑罚及量刑公正、合理、适当、罪刑相符，就会对服刑持接受、认可和配合的积极肯定态度，相反如若罪犯认为法律不公、量刑不当、罪刑不符，就会形成对服刑生活的拒绝、排斥、抵触或假服从的消极否定态度。

罪犯对改造活动的认知、信念和目标也会影响罪犯服刑态度的形成。倘若罪犯认为监狱就是使自己成为合格守法公民的场所，并认为自己通过改造活动可以成为一个新人，对回归社会后的生活又抱有信心，就会形成较为积极的服刑态度。相反，如果罪犯认为监狱就是单纯惩罚罪犯的地方，自己只能是慢慢地"熬刑期"，他也就会形成消极的服刑态度。

（5）原有经验的内部参照。罪犯的原有经验会影响罪犯服刑态度的形成。首先，罪犯原有犯罪经历的长短，犯罪经验的多少会影响罪犯的服刑态度。其次，罪犯尤其是不止一次受到法律惩罚的罪犯，以往在看守所或监狱生活的经验特别是由经验所引起的各种情绪后果会直接影响罪犯服刑态度的形成。再次，罪犯原有的对法律法规、自身的犯罪行为、刑罚处罚及相关机关和人员的态度特点也会对罪犯的服刑态度起到一定的影响和作用。最后，罪犯的经验还会通过泛化等方式影响罪犯服刑态度。例如，罪犯在看守所中所形成的对公安机关或人民警察的看法和评价，会直接影响罪犯对监狱机关及监狱人民警察的态度。

罪犯的原有经验主要是通过内在参照比较的作用来形成罪犯服刑态度的。一方面，每种知觉都以经验的形式积累于内部；另一方面，过去的经验事实又会成为对新经验进行比较的标准。经过这种比较，如果发现新、旧经验大同小异，那么，过去的看法、头脑中的事实立即浮现出来，影响对当前事实或事件的看法；如果发现不相同，过去的看法、经验会从另外一个不同的角度影响当前的看法。

（6）奖惩强化。在引起罪犯服刑态度转变的诸多因素中，影响和作用也有主次、大小之分，有些因素会对罪犯的态度转变起到重要的影响和作用。例如，监狱对罪犯的奖励（如减刑、表扬、物质奖励等）与惩罚（如禁闭等）会直接影响罪犯需要的满足与否，且与罪犯的切身利益密切相关，因为其具有导向性和功利性的特点，所以会直接影响罪犯服刑态度的形成。监狱的奖励制度及监狱警察对罪犯适用奖惩的公正性、合理性和适时性会对罪犯服刑态度的形成造成极大的影响。同时，对罪犯服刑态度本身的正、负强化，也会通过直接作用或替代强化的作用影响罪犯，使罪犯趋向增加积极、肯定的服刑态度，减少消极、否定的服刑态度，进而促使罪犯服刑态度的形成。

3. 罪犯服刑态度的转变。罪犯服刑态度的转变过程实质上也就是罪犯的再社会化过程。罪犯服刑态度的转变是指罪犯已形成的态度，在接受某些信息或教育说服等改造刺激后，所引起的相应变化和不同程度的改变。一般而言，大多是指从消极态度向积极态度的转变。

罪犯服刑态度的转变往往需要经历较长的时间，通常可分为以下三个阶段：

（1）依从。依从又可称为服从，是指罪犯出于某种外在压力，为获得某种奖励（如表扬、减刑等）或避免受到惩罚（如禁闭等），而按照监狱要求以及监区规范或监狱人民警察的意志，转变自己的服刑态度或采取表面顺从的行为。其特征主要表现为被迫的、表面的、权宜性的，而非心甘情愿，多为"口是心非"。当外在压力、监狱规范和奖惩消失时，这种顺从行为也就立刻终止。依从阶段是罪犯服刑态度转变的起始阶段，也是最为表层的转变。例如，一名罪犯为了获得减刑，争取早日出监，就会表现出与监区规范相一致以及与监狱人民警察的要求相符的认罪伏法、积极进行劳动改造的行为，但民警在场或不在场，其服刑态度和行为表现会判若两人。需要注意的是，由于罪犯心理上具有保持认知一致性的需要，长期的被迫服从形成习惯后，就会逐步地转变为自愿服从，并最终导致整个服刑态度发生结构性的变化。

（2）同化。同化是指罪犯的自我同一性与他人或群体存在着依赖关系，或者是自己情感上存在着与别人或群体的密切关系，从而接受他人或群体的某些观念、态度及行为方式或监狱规范、要求，并希望与之一致。在这一阶段，罪犯的服刑态度不再是表面的、被迫的，而是会认同某个人或群体，同时采取一种与他人或群体相一致的服刑态度或是改造行为。其特点表现为：自愿的、非表面的，有较为明显的情感成分参与。例如，一名罪犯认同于自己所隶属的改造集体及行为规范，认同于自己的"罪犯"角色，他就会使自己的服刑态度与其他罪犯的态度相一致，将自己融入改造集体中，这时罪犯新的服刑态度还没有同自身全部的服刑态度相融合。但长期的认同也终将导致罪犯整个服刑态度发生根本性的变化。同化能否实现主要取决于罪犯个体所认同的团体或个人是否具有较强的吸引力。

（3）内化。内化是指罪犯获得新的认知信念，并以这种信念评判自己的价值时所产生的完全的态度转变。内化性的态度转变也是罪犯新的价值观的获得，这意味着罪犯真正相信他人（主要是监狱人民警察或其他矫正者）的观点和思想，并将这些观点和思想完全纳入自己的思想体系中，成为自己服刑态度的有机组成成分。其特征主要表现为：深层次的、独立的、稳定的和持久的。这是罪犯服刑态度转变的最后阶段。例如，一名罪犯当其服刑态度达到内化阶段，就会从内心深处知罪、认罪并改造，无论什么时候，何种地点，监狱人民警察是否在场，都会自觉自愿地服从管教、积极改造。

（四）罪犯不良服刑态度的矫正

罪犯服刑态度包括三种组成成分，即认知、情感和行为倾向（详细内容见

"知识链接")。因此，对罪犯不良服刑态度的矫正，具体包括三个方面的内容，即罪犯不良认知的矫正、罪犯不良情感的矫正、罪犯不良行为倾向的矫正。对罪犯的认知、情感和行为倾向的矫正会对罪犯服刑态度的转变起到积极的影响作用。

1. 罪犯不良认知的矫正。认知因素对态度具有重要的影响作用，态度直接取决于认知因素中的价值观。个体的态度主要由两方面的认知因素决定，一方面是个体对行为结果的信念，另一方面是对这些信念的评价。罪犯的认知存在着种种的缺陷，如认识能力低下，怀疑一切、否定一切，思维偏激、以偏概全，不看本质，极端的利己主义等。因此，对罪犯认知的矫正也就成为促使罪犯服刑态度转变的基础。罪犯倘若对自己的犯罪行为、刑罚处罚及自己的服刑生活抱有正确的认识和观念，并以正确的思维方式行事和处人，就会倾向于产生积极的服刑态度。

通常情况下，罪犯的认知是由许多因素构成的，具有一定的组织性，这种组织性会构成一种"头脑中的既定模式"或刻板印象，使罪犯倾向于按照刻板印象的轨道来认识、分析、评价和思考客观对象。这使得罪犯的认知并非是对一般事实的认知，而带有明显的偏见性质。大多数罪犯尤其是在入监初始阶段，由于以往直接或间接经验的影响，使得他们对服刑生活及相关的事物和人员持有片面的、消极的或错误的认知和评价。这种认知错误或偏差主要表现为以下几个方面：①对法律，对自己的犯罪行为及量刑的错误或片面认知，如认为法律是不公正的，自己的犯罪是社会、被害人所致，是身不由己，法院量刑不当、偏重等；②对监狱机关和监狱人民警察持有片面的错误认知，如有的罪犯认为监狱机关是黑暗的、监狱人民警察是不公正的等；③对服刑生活的错误认知，如认为监狱生活是可怖的、阴暗的等；④对罪犯群体的偏差认知，认为在同类群体中，自己必然是越变越黑等；⑤对自我前途的认知不当，认为自己的未来生活是迷茫的，毫无希望的等。因此，对于罪犯上述种种错误的或扭曲的认知，必须通过事实的不断刺激及长期的教育矫正工作，方能使其改变旧的错误认知，建立起与旧知识、旧观念和旧思维不相一致的新信息、新观念和新思维，消除刻板印象，最终形成新的服刑态度。例如，一名走私罪犯原本认为自己走私，是替公民做好事，使大家买到了便宜的商品，不应得到法律的严惩，因而不认罪服判，对服刑抱消极抵触的态度，对此就可通过对其错误认知的矫正，使其改变服刑态度。

2. 罪犯不良情感的矫正。个体对事物或他人的态度与其情感密切相关，存在着一种曝光效应，也就是个体对其他人或事物的态度随着接触次数的增加而变得更为积极的一种现象。这主要是因为情感因素在其中起到了重要作用，而且情感卷入的程度越深，则越有利于态度的转变。而且罪犯情感也会影响罪犯的认知，认知与情感的相互作用又会促成对态度的影响。罪犯的情感常常带有某种缺陷或障碍，主要表现为：①缺乏高级情感，如理智感、责任感、道德感、良心感和荣辱感等；②情感不稳定，遇有挫折极易灰心，产生自卑心理；遇到成绩又会沾沾自喜，极易自负；③好恶颠倒、爱憎不明等。因此，通过对罪犯情感障碍的矫正，可以使罪犯形成正确、积极、向上的情感，如荣辱感、羞耻感、自信感、责任感、好恶感、同情心等，这些积极的情感会促使罪犯形成正确的、积极的服刑态度。例如，一名盗窃犯因厌恶劳动，进而对整个服刑生活持消极态度，对此可以通过培养罪犯对劳动的正确与积极情感，来消除厌烦感，逐渐培养喜爱感，并将其泛化到其他的服刑活动中，进而转变整个服刑态度。

3. 罪犯不良行为倾向的矫正。行为倾向作为一种准备状态，具有持续性和潜在性特征。它通常表现为一种意向、倾向或偏好。这种意向、倾向或偏好往往在其错误认知和情感障碍的影响下，存在着一些不良或消极特性，通常表现为对待那些"做不做"或"如何做"的问题，往往是从"与己有利"与否出发来加以解决。例如，对于艰苦的生产劳动，不少罪犯的行为倾向就是拈轻怕重、避重就轻、投机取巧、能躲就躲、能避就避等。对于监狱人民警察，则常常表现为趋炎附势、阳奉阴违、表里不一、当面一套背后一套等。因此，对罪犯不良的、消极的行为倾向进行矫正，有利于罪犯形成积极的态度。此外，特别需要指出的是，对罪犯行为倾向的矫正也会促使罪犯情感和认知的矫正，而这三方面的相互影响、相互作用终将会影响罪犯服刑态度的彻底改变。

三、操作流程

对罪犯改造动机的鉴定与激励，对服刑态度的鉴定与矫正，应当遵循以下操作流程：

（一）区分两类不同性质的罪犯改造动机与服刑态度

罪犯的改造动机与服刑态度都有积极与消极之分。区分两类不同性质的改造动机与服刑态度，是监狱人民警察的首要任务。

具体方法有：

1. 量表测量分析法。这是一种以测验量表为工具对罪犯的改造动机与服刑态度进行测量分析的方法。量表既可以针对整个服刑活动，又可以针对某个改造活动或服刑活动的某一方面、某类对象而专门设计，它由若干问题组合而成，其方法是根据罪犯对这些问题的反应给予相应的分数，以此分数来代表这一罪犯对服刑生活所持有的动机、态度及其强弱。运用量表进行测验分析时应特别注意以下问题：①运用的量表应具有较高的可靠性和有效性；②对待测量量表一定要科学、严谨和慎重，要熟练掌握运用量表测量技术，应尽量避免过多应用。

2. 自由反应分析法。这是一种提出与罪犯改造动机、服刑态度相关的开放性的问题，让罪犯自由回答，分析测量人员不提供任何可能的答案，最后从这些语文性的资料结果中去分析、判断罪犯的改造动机与服刑态度的方法。例如，要考察罪犯对监狱人民警察的态度，可以设置一个"你眼中的监狱人民警察"的题目让罪犯在无任何限制的情况下作答。

3. 投射分析法。投射分析法是指为罪犯提供一些情境，给予罪犯一定的刺激，让罪犯据此展开联想，通过对其联想内容进行分析来推测罪犯改造动机与服刑态度的方法。它是一种在罪犯不知不觉的状态下，把其内心深处的动机、态度通过其他对象投射出来的方法。投射分析法可以是让罪犯补充完整一个句子，也可以是让其叙述完一个没有结局的故事等。例如，可以通过让罪犯讲述某一生活事件（如妻子提出离婚）发生后的故事，以此来了解罪犯的改造动机与服刑态度。

4. 情境分析法。情境分析法是指在某种活动情境或专门设置的情境下，考察罪犯在此情境中表现出的行为倾向，据此判断和分析其改造动机与服刑态度的方法。它是根据人们在某一类情境中所表现出的动机、持有的态度，在另一个类似情境中也将有类似的动机与态度的原则来加以设计和推定。例如，可以设计这样一个情境，"干警因故离开了劳动现场，一些罪犯开始停工甚至有脱逃意向，这时有人怂恿某罪犯伺机越狱"。在此情境中观察该罪犯的行为倾向，并由此可判断分析其真实的改造动机或服刑态度。

5. 行为观察分析法。行为观察分析法是指通过观察罪犯的外显行为来推测罪犯的改造动机与服刑态度的方法。这种方法的运用原理主要源于在一般情况下，一个人的动机或态度决定了他的行为，动机、态度与行为具有一致性。对罪犯在日常服刑活动中的种种行为进行细心的观察，特别应在自然状态下，在罪犯未觉察的情况下实施观察，以此方能获得比较可靠的材料。此外，还需注意罪犯的行为与罪犯的改造动机或服刑态度间有时并非完全是一对一的简单关系，不能单凭外在表现的好坏来评判其改造动机或服刑态度积极与否，因此要结合其他方法配套使用，以避免得出错误的推断。

6. 谈话分析法。谈话分析法是指监狱人民警察在预先设计好谈话内容的基础上，通过与罪犯面对面的、有针对性的谈话来获得分析资料的方法。谈话内容要做精心准备，问什么要心中有数，不能信口开河、无的放矢。对罪犯的回答内容要鉴别真伪，有时可与观察资料或以其他方法获得的资料进行对比、佐证。

（二）分层调节——积极改造动机与正确服刑态度的激励、不良改造动机与服刑态度的矫正

在前一步区分了两类不同性质的罪犯改造动机与服刑态度后，监狱人民警察应当开展分层调节，即对积极改造动机与正确服刑态度的激励和对不良改造动机

与服刑态度的矫正。

对具有积极改造动机和正确服刑态度的罪犯，监狱人民警察要积极鼓励，可以采取口头的或书面的形式，努力树立其为改造的典型或榜样，成为其他罪犯学习的参照，从而树立其正气。如果出现被打击的情形，监狱人民警察必须采取有效的保护措施，给他们以坚定的支持。

对那些改造动机和服刑态度不良的罪犯，要制订有针对性的矫正方案，综合采取前述矫正方法与措施，并注意形成矫正工作合力，即监内各条块合力、监内与监外合力来共同矫正罪犯的不良改造动机与服刑态度。

（三）效果鉴定与反馈

激励或矫正的效果怎样，需要进行鉴定。这样，鉴定指标的设置成为关键。鉴定指标可分为两类：①单项指标，如改造动机、服刑态度，甚至更具体的认罪伏法或罪犯认知等方面的鉴定指标。需要注意的是，单项指标不一定是指一个考核项目，一般亦由多个考核项目构成，如罪犯改造积极性的考核项目可包括罪犯劳动积极性（劳动量完成情况）、罪犯学习积极性（到课率、学习成绩情况）等。②综合指标，这类指标是根据总体或最终改造目标来设置的，比如，根据罪犯需要矫正的犯罪心理情况来设置具体鉴定指标。

鉴定指标确定后，还需要明确具体考核项目。考核项目应当是可测量的，如前面提到的到课率、学习成绩情况、劳动完成情况等，可以进行量化考核。量化考核的过程和结果要有人监督，或交被考核人过目。

对考核项目进行综合后要形成对鉴定指标的效果评判，应当提供定性与定量相结合的分析报告。只有定性的或只有定量的考核报告，都是不完整的。当然，最后的鉴定结论最好形成简洁的语言表述。

鉴定结果要与本人见面，最后结果要反馈于相关的监狱人民警察与罪犯本人。把考核结果反馈给罪犯，对他们亦具有一定的激励效应。

（四）后续调节与矫正措施

对罪犯考核项目的综合，或总体的效果鉴定结果出来后，其往往呈现为某方面的不足，此时后续的调节或矫正措施要跟上。进一步的矫正方案的实施，需要进行进一步的考核，如此形成循环。

（五）材料整理与归档

对上述各个操作步骤产生的材料，应当很好地进行整理，然后建立相应档案。监狱人民警察要将自己对罪犯的激励与矫正过程努力形成书面材料，以便自己或他人日后进行提炼、总结，形成规律性的结果，为更好地开展罪犯教育矫正工作服务。

四、知识链接

(一) 马斯洛的"需要层次理论"

需要层次理论是 1943 年由美国心理学家马斯洛（A. H. Maslow）提出的。马斯洛把需要的满足作为个体发展的基本原则，他认为人的需要按由低到高的顺序可以分为五个层次：生理需要、安全需要、归属与爱的需要、尊重需要、自我实现的需要。其中，生理需要是需要结构中的最低层次，是其他需要的基础。一般来说，低层次的需要得到一定满足之后，才能产生并满足高层次的需要。但是，在特殊情况下也可能出现高层次需要掩盖或超越低层次需要的情况。在某一时期，人可能会同时存在多种需要，但只有一种需要是主导需要，它是人的行为的主要推动力量。因此，在采取激励措施时，应针对人的主导需要进行。

把需要层次理论应用于激励罪犯时，应注意首先满足罪犯的低层次需要，如生理需要、安全需要等，这两种需要得到满足之后，罪犯才能维持自身生存并安心改造。在满足罪犯低层次需要的基础上再激发其高层次需要，如归属需要、尊重需要等，并且应该使这些需要成为主导需要，因为这些需要不仅对罪犯的激励作用大，而且只有在这些需要的作用下罪犯才能真正朝着改恶向善、重新做人的方向发展。

(二) 弗鲁姆的"期望理论"

期望理论是美国心理学家弗鲁姆（V. H. Vroom）于 1964 年提出的。这一理论可用下面的公式来表示：

$$激励力量（M）= 效价（V）\times 期望值（E）$$

激励力量是指人的动机或内在积极性被激发的强度，用英文字母 M 表示；效价是指达到目标对于满足个人需要的价值，即对目标意义的估价，用英文字母 V 表示；期望值（或叫期望概率）是指根据个人经验判断实现目标的可能性大小（或概率），用英文字母 E 表示。期望理论的基本含义是：激发力量的大小取决于效价和期望值的乘积。由于 V 与 E 的不同情况，M 会出现五种情况：

(1) $V_高 \times E_高 = M_高$　　　(2) $V_中 \times E_中 = M_中$

(3) $V_低 \times E_高 = M_低$　　　(4) $V_低 \times E_低 = M_低$

(5) $V_高 \times E_低 = M_低$

把期望理论应用于激励罪犯时，应注意，在帮助罪犯确定改造目标时，应充分考虑此目标对罪犯的效价和期望值。如果改造目标实现的可能性较大（期望值高），但目标的实现对罪犯意义不大（效价低），或者改造目标的实现对罪犯意义很大（效价高），但目标实现的可能性较小（期望值低），那么，这种改造目标对罪犯不会起到多大的激励作用。只有那些通过努力能够实现（期望值高）而且实现后所得到的奖励能满足罪犯的需要（效价高）的目标，才能真正对罪犯起到激励作用。

（三）亚当斯的"公平理论"

公平理论是美国心理学家亚当斯（J. S. Adams）于 1965 年提出来的。这一理论是在社会比较中探讨个人所做的贡献与他们得到的报酬之间如何平衡的一种理论，侧重于研究报酬的合理性、公平性对个人积极性的影响。公平理论认为职工的工作动机（积极性），不仅受自己所得的绝对报酬（即实际收入）的影响，而且受相对报酬（即与他人相比较的相对收入）的影响。只有感受到公平，职工才会心理平衡，工作积极性才能提高。

把公平理论应用于激励罪犯时，就要求监狱人民警察注意奖励的公平性、合理性对罪犯改造积极性的影响。对罪犯而言，他所获得的奖励就是其改造行为所得到的"报酬"，如果他在改造中付出的努力比别的罪犯多，但得到的奖励却比别人少，或者他现在比过去付出努力多，但得到的奖励却比过去少，罪犯就会感受到不公平而降低改造积极性。因此，在对罪犯进行奖励时，只有做到对每一个罪犯都公平合理，才能真正激发罪犯的改造积极性，特别是在对罪犯进行减刑、假释时，尤其要做到公平、合理。否则，奖励就会失去意义，不仅不能起到激发罪犯改造积极性的作用，反而会起到相反的作用。

（四）斯金纳的"强化理论"

强化理论是美国心理学家斯金纳（B. F. Skinner）在大量实验研究的基础上提出的。他认为，行为的结果对行为本身有强化作用，是行为的主要驱力因素。所谓强化，是指加强或减弱主体某种反应的力量。强化有正强化和负强化之分。正强化就是对主体的正确反应给予肯定，从而使这种反应得到加强。正强化的形式有：认可、赞赏、表扬及各种奖励措施（如加分、发放奖金、晋升、晋级等）。负强化就是对主体的错误反应给予否定，从而使这种反应减弱或停止。负强化的形式有：不认可、批评及各种惩罚措施（如扣分、扣奖金、撤职、降级等）。

在罪犯管理中应用强化理论时要遵循以下原则：①要有目标体系，遵循目标强化的原则，即罪犯达到目标后再给予强化；②要采取小步子强化的原则（即把总目标分成若干步完成），总目标的实现需要有一个漫长的过程，某些罪犯可能会因其漫长而丧失信心，因此把总目标分成若干小目标，实现一个小目标就给予强化，这样可以不断增强罪犯进行行为转化的信心；③贯彻及时反馈、及时强化的原则,即罪犯有了某种行为表现之后,马上给予强化,并告知罪犯其行为与总目标之间是否还有差距及差距的大小;④实行奖惩结合,以奖为主的原则;⑤贯彻因人而异的强化原则,每一个罪犯都有其特殊性,根据罪犯的具体情况采取相应的强化措施,可以增加强化的有效性;⑥贯彻精神奖励与物质奖励相结合的原则,虽然精神奖励不如物质奖励"实惠",但精神奖励可以起到物质奖励所无法比拟的更持久、更强大的内在激励作用,两者结合可以大大增强奖励的效能。

(五)赫茨伯格的"双因素理论"

双因素理论是美国心理学家赫茨伯格(F. Herzberg)于20世纪50年代末提出的。该理论认为:激发动机的因素有保健因素和激励因素两类。保健因素是指工作以外的对人的积极性有影响的因素,如领导水平、工资奖金、工作环境、人际关系、劳动保护、娱乐休假等,这类因素只能防止职工对工作产生不满,只有保持人的积极性,维持工作现状的作用,没有从根本上激励人的作用。激励因素是指工作本身对人的积极性有影响的因素,如工作中充分表现的机会、工作带来的愉悦感、对工作的成就感、责任心、兴趣、对工作发展的期望等,这类因素使人们从工作本身获得极大满足,这种满足成为持久、稳定地激励人们努力工作的内在力量。

把双因素理论应用于罪犯管理,应注意以下问题:①注意保健因素,监狱要为罪犯创造良好的有利于其改造的外部环境和条件,防止罪犯产生不满情绪,这对罪犯的改造会产生积极作用。②要使奖励成为激励因素,防止奖励变为保健因素。对罪犯进行奖励应根据其改造成绩大小来定,要使罪犯形成"改造成绩好才能得奖,所得奖励与改造成绩成正比"的观念,只有这样才能使奖励成为激励因素。如果进行奖励时搞平均主义,或大家轮流受奖,奖励就会失去激励作用而变为保健因素。③要使改造行为本身成为一种激励因素。在罪犯改造过程中,监狱人民警察应注意充分调动罪犯的主观能动性,让罪犯通过自己的努力改变自己,并感受自我改变的快乐,从而使改造行为本身成为一种激励因素,激励罪犯不断改变自我、完善自我。

(六)罪犯服刑态度ABC

罪犯服刑态度由认知、情感和行为倾向三种成分构成,又称罪犯服刑态度ABC。

认知是罪犯对服刑活动的心理印象,包括与服刑活动有关的事实、知识和信念,以及在此基础上形成起来的带有倾向性的思维方式,是对服刑活动的认识、理解和评价。例如:"我认为劳动能让我洗刷罪恶""服刑是我罪有应得"等。

情感是罪犯在对服刑活动持肯定或否定评价的基础上,引发的积极或消极、接受或反对、喜欢或厌恶等情绪或情感体验,如"我厌恶劳动""我尊重监狱警察"等。

行为倾向是罪犯对服刑活动所预备采取的反应，是改造行为的直接准备状态。它引导罪犯对服刑和改造活动做出相应反应。主要表现为"服从不服从""如何改造"等指令，它不等同于外显行为，而是一种意向、倾向和偏好。例如，"我想要成为守法公民""我想认真学习法律知识"等。

上述三种成分相互影响、相互作用。其中认知成分是基础，情感成分是核心和关键，它调节着服刑态度的表现。但认知与情感成分总是要通过外显的方式影响或表现行为，这就必须通过行为倾向成分的作用。行为倾向制约着罪犯服刑活动的行为方式。

五、能力实训

能力实训的目的有以下四个：①深化学员对罪犯改造动机与服刑态度各知识点的认识，并使所学知识能与实际工作相结合；②通过实训掌握与罪犯的沟通技巧，提高学员逻辑思维能力和分析事物能力；③通过角色扮演，扩展知识面，体验咨询与被咨询过程；④巩固矫正不良改造动机与服刑态度的技能。

实训过程以学员为主，教师应加强针对性指导。

（一）实训项目一：罪犯改造动机与服刑态度的表现与识别

1. 相关知识点：罪犯改造动机与罪犯服刑态度的概念、表现、识别方法。

2. 提升能力：知识运用能力、沟通能力、应变能力、逻辑思维能力。

3. 实训场所：监狱。

4. 实训方式：学员2人一组，通过谈话方式了解罪犯的改造动机与服刑态度。

5. 实训过程设计：具体实训时，学员2人作分工，一人询问罪犯相关问题，另一人记录罪犯对问题的回答，谈完一名罪犯，问问题与做记录的学员互换，再访谈另一名罪犯。

6. 实训要求：①将谈话问题事先做一定设计；②做好记录的各项准备工作；③每名学员完成1份谈话报告。

（二）实训项目二：罪犯不良改造动机的矫正

1. 相关知识点：罪犯不良改造动机的表现、识别与矫正方法。

2. 提升能力：教育矫正能力。

3. 实训场所：校内模拟监狱或监狱。

4. 实训方式：校内模拟监狱实训采用角色扮演法，一名学员扮演监狱人民警察，另一名学员扮演罪犯。监狱实训时，形式有两种：①学员2人、存在不良改造动机的罪犯1人构成一个实训组，采用谈话方式；②学员3~4人、实训指导教师1人、存在共同不良改造动机的罪犯4~5人构成一个实训组，采用集体互动方式。

5. 实训过程设计：校内模拟监狱实训，案例可由教师提供，为调动学员积极性，亦可由学员查找；扮演罪犯的学员应穿囚服；一组学员实训时间控制在20 分钟左右；学员应对整个教育矫正过程做对话台词设计。监狱实训，形式一要求 2 名学员做一定分工，一人询问并矫正罪犯的不良动机，另一人记录罪犯对问题的回答与矫正过程；形式二要求开展团体咨询，按团体咨询的过程来开展矫正工作。

6. 实训要求：①教师对实训内容、过程提出明确要求；②事先做好对参与实训罪犯的鉴定；③每名学员完成 1 份教育矫正报告。

(三) 实训项目三：罪犯不良服刑态度的矫正

1. 相关知识点：罪犯不良服刑态度的表现、识别与矫正方法。

2. 提升能力：教育矫正能力。

3. 实训场所：校内模拟监狱或监狱。

4. 实训方式：校内模拟监狱实训采用角色扮演法，一名学员扮演监狱人民警察，另一名学员扮演罪犯。监狱实训时，形式有两种：①学员 2 人、存在不良服刑态度的罪犯 1 人构成一个实训组，采用谈话方式；②学员 3~4 人、实训指导教师 1 人、存在共同不良服刑态度的罪犯 4~5 人构成一个实训组，采用集体互动方式。

5. 实训过程设计：校内模拟监狱实训，案例可由教师提供，为调动学员积极性，亦可由学员查找；扮演罪犯的学员应穿囚服；一组学员实训时间控制在20 分钟左右；学员应对整个教育矫正过程做对话台词设计。监狱实训，形式一要求 2 名学员做一定分工，一人询问并矫正罪犯的不良态度，另一人记录罪犯对问题的回答与矫正过程；形式二要求开展团体咨询，可按团体咨询的程序来开展矫正工作。

6. 实训要求：①教师对实训内容、过程提出明确要求；②事先做好对参与实训罪犯的鉴定；③每名学员完成 1 份教育矫正报告。

复习与思考

1. 如何理解罪犯改造动机与服刑态度？

2. 罪犯改造动机有哪些类型？如何识别？

3. 罪犯不良改造动机的矫正途径有哪些？

4. 如何认识罪犯服刑态度的形成与转变规律？

5. 怎样矫正罪犯不良服刑态度？

6. 结合实例设计一个罪犯不良改造动机与服刑态度的矫正方案。

工作任务四　罪犯违规心理与又犯罪心理

一、学习目标

知识目标：了解罪犯违规心理的概念与类型，掌握常见的罪犯自杀、自残、诈病及其他违规心理的表现和识别及罪犯违规心理的矫正方法；掌握罪犯脱逃心理及其识别和矫正方法。

能力目标：掌握罪犯违规与又犯罪心理危险性的预测、提前干预技术及方法。

二、工作项目

（一）罪犯违规心理的表现

◎ **案例 1**：罪犯蒋某，23 岁，中专毕业后在某交电公司修理部工作。一日深夜，蒋某以买东西为名敲门进入修理部附近一食品小卖部，强奸了女店主。经法院查明，该女子未满 14 周岁，于是以强奸罪判处蒋某有期徒刑 10 年。蒋入狱后深深悔恨，难以自容，经常自语："这不是我干的。"他认为自己的美好前途已毁于一旦，个人生命没有再存在的必要。何况，服刑坐牢，还要累及家里亲人，于是写下诀别信，认为死是自己最好的归宿。

◎ **案例 2**：罪犯李某，盗窃罪，无期徒刑，属外省籍罪犯。生活条件相对较差，性格内向，沉默寡言。入监 1 年有余，因身体状况不佳等原因，自认为遭到遗弃被人看不起，心理压力很大，面对漫长的服刑生活，感到无助、无望，平时情绪波动很大，曾多次拒绝家人接见，叫家人忘了他。连续数日，因疾病发作并趋向严重，精神萎靡，于夜半小便之机，避开护监，吊死于水池边。

◎ **案例 3**：罪犯张某，故意杀人、抢劫罪，刑期 19 年 6 个月，某日卫生检查时，由于被子未叠被批评，当执勤监狱警察让其去将内务整理好时，该罪犯态度恶劣，顶撞道："没门，我不去整理，你能把我怎么样？"根据其态度，监狱警察要求该犯面壁反省，该犯不但不服从，反而当场辱骂监狱警察，并欲冲上来动手打人，被及时制止。

（二）罪犯违规心理的识别

本案例意图从对一名服刑人员进行的心理分析着手，进而将精神分析的客体关系理论应用到对服刑人员的日常管理中去，以便于对有违规行为和又犯罪危险性的罪犯早发现早干预。

1. 来访者基本情况。王某，男性，45岁，为正在监狱服刑的罪犯，未婚。

2. 主诉。服刑3年来和同犯发生几次口角，受到管教警察处理后认为警察处理不公，因此和管教警察发生3次对抗，受到严肃处理，心里感到委屈。

3. 个人成长史。从小父母管教很严，在自己的记忆中父亲似乎没有肯定过自己。父亲的管教方式主要是打骂，在父亲责打自己时母亲也往往站在父亲一边。印象深刻的事件是自己小时候有次和一个小孩打架，母亲不分青红皂白打自己，王某认为主要责任不在自己而感到非常委屈。王某从小对父母的感情是委屈、怨恨和意欲反抗。王某在20多岁的时候谈恋爱，和女友感情很好，到了谈婚论嫁的程度，但是遭到父母的反对，始终不同意女友进家门，最后和女友分手，感到很委屈，对父母感到不理解、怨恨，从此再未谈过恋爱。记忆中曾和父母发生过2次冲突，一次是在母亲指责自己时，自己将手里滚烫的稀饭泼到母亲身上，致使母亲被烫伤；另一次和父亲发生冲突而将父亲按倒在床上，欲殴打父亲时被别人制止。

4. 犯罪与改造史。30岁时开始第1次犯罪，扒窃，释放后不到1年第2次犯罪，仍然是扒窃，第2次释放1年后第3次因扒窃入狱，至今已经是第4次入狱，他扒窃的理由就是缺钱，需要钱结婚。目前正在监狱服刑，在第4次坐牢的3年期间和管教警察发生了3次顶撞，原因是认为警察处理问题不公。对警察同样是委屈和怨恨交织的感情。咨询师为此走访了他的管教警察，详细地调查了解了他和他人发生冲突的3次事件，了解到王某在和其他服刑人员发生口角后，警察处理的应该算是公平的，但是王某仍然坚持认为警察对自己处理不公平，感到委屈，从而和警察发生顶撞，受到了严肃处理。

5. 分析与讨论。

（1）在原始客体关系（即与父母或者早年其他重要关系人的关系模式）里，父母对王某不当的管教方式使王某产生了对父母强烈的怨恨、不信任和反抗的情绪。道德的约束（超我）使他的反抗压抑、变形。连续4次犯罪，至今未婚其实都有可能是对父母的一种反抗，犯罪是让父母失望，因为他们的儿子是罪犯；至今未婚是让父母没有孙子，也可能是对父母的一种潜意识的报复。

（2）王某过去和父母的关系（原始客体关系）迁移到了自己的内在客体关系中，自己又无意识地将内在客体关系转移到了现在和警察的关系上，总是认为警察处理问题不公平，对警察有怨恨和反抗感，从而发生对抗。

（3）精神分析的理论认为，凡被视为权势重的，地位高的人，往往会在潜意识里被认为是早期客体关系中的重要人物。在监狱这个特殊环境中，管理警察和服刑人员朝夕相处，对服刑人员实施管理教育，服刑人员往往把原始客体关系（童年和重要关系人的关系）转移到现在和干警的关系中。

如果警察在管理服刑人员时能够充分了解到服刑人员的早期客体关系，如父母对服刑人员在早期是如何教育的？该服刑人员对父母抱有什么样的感情？和父母有没有发生过冲突行为？是什么样的冲突行为？在服刑人员新入监时，管教警察如果认真了解服刑人员的这些信息并做好记录，就可以有针对性地管理服刑人员及对服刑人员的心理、行为进行把握和预测。

编者根据服刑人员最常有的几种原始客体关系，总结出了服刑人员的危险等级与管理策略，仅供参考。

表 4-1　服刑人员的危险等级与管理策略

重要关系人早期的管教方式（原始客体关系）	服刑人员对重要关系人的心理反应	该服刑人员的危险等级	管教警察对该服刑人员的管教策略
溺爱	怨恨（由于溺爱导致了犯罪）	＊ ＊	适当交流
暴力	反抗	＊ ＊ ＊ ＊ ＊	尽量不用粗暴、严厉的言行管教
	顺从（表面上）	＊ ＊ ＊ ＊	严厉与说服并用
冷漠	希望父母注意 怨恨父母	＊ ＊	多交流，多谈话

注：＊代表危险等级，星号越多，罪犯危险性越强。

（三）罪犯违规行为的防范

罪犯违规行为的防范，是指运用综合力量，采取多途径的办法，促使罪犯遵守行为规范和监狱各项规章制度，维护监狱劳动、学习、生活秩序与环境稳定的过程。

罪犯违规行为的防范分为两个层次：一是对罪犯的违规行为要有正确的认识；二是罪犯违规行为防范的具体措施。

罪犯违规行为的发生在某种程度上具有必然性。由于绝大多数罪犯存在主观恶性，罪犯的思想认识与监狱的规范要求之间存在冲突，使得罪犯违规行为的发生具有某种必然性。因此，一方面，监狱人民警察应当认识到，罪犯违规是罪犯服刑改造过程中的"正常"现象,是实现对罪犯改造的"合理"环节,监狱警察要克服罪犯违规是异常现象的认识;另一方面,监狱警察还要认识到,罪犯违规不能只归因于罪犯个人本身,有时监狱警察的不当言行正是罪犯违规行为发生的直接原因。

罪犯违规行为防范的具体措施可以通过罪犯主体内外两方面多层面来实现。主要有:

1. 罪犯违规行为防范的内化过程。罪犯违规行为防范的内化过程就是促使罪犯努力地控制自我,自觉地服从监狱规范的过程,其实质就是罪犯的再社会化即罪犯的矫正过程,这种矫正必须要针对罪犯的违规现象实施专门的教育和训练,使罪犯看得到、摸得着、行得通,既有现实价值,也容易迁移到其他情境中。这种教育训练包括:规范教育、心理疏导和自律训练。通过规范教育,有目的、有计划地对罪犯进行法律、法规和监规纪律的教育,以保证罪犯的行为按照监狱规范要求的方向发展;心理疏导有助于罪犯解决心理矛盾与心理冲突,帮助罪犯学会对自我心理行为进行分析;自律训练,就是强化自身的行为、将自己的行为控制在法制轨道上。

监狱机关组织罪犯学习监规纪律,亦是控制罪犯违规行为的外部机制之一。罪犯作为能动主体,并未丧失自我调节功能。监规纪律可以成为自我调节的"标杆",使罪犯的行为在自我调整的标杆之内,起到了前馈作用。为使监规纪律对罪犯的违规行为起到控制作用,应当注意:

(1)监规纪律应明确、有效,具有可操作性。罪犯监内行为规范应当清楚、明白、易懂;行为标准要符合罪犯实际,不能要求过高;要保证罪犯行为规范具有可操作性,当罪犯按规范要求去做时,应当得到正强化;不作为或者违反了行为规范,应该得到负强化。

(2)要努力使罪犯同化规范。罪犯对行为规范的学习不应当仅仅停留于记忆阶段,背会了的监规纪律应当体现于罪犯日常行为中,实现罪犯对规范的认同并向狱内日常行为转化。

(3)规范要起到约束罪犯散漫行为,改正罪犯不良行为习性的目的。在此,不提罪犯行为规范内化,是因为内化是指外在的新知识、新事物与个体内有的知识或行为模式相联结,成为个体认知结构或行为模式的有机组成部分的过程。如果罪犯行为规范的某些要求内化为罪犯认知结构或行为模式,形成监狱化人格,则对罪犯将来回归社会是有害无益的。

2. 罪犯违规行为的外部控制。罪犯违规行为的外部控制是指利用各种正式或非正式的控制手段,迫使罪犯遵从监狱规范的外部压力,不能、不敢或不再违反法律法规和监规纪律。从心理学角度来看,应从以下方面着手:①教育。让罪犯对违规作正确归因，学会自我克制。②惩罚。通过惩罚的威慑作用给罪犯造成一定的心理压力，使罪犯感受到痛苦的情感体验，进而形成条件反射，产生避免受处罚的意念，自动戒除不良的念头，克制违规行为。

（1）通过教育的方式抑制罪犯违规行为，主要是提高罪犯对违规行为危害性的认识。要使违规教育有效，必须注意以下几点：

第一，宣传教育既要实事求是，又要晓以利害。开展监规纪律教育，要实事求是，取得罪犯信任；同时要晓以利害，使罪犯对违规违纪感到内心的压力与威胁。

第二，宣传教育既要有针对性，又要逐步提出要求。要根据罪犯的特点有针对性地进行宣传教育。对文化程度很低的罪犯，要讲清遵守监规纪律的必要性；对文化程度相对较高的罪犯，要进行正反两方面的教育。同时，对罪犯遵章守纪的要求，可以根据罪犯的特点，分阶段提出，不要急于求成。例如，大部分惯犯、累犯的行为养成很差，可以先要求他们遵守最基本的罪犯行为规范，等到逐步适应后再提出更高的要求。

第三，培养集体荣誉感，激发罪犯内疚感。要使罪犯明白，遵守监规纪律不仅是罪犯个人所需要的，也是罪犯班组的荣誉；要建立罪犯违规联动制度，一人违规，集体受损，以培养罪犯集体荣誉感。对于已经违规违纪的罪犯，要激发他们的愧疚之心、后悔之意，产生内在的抑制力量。

第四，对违规作正确归因，学会自我克制。罪犯违规时往往作客观归因，把自己的违规归咎于他人或外在因素。这种归因机制也是罪犯之所以犯罪的原因之一。因此，对罪犯的违规，监狱警察首先应当帮助罪犯分析违规的具体原因，对确是由外在或客观原因引起的违规，如对某些过失违规，监狱警察要鼓励、安慰并帮助罪犯放下包袱；对因罪犯主观原因引起的违规违纪，监狱警察要明确指出罪犯自身存在的违规心理，不能推向客观，从而帮助罪犯实现正确归因，逐步学会对违规行为进行自我克制。

（2）通过惩罚的方式控制罪犯的违规行为，主要是通过惩罚的威慑作用给罪犯造成一定的心理压力，使罪犯感受到痛苦的情感体验，进而形成条件反射，产生避免受处罚的意念，自动戒除不良念头，克制违规行为。同时，惩罚也能在罪犯群体中起震慑和警戒的作用，教育其他罪犯明辨是非，纠正某些不良的思想和行为。在监狱工作中，要使惩罚有效，必须注意以下几点：

第一，惩罚必须准确、公正。首先，惩罚应当在"根据事实，依照法律，严格考核，准确适用"的原则下，合理、合法、有据、有度地实施。其次，惩罚要击中要害，要目标明确，有的放矢。最后，惩罚要公正、公平，要一视同仁，还要前后一致，不能依监狱警察自己的情绪或好恶任意为之。

第二，惩罚要及时。这是实施惩罚的一条基本原则。要在罪犯违规行为发生之后尽早予以惩罚，使其对违规的负强化留下深刻印象。否则，延缓的负强化会降低惩罚的效果，特别是在罪犯意识到错误并有了改正时，延迟的惩罚正好此时给予，那么罪犯本人或者其他罪犯来说就会认为改正错误了也没用，使罪犯改正违规的努力受到打击。这种情形在矫正罪犯实际工作中确实存在，应当努力避免。

第三，惩罚后要适时进行教育，消除对抗心理。对罪犯违规行为的惩罚，不能处罚过就结束了，还要趁热打铁，适时进行教育。要采取摆事实讲道理的办法，帮助罪犯分析原因，认识错误，鼓励他们知错就改，促其拿出实际行动；还要注意消除罪犯顾虑心理，端正服刑心态，防止破罐子破摔，产生狱内又犯罪心理。

第四，重视受惩罚罪犯的倾诉，给予真情关心。对罪犯正确的意见要认真听取，不抱成见，避免先入为主；对错误的认识，要循循善诱，与其共同分析，找出症结所在，再对症下药，标本兼治。要认识到，受处罚罪犯把监狱警察作为倾诉对象，恰恰是对监狱人民警察的信赖，相信监狱警察有能力帮助他们解决实际问题，因此应当给予真情关心与安慰，不能拒人于千里之外。对少数罪犯，必要时可进行心理咨询，帮助其解决受处罚带来的心理困惑，促其改过自新。

（四）罪犯又犯罪（脱逃）心理的表现

○ **案例1**：罪犯赵某因犯私藏枪支罪、抢劫罪被判处无期徒刑。入监后根据其表现及犯罪性质被列定为四类罪犯。该犯入监前曾当过兵、管理过枪械，复员后又在单位武装部负责枪支管理。因持枪抢劫，并与抓捕干警交火，犯罪的反社会性很强。由于该犯在看守所期间加戴戒具时间较长，致使腰抬不起来并患有慢性肠炎，且家中无人探视。干警多次对该犯进行教育，并给他买了药物为其治病。该犯也多次表示了对政府的感激，要好好干，而且改造表现一直不错。但该犯却在入监2年后与其他2名罪犯张某、李某某，胆大妄为地实施了一次脱逃（未遂）犯罪。该犯是在患病休息期间结识张、李二犯的，结识后该犯就经常与张、李二犯吹嘘自己如何懂枪械，如何在被抓捕时与警察反抗对射，外边的世界如何好等，时间不长三犯就一拍即合，相见恨晚，预谋实施脱逃。就在警察在其脱逃前对其进行节前教育时，该犯仍表示要好好改造、报答政府。要离开教育室时该犯一脚门里一脚门外地对干警说："队长，我想报答你。"但当时干警并未察觉到他复杂的心理活动，后该犯借送胶条子的机会，与张、李二犯翻过监区后墙，准备脱逃。在被抓获后的审讯中该犯讲："外面的世界实在是太好了，不是警察整我，我也不会有今天，一想起这些我就控制不住自己。"

　　◎ **案例2**：罪犯张某某，因犯抢劫罪被判刑15年。他的犯罪使自己年迈的父亲一病不起，妻子也因恨他和生活无着落而跟一些不三不四的人混在一起，最后跑到南方干起了卖淫勾当。张犯自感无路可走，情绪低落、破罐子破摔，整天不思改造并多次参与赌博活动。由于欠下了不少赌债无法偿还，且有已刑满释放的犯人到家中向其父母索要赌债。这使本来就内心极度扭曲、"死要面子"的张犯更加感到"被欺辱得喘不过气来"。因此产生了劫持监狱领导，强行冲出去的念头。笔者在获知情报后，立即对其进行谈话。在耐心而强大的攻势下，该犯心理防线彻底垮了，交待了企图寻机劫持人质冲出去的预谋过程。该犯在遗书中写道："我现在不行了，他们才敢逼到家里要钱，这次干成干不成，我都要让他们知道我张某某行。"事件被消灭在萌芽状态，张犯被送押严管。

　　◎ **案例3**：罪犯杨某某，因犯抢劫罪被判处无期徒刑，入监后始终沉默寡言，不愿接触他犯。常因一点小事与他犯发生冲突，并因抗拒劳动，煽动他犯抗改而被严管教育。解除严管后，干警对他进行了多次耐心教育，期望他能安心改造。该犯表面上比以前有所进步，但据负责监控的耳目多次反映，该犯经常利用节假日和休息、就寝前的机会与一些犯人闲谈，多是打听了解接见室附近电网的情况，大墙外面的平房是什么地方，接见家属住宿门是否上锁，房间有没有窗户等。根据掌握的情况和线索，监狱警察及时对该犯进行了审查谈话。经过耐心教育和政策攻心，终于迫使该犯说出了实情。他的犯罪入监，使得本来就体弱多病的父母更是雪上加霜，妻子提出了离婚，孩子没人管，他怕妻子离婚把家产带走，家里老小没人管，因此产生了想办法跑出去，找他们算账的念头。由于发现及时，教育针对性强，使该犯得以醒悟，也避免了一次脱逃事故的发生。

（五）罪犯又犯罪（脱逃）的预防

1. 做好防逃教育工作。人的行为是受思想支配的，要使罪犯不想逃，必须认真深入调查，及时掌握情况，深层次地分析四类罪犯的思想动态和心理活动规律，采取各种方法实施有针对性的思想教育和有效防范，尽可能地改变罪犯原有的心理定势。

（1）深入进行政策教育促使罪犯接受改造。针对罪犯的脱逃思想，运用正反两方面的典型事例，亮明政策，阐明利害，使罪犯打消侥幸心理和脱逃念头，投身到积极改造的行列。

（2）搞好因人施教，强化个别教育。个别教育不仅是教育改造罪犯的重要手段，也是因人施教的主要方法。对四类罪犯对症进行个别教育，才能触及其脱逃的思想和心理问题，进而使其放弃脱逃想法。

（3）做好感化教育，鼓励迎头赶上。感化教育的主要方法是"主动接近，沟通心灵；热情帮助，耐心说服；晓之以理，动之以情；戒之以规，导之以行；竭尽全力，教育挽救"，只有这样才能消除对立情绪，瓦解脱逃思想，使其把思想和行为转化到积极改造的轨道上来。

2. 使罪犯不愿逃。除了抓好教育外，还应抓好以下几个方面的工作，要使罪犯不愿逃。

（1）关心罪犯生活，尽量改善和调剂罪犯伙食，向吃得较好的标准努力。俗话说"民以食为天"，吃是人生存的最起码的条件，吃得饱，心情好对稳定罪犯改造情绪十分重要。

（2）搞好监区文化建设，活跃罪犯改造生活。在认真抓好罪犯三大教育的同时，建立必要的罪犯活动场所和园地，组织开展各类文体活动，既使罪犯在活动中受到潜移默化的教育，又使罪犯更充实、更有意义地度过空闲时间。

（3）加快创建步伐，努力改善改造环境。创建部级现代化文明监狱是推进监狱发展的有力措施，而大力改善改造环境是创建工作的重要任务之一。通过创建工作，使罪犯进一步明白和看到人民政府的关怀，从而认识到自己作为一个有罪于人民的罪犯没有理由不好好改造，树立起"净化灵魂、严守规范、爱我家园、美化生活空间"的观念和不愿跑的思想。

3. 使罪犯不敢逃。增强刑罚的威慑力，消除侥幸心理，使罪犯不敢逃。罪犯的侥幸心理，在罪犯脱逃动机的形成过程中起着强化作用。因此，消除罪犯的侥幸心理，增加罪犯的恐惧心理，当罪犯在产生"想跑"的念头时，在脱逃动机激烈斗争的过程中，使畏惧害怕心理成为主导动机，从而消除脱逃动机。增强罪犯的恐惧感应从三个方面入手：①强化刑罚的震慑力。对于脱逃罪犯的惩罚应从重从快。②弱化他犯的模仿和暗示作用。对于脱逃罪犯应尽快抓捕归案，并以此为典型，将惩罚结果反馈至每个罪犯，通过替代强化的作用，使其他罪犯消除脱逃想法或意图。③改变罪犯的不良认知，消除其幻想。应进行"三个跑不了"和"四个要增加"的针对性教育。"三个跑不了"是指人跑不了，刑期跑不了，罪恶跑不了。"四个要增加"是指刑期要增加，罪恶要增加，痛苦要增加，亲人的怨恨要增加。要使罪犯意识到不论自己如何聪明，如何有本事，也不管社会情形怎样，总是"法网恢恢，疏而不漏"。也要使罪犯认识到"逃跑无出路，抗改无前途"，使罪犯因惧怕被抓后的处罚和痛苦，而即便想逃也不敢逃。

4. 使罪犯逃不了。强化防逃意识，落实防逃措施，使罪犯逃不了。罪犯的脱逃心理也是对外界环境刺激的一种反应结果，而脱逃行为的实施成功与否也与外界环境和条件直接相关。因此只要强化监狱人民警察的防逃意识，落实好各项防逃措施，就能使罪犯即使是在想逃也敢逃时，也逃不了。首先，应充分意识到防逃的重要性，增加安全意识，防止麻痹思想；其次，应树立科学的防逃观念。监狱人民警察中主要存在着三类防逃意识误区：①认为只要硬件设施好，对罪犯强压硬看，罪犯就无法脱逃；②只要对罪犯实施人性化管理，罪犯就不会跑；③认为罪犯脱逃是必然的，不管自己怎样做，罪犯总是要逃的。监狱人民警察既应当意识到罪犯脱逃的不可避免性，也要深知防逃的可能性；既要注重硬件防逃设施和先进防逃技术的建设，也要知晓提高改造质量和软件建设的根本性作用；既要严格、公正执法与刚性、规范化管理，也要意识到科学、文明执法和柔性化、人性化管理的重要性等。

三、操作流程

◎ **案例**：服刑人员陈某在被判 15 年投入监狱服刑后，对家人保证："你们放心，我会非常努力，很快获得减刑，我相信自己最多待八九年就会出去"，陈某改造一直很积极，也确实实现了自己的诺言，很快就减刑了一年半，当他再次大干准备获得再次减刑时，警察因为改造需要，调整了他的工种，他以前的工种是他熟练操作的一个工种，现在调整的工种自己从未接触过，感觉警察有意和自己过不去，并认为干这样一个生疏的工种自己还怎么积极改造获取成绩，减刑也没希望了，在这种思想的驱使下，他干脆撂挑子不干了，从一个积极改造的服刑人员很快变成了一名自甘堕落的落后分子，对抗警察，不思进取，这种转变让他周围的人都很难理解，他本人也有很多矛盾和委屈。

（一）服刑人员陈某改造期间违规心理的原因识别

1. 个人基本情况与生活史。服刑人员陈某 30 岁，初中文化，现已经是第二次服刑，家庭很贫困，从小就在贫困的环境中长大，没少遭受同村人的看不起和欺负，印象非常深的一件事是童年一次和哥哥、父亲一起上山砍柴，母亲哭哭啼啼跑到山上来说村里某村民又到家里来欺负她，他们听到这消息后，立即下山，陈某记得当时自己手持镰刀追了这个村民很远才停下来。"这件事让我刻骨铭心，并埋下了仇恨的种子，觉得只有出人头地才不会被别人欺负。"陈某 15 岁外出打工，并决心用自己勤劳的双手改变自己的命运，到县里一家工厂干了一段时间，厂长对其很好并希望他能够长期做下去，但是他却认为这实现不了自己出人头地的理想，毅然辞职前往上海，做起了水果生意，并很自信通过自己的努力可以过得绝对不比本地人差。他拼命工作，在 20 世纪 90 年代初经济并不太发达的情况下，一年赚了两万多元钱，很风光地回到家里。不久后在一个朋友的劝唆下想投资做发廊，认为可能会赚钱快，他于是倾自己的家当和那位朋友合开了一家发廊，但是却因为和那位朋友意见不合而分道扬镳，原因是那位朋友想在发廊里经营一些非法生意，而陈某坚决不同意，认为不能赚昧心的钱，生意失败后他离开了上海，前往绍兴投奔一个开饭店的亲戚，陈某做得非常努力，饭店也经营得很红火。

2. 个人犯罪史。变化发生在陈某在当地谈了个女朋友，俩人感情很好，到了谈婚论嫁的程度，但是女方父母却不同意，原因是陈某是外乡人，又没有什么钱，有一段时间把女儿关在家里不让其和陈某见面，这件事对陈某打击很大。"那一段时间我天天昏昏沉沉，我在想为什么世界这么不公平，为什么别人能过上好日子，而我却不能，为什么别人有的我却没有。"（陈某语）在一个晚上陈某鬼使神差地跑到隔壁一家商店拿了抽屉里的几千元钱，但是自己并没有跑，而是睡在店里，直到被抓到。这就是陈某的第一次犯罪。在当地服刑了 1 年，刑满释放后又找到以前女友，言归于好，和女友一起跑到合肥做生意，开始几年生意同样做得很好，但是后来生意开始不景气，一个偶然的机会一个朋友教他学会了开车，一段时间里他迷上了开车，很想有一辆自己的车子，但是苦于买不起，在一天晚上终于没有克制住自己的欲望偷了一辆车子，并把它开回了家乡，很是风光了一下，把车子在家乡低价卖了以后，回到合肥，继续做生意，一段时间以后再次控制不住自己又如法炮制，偷了第二辆车子，又开回家乡说自己做生意买的，风光过后，再次卖掉回来，如是再三，终于在第四次偷车时被当场抓住。

3. 客体关系模式。该服刑人员早年建立的原始客体关系模式，即仇恨、自卑等心理和心态，迁移到了目前和警察的关系中。

（二）对陈某违规心理的矫正

对违规作正确归因，学会自我克制。陈某出身贫寒，从小经常受人欺负，所以希望通过自己的努力来改变现状，抚平心灵的创伤，他也确实这样做了，付出了自己艰辛的劳动，并且得到了回报。在这些努力与执着的同时他也深深地将心理所遭受的创伤压抑了，压抑可能代表暂时的忘却，但是并不代表它的消失，潜意识随时在寻找表现的机会，当他被自己的潜意识控制的时候，他走向了反面，成了罪犯。仅仅是因为恋爱受了挫折，生意暂时不景气，在改造过程中正常调换的工种也成了他的挫折源，当他受挫时，反应就是仇恨整个社会，正如他童年遭受挫折时心里所想的一样，成年后的挫折不断触及他的潜意识创伤，他被潜意识创伤所控制，又回到了童年："这件事让我刻骨铭心，并埋下了仇恨的种子。"在循环往复中他一遍遍地"温习"自己的潜意识创伤。

当潜意识创伤成为一个人奋斗的动力时，从这个角度来看，潜意识创伤是"天使"，而当行为受挫的时候，潜意识创伤被触及，如果创伤埋下的是仇恨的种子，当他被自己的潜意识所控制时，那么它就使人变成了"魔鬼"。陈某的潜意识创伤埋下的是对这个社会的仇恨，当他恋爱受挫，生意不景气，改造受挫的时候，他犯罪的行为受到潜意识创伤的控制而报复社会。要明确指出罪犯自身存在的违规心理，不能推向客观，从而帮助罪犯实现正确归因，逐步学会对违规行为进行自我克制。

四、知识链接

（一）罪犯违规心理

1. 违规行为与违规心理的含义。罪犯违规行为有狭义与广义两种理解。狭义的罪犯违规行为，是指罪犯在服刑期间，违反监规纪律的言行。因此，它不仅包括程度严重的违规，如反抗管教、抗拒劳动、自杀等。而且还包括一般意义上的违规违纪，如不服从管教、经常完不成劳动任务、私藏现金等。广义的罪犯违规行为，除了罪犯在服刑期间的违规违纪言行外，还包括罪犯又有犯罪行为。属于狭义范围的违规行为可以运用监狱行政法规和规章制度予以制裁和处罚，而狱内又犯罪则需要报请人民法院给予刑罚惩罚。本章研究范围限于前者。

在监狱学理论研究和犯罪教育矫正工作中，还有"犯罪抗拒改造"或"反改造行为"的概念与称谓。这与狭义的罪犯违规行为的概念呈现交叉关系。罪犯抗拒改造或反改造，是指那些坚持犯罪立场、有意识地以各种不同的伎俩对抗刑罚与教育的罪犯的行为。从法律意义上讲，罪犯抗拒改造的行为可以分为两个层次：①一般违法性质的抗拒改造，如一贯地反抗管教和拒绝劳动等；②又犯罪性质的抗拒改造，如越狱脱逃、传授犯罪方法等。因此，前一层次的抗改行为属于严重违规；后一层次的抗改行为则是又犯罪行为，本文将在下一章讨论。

违规心理是支配罪犯违规行为的内在原因。它是在罪犯原有犯罪心理的基础上，对监狱的生活方式与规章制度不能适应而产生的不良心理倾向与状态。罪犯违规心理一般延续着原有的主观恶性与恶习，即引起犯罪的心理因素在违规心理形成中起重要作用。犯罪心理与对监禁环境的不适应及监狱不良因素共同影响，促使违规心理的产生、发展和外化，并最终形成违规倾向，引发违规行为。

2. 违规行为与违规心理的关系。违规行为与违规心理既有区别，又有密切联系，两者的关系错综复杂。

违规心理与违规行为的区别主要表现为：违规心理具有内隐性，违规行为具有外显性；违规心理具有相对独立性，违规行为具有依存性；违规心理形成在先，违规行为发生在后。

违规心理与违规行为又有密切联系：违规行为的发生受违规心理的支配；违规心理与违规行为体现出性质与程度的一致性，通常，有什么样的违规心理就会发生什么样的违规行为，违规心理程度越严重，违规行为也就越严重；而且，要剖析罪犯违规心理，首先应当了解其违规行为。

　　违规心理与违规行为的关系错综复杂。表现在：①有了违规心理并非一定会发生违规行为，由于罪犯主体自我意识作用或环境条件不具备，罪犯的违规心理可能作用延时甚至不外化；②违规心理与违规行为可能并不一一对应，同一违规心理因主体不同或者时间差异可能引发不同的违规行为，而在某一违规行为的背后常常隐藏着复杂的违规心理。

　　（二）罪犯违规的类型

　　由于罪犯违规心理的复杂多样，有反改造心理、非反改造心理，其产生的行为无论从行为上，还是从违规性质上来看，都不尽相同，主要分为以下几类：

　　1. 预谋性违规。这类违规是罪犯事先有一定目的、有一定准备的违规。少数罪犯犯罪动机较深，行为习惯难改，长期生活在改造场所中，熟知监狱各项规范制度，但改造态度不端正，不思改造甚至抵触改造，为了满足自身不正当的需求和满足私欲，往往采取种种不正当的手段，公开或故意地违规，轻者消极怠工，散布反改造言论，自伤自残；重者煽动闹事进行暴力反抗，甚至脱逃越狱，以达到反改造目的。

　　2. 突发型违规。这类违规是罪犯并无违规预谋准备，只是遭受突然发生的对个人改造生活至关重要的情况或受环境、气氛条件影响而引发的违规行为。这类违规行为没有目的、动机，多数与人的情绪变化有直接联系。例如，激情状态下发生的违规行为，不良环境导致的违规行为等。

　　3. 习惯型违规。这类违规是经常的、重复的、习惯性的违规。这类违规罪犯的主要表现是大错不犯，小错不断，无视监狱纪律的约束，松散的行为习惯已成定型，明知故犯。

　　4. 境遇型违规。这类违规是罪犯在接触到了诱发、促使违规行为发生的环境时而引发的违规行为，这类违规行为的境遇作用是不容忽视的。换言之，若无此种处境违规行为有可能不发生。例如，罪犯起哄、骚动时，就有一些罪犯在其中，这属于盲目从众行为。

　　5. 群体违规。这类违规是 3 人以上发生的违规。它包括一般的群体违规，如违反监规纪律伙吃、伙喝等；还有一种比较严重的群体违规，即形成狱内犯罪团伙进行抗改活动。

　　从以上分析不难看出，罪犯违规的类型多种多样，只有认识到违规行为的心理特点，才能有效地控制罪犯违规行为。

工作任务四　罪犯违规心理与又犯罪心理　*77*

（三）罪犯自杀心理

1. 罪犯自杀概述。自杀是主体用一定的方法有意结束自己生命的一种行为。自杀的发生率，由于各国社会制度、文化、经济、宗教和社会风俗等情况的不同而差异很大。据有关研究人员统计，中国大陆每年因自杀死亡约 25 万人，统计表明狱内罪犯自杀（包括未遂）发生的频率远高于社会。在美国，罪犯比普通人口的自杀率高 50%。在英国，罪犯的自杀率比普通人高 4 倍。

2. 罪犯自杀的原因。罪犯自杀心理的形成是罪犯的犯罪心理与刑罚处罚、不良恶习及监狱客观环境进行矛盾斗争的结果，是罪犯不正当欲望被监狱环境制约后的绝望心理的最集中的表现，也是罪犯求得自我心理解脱的最消极的表现形式。罪犯自杀的原因有以下几方面：

（1）躲避罪恶感的心理折磨。这类罪犯入狱后，深感罪恶深重，认为如果自己存在，亲人和受害人的不幸和痛苦就不能消除。只有毁灭自己，才能使人们尽快地遗忘自己，同时，也只有毁灭自己，才能彻底摆脱罪恶感对自己心理的折磨。

（2）躲避严格的监禁生活。一些刑期长的罪犯，总是感到度日如年，因而悲观失望。一旦遇到某些外部刺激，特别是家庭、身体状况不良等原因，就想一死了之，以躲避长期监禁之苦。也有的罪犯由于养成了好逸恶劳、好吃懒做的生活习惯，对狱内严格的日常管理和紧张的生活劳动产生了恐惧心理，在一定的偶然因素的刺激下，便选择了自杀来求得最后的解脱。

（3）躲避余罪被揭发或又犯罪的从重打击。这类罪犯很清楚真相大白后的后果，在绝望心理的支配下可迅速形成自杀的心理内驱力。

3. **罪犯自杀的预防。**

（1）进行角色认知教育，消除罪犯自杀的心理机制。一个社会化正常的人，对自己在社会上所扮演的角色和所处的社会地位，都会有一个社会行为标准来进行自我评价，同时，对他自己在人际关系中所扮演的角色以及他人对自己的看法和期待，也都会有一个相对正确的认识和判断，并针对自己的角色，实施与之相适应的角色行为。然而，罪犯对自身社会角色的认知和角色行为的实施与社会现实之间存在着严重脱节。他们在投入改造之前，超越角色的不良需求导致了他们违法犯罪，干出了违法犯罪之事。投入改造之后，他们基于原有的心理素质，不可能认知自己的角色，从而改变原有的不良的行为、信念和心理定势。恰恰相反，他们往往在延续下来的不良行为和信念支配下，从事新的反改造活动。因此，对罪犯进行角色认知教育，可以提高罪犯的"自知之明"，提高罪犯的心理素质，促使其进行正确评价和认识自我，对消除罪犯因超我角色行为不能实现而产生的自杀心理起到积极作用。

（2）培养罪犯的自我意识，提高罪犯的认知能力。自我意识是人的意识的一个重要特征，是指人对自己以及自己和周围事物关系的一种认识，也是人认识自己和对待自己的统一。罪犯之所以犯罪，大多是因为具有心理缺陷，不能够处理自己和周围事物的关系。如果我们通过对罪犯的教育，使罪犯能够进行自我教育、自我体验、自我监督和自我控制；在平时的交际和交往过程中，通过认识他人，能够直接或间接地认识自己，进而改变自身的缺点，完善自身，使文化、思想和道德修养达到一个较高的水平；能够控制自己的思想、行为和情感，提高对外界事物的认识和分析能力。那么，一旦罪犯具有了自我意识，就能够克服改造中遇到的困难和挫折，就不会产生或极少产生自杀心理。

（3）提高罪犯的适应能力。人生活在世界上，就是一个奋斗的过程，由于每个人生活的环境不同，对外界环境的适应能力也不一样。一般来说，在成长过程中经历的磨难越多，适应能力相应就越强，对生活充满信心的人，就容易适应各种环境。而对罪犯来说，自身的心理缺陷导致其意志力薄弱，尤其是大多罪犯在监外游手好闲，过惯了好逸恶劳的生活，其独立生活能力和对各种环境的适应能力极差。一旦入狱，艰苦的劳动和人身自由的限制，都会对他产生很大刺激，并对其消极的心理产生强化作用，使之感到前途渺茫，生活暗淡无光，失去生的勇气和信心，进而用自杀来解脱。所以，对罪犯进行适应能力的培养，增强其生活的勇气和信心是预防罪犯自杀的重要方法。

（4）加强性格培养，增强罪犯自身的免疫力。由于自杀的罪犯大多属于或接近于忧虑型（内倾型）性格的人，因此，对其进行性格培养是十分必要的。我们必须在监内创造一个新的良性的影响源，对罪犯施加良性影响。对罪犯性格的培养可以从以下几个方面着手：①充分调动家庭因素。利用罪犯与家人的特殊关系和罪犯在家庭中所处的地位，必然会对罪犯性格的培养起到很大的刺激作用。②利用狱内特殊学校对罪犯实施教育，使罪犯的知识结构和道德修养再造化。通过对罪犯知识结构的改变，提高其道德修养和自我控制能力，转化其性格特征。③运用劳动手段，加强罪犯对其性格的自我培养能力。使罪犯在劳动中增强耐力，逐步养成意志顽强，乐观向上，责任感、集体感、纪律性强，团结互助等性格特征，从而扭转自私、狭隘、偏激、悲观沉闷、散漫消极等不良性格，在管教干部的指导下，使他们按照社会主义生活方式和道德准则，有意识地进行自我性格的培养。④建设良好的罪犯群体，加强对罪犯个体的影响力，使罪犯在群体的交互感染中逐步地矫正过来。总的说来，培养罪犯良好的性格，会对罪犯的心理活动起到极大的刺激和限制作用，对一些消极、恶性因素的影响起到排斥和免疫作用，进而促使罪犯的心理向良性方向发展。

（5）加强系统管理，消除罪犯自杀的条件。所谓对罪犯进行系统管理，就是对罪犯生活的全过程采取一系列的手段和措施进行控制。这些手段和措施主要有：①互监小组的管理。加强互监小组的管理，使其充分起到互相监督的作用，使罪犯失去自杀的时空条件。②药物管理，包括医疗药物管理和农场的农药管理。从罪犯自杀的情况来看，有相当一部分罪犯的自杀方式是喝农药或吃过量的药物。而加强对药物的管理就能对罪犯自杀行为的产生起到限制作用。③工具、生产设备的管理。有些罪犯的自杀是利用生产工具和生产设备而实施的，因此，加强对生产工具和生产设备的管理就可以堵住这方面的漏洞。系统管理的内容除了上述三点之外，还包括要严格按照各种规章制度，对罪犯真正做到24小时不脱管。总的来说，对罪犯做到了系统管理，可以对罪犯自杀行为的产生起到限制作用，使自杀行为失去时空、工具等前提条件。

（6）全面把握信息，及时加工处理。信息是我们把握罪犯心理变化的前提条件。对来自狱内的各种信息，都要及时地予以把握，同时要充分发挥狱内特情、耳目的作用，从各个方面和各个角度搜集来自各个渠道的信息，并对这些信息及时地进行加工处理、分析研究、综合概括，从而判断它的准确性和可能性，一旦有罪犯自杀的迹象和前兆，就要及时地采取相应的措施，以防止恶性案件的发生。

（7）抓住罪犯的内心矛盾，进行有针对性的教育，消除罪犯的自杀心理。在管教工作中，要抓住各种有利时机，对罪犯进行针对性教育，罪犯自杀前都要进行激烈的思想斗争，要反复考虑和衡量，最后才会作出抉择。充分抓住罪犯自杀前形成的对生与死摇摆不定的矛盾心理，展开攻势，给他们讲明自杀的危害性及给本人、家庭带来的痛苦和损失，从而弱化罪犯的自杀心理，使之选择生的道路，复燃生的欲望，把自杀行为消灭在萌芽之中。

（8）提高干部素质，增强对罪犯自杀的预防和预测能力。能否对罪犯的自杀行为进行有效的预防，最主要的方面就是管教干部的素质问题。作为一个合格的管教干部，他不仅需要有丰富的知识和高度的责任感，而且还必须具有一定的工作能力，能够洞察罪犯的细致的变化，全面系统地分析罪犯中出现的各种问题，对问题所反映的信息进行科学的判断和推理，把握罪犯的心理发展方向。因此，提高监狱人民警察的素质，培养管教干部分析问题和解决问题的能力，也是我们预防罪犯自杀的一个重要措施。如果忽视了这一点，即使我们的制度再严密，管理计划再周全，也不可能真正执行下去，并产生真正的效力。

（四）罪犯自伤自残心理

1. 罪犯自伤自残概述。自伤自残是指狱内罪犯损坏身体器官或生理机能的行为。常见的有吞食异物、自损肢体、头撞墙、拍针、往身体某部位注射异物、切割静脉血管和绝食等。有时自残可能代表自杀未遂。

自杀者与自伤自残者的区别是：自杀者有结束自己生命的决心，而后者缺此；自杀者虽有不同心态和原因，但死的念头是坚决的，而自伤自残者往往是为了获得同情，发泄不满，表示抗议或达到某种目的而做出的姿态；自杀者往往有严密的自杀计划和预谋，一般不易于被人发现，而自伤自残者常在易被发现的场合实施或吞服小量而且来得及救治的药物或毒物。如系精神疾病，自杀者多为抑郁症、精神分裂症、偏执性障碍、脑器质性精神障碍等重性精神病，而自伤自残者多为神经症、人格障碍、性变态等。

2. 罪犯自伤自残的原因。罪犯自伤自残按其心理动因可以分为情景性和功能性两种类型。

（1）情景性的自伤自残行为是罪犯无法摆脱外界强大心理压力而采取的一种消极的宣泄方式。如对完成劳动指标丧失信心而自伤自残，因受到监狱警察或其他管理教育人员的无端指责而自伤自残等。随着情景性因素的消失或外界环境的改善，罪犯会对自伤自残行为感到后悔。这种自伤自残行为由于罪犯对行为的后果无意控制，行为的冲动性很强。

（2）功能性的自伤自残行为，主要指罪犯惯用自伤自残手段来达到某些目的。随着监狱管理文明化程度和要求的提高，这类自伤自残行为有增加的趋势。罪犯采用自伤自残行为来达到迫使监狱人民警察让步，或者求得保外就医，以及在罪犯群体中扩大自己影响力的目的。这些罪犯自伤自残的动机功能趋向独立化。表现为行为频繁，如吞食异物动手术达十多次；持续时间长，如绝食可以一二十顿连续不进食。但有时他们也把握自伤自残行为的分寸，寻找机会下台阶。由于长期行为变态，其心理会发生一定的扭曲；对自伤自残行为的克制性会越来越差，生理痛觉趋于衰退和消失。

3. 罪犯自伤自残的处置。罪犯自伤自残的处置在一定程度上可以参照罪犯自杀干预的某些措施。除此，还要针对罪犯自伤自残的原因，区分情况采取相应办法。

（1）针对罪犯的情景性自伤自残，必须设法使其摆脱内在心理压力，如通过心理咨询或宣泄疗法，以及增加文体活动的数量和强度等。而监狱警察真诚的关心和理解，是解决罪犯心理压力的有效途径之一。对那些因承担过重的劳动任务而产生自伤自残念头的罪犯，应适当调整其劳动量。如果是由于新入监，罪犯不适应劳动及环境，或者是由于技术不熟练的原因，则要加强指导与技术辅导。如果是因为监狱警察或其他管理人员工作态度或方法不恰当而引起的，要正视不能回避，必须纠正监狱警察或其他管理人员存在的问题。对自伤自残罪犯存在的实际困难，要给予切实解决。

（2）罪犯的功能性自伤自残，是罪犯违规心理恶性发展的结果，监狱警察要表明态度，有针对性地批评教育，不能迁就。在自伤自残罪犯的心理趋向稳定后，监狱警察可以组织其他罪犯一起来分析其原因及目的，开展互帮互助，以共同提高思想认识。监狱警察在对自伤自残罪犯的错误思想与心理进行批评教育后，还应当要求罪犯写出反思材料，而不能走过场。

（3）少数自伤自残的罪犯存在边缘型人格障碍。这些罪犯还有进一步发展为自杀的可能。因此，在对其进行人格整合治疗或采用其他心理疗法的同时，要注意防止其自杀行为的发生。

（五）罪犯诈病心理

1. 罪犯诈病心理的表现。在刑罚执行过程中，少数罪犯为了达到不同的目的，往往采取诈病的方式蒙蔽监狱警察。诈病是身体健康的罪犯，无病伪装有病，轻病诈称重病，这是狱内罪犯逃避劳动改造惯用的手段之一。诈病大致可以分为两种类型：一种是用一些不合乎常理的言行伪装成精神性或神经性疾病；另一种是用其他的一些手段伪装各种疾病的症状。

诈病罪犯的心理特点是：①从行为表现来看，常常表现为无病装病或小病装大病。②从动机而言，一是为了取得监狱警察的同情，获得轻松的劳动岗位；二是受好逸恶劳的恶习驱使，企图长期逃避劳动；三是为了取得保外就医的资格，从而逃避服刑生活；四是以此为借口取得外出就诊的机会，伺机实施脱逃犯罪。③从选择装病的形式来看，伪装精神病的比较多。这些罪犯认为伪装其他疾病比较困难，需要有高体温，以及血象变化等病症，一经检查就能辨别真假。唯独装疯，真假难辨。④从诈病者的心理状态分析，诈病罪犯为了达到欺骗的目的，戒备心理很强，特别注意在大庭广众之下表现自己的病情"症状"，而独身一人时往往判若两人。他们在别人面前表现得比病人还像病人，往往是欲盖弥彰。

2. 罪犯诈病的常见表现形式。首先，在运动机能方面，常见假装肢体瘫痪或感觉障碍，但肌张力正常，对刺激有反应；假装两手震颤，但抖动很做作而无规律；假装失音不能讲话，只有手势或笔谈；假装癫痫，故意双目紧闭，手足乱舞，但意识清楚等。其次，在感觉方面，常见伪称头痛、头晕，在人前呻吟或两手抱头，或假装恶心呕吐、夜盲、双目失明、耳聋等。

3. 罪犯诈病的识别和处置。

（1）要详细询问罪犯病痛的症状，可由罪犯本人估计一下病痛的原因。据此分析其病症是否符合有关疾病的诊断标准，有无自相矛盾的地方。

（2）要将罪犯自入监以来的思想表现，身体健康状况，日常起居情况，家庭变化情况以及"犯病"后的心理、言行、神态气色等情况，提供给医务监狱警察作诊断的参考。

（3）细致地对其进行身体检查，并充分运用化验、X 光、心电图、B 超等医学检查手段，认真进行系统分析，从中找出蛛丝马迹。对于一些难以明确"诊断"的，不能轻易下结论，可采取布置耳目暗中观察、"假病"给安慰剂"假治"或"假病真治"等手段来揭穿其伪装。

（4）对罪犯诈病的处置，首先要体现人道主义精神，及时将罪犯送去检查和治疗。对经检查有诈病行为的罪犯，要揭露其伪病的实质，给予必要的批评教育。同时可以采取针对性的心理矫正方法，标本兼治，纠正罪犯诈病的不良心理。

4. 罪犯伪装精神病的鉴别和处置。

（1）罪犯伪装精神病的"症状"特点。①意识状态。佯装糊涂，认不清时间、地点、人物，但很注意观察周围环境的变化，反应灵敏。②言语思维。过于离奇，如：装神弄鬼，呼天喊地，自称"神仙附体""才子转世"等。但在谈话时，其思维过程无甚障碍，无跳跃、紊乱现象，前后比较连贯。回答问题时会略加思考，内容显得刻板，回答后又会小心观察对方反应。③动作姿态。动作夸张、紊乱，挤眉弄眼，装醉汉，甚至吃大小便，故意受一般人难以忍受的痛苦。④情绪表现。佯装情绪激动，哭笑无常，焦虑恐惧等，缺乏精神分裂症病人情感淡漠的特征。⑤病程特点。装病罪犯的病程长短不定，带有阵发性。往往胡闹一阵后作短暂休息以恢复精力。而且人多时"症状"明显，晚上和独居时"症状"消失。

（2）罪犯伪装精神病的鉴别。

第一，鉴定前必须全面熟悉罪犯的以前经历、日常表现、个性特征、家庭状况和社会交往情况，如被鉴定人既往即有前科犯罪情况，亦应了解犯罪性质、过程和处理情况及处理后的精神状态表现。有关上述资料，要求委托鉴定单位必须实事求是地提供可靠的调查资料，如发现资料不全、问题不清或有疑问，鉴定人应当亲自进行调查，掌握第一手资料，做到心中有数；如怀疑被鉴定人作案前精神表现反常即有伪装可能时，更应掌握充分的证据材料，并应深入了解其伪装的动机，以及有关精神病的知识等。

第二，鉴定人在对被鉴定人进行接触和进行精神检查和分析鉴定结论时，不能像普通门诊看病一样单纯地按精神疾病症状生搬硬套，而应根据具体情况，结合监管工作灵活机动地进行检查，为此鉴定医师除具有丰富的临床精神病学知识外，还要掌握一定的心理学，尤其是犯罪心理学方面的知识，以便全面分析其作案时和检查时的心理变化，做到发现疑点并及时揭穿。

第三，在鉴定过程中，鉴定医师应与管教干警密切联系，取得他们的配合，共同做深入细致的调查研究和政治思想工作，在检查中发现被鉴定人有伪装迹象时应向其反复地交待政策，揭穿其伪装心理和伪装表现。如有一伪装案例，在开始检查时被鉴定人即表现出明显的不合作，自己的姓名、年龄均说不清楚，再被追问几次后怕暴露马脚干脆沉默不语，或作独语状，无法继续深入检查。后通过向干警了解得知，被鉴定人在来医院途中及在检查前说话还是很明白的，所以我们断定其有伪装表现，当即予以揭露，并请干警协助对其教育，指出伪装的危害，经反复交待政策后，终于消除了其伪装的动机和心理，其认真交待了伪装精神病的经过。

第四，认定其是否伪装时还应与拘禁性精神障碍相区别。监狱中精神障碍比较常见的一种是拘禁性精神障碍（或称拘禁反应）。拘禁反应可表现为许多不同形式。与伪装的区别在于，拘禁反应一旦形成后其症状表现是比较固定的，一般是受环境的影响而改变，而伪装则是有目的性的，他们为了装得更像，往往模仿精神病人的一些言行，也有的受某些人的指点，过分地渲染或夸张某些症状，所以在检查中如详细追问不难发现其症状矛盾百出，与真正的精神病症状相比有许多不合情理之处，其精神状态表现也常常因环境的变化而改变，如经详细调查和了解，是不难识别的。

（3）罪犯伪装精神病的处置。罪犯伪装精神病是诈病的一种。虽然在监狱伪装精神病的罪犯不多，但是其危害较为严重，不可忽视。

对待精神异常的罪犯，首先应持"疑病从有"的态度。在未证实其诈病之前，都应当作精神病人来看待，及时加以疏导和进行药物治疗，并认真做好保监控制和情况记录，为甄别真伪精神病提供素材。如果不以科学的态度去对待这类罪犯，而是武断地认定其为诈病，并加以简单的训斥甚至采取惩罚措施，就可能加重罪犯的病情，促使罪犯实行自杀、逃跑、行凶等危险行为，会给监狱工作带来严重损害。

对认定为伪装精神病的罪犯，应当指出其诈病的实质，纠正其逃避惩罚和改造的错误动机。要加强正面教育，并按监狱有关规章制度处理，促使其诚实接受教育矫正。

（六）罪犯其他严重违规心理

1. 罪犯不服管教的含义。不服管教是指罪犯拒不服从监狱警察的管理教育，抗拒改造的行为。根据罪犯不服管教时的主观态度情况，可以将其分为积极作为和消极不作为两种情形；按作为时表现形态的不同，又可将其分为不理不睬、故意挑衅、公然顶撞三种主要情形。

2. 影响罪犯不服管教心理形成的因素。罪犯不服管教行为的发生，起因主要来自罪犯不服管教心理。罪犯产生不服管教心理的原因，除了前述影响罪犯违规心理的因素外，还有以下几个方面：

（1）严重的敌视心理或逆反心理。罪犯不服管教心理的形成，从根源上可以分为固有对抗和诱发对抗。前者来源于罪犯的敌视心理，后者来源于逆反心理。

所谓固有对抗，是由罪犯已经形成的立场、观点与监狱机关对服刑者所提倡的目标不一致而产生的。它主要受罪犯已有的敌视心理的影响，即由于其思想观念的反社会倾向而导致的严重对立情绪，与监狱警察的工作特点或工作是否有失误无关。如信仰型罪犯由于在政治信仰方面与社会格格不入，在服刑过程中很自然地对监狱机关和监狱警察持敌视态度。

所谓诱发对抗，是由于监狱警察及其管教内容、方式，或者由于当时情景的某些特征，使罪犯对于应该接受的立场、观点持怀疑、厌烦、抵触等态度。这是由罪犯的逆反心理导致的，即由罪犯对监狱的教育和约束在心理上产生的一种反向力量或反控制的意向活动所造成的。如某些监狱警察在对罪犯思想教育时方法呆板、缺乏针对性，或硬性灌输，使罪犯产生逆反心理，导致诱发对抗。

（2）恶习太深，积重难返。许多罪犯不服管教是其原有恶习的继续。罪犯恶习是以往生活经历的多次重复而形成的无意识定向。恶习一旦形成，就显现出根深蒂固、积重难返的特点，即使在严格管制的条件下，仍然顽强地表现出来，使罪犯在监狱中对抗监狱警察，违反监规纪律，破坏监管制度。这些违规常常表现为被一种"情不自禁""不由自主"的行为定势所驱使，或者表现出一种自觉的意识因素的反抗作用。

（3）强烈的自我显示欲望。有些罪犯不服管教，主要是受强烈的自我显示欲望的驱使。他们妄图通过不服管教的抗改行为在罪犯中树立一个"敢于蔑视一切"的形象，并以对抗管教为荣。为了表现自己的"勇敢"和"英雄气概"，罪犯有时甚至故意找茬顶撞监狱警察，受处理后也不皱眉头，下次再干，以此获得其他罪犯的称赞和自我心理的满足。

3. 罪犯不服管教的对策。在监狱警察工作中发生罪犯不服管教的行为，对当事警察来说是比较难堪的事。处理此类问题稍有不慎，容易冲动就会引发过激行为，导致事态失控，造成无法挽回的影响。具体需注意以下几点：

（1）镇服罪犯，控制局面。罪犯主要在两种场合发生不服管教行为：①在公开场所，如劳动、学习、生活现场，罪犯集队点名会等；②在监狱警察对罪犯进行的个别教育中，如对违纪罪犯进行批评处理或谈话教育时。无论在何种场合，一旦发生罪犯不服管教行为，当事警察必须持严肃认真的态度，果断采取措施，予以当场制止，如严辞训斥、口头警告、行为限制、环境隔离等，以控制局面。

（2）控制情绪，转移矛盾。当罪犯不服管教，口头警告无效时，监狱警察为防止矛盾激化，应及时调整教育策略和措施，尽量克制自己，平稳情绪，以防止事态进一步扩大。此时可采用矛盾转移法予以解决：①环境转移法。把不服管教的罪犯带至值班室、教育室等相对隔离的地方进行个别教育，给自己和罪犯一个心理缓冲的机会。对那些自我显示欲强烈的罪犯而言，则会因失去"表演"舞台而自动收敛不服管教的行为。②主体回避法。如事发现场有其他监狱警察在场，当事警察亦可适时回避，把事情交由其他监狱警察处理。对矛盾激化较为严重的冲突，也可交分监区领导处理，从而给罪犯一定的心理威慑。③矛盾后移法。对不理不睬、消极改造的罪犯，当事监狱警察在现场口头警告无效而又不能中断其他工作时，可主动退让，把矛盾后移，回头再做处理，以免事态恶化，僵局持续发生。

（3）据实论理，循因施教。对不服管教罪犯的教育应重事实，讲道理，真正从有利于罪犯迷途知返、积极改造的目的出发，实施有针对性的教育，切忌泛泛而谈。要向罪犯指明其不服管教的行为可能给自己及家庭带来的严重危害及后果，同时诚恳地表明监狱警察的工作立场与态度以及希望罪犯达到的改造标准。引发罪犯不服管教的原因是多种多样的，监狱警察在谈话中应尽可能分析、判断清楚罪犯不服管教的原因，以便有的放矢。只有这样，才能使教育事半功倍。

（七）罪犯又犯罪的概念

关于狱内犯罪问题目前运用较多的有"狱内重新犯罪""再犯罪"和"又犯罪"三种概念。我国《刑法》第71条规定："判决宣告以后，刑罚执行完毕以前，被判刑的犯罪分子又犯罪的，应当对新犯的罪作出判决，把前罪没有执行的刑罚和后罪所判处的刑罚，依照本法第69条的规定，决定执行的刑罚。"同时，我国《刑事诉讼法》第262条第1款规定："罪犯在服刑期间又犯罪的，或者发现了判决的时候所没有发现的罪行，由执行机关移送人民检察院处理。"我们认为，使用"又犯罪"这一概念更有法律依据。并将"又犯罪"定义为：正在接受服刑改造的罪犯，在监狱内再次实施符合刑法规定的应受处罚的犯罪行为。从以下四个方面对其进行界定：

1. 犯罪主体是正在接受惩罚和改造的罪犯。又犯罪的主体特指正在监狱服刑的罪犯，不包括假释、保外就医或将来拟实施的社区矫正类的罪犯。

2. 犯罪的地域是监狱等服刑场所。这里的监狱指狭义的监狱，即执行自由刑的场所——监狱和少管所。但这里的狱内又是相对广义的，它不仅包括监狱高墙、电网内的地域，也包括罪犯外出劳动和调动押解等时自然延伸出去的区域。如罪犯外出劳动的农田、劳务输出的场所等。

3. 犯罪行为的实施结果达到了一定的社会危害程度，属于我国刑法规定的犯罪范畴，且应当受到处罚。狱内犯罪同社会上的犯罪一样，都具有三大特征，即严重的社会危害性、刑事违法性和应受惩罚性。

4. 这里的又犯罪仅指犯罪中的一种，即专指被判处有期徒刑、无期徒刑和死刑缓刑两年执行的罪犯在监狱服刑期间的又犯罪。

此外，狱内又犯罪的内容、种类与狱外犯罪或重新犯罪相比又有其特殊性。除狱内又犯罪中的凶杀、盗窃、强奸等犯罪类型与狱外犯罪有相似之处外，有不少犯罪类型是狱内又犯罪所特有的。例如，脱逃罪、破坏监管秩序罪、组织越狱罪、暴动越狱罪以及聚众持械劫狱罪等。

（八）脱逃心理的动因与识别

人的需要是产生兴趣、欲望和动机的基础，而人的一切活动又总是从一定的动机出发，并指向一定的目的。马克思主义心理学认为动机是个性需要的表现，需要反映了机体内部状态和外部条件稳定的要求，是产生动机的基础，而动机则是需要的具体表现。当需要有了明确的对象而被主体意识到时，就会以行为动机的形式表现出来。由于不同的人有着不同的需要，不同的需要产生不同的动机，因此，满足需要的方式也会不同。反映在罪犯脱逃行为上，就表现为脱逃动机。脱逃动机的引发原因具有复杂性和多样性。

1. 生理性需要产生的脱逃动机。这一需要具有自发性。怕苦怕累，留恋追求吃、喝、玩、乐，放荡不羁的生活方式，过不惯监狱的改造生活；认为罪重刑长，不能活着出去，不如豁出去，跑出去舒服一天算一天，痛快一时是一时；反社会意识强烈、好逸恶劳，认为那样才是自由，活得才快活。

2. 自尊需要产生的脱逃动机。这一需要具有激发性。有的罪犯感到人格、权利、名誉受到了伤害，心理很不平衡，产生了被污辱感和抗拒心理而引发脱逃；有的是因为自己的犯罪而给家庭造成了损害，或在监内不思悔改且死要面子，在达不到自己的目的时，悲观失望，产生强烈的反抗情绪，孤注一掷而实施脱逃；有的罪犯因对管教方式不适应，而对自己的改造前途失去信心，认为谁都比自己强，不如"闯一把"，闯出去捡着了，闯不出去也出名，因此铤而走险实施脱逃。

3. 社会性需要及其他因素产生的脱逃动机。这一需要具有诱发性。有的罪犯眷念家中父母年老、体弱多病，妻子独守空房，儿女年幼无人照管；有的罪犯家中发生天灾人祸，亲人病危、死亡，妻子离婚不抚养儿女等重大问题；有的罪犯家庭财产受到威胁而得不到妥善解决；少数罪犯认为成千上万人外出打工，出路好求，便于隐居存身等，诱发罪犯寻机脱逃。此外，监管工作中出现的漏洞，给罪犯造成逃跑的可乘之机，在主观上也是促成罪犯脱逃的诱发性因素。

由以上几种情况不难看出，罪犯脱逃动机的形成是主客观因素相互作用、相互斗争和相互转化的过程，是动机体系中主导动机与非主导动机斗争的结果。罪犯脱逃动机一旦形成，既具有相对稳定的一面，也具有可变的一面。可变性有两种趋势：一种是弱化趋势，另一种是强化趋势。弱化趋势是在罪犯实施脱逃动机过程中，由于受到及时的警告和有效的教育，或者客观上发生了情况变化，经过内心的动机斗争而形成的；强化趋势是在发生了与之相反的情况后形成的。

因为罪犯脱逃心理是受其原有犯罪心理或人格缺陷的驱动而形成的，脱逃心理也必然会通过罪犯的情绪、言语和行为等方式表现出来。罪犯脱逃心理的外化与逃跑行为的实施需要一个过程，罪犯要做一定的心理、物质和技术准备等。所以，罪犯脱逃心理的预测应当是可能的。

1. 量表测试法。此种方法就是通过运用人格测试量表、重新犯罪的测试量表以及人身危险性评估量表等，对罪犯的脱逃心理和行为的可能性加以估计或推断。

由于我国目前尚无专门性的罪犯脱逃测试量表，只能通过对罪犯进行人格量表的测试和再犯可能性的测试，以及人身危险性的评估来加以推定。因为罪犯的主观恶性大、人格缺陷深与罪犯的脱逃心理和行为存在着一定的相关性。如：反社会的意识、对法律的态度、自我的价值观、心理适应、人身危险性等，都可以成为影响罪犯脱逃行为的心理因素。

罪犯人格量表的测试除使用明尼苏达多项人格测试量表（MMPI）和卡特尔人格测试量表（16PF）以外，当前监狱正在试用的一种量表为中国罪犯心理测试个性分测验（COPA-PI）。

2. 心理综合诊断法。主要是通过观察、访谈和测试等多种方法，收集与脱逃心理与行为有关的罪犯个体信息，进行全面的综合分析与判断，建立心理档案，并对罪犯脱逃行为的可能性作出估计。

综合诊断罪犯的脱逃心理包括以下几个方面：①人格特点。例如，具有反社会或攻击性人格特点的罪犯脱逃的可能性大。②成长史与犯罪史。累犯脱逃的可能性高。③现实改造态度和表现。可依此将罪犯分为四种类型：积极型、中间型、落后型和抗拒型。落后型和抗拒型的罪犯脱逃的可能性较高。④心理适应情况。心理不适应的罪犯发生脱逃的可能性强。⑤参照群体的氛围和不良团伙情况。改造氛围差、加入不良团伙的罪犯脱逃概率高。⑥狱内生活事件及自我应对方式。生活事件发生的频率大，心理影响强，自我应对方式较不良的罪犯脱逃的可能性大。⑦罪犯的人际状况特别是其家庭情况（如是否常来探监）以及与他犯、监狱警察间的矛盾、冲突等。人际问题严重的罪犯脱逃的概率高等。

掌握罪犯的上述情况后，通过综合分析与诊断，可以推测出罪犯脱逃心理的可能性的大小。并可依照脱逃心理的强度将其分为四种类型：①可能有脱逃心理；②有脱逃心理；③脱逃心理严重；④有脱逃危险（即将采取脱逃行为）。应将资料和诊断情况归入罪犯心理档案。

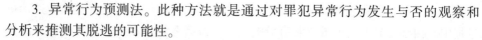

3. 异常行为预测法。此种方法就是通过对罪犯异常行为发生与否的观察和分析来推测其脱逃的可能性。

通常情况下，罪犯在产生脱逃前都会有激烈的内心冲突，使罪犯外显行为呈现出诸多异常表现。这些异常行为的表现主要有以下几种：

（1）伪装改造积极。罪犯平常改造表现不积极，突然变得积极改造起来。这主要是为了骗取监狱人民警察的信任。

（2）准备资金和物资。罪犯脱逃需要现金和相关物资。现金和物资的来源主要有三种：①接见或通信时向亲属要；②盗窃；③向其他罪犯索要或兑换。

（3）掌握监狱人民警察的活动规律。罪犯若想脱逃成功，就需要避开监狱人民警察的监控视野。罪犯掌握监狱警察的活动规律后，可以寻找空隙，伺机脱逃。

（4）熟悉环境。罪犯在脱逃前常常要熟悉与脱逃相关的环境，主要包括：熟悉地形；观察警戒设施；打听交通状况；了解社会情况等。

除上述异常行为表现外，罪犯在言语、情绪和表情上也会出现一定的征兆。例如，有的罪犯平常快人快语却变得沉默少言；有的罪犯情绪烦躁不安，吃不下饭，睡不好觉，面部气色难看等。

4. 脱逃心理预测应注意的问题。

（1）预测的精确性。罪犯脱逃心理预测只能做到相对的精确，而不能做到绝对的精确。因为超前的反映绝不等同于现实反映，有着不可避免的局限性。预测也仅是一个在科学基础上近似的、大概的估计而非必然或绝对的。此外，罪犯的脱逃心理也是在不断发展变化的，新情况和新变化都会影响罪犯的脱逃心理。所以，我们只能将罪犯脱逃心理的预测结果作为一种参考或参照，而不能作为绝对的依据或标准。

（2）预测的系统性与综合性。罪犯脱逃心理的诊断方法也属于一种直观预测，在所谓的直观预测的情况下，所说的不是科学方法，而是工作体制，这种体制是刑事司法机关、社会监督机关和执行刑事惩罚机关通过实际工作独立制定出来的。因此，我们应注意预测方法的综合运用，各取所长。

（3）不良标签的回避。从一定意义上讲，预测是对某一罪犯的一种评价，这就使其不得不接受种种不同的标签。倘若一个罪犯被预测其脱逃的可能性大，也就相应地被贴上了"不良"的标签。而不良标签的标定，会使罪犯的心理受到打击，影响其自尊的满足，甚至于一蹶不振，抱着"死猪不怕开水烫"或"活着干，死了算"的绝望心理，实施脱逃犯罪。因此，对预测结果应注意保密，在预测过程中，应竭力避免让罪犯本人有所觉察。

五、能力实训

训练一：罪犯吴某，北京市某区涉黑团伙主犯。现关押于某监狱某分监区，据分监区反映，该犯一直表现较好，认罪伏法态度好，很少有违规违纪现象，对民警安排的事情都能够积极地去完成，生产劳动积极，与民警关系融洽，平时很会与人相处。2005年11月至2006年3月，吴某为达到使用违禁品的目的，通过家属联系其亲友，再通过同学等关系为民警张某提供建行卡一张，并存入现金，然后由张某为其购买违禁品都宝牌、红塔山牌香烟累计约15盒，带入监狱供该犯使用，后该犯又将所持有的香烟分发给其他多名罪犯，在监狱内造成极坏的影响。后被监狱民警及时查获，该犯因私藏违禁品受到记大过处分，民警张某也因违反监狱人民警察工作纪律被行政记过处分。

通过涉黑罪犯吴某私藏违禁品受到记大过处分的案例，可以总结出目前涉黑罪犯改造有以下三个特征：①改造目的具有较强的功利性。涉黑罪犯与其他罪犯相比，功利心更强，他们所做的每一步都是有计划的、有预谋的，能够为他们带来某种利益，这种利益甚至是较长时间后才能达到的。否则，与己无利的事情他们绝不会去干。②改造方式具有较强的隐蔽性。虽然涉黑罪犯的所作所为都具有较强的功利性，但他们要达到掩盖其功利性的目的，在方式、方法上往往比较灵活，具有很强的隐蔽性，不易为人察觉。从这个层次上讲，也体现出涉黑罪犯的狡猾性、多变性。③改造手段具有较强的腐蚀性。无论从涉黑罪犯的本质还是从其发生、发展的过程来看，腐蚀、拉拢都是其善于使用、经常使用的手段。在其改造过程中，这一手段也被自然而然地利用。

结合本章的理论和该案例，提出切实有效的对该类罪犯进行违规防范的方法。

训练二：罪犯陈某，1983年8月19日出生，盗窃，刑期2年，2005年3月11日被送某监狱服刑。2005年4月27日参加新犯心理测试。陈某犯罪基本事实：2003年10月至2004年6月，陈某5次伙同他人，盗窃企业钢球、纱包线、废铁，卖给废品站，价值7451元。陈犯自述：我小时候成长在一个幸福的小家庭。父母亲靠修自行车和卖玻璃为生，日子还算过得红火。2岁时，母亲生下一个弟弟，于是父母亲把我送给外婆抚养。6岁时就上学前班，那是在外婆那里。读完学前班就回到某子弟学校读小学，1996年小学毕业。上初中时，家庭状况开始不行了。父母亲迷上了赌博，生意也耽误了。父亲因做开矿生意一年内亏损七八万，从此就背了一身的债，每年过年的时候讨债的不离门。父母亲在这种情况下开始做"黑生意"（收购赃物），也算可以。可好景不长，1998年8月父母亲双双被抓判刑。从那以后，就丢下一个刚上初中的弟弟和一个刚满5岁的妹妹。那时，我不能继续读书了，只好去做点小生意供弟弟读书、糊口，可生意不是很好，每天的收入两三块钱，就只好靠"偷"过日子，供弟弟读书。从那以后就回不了头了，而且还将自己的弟弟带坏（其弟弟是同案犯）。在新犯心理筛查中，发现陈犯抑郁程度很高，情绪高度紧张，多项心理指标异常，有自杀可能性。

请结合该章理论并结合该个案，提出预防该犯自杀的具体措施。

训练三：某罪犯，到了监狱之后，就逃避劳动，以病说事，其实这个病有没有，当时干警认为，可能多少也有点，但是没这么严重。

主持人：这个犯人他怎么装病？

监狱警察：他在夜里头闹病，闹胃疼，凡是赶到阴天下雨，夜里头一两点钟的时候，哎呀，不行了，疼得满身是汗，作为咱们干警，这事绝对不能耽误，不知道他是真是假，只有大夫才能够确认他是否有病，所以像这样折腾了我们好几次。

主持人：第一次你认为他是真的，第二次呢？

监狱警察：我还认为他是真的。

主持人：之后的几次你觉得他是真的病了吗？

监狱警察：我觉得他是假的，有几次我看出他是在装病，为什么呢？因为他到医院之后就开了几片药，回来就不疼了。

主持人：为什么不惩罚他？

监狱警察：凡是这种情况下，你要说他是假的，他绝对要装下去了。后来根据他的特点，我就让他每天晚上吃几块饼干，到了9点多钟，没睡觉的时候，吃几块饼干。就当成矫正他的一个方法，如果说这几块饼干能解决问题了，它的效果就能达到咱们教育的目的，咱们都能理解，晚上吃两三块饼干就能管用了？这一段时间吃完之后，他就是不犯了，也不闹了。我觉得他这有两种可能，一种就是觉得确实把他当人看了，确实拿这个事重视了，他已经达到目的了；再一种就是他已经让人感觉他跟别人不一样了，罪犯一般都是晚上没有这些享受的，他觉得已经不一样了，他也觉得他有满足感了。

主持人：实际上，他真要是装病的话，有了这么一包饼干，他自己就下台阶了。

监狱警察：对。

主持人：实际上是走入他内心的一个敲门砖。

监狱警察：对，就是利用这个，这是种比较柔和的管理方法，使用让他容易接受的一种方法走进他的内心。咱们就从这几样开始往下做，他家庭挺美满，一双儿女，特别喜欢他的小女儿，每次提到他女儿，提到家庭，他非常的感动，非常的冲动，就哗哗地掉眼泪，从这个角度一看这个人，虽然他内心隐藏比较深，但不能说他没有改好的机会，应该给他机会，我跟他说，你如果这样把病装下去，真装成病，还不吃药，有点小毛病也不吃药，拒绝吃药，拒绝治疗，最后闹成了不可治的残疾了，你出了这个监狱之后，你的妻子和你的儿女，她们是否还会跟着你，你真得考虑这事。我们就是先给他一个机会，让他自己感觉我应该往好的方面发展，我应该不能再这么下去，这么下去首先对不起的应该是我的家人。给罪犯机会就是给罪犯一台阶，在这个时候给他一个台阶让他下来，作为干警我觉得不丢人，所以这个罪犯后来临走的时候，还送给我们一面锦旗，而且表现特别好，我看过他。

结合本章理论以及上述访谈内容，谈谈对罪犯诈病的识别和处理。

复习与思考

1. 谈谈对狱内又犯罪心理的认识。
2. 脱逃罪犯的心理特征有哪些？
3. 试析罪犯自杀的动机。
4. 试论罪犯诈病心理的预防和控制。
5. 试用客体关系方法分析一名服刑人员，预测他的危险性。

工作任务五　罪犯类型心理与群体心理

一、学习目标

知识目标：了解不同类型的罪犯及罪犯群体的心理特征。

能力目标：能分析不同类型的罪犯及罪犯群体的心理；能运用所学知识对不同类型的罪犯及罪犯群体的心理进行矫正。

二、工作项目

◎ **案例**：2004 年 11 月，刑释人员李某、陆某和假释考验人员邓某等纠合在一起多次商量抢劫小车，并密谋抢后将车主杀害。同年 12 月 6 日晚 10 时许，李某、邓某、陆某等携带猎枪和尖刀等作案工具，驾车窜到 F 市某大酒店后巷，将途经该处的高某劫持到别处，用透明胶纸捆绑后，将其活埋于预先挖好的土坑内，致使高某窒息性死亡。然后将高某的宝马 735 型小轿车（价值人民币 106.488 万元）开走销赃，得款 16 万元。2005 年 8 月 30 日，F 市中级人民法院以抢劫罪判处李某、邓某、陆某三人死刑。

"宝马劫杀案"三主犯以前服刑情况回放：

主犯一：李某，1975 年 8 月出生，1997 年 1 月 29 日因抢劫罪被判刑 10 年。服刑期间获表扬 6 次，获监狱级改造积极分子 2 次，省级改造积极分子 1 次，减刑 3 次计 4 年 1 个月。该犯于 2002 年 8 月 1 日获准减刑出监。

主犯二：邓某，1976 年 9 月出生，1999 年 4 月 16 日因抢劫罪被判刑 6 年 6 个月。服刑期间获表扬 5 次，获监狱级改造积极分子 2 次，省级改造积极分子 1 次。服管服教。2003 年 4 月 24 日获准假释，考验期至 2005 年 3 月 21 日。

主犯三：陆某，1977 年 9 月出生。累犯，曾经犯抢夺罪、交通肇事罪等。1999 年 2 月 4 日因抢劫罪被判刑 7 年。服刑期间获表扬 6 次，获监狱劳动能手 1 次，获监狱级改造积极分子 1 次，省级改造积极分子 1 次，共减刑 2 年 10 个月，具有一定管理能力，2002 年 9 月 22 日获准减刑出监。

通过该案例看暴力型罪犯心理特点。"宝马劫杀案"三名主犯都是暴力犯罪，在服刑期间改造表现都较为突出，都获得过行政、刑事奖励，被提前释放或获准假释。他们出监后如何纠集在一起？是什么原因使他们重新犯罪、走上不归路？暴力犯罪是一种性质非常严重的犯罪，它与其他类型的犯罪相比具有显著的特点。暴力型罪犯的犯罪心理特点如下：

1. 行为动机与社会道德、法律规范相悖。暴力型罪犯大多文化程度较低，所受法制教育更是微乎其微，并且由于自身体质、气质方面的优势，在社会中常表现出为所欲为的状态。特别是在对待问题时，不能平静地看待，也不善于运用言辞表达，盲目错误地认为"拳头更能解决问题"，无视道德和法律规范的存在。

2. 社会适应性差，受暗示性强，在冲突环境中的诱发率极高。大多数暴力型罪犯虚荣心强，爱面子，争强好胜。在一些人际交往的冲突环境中，由于性格暴躁，好冲动，特别在他人的鼓动下易不思后果，极易采取暴力行为，继而酿成惨剧。

3. 缺乏情绪、情感的自我调节能力，抑制不足或抑制过度。暴力型罪犯性格气质的本身特点，决定了其忍耐力较差，不能有效地转移矛盾焦点，不能有意识地进行自我心理调节，对问题进行"冷处理"。

4. 不少罪犯有明显的意识障碍。有的暴力型罪犯往往在事前好像大脑一片空白，行为严重失控，可事后却感到后悔不已。这种罪犯就大多存在明显的意识障碍，不经过心理矫正，自己很难克服。

5. 有的罪犯已形成攻击心理定势和攻击行为习癖。有的暴力型罪犯受社会负面影响较深，再加上自己的犯罪经历，以及受到当前一些不良传媒的误导，往往对待问题不加思考，而形成了一种错误的攻击习惯定势。

（一）罪犯分类

1. 罪犯分类的概念。罪犯分类，是指以罪犯人格调查为基础，对同质罪犯进行归类的过程。把罪犯划分成不同的类别，是为了更好地认识罪犯、管理罪犯和矫正罪犯。

对罪犯进行分类的结果是划分出不同的罪犯类型。罪犯类型就是按照一定的标准，将具有共同性质特点的罪犯划归一类后所形成的人群。对罪犯按照不同的标准进行分类，就可以划分出不同的罪犯类型。

（1）罪犯分类是认识罪犯的一种方式。通过分类对罪犯进行归类，其实就是一个对罪犯特点、特征进行集合确认的过程。

（2）罪犯分类是一种过程。即分类是一种矫正罪犯的过程。

（3）罪犯分类是一种矫正方式。其本身也就是管理或处遇。分类的目的、作用、效果都与对罪犯的矫正活动本身融为一体，即分类是为了更好地认识罪犯，在认识的基础上进行相应的管理和有针对性的矫正。

总之，罪犯分类是不断深化和细化的过程，它以人格调查和人格分析为基础，并与人格改造或矫正融为一体，最终达到的目标是人格改造的个别化，即根据罪犯个体的人格特征和人格缺陷，设计专门的人格改造方案，实行个别处遇。

2. 罪犯分类的标准。罪犯分类的标准是多元的，但无论采取何种标准进行罪犯分类，以下要求是普遍适用的：合于目的、具有可操作性、涵盖面尽可能广。

（1）罪犯的人格分类。罪犯的人格分类是以罪犯的人格本身作为分类的依据和标准，对罪犯进行归类的过程。罪犯的人格分类是一种总体性的分类，即在分类过程中以社会中大多数常人的社会化人格作为参照，对罪犯的人格作出比较完整的认识和描述。罪犯的人格可以分成四类：正常人格、不良人格、严重不良人格和犯罪人格。

（2）我国监狱对罪犯的分类。具体标准：以性别为标准，将罪犯分为男犯与女犯；以年龄为标准，将罪犯分为未成年犯与成年犯；以刑期为标准，将罪犯分为重刑犯与轻刑犯；以犯罪经历为标准，将罪犯分为初犯、偶犯，惯犯、累犯；以犯罪性质为标准，将罪犯分为暴力型罪犯、财产型罪犯、性欲型罪犯和其他类型罪犯（如毒品型罪犯、邪教罪犯、职务犯罪罪犯、过失型罪犯等）。

（二）不同犯罪类型的罪犯心理

1. 暴力型罪犯心理。暴力型罪犯是指以暴力或暴力胁迫为手段实施犯罪行为的罪犯，主要包括因实施故意杀人、故意伤害、抢劫、抢夺、强奸、绑架、敲诈勒索、放火、爆炸、投毒、暴力妨害公务等犯罪行为而被判刑入狱的罪犯。主要心理特征是：

（1）情绪不稳定。暴力型罪犯的行为实施常常为激烈情绪所支配，表现出激烈冲动的情绪特征。这使其改造表现时好时坏，极易出现反复现象。甚至有些暴力型罪犯会因为难以忍受监狱的艰苦生活和严格管束，不顾将被加刑的后果，孤注一掷，伺机越狱脱逃。

（2）自制力失调。自制力失调是暴力型罪犯的主要意志特征。暴力型罪犯缺乏正常人所具有的内部自制力，具有较强的冲动性、攻击性，这种自制力的失调在很大程度上极易造成狱内又犯罪的发生。

（3）报复心理重。表现为情绪易变，性情暴躁，做事鲁莽，容易冲动，自视清高，心胸狭窄，易走极端，有很强的报复欲。

（4）是非观不清。表现为对"哥儿们"讲义气，为"哥儿们"可以两肋插刀，冒险敢为；拉帮结派，恃强称霸，喜欢挑起事端，争强好胜，攻击性强。为在罪犯中树立"天不怕，地不怕"的英雄形象，不惜冒被禁闭、加刑的危险，"冲撞在前，拼杀在先"。由于暴力型罪犯存在这些致命弱点，极易被某些工于心计的抗改罪犯所利用，成为狱内打架斗殴事件的"出头鸟"。

2. 财产型罪犯心理。财产型罪犯是指以获取财物为目的而实施犯罪行为的罪犯，主要包括因实施盗窃、抢劫、诈骗、贪污、受贿、绑架勒索等犯罪行为而被判刑入狱的罪犯。主要心理特征是：

（1）物质需要强烈。财产型罪犯的犯罪与其物质需要强烈有关，他们被判刑入狱后，其强烈的物质需要并不会消失，仍然会表现出强烈的物质占有欲，并可能由此而导致他们旧病复发，产生狱内重新犯罪行为。

（2）思想表现隐蔽。大多数财产型罪犯都有一定的社会经验，善于克制自己的情绪和思想，很少会感情冲动，不轻易吐露自己内心的真实想法。他们对监狱人民警察"惟命是从"，即使有不满也很少会公开对抗。在接受教育改造方面，他们善于做表面文章，但内心却仍然坚持原来的观点。

（3）犯罪恶性大。具有较长犯罪经历的财产型罪犯，由于形成了犯罪"习癖化"或动力定型，其犯罪恶性大，在服刑期间遇到外界诱惑极易旧病复发，其改造难度较大。

（4）功利心理突出。财产型罪犯在服刑中，总是以是否对自己有利为标准决定行为的取舍，对自己有利的事抢着去做，对自己没利的事却绝不去做，功利心理较重。

3. 性欲型罪犯心理。性欲型罪犯，是实施以非法性行为为内容的犯罪行为的罪犯，主要包括因实施强奸和组织、引诱、容留、强迫妇女卖淫等犯罪行为而被判刑入狱的罪犯。主要心理特征是：

（1）性道德扭曲。崇尚西方的"性自由，性解放"，把性享乐视为人生中最重要的事，人生观、道德观沦丧，需要低级趣味，信奉"宁在花下死，做鬼也风流"，扭曲的性道德使他们对自己的罪行缺乏羞耻感，无悔罪之心。

（2）性需求强烈。一些恶习较深的性欲型罪犯，由于性体验较深刻，在入狱后相当长的时间内，仍会频繁地出现性冲动，对性生活有强烈需求。监禁造成的性抑制，往往使他们难以抑制强烈的性需求，而通过变通方式获得代偿性的性满足。

（3）自卑心理严重。由于性犯罪被认为是最下流、最卑鄙无耻的罪行，他们在服刑中往往被其他罪犯看不起，甚至受到其他罪犯的歧视，因而自卑心理较重。他们普遍害怕会见亲友，觉得无脸见人，对自己的罪行感到羞愧、懊悔，甚至有人因绝望而自杀。

（4）意志品质消极。他们意志薄弱，自制力差，感情冲动，往往不能控制自己的性欲。为了达到性欲的满足，行为具有挑衅性和侵犯性。

4. 其他类型罪犯心理。

（1）毒品型罪犯心理。毒品型罪犯是实施与毒品有关的犯罪行为的罪犯，主要包括因实施走私、贩卖、运输、制造、非法持有毒品，强迫他人吸食、注射毒品等犯罪行为而被判刑入狱的罪犯。主要心理特征是：①认罪但不悔罪。部分毒品型罪犯的法制观念淡薄，把毒品犯罪活动看作是"做生意""经济问题"，有的认为毒品买卖是双方自愿交易，法律不应干涉。这种错误的认知是造成毒品型罪犯认罪不深、悔罪感不强的思想原因。②善于伪装。毒品型罪犯一般社会经历复杂，犯罪过程极为隐蔽，这使他们善于察言观色，不轻易暴露自己的真实思想，显得圆滑、深沉和狡诈。③人生观扭曲。推崇金钱至上，追求及时行乐，奉行一切为己。④纠合心理较强。毒品犯罪中团伙犯罪居多，因此毒品型罪犯入狱后，其好结团伙的特点仍有所表现，对监管改造安全构成潜在的威胁。

（2）邪教信仰型罪犯心理。邪教信仰型罪犯是指组织或利用邪教组织实施犯罪行为的罪犯。这类罪犯因深受邪教的歪理邪说的毒害而犯罪，因此他们在服刑期间表现出独特的心理特征：①不认罪，无犯罪感。邪教罪犯一般都不承认自己有罪，而且用极其恶毒的语言攻击政府对邪教组织的取缔。②抵触情绪大，思想顽固。邪教罪犯因为不认罪，所以对判刑心怀不满，常常和监狱人民警察对着干，扰乱监所秩序。③存在明显的个性缺陷。邪教罪犯往往存在明显的个性缺陷，情感上冷漠，负性意志较强，丧失自我意识等。④集体抗拒改造的心理突出。他们利用各种机会暗中串联，搞集体活动，进行绝食、闹事，相互加油、打气，共同拒绝改造。

（三）罪犯群体心理

1. 罪犯群体。

（1）罪犯群体的含义。罪犯群体是指在监狱的组织结构中，由于接受刑罚惩罚与劳动改造的共同活动，而组成的相互作用、相互影响，具有相应的行为规范，心理上存在共同感受并具有情感联系的两个以上的罪犯结合体。

（2）罪犯群体的类型。①根据罪犯群体的构成原则和方式进行划分，可以分为罪犯正式群体和非正式群体。②根据罪犯群体是否真实存在进行划分，可以分为假设群体和实际群体。③根据各种不同的需要和视角，还可以对罪犯群体作出各种不同的分类。如根据性别进行划分，可把罪犯群体分为男犯群体和女犯群体；根据犯罪的类型进行划分，可分为财产型罪犯群体、暴力型罪犯群体、性欲型罪犯群体等。

（3）罪犯群体动力。罪犯群体动力也称罪犯群体力量，是与罪犯群体同步形成，并驱动罪犯群体不断发展，使之产生有效活动的群体内部的力量。罪犯群体动力主要由群体规范、群体压力和群体内聚力等构成。

2. 罪犯非正式群体。

（1）罪犯非正式群体的概念及作用。所谓罪犯非正式群体，是指罪犯在狱内交往过程中，基于共同的兴趣、利益、情感和共同的犯罪经历等，而自发形成的一种特殊的社会共同体。罪犯非正式群体的作用具体表现为：①积极作用：满足罪犯心理需要；成员之间相互帮助，获得支持；规范和控制罪犯行为。②消极作用：削弱正式群体的作用；强化罪犯不良思想和行为。

（2）罪犯非正式群体的类型。①根据非正式群体与正式群体的价值目标是否一致，可将非正式群体分为积极型、中间型和消极型；②依据形成的原因，可以把非正式群体划分为利益型、兴趣型、情感型、观念型、地域型、违规型和帮派型等。

3. 罪犯群体心理。

（1）罪犯群体心理的含义。罪犯群体心理，是指普遍存在于其成员的头脑中，反映罪犯群体成员共同的价值、态度和行为方式的总和。罪犯群体的许多特点，是通过罪犯群体共同或主导的心理倾向表现出来的，如罪犯凝聚力、心理气氛、士气、态度倾向等，而这些共有的心理倾向，是罪犯群体成员在共同的行为活动中形成的。

（2）罪犯群体心理的表现。

第一，合作与竞争。合作是互动的各方为了实现共同的目标而与他人协作的心理和行为活动。通过合作，会使每个成员都意识到自己对他人的依赖，都感到需要通过别人的帮助，才能使自己的活动成功。竞争是互动的各方为了满足物质的或精神的利益而与他人争胜的心理和行为活动。竞争活动会造成群体和个人之间的冲突，以及个人与个人之间的冲突。当群体之间竞争时，各自的群体内部就会产生压力和威胁，迫使所有的成员自觉地团结一致起来，积极合作，减少分歧，一致对外，以避免自己的群体遭受损失。当群体内产生竞争时，成员之间就会很少有沟通，个体间更多地相互侵犯。所以，竞争和合作应在群体规范的作用下有机地结合来来，在罪犯群体之间竞争的同时，要促进群体内部的合作，使群体成员遵循共同的行为准则，维护共同的活动秩序，最大限度地提高罪犯改造和劳动的积极性。

第二，从众、服从与偏离行为。从众是指个体在群体中，由于受到群体的压力，在心理或行为上表现出与多数人一致的现象。服从是群体中的个体在受到来自群体的规章制度或权威意志的压力时，不管自己内心愿意不愿意，都按照要求或指示去行动的一种心理和行为。内心愿意者，是自觉服从；内心不愿意者，为被迫服从。不服从者，会受到纪律和权威的制裁。偏离行为又叫越轨行为，是指背离、违反社会规范的行为。犯罪行为就是一种最严重的偏离行为。监狱必须严肃监规纪律，树立行刑者的绝对权威，并在罪犯群体中形成良好的改造氛围和心理氛围，使大多数罪犯都能遵纪守法、积极改造、服从管理。但如果罪犯群体中缺乏良好的心理氛围甚至歪风邪气占主导地位，牢头狱霸横行，或者行刑者主观武断地发号施令甚至滥用职权，使罪犯群体规范压力超过了罪犯个体所能承受的限度，那么就会导致罪犯出现偏离行为，表现为对改造集体规范的偏离，对非正式群体或非法集团规范的从众和服从。

第三，模仿、暗示和相互感染。模仿是指在没有外界控制的条件下，个体受到他人行为的刺激影响，仿照他人的行为，使自己的行为与之相同或相似。模仿是个体实现社会化的一种手段。监狱对罪犯的改造过程，实际上就是对罪犯进行重新社会化的过程，对于这些初到监狱这个陌生环境的罪犯来说，他们都要借助于模仿。通过模仿榜样的行为以便和他人交往，然后再逐渐认识这种行为的原因、意义和价值。所以监狱树立的榜样非常重要，尤其是监狱人民警察的榜样作用对罪犯的模仿行为起着非常重要的影响。暗示是指在无对抗的条件下，通过语言、行动、表情或某种符号，对他人的心理和行为发生影响，使他人接受暗示者的某种观点、意见，或按暗示的一定方式活动。在监狱中，某些具有丰富监狱经验的罪犯或者阅历丰富、年龄较大在罪犯中较有权威的罪犯可能成为暗示者，而那些没有监狱经验、年龄较小、独立性差和依赖性强者容易受到暗示。监狱工作者应研究和利用暗示的规律，以便使监狱组织的宣传教育更有成效。相互感染是情绪交流传递的一种基本形式，它是指在无压力的条件下，群体成员之间通过语言、表情、动作等方式引发情感上的交流，从而在相同的情绪控制下表现出大致相同的行为。罪犯群体中的成员由于面对共同的情境和共同的压力，加上各自的地位及其态度和价值观念相近，相互间的感染更容易发生。在监狱对罪犯群体控制不力，罪犯群体风气不正时，相互之间消极因素的感染在所难免；反之，监狱如果能够有力地控制罪犯群体，在群体中形成良好的心理氛围，就能够促进罪犯相互之间积极因素的感染，增强罪犯在共同的改造活动中的合作与竞争。所以，罪犯群体心理气氛的优劣决定罪犯成员之间相互感染的方向，也就是说，在积极的、健康的群体心理气氛中，大多数成员能够体验到自己所在的群体具有良好的改造风气，彼此之间既竞争又合作，对前途充满信心，并能共同为之努力；而在消极和不健康的群体心理气氛中，歪风邪气盛行，冲突对抗不断，相互间尔虞我诈、恃强凌弱，个体会产生紧张不安的心理，甚至对改造缺乏信心，对前途不抱希望。

第四，责任扩散和去个性化。责任扩散指个体在群体中比在独处时承担更少的责任以致失去个人责任感的心理现象。当罪犯的消极行为特别是违规行为属于群体性消极行为的一部分时，由于责任扩散的作用，罪犯的行为就会摆脱法律与道德规范的约束，我行我素，不计后果。尤其当这种消极的罪犯群体具有一定的内聚力时，责任扩散的现象更为明显。所以，责任扩散是消极群体心理的一种反映。责任扩散会导致群体出现去个性化。也就是说，罪犯个体在群体中变得更胆大，这是由于归属感和认同感使罪犯个体把群体看作是强大的后盾，在罪犯群体中无形地得到了一种支持力量，从而鼓舞了罪犯个体的信心和勇气，唤醒了其内在潜力，做出了独处时不敢做的事情。在群体的保护下，甚至违反社会准则，做出事后感到惭愧和后怕的事情，这种现象被社会心理学称为群体去个性化。这是由于人们在众人之中失去了理性，放弃了对自己行为的控制。这种去个性化现象，在群体破坏性行为中表现得最为典型。

第五，冲突与对抗。冲突是个体与群体或个体相互之间的心理或行为上的矛盾斗争；对抗是个体拒绝群体规范或权威的要求甚至产生相反的心理和行为。由于同社会长期隔离，罪犯彼此间从相互熟悉到互感乏味，彼此不相容，产生气氛紧张与心理冲突。罪犯中的许多人由于自我意识方面的种种缺陷，常常使他们不能很好地处理人际关系，这样相互间的敌视、排挤在所难免。总之，冲突和对抗往往是相互间利益严重失衡、群体内聚力涣散的结果，也与个体难以承受群体规范的压力有关，因而是罪犯群体中常见的一种心理现象。冲突与对抗得不到有效的缓解与改变将严重地削弱群体的积极功能，而对罪犯群体及个体造成持续的消极影响。

（3）罪犯群体心理效应。罪犯群体心理效应的主要表现是：①满足需要。除了个人生存必需的需要之外，人们其他的需要只有在群体中才能获得满足。罪犯通过群体在满足需要的过程中，可以得到认同，获得归属感，获得力量。②减小恐惧感。研究表明，高度恐惧的人比低度恐惧的人更希望合群。恐惧越深，合群倾向就越强。罪犯群体在某种程度上减小了罪犯个体的恐惧感。③获得社会对比。罪犯尤其是初次入狱的罪犯，由于对环境的不确定，他们会通过与他犯的对比来估价自己。通过社会对比，罪犯会产生同病相怜的感觉。④罪犯群体的社会促进与社会抑制。社会促进或社会抑制，指个人在别人在场或与别人一起活动时所带来的行为效率的提高或下降。罪犯群体的社会促进作用是有条件的：一是罪犯群体成员必须服从本群体的规则，热爱自己的群体，为群体的利益服务，而不能成为群体的越轨分子；二是罪犯个人对罪犯群体产生认同，并希望得到罪犯群体的保护和支持，使群体成为个人利益的维护者。如果缺乏这两个条件，这种作用就不会发生，有时反而会产生阻碍作用，使个人在群体中的活动效率降低。

4. 罪犯群体的人际互动。交往是个体促进社会发展和实现其社会化的必要途径，交往的过程就是互动的过程。罪犯群体的人际互动的形式主要有：罪犯正式群体之间的人际互动、罪犯非正式群体内部的人际互动、罪犯正式群体与非正式群体的人际互动以及罪犯群体与监狱人民警察的人际互动等。

（1）罪犯正式群体之间的人际互动。监狱依据《监狱法》等有关法律、法规收押罪犯，强制编队，组成罪犯正式群体。罪犯正式群体，是监狱组织以监区、分监区与组的形式所构成的，直接由监狱组织控制的，稳定的组织结构。正式群体间互动的形式主要是合作与竞争。监狱根据分类关押、分级处遇及分类改造的需要将罪犯分为不同类型的正式群体，并针对不同类型群体的特征组织群体活动，群体活动的主要形式是合作，不同群体中的罪犯密切配合，完成一定的生产任务和改造任务，实现刑罚的最终目的，促进罪犯的再社会化。同时，监狱为了提高改造质量和劳动效率，创造出一定的竞争环境，让不同的罪犯群体为了争取一定的利益，如名次、胜利等，而相互竞争。

（2）罪犯非正式群体内部的人际互动。互动的形式有：①竞争与合作。罪犯非正式群体是由罪犯自发组织形成的，其群体形成本身就是罪犯合作的结果，而且群体的整个发展，从内部凝聚力的产生到与外部环境相适应，从成员个体某些需要的满足到群体目标的实现，都离不开成员之间的合作。合作表现在群体发展的全过程。对消极的非正式群体来说，其内部的合作虽也有积极的功能，但这更多的是导致对监管改造秩序的巨大破坏作用。竞争是罪犯非正式群体内部互动的又一种形式，它远不及合作普遍。非正式群体的成员经常围绕角色和个人在群体中的地位而展开激烈的竞争。②冲突与调适。在罪犯非正式群体中，成员为了在群体内的地位、群体如何行动，以及利益如何分配等问题，常常发生冲突。调适是指以不同的方式调节或缓和成员之间冲突的一种互动形式。因群体内部冲突而产生的调适主要有和解、妥协、容忍和调解等形式。③感染。感染是非正式群体中罪犯互动的重要形式，也是罪犯相互传染恶习的主要途径。罪犯在狱内恶习的感染分为交叉感染和深度感染。各种恶习的感染主要是通过教唆和传授、耳濡目染和学习内化等方式进行的。

（3）罪犯正式群体与非正式群体的人际互动。①罪犯正式群体与积极型非正式群体的人际互动。积极型非正式群体不仅在价值取向及目标上与正式群体是一致的，而且常在某些方面有积极的行动，由于其在具体利益上一般与消极型非正式群体存在直接冲突，因此，相互之间基本上只保持成员个人之间的互动。②罪犯正式群体与消极型非正式群体的人际互动。消极型非正式群体与正式群体在价值观念和生活目标等方面是对立的，其基本关系是一种冲突的关系。冲突最初表现为个体价值观念的层面，随后，逐步发展到群体的目标和心理、行为的冲突。当消极型非正式群体成员与其所在正式群体之间的冲突，逐步发展为消极型非正式群体与正式群体之间的冲突时，冲突也就进入了更高的层次。③罪犯正式群体与中间型非正式群体的人际互动。中间型非正式群体处于罪犯正式群体与消极型非正式群体之间，它与罪犯正式群体很少发生冲突。当中间型非正式群体看不惯消极非正式群体的胡作非为时，也会形成针对消极非正式群体的制衡力量；而当他们觉得值得仿效时，也会成为一股新的反改造力量。但在这一过程中，消极非正式群体总不希望有新的力量与之抗衡，所以，双方会有激烈的冲突。

（4）罪犯群体与监狱人民警察的人际互动。监狱人民警察在对罪犯实施惩罚和改造的过程中，与罪犯发生的互动关系，其本质是一种惩罚与被惩罚、改造与被改造的关系，因而区别于罪犯之间的互动关系。监狱人民警察与罪犯之间的互动是刑罚执行者与接受刑罚惩罚者之间的一种特殊互动。其互动形式为：①服从。服从监狱人民警察的管理和教育，是罪犯及群体的一项重要法律义务。服从是绝大多数罪犯或罪犯群体对待监狱人民警察的一种基本态度。②配合。配合，是主动与监狱人民警察合作，做好自己和其他罪犯的思想改造和行为矫正工作。在监管改造实践中，持配合态度的罪犯还是占绝大多数，即使是消极非正式群体的成员，也时常发生配合。③对抗。对抗与服从相对，是指罪犯不服监狱人民警察的管理和教育，而产生的抗拒管理和教育的一种行为，也是监狱人民警察与消极非正式群体成员间常见的一种互动方式。监狱人民警察与狱内消极非正式群体之间的互动，贯穿于消极非正式群体的产生和发展的全过程，不仅同一个消极非正式群体的罪犯对相同的管理和教育可能产生不同的态度，而且同一个成员对不同的管理和教育也会表现出不同的反映。在什么情况下，出现怎样的互动方式，主要取决于罪犯改恶从善的程度和监狱警察运用行刑权力是否合法与公正。

三、操作流程

关于犯罪人的分类，客观主义分类法只关注犯罪人的客观行为及行为后果，对犯罪人之所以犯罪的原因却不予涉及，他们所作的分类只不过是对犯罪的分类，还谈不上是对犯罪人真正的分类。客观主义分类法的意义也仅仅是去追寻对不同的犯罪人如何来施用刑罚罢了，却无法开展对犯罪人实行犯罪预防的机制，所以现在很少采用。

主观主义分类法相对于客观主义而言，有着显著的进步，其使犯罪学的研究进入了以"犯罪人"为中心的时代。至此，人们开始将研究的触角深入到了犯罪人的内心世界，去探求人之所以犯罪的主观因素。正是基于主观主义的这种研究，对犯罪人进行事前预防才成为可能，从而为减少和消除犯罪提供了一条正确的道路。混合分类法看似结合了客观主义与主观主义二者的优点，其实不然。社会学家宋林飞在谈及社会学中分类问题时曾说："建立概念分类框架时，必须遵循两条原则：一是穷尽性原则，即对总体中所有分子都能归类。二是排他性原则，即对象总体中任何一个分子都不能同时归属于两个或者更多的类别。"那么，存不存在客观主义与主观主义之间的第三种概念呢？或者说，客观主义与主观主义之间能否通过另一种概念进行折中呢？在综合比较之后，我们认为"人格"理论能够担此任务。

在刑事法领域，德国著名的刑法学家、刑事社会学派创始人李斯特认为刑事责任的基础不在于行为本身，而在于行为人的反社会的危险性格。刑罚的处罚中心应归结为犯罪人，特别是犯罪人的性格或心理状况，应当以犯罪人的性格、恶性、反社会性为评判标准，个别地量定刑罚。李斯特的这一思想在刑事法学上有着重要意义，被认为是人格主义的滥觞。而最早将"人格"的概念引入犯罪学的是美国心理学家塞缪尔·约克尔森和斯塔顿·萨姆诺，他们认为精神病人具有不同于常人的思维方式和行为方式，特别容易从事反社会行为，由此揭开了要正确认识犯罪人格的内涵的序幕。要正确认识犯罪人格的内涵，应从以下几个维度来把握：

1. 犯罪人格应该是犯罪人的反社会性格，这是犯罪人格最主要的本质。犯罪人的性格首先应该表现为对社会现状的不满和对社会秩序的蔑视。意大利刑法学家、激进的社会防卫论代表人物格拉马蒂卡认为犯罪人的反社会性包括了客观的要素、心理的要素和法的要素。客观的要素指的是客观行为，心理的要素指的是反社会的能力和意思，法的要素指的是违法性。

2. 犯罪人格不是犯罪人一时的心理冲动，也不是对某一项事物的情绪，而应该是犯罪人在较长期的社会生活中所具有的一种明显的行为倾向。

3. 犯罪人格在关注犯罪的社会原因时，不能排除犯罪人的生物学因素。日本学者团腾重光认为："人格并非单纯的精神的要素，而是精神以及身体的统一体。因此，行为不仅在身体动静这一点上直接具有生物学的基础，同时，在人格背景方面，亦具有生物学的基础。"我国学者曲新久教授也持同样的观点："犯罪人的人类学因素无论如何都不能从犯罪人的内在原因系统中剔除，否则，'犯罪人'就成为缺乏生物学内容的纯社会学概念。""在人类学因素对犯罪人的人格和自我心理形成与发展有着明显影响的情况下，在罪犯的处遇过程中，应当考虑犯罪行为人的人类学因素。"可见，如果我们把犯罪人的人类学因素抛弃在一边，全然不顾先天因素对犯罪的影响，必然会造成刑罚适用上的不公平，同时也无法找到预防犯罪的正确途径。因此对那些有先天缺陷的犯罪人就不能按照对待正常人那样剥夺其自由甚至生命，而应当把他们当作生了病的人那样，给予治疗和隔离。犯罪学家从不同视角对犯罪人进行生物学、社会学、心理学、法学标准上的划分，都有一定的可取之处，但也具有一定的局限。突出犯罪人的生物性，容易忽视犯罪人的主观能动性，导致生物学决定论的天生犯罪人观，不利于犯罪人在后天环境下的改造。突出犯罪人的社会性，容易忽视犯罪人本身在生理上的缺陷，导致对刑罚惩戒的公正性重视不够。人格犯罪人观的提出，恰恰可以在此两者间寻求一种平衡。因此我们选择将人格作为犯罪人分类的标准。

最早对人格进行的系统研究应追溯到 19 世纪后期弗洛伊德学派的精神分析理论，其后相继出现了其他五个人格理论流派，分别是：以奥尔波特为代表的特质流派、以艾森克为代表的生物学流派、以马斯洛为代表的人本主义流派、以斯金纳为代表的行为主义和社会学习理论流派，以及以凯利为代表的认知学流派更是掀起了心理学界研究人格的高潮。近年来心理学学者和社会学学者也对人格进行了更为深入的研究。主要体现在：①细化对人格的评鉴，通过大量实验、测试、统计等技术手段，使人格这一本来较为抽象的概念被具体地评价成为可能。②深化了对反社会人格的研究。现有的统计数据表明，那些符合该手册的偏执型、施虐型、边缘型、自恋型人格障碍中的若干成分，同样可以归属到广义的反社会人格障碍中来。

（一）罪犯分类操作流程

罪犯分类是以对罪犯的人格调查为基础的，分类的过程即人格调查的过程。其操作流程为：①确定人格调查的内容。②确立人格调查的基本手段和实现途径。③进行人格分析。④进行罪犯分类。

（二）对罪犯的分类

1. 精神病罪犯。这类罪犯包括了犯罪前就有精神病倾向的，以及在监狱里因各种原因而患病的罪犯。根据统计这类罪犯大约占总罪犯数目的1%左右，对这类罪犯主要是要早发现早治疗，如果进行及时隔离和治疗效果会比较好，否则危害性很大。

2. 生物因素罪犯。这类犯罪人基于生理原因而导致人格发育不完整或者不健全，包括了部分青少年犯罪人和病理性精神障碍犯罪人。青少年犯罪人由于社会阅历的限制，加上青少年的身心还处于一个不断发展的过程，往往表现为较弱的辨认能力和控制能力，在人格上就有一种不稳定性。这种不稳定性一方面表现为因为心理冲动极易诱发犯罪；另一方面则表现为如果进行正确引导又能够及时矫正其犯罪倾向。所以对于青少年犯罪人不宜采用集中关押的方法，以防止交叉感染。同时，对青少年犯罪人也不宜采用剥夺其人身自由的方法，并要尽量减少青少年的过错行为对其人生发展带来的不利影响。病理性精神障碍犯罪人包括癫痫病犯罪人、身体残疾的犯罪人、各种脑部疾病和脑外伤的犯罪人等，由于其辨认和控制能力程度不同，所以要给予不同的处遇。对那些完全丧失辨认和控制能力的精神障碍的人自然不必视其为犯罪人，而对那些存在一般精神障碍并具有一定的辨认和控制能力的犯罪人，可以给予一定的刑罚，但要与常人有所区别。更为重要的是，对待这类犯罪人要给予及时的治疗。

3. 人格障碍罪犯。其表现为具有完全的反社会人格障碍、冲动控制型人格障碍、边缘型人格障碍等类型，这些人格障碍比较根深蒂固，强烈而难以改变，他们具有严重的人身危害性，包括惯犯、多数的累犯以及一些非常残暴的故意犯罪和承认其深刻的反社会性的犯罪人，如实施严重危害公共安全犯罪和危及公民人身财产安全犯罪的人，聚众犯罪和有组织犯罪中的组织者和首要分子等。对于累犯，各国均规定要从重处罚；对于惯犯，各国刑法也一般规定对其从重或加重处罚。这类罪犯大约占到服刑人员总数的50%左右。

4. 偶然犯。其犯罪人格尚不稳定或尚在形成过程中，由于受外界条件的作用而临时地表现出犯罪性，他们在犯罪过程中或犯罪后往往有所悔悟，并易于教育和矫正，具有较轻的人身危害性，包括很多的少年犯、防卫过当者、胁从犯、中止犯等。出于对犯罪人主观恶性小和进行改造的目的的考虑，此类犯罪人应当从轻或减轻处罚。

5. 激情犯。这类罪犯主要是由精神因素导致的犯罪。在一定的情境下，由于冲动或者激情导致的犯罪，具有一定的偶然性，但是结合其个性心理因素，又具有一定的必然性。

（三）防控与矫正的重点

1. 主要改造矫正对象为第4、5类罪犯。因为这类罪犯相对来说人格基本完整，犯罪行为和习惯没有根深蒂固，还有一些是处于犯罪人格形成的边缘。因此，这两类罪犯应该作为重点矫正对象。

2. 第1~3类罪犯应该是防控的目标。对于精神病罪犯和生物因素罪犯应该早发现、早治疗或者早防控，因为这两类罪犯很难用教育或者心理矫正的手段改变他们。

对于第3类罪犯，应该深入研究防控的对策与规律，因为这类罪犯比例很大，同时很难矫正，但是如果改造手段组织得当，对他们来说，是能起到改变作用的。应该清醒地认识到，对这类罪犯来说，更重要的是要运用心理学的手段研究他们的改造规律，预防一些可能会发生的危险。

四、知识链接

（一）罪犯的人格分类

罪犯的分类制度是监狱工作科学化的显著标志。罪犯分类的科学性程度越高，标志着监狱工作的科学性程度越高。把男犯与女犯、少年犯与成年犯、初偶犯与累惯犯、重刑犯与轻刑犯、精神异常的犯人与精神正常的犯人分离监禁，是基本的和初级的罪犯分类。罪犯的人格分类，是以罪犯的人格本身作为分类的依据和标准，对罪犯进行归类的过程。罪犯的人格可以分成四大类：

1. 正常人格。所谓正常人格，也可称为社会化人格，即社会大多数成员共同具有的人格状况或人格水平。应当承认，在罪犯中存在比较小的一部分人，他们的人格是正常人格。在通常情况下，他们关心和遵从社会规范，能内化社会的价值观念，能遵纪守法。他们的道德人格与社会大多数相比并无差异，不存在主观恶性。他们的需要结构比较完整，有自尊等高级需要；人格基础也比较完整，在通常情况下有较强的自我理性认识；并不存在极端自私等六类严重的性格缺陷，智力正常。他们也存在这样或那样的人格缺陷，然而，这些人格缺陷比较轻微，并不足以使他们偏离社会化。他们的犯罪，或是因为过失犯罪；或是因为激情犯罪；或是在金钱或美色的诱惑之下因为理性的暂时丧失、感情的一时冲动、意志的偶尔失控而失足。一般来说，这部分罪犯的犯罪是偶然的，是比较轻微的。在犯严重罪行（如杀人、伤害）的罪犯中也有极少数正常人格的人，他们因为遭遇了生活中的不幸，作为受害者经受难以承受的客观逼迫力的压迫，在忍无可忍的情况下才犯了罪，产生了攻击性的暴力行为。一般来说，正常人格的罪犯对自己的犯罪都有深刻的认识和真诚的忏悔，在狱内有自觉而良好的改造表现，出狱后重新犯罪的可能性极小。

2. 不良人格。所谓不良人格，也可称为偏离了社会化的人格，即他们的人格状况和人格水平低于社会大多数成员，存在着这样或那样的比较明显的人格缺陷。这是在罪犯中占比重最大的一部分人。他们不关心社会规范，忽视社会的价值，只关心自己，比较自私。他们的道德人格低于社会大多数人，存在一定程度的主观恶性。在他们的需要结构中，高级需要发育不良，需要层次低下，精神世界比较空虚；他们的人格基础比较薄弱，容易产生非理性冲动；他们存在一定程度的性格缺陷，如自私、贪婪、懒惰等；他们的智力正常，但其中不少人缺乏学习能力或适应能力。他们的犯罪，是社会不良因素与其不良人格相互作用的结果。受教育太少、生存能力不强、缺乏技能、经济收入微薄、不良社会风气影响等是导致他们犯罪的客观原因。对于这些人的犯罪，社会应承担一定的责任。因为在良好的社会因素和社会环境作用下（例如，使他们受到教育，学到谋生技能，经济条件得到改善等），他们中的大多数人可以避免犯罪。

3. 严重不良人格。所谓严重不良人格，也可称为严重偏离了社会化的人格，即他们的人格状况和人格水平明显低于社会大多数成员，人格缺陷严重。这是在罪犯中占比重较大的一部分人。他们以自我为中心，无视社会规范和社会价值观念。他们的道德人格低下，主观恶性程度较深。在他们的需要结构中，生理需要或物质需要畸形发展，奉行极端自私的价值观和人生观；他们的人格基础薄弱，经常产生非理性冲动；他们的性格缺陷比较严重，如极端自私、贪婪、虚伪、懒惰、放纵，甚至残忍。在这部分罪犯中，有些人智力低下。具有严重不良人格的人，他们的犯罪，固然存在一定的客观因素，与不良的社会环境和社会风气有关，但主要因素则存在于其人格之中。他们的犯罪是自觉的，主动的。他们的人格很容易发生矛盾变态，从人格缺陷发展和转化为犯罪的动机和行为。由于其严重的人格缺陷，犯罪具有很大的必然性。

4. 犯罪人格。所谓犯罪人格，也可称为反社会人格，其人格特征与本质和社会大多数人完全不同，具有明显的背离社会、反社会的犯罪倾向。这是在罪犯中占比重很小的一部分人。他们的道德人格极为低下，主观恶性程度极深。他们之中的不少人是社会本能缺陷者，缺乏人类基本的同情心和羞耻心，缺乏社会道德观念，具有高度的攻击性，容易产生暴力；有些人虽不存在社会本能缺陷，但在长期的犯罪生涯中形成了与社会大多数成员完全不同的人格特征，性格残忍，感情冷漠，对他人的生命和财产持轻蔑的态度。具有犯罪人格的人主要见于以下几类罪犯：存在社会本能缺陷的反社会人格障碍者，职业犯罪人，恶习难改的累犯，长期生存于犯罪集团或黑社会中的犯罪人。

（二）人格调查的内容

1. 对人格生理系统的调查。极少数罪犯可能存在与犯罪行为相关的生理因素异常，如发育失调、脑组织损伤、染色体畸变、内分泌功能失调等。对这类罪犯的改造或矫正是不能离开医学治疗手段的。

2. 对人格动力系统的调查，目的在于调查支配罪犯行动的动因。①极少数罪犯可能存在社会本能缺陷，其行为特征是非社会化、孤僻、富有攻击性、缺乏基本的同情心和羞耻心、冷漠、残忍、无道德观念。②对罪犯的需要和动机的调查。调查内容包括：在人格中占优势的需要是什么，需要层次高低情况，缺乏哪一种人类基本需要，占优势的需要转化为何种动机等。③对罪犯文化性动力要素的调查，其中包括兴趣、信念、信仰、世界观（包括价值观、人生观）、理想等。这一调查的目的在于认识罪犯的精神世界状况，特别是世界观（包括价值观、人生观），更具有支配其行为的作用。

3. 对人格自我意识系统的调查，目的在于认识罪犯的人格基础。①少数罪犯可能存在人格异常与人格病态，如自我意识障碍、变态人格、强迫性人格、偏执型人格、多重人格等，都由人格基础的缺陷所致。②对于多数罪犯来说，可能并不存在人格异常与人格病态，对于他们的人格基础的调查在于认识其认知特点，思维方式特征，情感、情绪特点（包括自尊心、自信心、羞耻心、情绪特征等）和意志特点。这里不排斥有些罪犯存在轻微的人格异常与人格病态。

4. 对人格道德良心系统的调查，目的在于认识罪犯的道德人格状况，确定其主观恶性程度。

5. 对人格心理特征系统的调查，目的在于认识罪犯的气质类型、性格特征和能力（主要是智力状况）。

（三）人格调查的基本手段和途径

1. 通过对罪犯的犯罪史、生活史、婚姻史、受教育史、就业史的调查，认识其人格特征和人格缺陷。

2. 行为观察。人格最终体现为个体的行为，对罪犯的行为进行观察并做记录，是最直接的人格调查。行为观察可以在自然状态中进行，即在监狱日常的教育、劳动和生活中进行，也可以在实验状态中进行，即监管人员事先经过情境的设计，并进行严密的控制，人为地引起罪犯的反应，进行行为观察。

3. 谈话。这也是进行人格调查的最有效途径之一。通过与罪犯的谈话，我们可能认识其需要、动机、兴趣、信仰、价值观、道德、性格、能力等人格要素。谈话必须进行充分的理论准备，目的明确而又具有谈话艺术。而且，谈话应是多次完成的。

4. 设计问卷。罪犯在通过回答（如自由叙述、选择、是非判断、评定等）各种形式问卷的过程中能不同程度地展示自己的人格世界，如道德观念、价值取向、人生态度、兴趣爱好、需要层次、性格特征、智力状况等。对问卷的回答进行去粗取精、去伪存真的分析是人格调查的基本手段之一。

5. 运用量表进行人格调查。如"艾森克"人格量表、"卡特尔"人格因素量表、"明尼苏达"多相人格量表、内外向人格调查表、智力量表、兴趣调查表、气质量表、态度量表等都可以在狱内适用，成为人格调查的基本手段和途径。

6. 医学和精神病学的诊断和鉴定。

（四）人格分析

人格调查与人格分析是统一的过程。人格分析具有以下特点：

1. 人格分析应当具有明确的目的性，即它是以人格改造为目的的。因此，人格分析的重点是认识和确定罪犯的主要人格缺陷。例如，同样导致盗窃犯罪行为发生的人格缺陷在不同的罪犯个体那里是并不相同的，有的人是因为需要层次低下，贪利倾向严重而盗窃；有的人是因为能力低下，缺乏社会竞争能力而盗窃。

2. 人格分析应当坚持系统论的观点。人格是一个系统，人格的各子系统和人格要素是互相联系、互相依存的整体。罪犯的人格缺陷不是孤立存在的，而是与其他人格要素互相联系的。应当把罪犯的人格缺陷置于整个人格世界中去认识，避免"只见树木，不见森林"。

3. 人格分析不能局限于人格世界本身，应当把罪犯的人格置于社会环境和社会关系中去认识。人的本质是一切社会关系的总和，罪犯人格缺陷的形成离不开特定的社会环境和社会关系。只有在社会环境和社会关系中去进行人格分析，我们才可能深刻把握罪犯人格缺陷形成和发展的脉络，使人格改造更具有科学性和针对性。

4. 对罪犯的人格分析不仅是定性分析，而且应当是定量分析。这两者应当结合起来。对罪犯人格进行定量分析完全是可能的。例如，犯罪历史的长短、初次犯罪的年龄、犯罪的次数、两次犯罪的间隔时间、受害人的数量、犯罪的后果、受教育的状况、生活恶习的深度、不良的社会关系等，都可以进行定量分析。定量分析使我们能更准确地认识罪犯的人格。例如，同样是国家工作人员犯贪污受贿罪，有的人是贪官污吏，性格贪婪，主观恶性程度较深；有的人则意志薄弱，经不起金钱诱惑，主观恶性程度很浅。如果不从犯罪的历史、犯罪的次数、犯罪的后果等方面作定量分析，是难以区别这两种人格的。

（五）罪犯正式群体

罪犯正式群体，也就是罪犯改造群体，它是监狱为了执行刑罚而依据有关法规建立起来的群体。这类群体有稳定的结构和明确的规范，成员有明确的地位与社会角色分工，并有相应的权利和义务规范，成员之间因为必须完成组织规定的任务而相互联系、相互作用，是监狱在行刑过程中为了实现刑罚的目的而将罪犯组织起来的人群结合体。它具有法定性、组织性、规范性、目的性等特征。

（六）假设群体与实际群体

假设群体，是指实际上并不存在，只是为了研究和分析的需要，而把具有某种特征的人在想象中组织起来，成为群体。这种群体主要存在于统计学中，如未成年罪犯群体、成年罪犯群体和老年罪犯群体等。实际群体，是指在一定空间和时间范围内存在的群体。这类群体有着明显的界限和实际的交往，如各监狱把罪犯改造群体分为各分监区、中队、分队和小组等。

（七）罪犯群体动力的构成

1. 罪犯群体规范和群体压力。群体规范，是约束群体成员的行为准则。群体规范一旦形成，会对群体成员产生无形的压力，迫使个人顺从它、遵守它，群体依据这种对准则的认同，彼此一致起来，形成一个整体。群体规范约束成员的认知、评价和行为，使他们表现出一定的群体特点。在此基础上，群体规范依靠大多数人一致的态度、意见和行为倾向对其成员产生一种压力，迫使他依照群体的目标和准则调节与制约自己的行为，这就是所谓的群体压力。群体压力往往比来自于组织的压力更为强大，因为个体难以在心理上忍受群体大多数成员的疏远、冷落和谴责，而会心甘情愿地顺从大多数成员的意志。然而，群体压力如果超过一定的限度，就会使个体向其他群体逃避，或者采取偏离行为。

监狱可以依靠组织的权威和法律的强制力左右罪犯的行为，但是若要真正地影响和改变罪犯的心理和行为倾向，使矫正者的要求内化为罪犯个体的需要并使罪犯个体为之努力，就必须使组织的规范转化为罪犯群体的规范，为大多数成员所接受并加以遵守。这样才能保证组织目标与群体活动的一致性，使罪犯由顺从、服从到内化，最终使其心理和行为倾向发生根本改变。

2. 罪犯群体内聚力。群体内聚力是群体对成员、成员对成员的吸引力。它对于群体的存在和活动有着重要的作用。与群体规范和群体压力相比，它所依赖的是群体成员之间的感情、志趣、共同的利益和人际关系。在群体高内聚力的作用下，个体的自信心和安全感增强，成员对群体产生较强的认同感、归属感和力量感，自愿成为群体一员，积极参与群体活动，自觉遵守群体规范，认真履行角色义务，努力实现群体要求等。处于这个阶段的群体，全体成员既有明确的分工，又有认同的共同目标，并能以内化的群体规范协调自己的行动，致力于群体目标的实现。因此，群体的内聚力越大，对其成员的影响力也就越强，而且它直接指向个体的心理和行为倾向。群体如果缺乏内聚力，其成员即使循规蹈矩，也难以维持长久，更不能调动内在的、自觉的力量，以促进群体内个体的发展和群体活动效率的提高。因此，监狱除了要将组织规范转化为罪犯群体的规范以外，也要重视形成与规范的价值取向相一致的罪犯群体的内聚力，这不仅有助于罪犯改造集体的形成，而且有利于罪犯改造心理的激发和罪犯自我意识的转变。

影响罪犯群体内聚力的因素有：罪犯成员之间是否存在共同利益；成员的相互吸引和群体提供的活动内容对成员是否具有吸引力；监狱人民警察与罪犯的关系；罪犯内部的协作；罪犯群体间的竞争；等等。从一定意义上来说，群体越能够满足成员的需要就越具有内聚力，反之，就越没有内聚力。在传统行刑模式下，由于监狱行刑权力的运用，尚不足以使所有的罪犯对以正当手段获得需要的满足产生吸引力，因此就有了通过非正式途径，包括形成消极非正式群体，来实现个人需要的愿望。非正式群体的内聚力越强，与其相对的正式群体的作用就越小。相反，罪犯正式群体建得越好，对罪犯就越有吸引力，非正式群体就越难有生存空间，即使产生了这样的群体，它也难以形成较强的内聚力。

五、能力实训

（一）深呼吸放松训练

1. 训练目的：应对紧张、焦虑、不安、气愤等消极情绪，帮助个体振作精神，恢复体力，消除疲劳，稳定情绪。

2. 训练要求与步骤：选择一个舒适的姿势，双肩下垂，闭上双眼，然后慢慢地做深呼吸，要用鼻子吸气，用嘴吐气。治疗者可配合对方的呼吸节奏给予如下指示语：呼……吸……呼……吸，或深深地吸进来，慢慢地呼出去，深深地吸进来，慢慢地呼出去……

（二）行为技能训练

1. 训练目的：帮助个体熟悉有用的行为技能。

2. 训练要求与步骤：

第一步：示范。训练者首先向学习者示范正确的行为。学习者观察示范行为，然后进行不断地模仿。有一些因素会影响示范的效果：当示范正确行为时，应示范出一个成功的结果（一种强化）；示范者应和观看者地位相似或具有较高的地位；示范行为的复杂程度要和学习者的精神发育水平及能力相当；要想使学习者学会示范行为，必须使学习者将注意力集中到示范者身上；示范行为要在适当的情境下发生；为了使学习者能够正确模仿，应尽可能多地重复示范行为；为了促进行为的泛化，应当用各种方法，示范在各种情况下如何运用该行为；看过示范后，应尽快给学习者一个演习的机会，对示范行为的正确模仿要立即予以强化。

第二步：指导。即向学习者恰当地描述某种行为。学习者应当重复指导语，以保证其已准确地听到了指导语。

第三步：演习。演习指在接受指导或观察行为示范后对这种行为进行实践。正确的演习应当立即给予强化；不完全正确或错误的演习，应当给予更正性反馈；直到行为表现正确或至少有几次正确表现时，才能停止演习。

第四步：反馈。学习者进行行为演习后，训练者应当立即给予反馈。反馈应当包括对正确行为的表扬或使用其他强化物，必要时还应包括对错误的更正，以及如何进行改善的进一步指导。行为技能训练后要加强泛化。

(三) 代币强化训练

1. 训练目的：培养个体形成良好的行为习惯。

2. 训练要求与步骤：

第一步：确定目标行为。在使用代币强化法时，首先应当对个体矫正目标进行全面分析，明确应当通过行为矫正方法增加的目标行为。在确定目标行为时，要尽可能地将目标行为具体化，明确在个体日常生活的很多方面都需要加以鼓励和强化的那些良好行为。

第二步：制定具体标准。在确定了需要鼓励和强化的良好行为之后，要进一步确定这些目标行为的操作标准，规定每种目标行为的具体操作定义，以便个体能够按照这些操作定义指导自己的行为，尽可能地改善自己的表现，尽可能多地进行目标行为。这样，就可以为个体确立一日之内在吃、穿、住、行等各方面必须达到的具体的、可以操作的行为目标，使个体在日常生活的各个环节上都有章可循，有明确的努力目标。

第三步：设立强化规则。在为罪犯确立了努力的方向之后，就要确立如何促进罪犯进行努力的强化规则。在这方面，应当考虑下列方面：

(1) 确定合适的"代币"。代币强化法的显著特点，就是使用可以看得见的代币来鼓励个体进行所期望的良好行为，因此，确定合适的代币是很重要的。在矫正系统中，所确定的代币应当具有简便易行、醒目具体、保障安全的特点。

(2) 确定代币兑现规则。代币仅仅是一种象征，它们只有转化为实际的奖赏，才能使个体获得实际的好处。因此，要确定如何将代币兑换成实际好处的具体规则，确定获得每种实际好处的兑换率。这类可以通过代币获得的实际好处，通常被称为"后援强化物"。同时，还要确立有关代币兑现时间和地点方面的规则，即获得一定数量代币的个体在什么时间、什么地点可以兑现代币。

（3）确定行为强化规则。在制定强化规则时，要明确规定出现某种目标行为时，可以获得多少代币。只有为不同的目标行为确立具体的代币强化措施，才能调动个体进行良好行为的积极性。同时，要确定如何评定个体行为和给予代币的规则。

第四步：评定个体行为。根据所制定的行为标准和强化规则，由治疗人员每天对罪犯的行为表现加以评定，做出记录，并且将评定结果用分数、代币、小红旗等方式加以体现。

第五步：实际兑现代币。可以根据个体的情况，按照每周、每月、每季度等时间间隔兑现个体获得的分数、代币、小红旗等，使它们转化为个体需要的具体日用物品、食物、优惠权利（例如看电视、看文艺书籍）等，使个体能够通过良好的行为表现获得实际的好处，并且通过这些好处（正强化）巩固他们学会的行为方式和价值观念，从而达到矫正的目的。

（四）指导性群体互动训练

1. 训练目的：帮助生活在一起的一些同伴理解失败如何产生的问题，如何承认现实，如何负责任地采取行动。

2. 训练要求与步骤：

（1）实训组织者引导小组成员将群体变成一个有凝聚力的群体。

（2）小组成员为了实现群体目标而相互支持。

（3）鼓励小组成员自由地讨论当天发生的事情和群体内部的人际关系。

（4）对成员的行为采取"此时此地"的现实态度。

（5）发展小组成员对他人的关心和相互之间的关心。

（6）鼓励每个人认识到自己的缺点并且克服这些缺点。

 复习与思考

1. 什么是罪犯人格分类？罪犯的人格可以分为哪几类？

2. 罪犯分类的操作流程是什么？矫正和防控的重点人群有哪些？

3. 暴力型罪犯、财产型罪犯、性欲型罪犯各有哪些典型的心理特征？如何对他们进行矫正？

4. 毒品型罪犯、邪教信仰型罪犯各有哪些独特的心理特征？如何对他们进行矫正？

5. 什么是罪犯群体和罪犯群体心理？罪犯群体心理的动力是什么？

6. 简述罪犯群体心理的表现。

7. 简述罪犯群体心理效应。

8. 谈谈罪犯非正式群体的作用，如何引导和利用罪犯非正式群体？

9. 罪犯非正式群体与正式群体互动的形式有哪些？

10. 简述监狱人民警察与罪犯群体人际互动的特点。

工作任务六　特殊类型罪犯心理

一、学习目标
知识目标：了解不同特殊类型的罪犯的心理特征。

能力目标：掌握如何进行矫正的方法；能运用所学知识对不同特殊类型的罪犯心理进行分析。

二、工作项目

(一) 未成年犯心理

○ **案例**：案件为团伙抢劫，犯罪嫌疑人为王彬（化名），1989 年 11 月出生，初中文化；王强（化名），1990 年 7 月出生，初中文化；李店（化名），1989 年 6 月出生。案发时三人均未满 18 周岁。

王彬情况：母亲因丈夫经常酒后殴打自己，感情不和，在王彬不到 6 岁时离家打工，自此再没回家，2003 年正式离婚，王彬被判给父亲照顾。王彬本人因父亲长期在外地打工，主要与爷爷奶奶共同生活。王彬是爷爷奶奶的独孙，爷爷奶奶对他较为宠爱。王彬初三毕业后未能考上高中，复读半学期后，因为家庭条件差，学费负担较重，自己也感觉不想上学了，就退了学，自此开始了打工生涯。到合肥先后做过饭店服务员，学过厨师，被拘留前还在一家饭店打工。王彬在打工期间结识了同乡的李店等人，李店当时有前科，因为参与抢劫而被判缓刑，王彬很听李店的话，几次抢劫都是由李店主使，在 2007 年 4 月后，伙同李店等人连续作案 3 起，直至案发。

王强情况：王强从小和父母一块长大，母亲喜欢打麻将，经常在外打麻将很迟回来，很少管王强。父亲从 2003 年开始在外打工，2004 年 12 月其母亲因有外遇不辞而别。王强本人陈述其母亲离家出走对他的打击很大，经常受到同学的指指点点和挖苦讽刺，非常痛恨母亲，也不再想上学。初中没毕业辍学后，先后在昆山、温州、河南等地打工，案发前从昆山回来，遇到李店等人，将打工挣的 2000 多元钱和王彬、李店等人共同挥霍完后，李店等人劝说王强参与抢劫，头两次王彬等人作案自己并没参与，但是第三次未能抵御住劝说，一方面因经济困窘，另一方面感觉可以"玩一次，不会有什么事情"。后案发，被拘留。

李店情况：父母由于忙于生意，平时与李店的沟通和交流较少，疏于管教，致其缺乏良好的家庭教育。李店初二时开始接触网吧，但并无迷恋现象，2005 年就读于寄宿制的高中，至此脱离家庭的约束，开始与社会上的不良青年有了密切的接触，加上学习成绩较差，产生了厌学情绪，在 2006 年高二开学时自动辍学。辍学在家期间，李店的思想极不稳定，加上看到父母在生意上过于操劳，想走捷径赚大钱的念头愈加强烈，在继续与社会青年来往中，于 2006 年 11 月因抢劫被法院判处有期徒刑 10 个月，缓刑 1 年。此次被捕之后，李店虽有悔悟之意，但并没有痛改前非，在缓刑执行期间仍然在社会上浪荡。父母为了能够帮助李店，在亲戚开办的旅行社里为其找了份工作，但李店由于自身条件有限，不到 1 个月以没兴趣为由就离开了。之后又瞒着父母在苏州待了一段时间，与一些不务正业的人混在一起。这些经历都为李店第二次抢劫埋下了隐患。

从对该案件的反思，了解未成年人犯罪心理特点：

1. 父母教育缺失。王彬与王强尽管父母健全，但是父母疏于管理，或者缺位（父亲外出打工，母亲离家出走），造成了 2 人均缺乏应有的家庭教育。

2. 家庭贫困。王彬与王强家庭经济来源均是靠父亲常年在外打工，家庭负担均较重。

3. 家庭氛围差。王彬母亲没有出走前，其父亲有家庭暴力，经常殴打妻子；王强母亲出走前经常彻夜不归打麻将，并和同村一男人厮混在一起。

4. 缺乏社会关爱。家庭教育的缺失导致了问题行为，加上学校对这类学生基本上听之任之，甚至有些歧视，在调查中，他们的班主任老师均对他们没什么深刻印象，而且知道他们经常旷课，但是不管，学生则对他们的家庭冷言冷语（均为母亲离家出走）。王彬在汽配城打工期间还遭到老板娘的刻薄对待，仅仅干了 1 个月便辞职了。

5. 过早地走上社会。3 人中除李店高中辍学外，均为初中辍学，便外出打工，在身心还未发育成熟的时候过早地接触社会，特别是初中阶段属于逆反和反抗期的孩子，本身就容易出问题，加上无人管教，过早走上社会，危险系数加大。

6. 团伙犯罪。几起案件均为团伙犯罪，这也是未成年人犯罪的一个显著特点，在团伙犯罪里，一个团伙的"头"起到了关键作用，他往往能够影响团伙其他成员的思想和行为，在这起案件里，李店就是"头"，李店因为参与抢劫而被判缓刑，不到几个月，便作为团伙组织者连续作案，而且他的劝说和鼓动，也是另外 2 人犯罪的重要因素。团伙成员有共同特点：年纪相仿，无人管教，玩世不恭，缺乏良好教育，有一定的血脉联系（3 人均为同乡），贫穷，欲望未能升华，身体欲望强烈（从身体—心理—精神的层面上来说，属于停留在身体层面的一个极端的人，这其实还是与缺乏早期教育有关系），法制道德意识差（缺乏良好的早期教育），讲义气（王强在辍学后因帮同学打架而被派出所处理过，被罚了 1500 元）。

未成年犯是指年龄在 14~18 岁之间的罪犯。主要心理特征如下：

1. 认罪不服判，逆反心理强烈。绝大部分未成年犯能认罪悔罪，但进入未管所后，经过与其他未成年犯比较，多数人认为自己是轻罪重判。这种认罪不服判的心理，往往通过让自己的亲属上诉、申诉的方式表露出来，因为他们害怕自己的奖励、减刑受影响，所以不亲自上诉、申诉。随着未管所的管教力度的增强，部分未成年犯会产生强烈逆反心理，以及对惩罚难以接受的"挫折反应"，强烈逆反心理和挫折反应可能转化为一种抗改行为，甚至发生自杀或脱逃行为。

2. 低层级的需要占优势。由生理特征决定，未成年犯生理需要的频度和强度远大于中老年犯。未管所对其各种需要的限制，常常使他们产生欲求不满的紧张感和挫折感。在教育改造全过程中，尤其是入所初期，其生理需要的满足程度，是关联其改造情绪和改造态度的重要因素。许多未成年犯精力旺盛，精神空虚，常因物质需要而产生新的违规与犯罪行为。

3. 消极性格特征明显。主要表现为随心所欲、放荡不羁、情绪易变、追求新鲜刺激、争强斗狠、自我表现欲望强烈、好"打抱不平"、自我控制能力差等。这些性格的消极方面，虽然因受到严格的监规纪律的约束而处于压抑状态，但在特定情况下往往会难以自控而不顾一切地表现出来。

4. 情绪稳定性差，容易冲动。未成年犯的情绪不稳定，波动性大，常因欲求不满而产生消极否定情绪，其消极情绪产生得快，消失得也快，情绪变化激烈而带有冲动性，不善于用理智控制自己的情绪，情绪爆发时常常狂暴猛烈，容易走极端。尤其在激情状态下，可以不顾监规纪律的约束，恣意行事，不计后果，因而存在着现实的危险性。

5. 自尊感与自卑感并存。未成年犯自尊感很强，渴望别人对他尊重，对别人对他的评价非常敏感。有损于他自尊心的任何言词和表情动作，都可能激起其满腔愤恨。他们中多数人害怕批评，渴求表扬，对监狱人民警察的批评地点和方式反应敏感，当他们认为有损自己的脸面时，就会"顶撞"监狱人民警察。由于未成年犯绝大多数是由问题少年演变而来，常受到别人的议论和歧视，使他们的自尊心受到严重挫伤，而产生自卑感。

6. 依附性强，善结团伙。少年在心理上还不完全成熟，虽然有了独立性意向，但仍然具有一定的依赖性，合群愿望强烈。未成年犯在服刑期间，仍然会以

"同地相聚"为基本形式，以"同案相亲"为辅助形式，形成各种所谓的非正式群体。在利益与需求一致的时候，他们会不计后果地采取统一行动，常常助纣为虐，破坏监所秩序。

7. 可塑性强，呈现两极发展的趋势。由于少年的个性尚未定型，因而存在进一步发展变化的可能。他们在正确的教育和引导下，可以向好的方面发展，但在各种消极因素的影响下，也可以进一步变坏。正是由于未成年犯存在着两极发展的可能性，再加上其改造意志不坚定，因而常常出现动摇反复，次数多且周期短，改造成果不易巩固。

（二）女犯心理

由于女性在生理、心理上与男性存在较大差异，因而女犯在服刑期间也呈现出与男犯不同的心理特征。主要心理特征如下：

1. 认知能力相对低下。女犯认知能力低下的主要表现为：①认知范围的狭窄性。女犯对自己的罪行不能正确评价，钻牛角尖而不能自解，对监管法规、政策等许多问题有时不能正确理解，易发生抵触。②认知过程的直观性。女犯对抽象概念较难接受，有时相信经验，否定理性，抽象思维能力低于男犯，但感知觉的敏锐性常超过男犯。③有些人认知的独立性相对较差，缺乏主见，易受他人暗示影响，认识易反复，思想不稳定。

2. 意志缺乏坚定性。女犯大多因经受不住生活的挫折和考验而犯罪，因此，女犯的意志往往缺乏坚定性。这在服刑期间表现为：在某些消极因素影响下，或遇到困难和干扰时，女犯会表现出改造中的动摇反复或停滞不前。

3. 思亲恋家强烈。女犯往往家庭观念较重，她们入狱后极易对亲人产生思恋之情。不少女犯因思念亲人而神不守舍，严重者竟不进饭食，长时间哭泣，悲痛欲绝。亲人的接见、来信和寄来的邮包，能使其感受到幸福和安慰，并增添几分积极改造动力；但若长期与家庭缺少联系，则情绪低沉，对改造也失去信心。

4. 自我显示情绪突出，依附感强。有些女犯往往虚荣心较强，总希望自己成为人们注意的焦点，在自我显示情绪的作用下，喜欢与他人攀比，争出风头。有些女犯在观念上常把自己置于受保护的弱者地位，常希望自己能依附于强者。在服刑中，习惯听命于他人，愿意靠拢监狱人民警察，她们把个人的命运、希望寄托于监狱人民警察的赏识和同情，有时也可能是女犯中的强者，但其性格上的弱点也容易被其他罪犯利用。

（三）初犯与累犯心理

初犯是指初次犯罪即被判刑入狱的罪犯；累犯是指前罪与后罪均为故意犯罪，刑罚执行完毕或赦免后又犯罪，被判刑入狱且间隔期在5年以内（危害国家安全犯罪除外）的罪犯。主要心理特征如下：

1. 初犯服从性、被动性强；累犯犯罪定势强，改造难度大。

（1）初犯服从性、被动性强。对初犯而言，监狱环境是全新与陌生的，因而他们入监后的生活内容主要是观察、学习、模仿和适应，心理活动具有突出的被动特点。他们一般服从、尊重监狱人民警察。为了能尽快适应监狱环境，他们也会向服刑时间长的"老犯人"请教，并听从他们的指挥。

（2）累犯犯罪定势强，改造难度大。累犯中的许多人都有较长的犯罪历史，犯罪意识得到反复强化，甚至已经形成了"犯罪人格"。由于其犯罪定势已经形成，虽经多次改造，但并不悔悟，而且在其错误观念的支配下，对监狱机关的教育抱冷眼相看和怀疑抵触的态度，一般不易因某人某事而激动，比较难于改造。

2. 初犯适应性差，波动性大；累犯无明显波动，投机心理突出。

（1）初犯适应性差，波动性大。初犯由于对监狱生活缺少思想准备，对入狱服刑从心理上难以承受，情绪压抑、低沉、焦虑，在服刑生活中遇到的困难和挫折都可能引起他们较强的情绪波动，有时甚至是痛不欲生。

（2）累犯无明显波动，投机心理突出。多数累犯积累了一定的服刑经验，适应监狱生活的能力强，对监狱人民警察惯于阳奉阴违。抗拒改造的罪犯也是表面上驯服、敷衍，暗地里密谋策划。在与同监犯人交往中，他们也是经常耍弄手腕，利用他人为自己谋利。

3. 初犯改造意志薄弱；累犯抗改心理严重。

（1）初犯改造意志薄弱。初犯心理活动的被动特点突出，易受诱惑和暗示，易被情境所同化，对困难和挫折的耐受力差，改造中常出现波动和反复，改造意志薄弱。

（2）累犯抗改心理严重。某些累犯由于在监狱内多次受到监纪处分和加刑等打击，其固有的反社会意识逐渐增强，甚至达到了与监狱、社会势不两立的程度，抗改心理严重。

（四）轻刑犯与重刑犯心理

轻刑犯是指被判处 7 年以下有期徒刑的罪犯；重刑犯一般是指被判处 10 年以上有期徒刑、无期徒刑和死缓的罪犯。二者的主要心理特征如下：

1. 轻刑犯服刑压力小；重刑犯服刑压力大。

（1）轻刑犯服刑压力小。从监狱的管理实践来看，罪犯中的大、小组长，值班员，记录员，监督员，卫生员，理发员等一般由轻刑犯人担任。处遇上的宽松使轻刑犯产生了某种"优越感"，因而他们所体验到的服刑痛苦相对较轻，再加上重返社会的时间不太遥远，使得轻刑犯服刑压力较小。轻刑犯很少参加斗殴、闹事，一般不易发生凶杀、脱逃等事故，改造行为平稳。

（2）重刑犯服刑压力大。重刑犯由于刑期长，因而压力大，极易产生悲观情绪。巨大的刑期压力和严重的悲观情绪往往使重刑犯自暴自弃、道德沦丧，做出违反监规、对抗管教、行凶、脱逃等破坏行为。只有经过相当长时间的适应和监狱警察的教育，重刑犯产生了在新环境下的生活兴趣后，刑期压力才会得到适当缓解。

2. 轻刑犯服刑心理浮躁；重刑犯负面情感强烈。

（1）轻刑犯服刑心理浮躁。由于刑期短，服刑初期和服刑后期都是罪犯心理活动变化剧烈、稳定性差的时期，特别是服刑后期，因盼着出狱的时间快点到来而更加焦躁不安，心情难以平静。这种浮躁心理使罪犯难以集中精力投入改造，不太可能自觉反思自己的罪行，对教育改造也抱应付的态度。

（2）重刑犯负面情感强。重刑犯中有许多人不认罪服法，认为自己是无罪判刑或轻罪重判，有强烈的"冤枉""吃亏"的感觉，因而对司法机关和整个社会心生怨恨。在改造中怨天尤人，发泄不满，抗拒劳动和教育，报复心极强，人身危险性很大。此外，重刑犯罪行严重、刑期较长，极易引起婚姻家庭破裂，如果家庭破裂就会使重刑犯产生悲观、失望、怨恨等消极情绪，在这些消极情绪的影响下，重刑犯或者因对前途失去信心而放弃改造，混刑度日，或者因对其家人心生怨恨，而不惜冒被加刑的危险越狱脱逃去实施报复行为。

3. 轻刑犯改造动力缺乏；重刑犯改造动机活跃。

（1）轻刑犯改造动力缺乏。对罪犯而言，获得减刑是激发其改造积极性的首要动因。但轻刑犯对减刑的期望值却不高，改造动力缺乏。

（2）重刑犯改造动机活跃。重刑犯对服刑生活适应以后，就可产生服刑场所特有的各种各样的需要。许多罪犯由幻想步入实际，开始用努力、踏实的改造行动来争取获得减刑，力争早日回归社会。他们关心监区的物质文化生活的改善，希望更多地学习知识、技术和提高自己的劳动技能，以便取得更好的劳动成果。临近释放时，期望能得到社会的谅解，出狱后能有个合法、稳定的职业。这些需求心理在监狱人民警察的引导下，可以成为激发重刑犯积极改造的动力。

（五）顽危犯心理

顽危犯包括顽固犯和危险犯，或称落后犯，通常是指罪犯中的一些无视国家法律和监管改造制度，有罪不认、无理取闹、对抗管教、寻衅滋事、阴谋破坏的各种重点危险罪犯和反改造罪犯。主要心理特征如下：

1. 主观恶习深。顽危犯的主观恶习并没有随着罪犯的入狱而成为历史，其主观恶习依然存在于其人格的内在世界，而且主观恶习深。这种恶习是一种在以往生活经历中，多次重复而形成的无意识定向，它既是一种特殊形态的熟练的行为方式，又是一种内化了的自动化需要。罪犯的恶习一旦形成，就显现出根深蒂固、积重难返的特点，即使在严格监管的条件下，仍然顽强地表现出来。他们在监狱中对抗干警，违反监规纪律，破坏监管制度，常常由一种"情不自禁""不由自主"的行为定势所驱使，或者因为恶习的固着，而表现出一种自觉的意识因素的反抗作用。顽危犯的主观恶性深，改造难度较大。

2. 强烈的反社会意识。顽危犯具有强烈的反社会意识，一方面，顽危犯的反社会意识具有顽固性，虽多次被处罚，仍不思悔改；另一方面，顽危犯有一套与社会公众完全背道而驰的犯罪哲学，他们没有正确的人生观、道德观和价值观，因而也毫无羞耻之心，不以犯罪为耻，反以犯罪为荣，认为犯罪有道理。顽危犯反社会意识强烈，抗改心理突出。

3. 思维的偏激性。顽危犯在犯罪过程中大多形成了错误的人生观、价值观、道德观和法制观，习惯于从反面去观察和思考问题，表现出思维的偏激性。这种思维特点反映在改造过程中，表现为一定的反改造倾向，不承认自己罪有应得，不相信法律的公允、政策的人道和干警的善意。对教育改造产生"抗药性"，对干警滋生对立感。

4. 情感的冷酷性。顽危犯常常以阴暗、冷漠的眼光看待社会和人生，认为社会冷酷、法律无情、人心难测，由此激发出对社会的愤懑情绪。在服刑过程中，对改造活动极端反感，对干警极端仇视，对监督和揭发他们的罪犯极端愤恨。他们往往在激情状态下，实施极为残酷的反改造行为，如抢夺武器、暴力越狱、杀害干警或其他罪犯、自杀等。

5. 意志的两重性。顽危犯的改造意志薄弱、抗改意志亢进，表现出意志的两重性特点。他们对自身能否改恶从善缺乏信心，以至于对改造过程中遇到的微小的、暂时的困难都难以克服。但在抗改活动中，却非常自负，表现出惊人的毅力和勇气。他们敢于冒险，逞强蛮干，为了将反改造活动进行到底，不惜忍受各种挫折和痛苦。如为逃避劳动改造，不惜进行自伤、自残。

6. 个性的偏执性。个性的消极特征在抗改罪犯的身上得到极端的发展，如偏狭的兴趣特征、破坏性的特殊能力结构和偏执的性格特征等。其中，性格上的野蛮、残忍、懒惰、自私、虚伪和莽撞等，是顽危犯个性偏执性的核心表现。

三、操作流程

（一）未成年犯的心理矫正操作流程

1. 注意满足正常需要，提高需要的层次。

2. 加强心理疏导，建立未成年犯的完善的心理档案。

3. 狠抓心理训练，尤其是心理健康教育训练。

4. 加强心理咨询，贯彻教育、感化、挽救的政策。

5. 发挥集体的矫正功能，利用心理治疗和行为矫正方法。

6. 进行危机干预。

（二）女犯的心理矫正操作流程

1. 坚持感化教育、加强心理咨询。

2. 坚持心理辅导、适应性辅导和人际关系辅导。

3. 开展个别教育。

4. 动员社会力量，接受社会心理辅导专家的辅导。

5. 综合运用心理矫正技术和方法。

（三）初犯与累犯的心理矫正操作流程

1. 区别对待，加强心理辅导。

2. 疏通罪犯心理需要，培养健全完善的人格体系。

3. 区分不同层次进行心理矫正。

（四）轻刑犯与重刑犯的心理矫正操作流程

1. 因人施矫正方式，综合运用多种方法进行矫正。

2. 加强对罪犯的心理健康教育，区分类型。

3. 注重情绪情感控制力的培养，促进心理的完善。

（五）顽危犯的心理矫正操作流程

1. 建立良好的心理矫正关系。

2. 深入了解形成原因。

3. 区分不同性格实行矫正。

4. 针对不同气质实行矫正。

5. 努力发掘和强化闪光点。

6. 善用心理和行为疗法。

7. 重视情感感化。

8. 恰当进行危机干预。

9. 强化管理与心理矫正相结合，开展综合矫正。

四、操作示范

（一）基本情况

罪犯钟某，男，60 岁，初中文化程度，因强奸罪于 2000 年被判处有期徒刑 7 年，现在狱内从事一般事务性劳动，改造表现一般，不善言谈交际，喜独处静坐，没有明显的特长和爱好。入狱前是某校老师，入狱后与妻子离婚，两个儿子随母，从未来狱探视。该犯 EPQ 心理测试的结果是：E＝41，N＝69，P＝50，L＝45。据此结果分析：该犯的性格特征为内向不稳定型，具有明显的变态心理倾向。为进一步诊断心理状态，咨询员又对他进行了有关心理健康方面的测查。结果显示，他在 4 项重要心理健康指标方面都有问题，而且总分超过了健康警戒水平。经调查还获悉，该犯入狱后有自杀行为倾向，曾流露出轻生绝望的念头。

为了进一步做好该犯的矫正工作，治疗者到他所在的分监区进行了调查，了解他近期的改造表现和思想情绪，并同管教警察共同商定了矫正期间的管教措施，以预防意外事故的发生。

（二）自诉及咨询指导

该犯内心十分痛苦，情绪体验深刻，始终没有主动要求咨询，针对钟某的情况，咨询员决定主动与其接触进行咨询。

第一次心理咨询。按照约定的时间，该犯来到狱内心理咨询室。咨询员简要向他介绍了有关常识后，告诫该犯，内心痛苦如果得不到及时排解，就可能产生心理疾病，要预防和消除心理疾病，就要主动进行心理咨询和治疗。并鼓励他要树立战胜疾病的勇气和信心，积极配合治疗，接受治疗。通过这次询问谈话，缓解了钟某的紧张情绪，建立了良好的咨访关系。

第二次心理咨询是在 10 天之后。该犯主动讲述了自己的家庭史、个人成长史以及犯罪动机的萌发和实施犯罪的过程，讲述了入狱后的心理感受：

少年时，他兄妹多，家庭经济困难，高中中途退学后，一直就在家务农，1965 年被人推荐到某小学当了教师，"文化大革命"中，遭受批斗，打击很大。1969 年与同村一名女子结婚，婚后生育二子。1985 年妻子患病，久治不愈。经济拮据，导致他心绪烦乱，常因家务琐事与妻子争吵，家庭气氛开始紧张，他情绪有时失控，自感心中郁闷痛苦。在这期间妻子曾多次自杀未遂，这就更加重了钟某的心理负担。他既怕工作不好，又怕妻子出事，感到精力不够，怨恨自己命苦，深感活得太累。为了摆脱家境的困窘，他以经济担保人的身份向信用社借贷8 万元，帮助朋友筹建砖厂，自己从中获取红利。不久因朋友经营不善，砖厂破产了，朋友无力偿还债务，结果 8 万元的巨债转嫁到他的身上。他无法面对这一严酷无情的事实，心情愈加郁闷，因此，整日喝酒解闷，不愿见人。

由于性格内向，不善言辞，心里的苦闷无处诉说。如此这般，日积月累，积郁成疾，原来的抑郁情绪迅速恶化。结果他把内心无法承受的痛苦发泄到自己的一个女学生身上，强奸了该女学生，自己也因此触犯法律，锒铛入狱，服刑改造。入狱 1 年后妻子又与他离了婚。他备尝失去自由、工作、亲人和家庭的精神痛苦，失去了继续生活下去的勇气，产生了轻生绝望的念头。

（三）诊断分析

从该犯的心理测试结果以及改造表现和自述内容中可看出，钟某的情绪极不稳定，易被激怒而走极端，性情古怪而不近人情，具有明显的变态心理的表现，是一种抑郁症。究其原因主要有以下几点：

1. 环境因素。由于社会经济的发展，竞争加剧，人的压力增大，心理刺激源增多，心理矛盾加剧，心理冲突尖锐。某些心理适应能力和承受能力差的人，就可能产生心理疾患。钟某就是这种类型的患者。具体来说，钟某在就学、婚姻这几大人生重要时期的关键时刻，没能妥善处理心理冲突造成的危机。在谋财求生方面，又一次暴露了他对社会问题进行分析判断的低能和不善于沟通的缺点。面对紧张的婚姻关系和巨额债务的压力，他的心态开始畸变。入狱后妻子与他离婚，儿子不来探视，这又阻断了他亲情交流的渠道。监狱单调乏味的生活方式，又强化了他的抑郁情绪，从而使他的抑郁症进一步恶化。

2. 性格原因。从性格上来看，钟某性格内向，情绪不稳，脾气暴躁，做事不计后果，没有安全感，常处在担惊受怕的情绪体验之中。日积月累，沉重的心理负担超过了自身的承受能力。因此，当债务人再次逼债之时，他自感生存无望，产生了冲动的行为。这也是抑郁病人为摆脱痛苦而经常发生的悲剧。

3. 认知原因。几十年的风风雨雨，曲曲折折，使钟某对自己失去了信心，持自我否定的评价，总认为自己太笨，什么都干不成做不好，一生中屡遭失败，自己无法抗争。所以，对将来持一种悲观消极的观点，怨恨自己一生毫无作为，对生活失去了勇气，甚至认为活着实在艰难，不如死了算了。

4. 生理原因。入狱后，该犯正处于更年期，植物神经易发生紊乱，躯体局部常感到麻木刺痛，食欲减退，思虑过度，失眠倦乏，记忆力下降。这些不良的生理反应使钟某的精神状态每况愈下。

（四）帮助指导

钟某的症状目前已到了抑郁病的程度，如果不加干预，后果将十分严重。为了尽快医治钟某的心理疾病，我们的治疗分三步走：

1. 共同分析家庭史和个人史中那些令他沮丧的事情。如：高中没毕业，中途退学，"文革"中遭受批斗，妻子患病之后家庭生活的诸多苦恼和压力，在无偿还能力的条件下又背负了巨额担保债务，在经济和情感的双重压力下，自己的精神崩溃了。从以上心理变化的脉络可看出，钟某在青少年时期的波折使他产生了最初的消极感觉。成年后的打击和不幸的婚姻生活，使他把过去的消极感觉逐步加强成了消极评价，这也是消极体验逐步内化的过程，最后形成了"自己太笨""什么也做不成""命该如此"等诸如此类的消极信念。可以说，消极的自我评价是钟某的病根。

2. 共同分析病根的成因，也就是消极信念产生的原因，促使他明白客观事物本身不具有任何意义和色彩。所具有的意义和色彩都是人们主观加上去的。也就是说，同样的事情因为人们对它持有不同的认识而获得了积极或消极的价值评价。例如，青少年时期的求学、辍学、招工都是人生正常的选择。这种选择本身无所谓好或坏、对或错。持积极人生态度的人对待生活中的挫折，都将它看作是对自己意志和品质的磨炼。"失败是成功之母"就是积极人生的信条。因此，持这种生活态度的人情绪是高昂的，自我评价是肯定的，心中的天永远是蓝的。与此相反，持消极人生态度的人，面对挫折则垂头丧气，眼中只有失败、挫折、困境，看不到因自己所付出的劳动而创造出来的失败中的成功，挫折中的机遇，困境中的希望。甚至由不断地否定自我而形成消极的自我评价。其实，有些事情做不到、做不好是很正常的，人不是无所不能、无所不为的神仙。因此，我们不应为生活中的一些挫折、困苦而自卑、自贱，更不能自毁。所以，要从根子上摆脱悲观情绪，就应当首先摆脱消极的自我评价，克服自我否定，树立自信心。

3. 在上述分析得到钟某的认同之后，咨询员首先指导他进行充分的自我肯定训练，具体做法是：要求钟某把每天自己感兴趣、做得好的事情认真记录下来，不要记录扫兴的事。如：改造表现的进步，受到的夸奖和表扬，看书读报的感受，下棋打扑克的乐趣等。过两三天让他讲述取得成功的进展，以进一步巩固和强化自我肯定信念，进一步消除否定的自我评价，在生活中逐步增强信心和勇气。其次，要求他主动与其他人员交往，不仅要同与自己合得来的人交朋友，更要注意同性格开朗、风趣幽默的人交朋友，潜移默化地学会心理的调节和放松，避免孤独，减轻抑郁症的负面影响。最后，要求钟某按时起居，注意进行适当的体育锻炼，改善身体健康状况。

经过半年多的指导，钟某终于战胜了长期折磨他的抑郁症，于 2004 年第一季度减刑出狱。

对顽危犯心理矫正的个案报告

一、基本情况

许某，男，1980 年 3 月 3 日出生，汉族，安徽省芜湖县人，小学三年级文化水平，农民。2001 年 6 月、9 月先后在深圳市与他人合伙实施抢劫 2 次，共抢得捷达出租车 2 辆，价值 10 万余元，并致一人轻伤。2001 年 11 月 7 日被刑事拘留，2002 年 5 月 27 日被逮捕，2003 年 4 月 8 日被深圳市中级人民法院以抢劫罪判处有期徒刑 11 年，罚金 5 万元，剥夺政治权利 3 年。2003 年 6 月 24 日被投入广东省某监狱服刑改造。

二、人生经历

许某出生在皖南的一个茶农场，童年充满幸福和快乐。4 岁时因意外灾难导致右手残疾，昔日的伙伴或避而远之或投以可怜的目光。他的人生开始变得自卑，变得迷惘。在小学三年级时参加学校运动会，因受到同学的嘲讽而辍学。14 岁离开家乡独自来到了人间天堂——杭州，当花完身上最后一块钱时，再次感到人生彷徨，感到老天对自己不公，开始恨世界、恨所有的人。在最困难时，许某认识了一个新疆人，二人合伙进行盗窃。许某因自己能用几分钟时间得到别人几个月才能得到的财富并堂而皇之进入高消费场所，受到服务生的尊敬而十分快乐，看到有钱人失去财物时的沮丧模样时，他又找回了人生的勇气和自信。终于有一天被警察抓住了，感觉受到了不公正待遇，并由此特别痛恨警察，虽无力报复他们，但总少不了多找些麻烦，让警察头痛。在 1995 年~1997 年的 3 年里，数次偷渡到香港和加拿大，数次被遣返，心中更加愤懑。拘留所的关押和不公正待遇，更坚定了他的报复信念，他崇拜希特勒，认为希特勒是圣人，是神；希望发生世界大战。1998 年夏天，来到深圳的许某已经完全失去了对生活的信心，内心有的只是空虚和失落，能做的就是寻求"迪斯科"音乐的狂欢刺激，用酒精来麻醉自己的神经。也是在这一年，许某认识了一位女孩，得到了女孩火热的爱，在她的帮助下，他学会了珍惜和牵挂，并自办了一个小型加工厂。2000年，当许某的事业有一些成就时，女孩却离他而去。许某心里痛苦万分，首先想到的是死，他从"明斯克"观光航母上跳下来被人救起后，又从一栋楼的三楼跳下来，在医院住了一个月。此时的许某再也无心打理自己的生意，他想到了抢劫。当他用刀砍别人，鲜血飞溅到他的脸上和全身时，他感觉到的是一种久违的刺激，这种刺激让他无法控制自己。此后，许某疯狂地作案，他要用犯罪来报复社会，报复他所痛恨的人。

三、心理行为分析

（一）心理测试

用《卡特尔十六种个性因素问卷结果》和《中国罪犯心理测试个性分测验（COPA—PI）》对许某进行了心理测试，在《卡特尔十六种个性因素问卷结果》中，具有显著特征含义的因素有：①C 稳定性 3 分，E 特强性 8 分，F 兴奋性 9 分，G 有恒性 3 分，L 怀疑性 8 分，M 幻想性 9 分，Q3 自律性 2 分；②双重个性因素得分：适应与焦虑性 6.7 分，内向与外向性 7 分，感情与安详性 5.2 分，怯懦与果断性 8.9 分；③次级因素（特殊公式分析）得分：心理健康因素 22 分，专业成就因素 43 分，创造能力因素 7 分，新环境中成长能力因素 14 分。

在中国罪犯心理测试个性分测验（COPA-PI）中，具有显著特征的维度项目有：PD2 情绪稳定性 62 分，PD4 冲动性 71 分，PD5 攻击性 68 分，PD6 报复性 71 分，PD7 信任感 70 分，PD8 同情心 80 分，PD10 焦虑感 70 分，PD12 心理变态倾向 0 分，PD13 犯罪思维模式 71 分。

（二）心理行为原因

1. 童年经历。许某的童年是幸福的也是悲伤的，他曾经是那么的活泼、乖巧、可爱，他也得到了父母和亲人的宠爱，婴幼儿时期的他享受了所有小孩的快乐和天真。意外的灾难使许某的右手失去了整个手掌，从此他变成了一个残疾人。他的人生轨迹发生了大逆转，儿时的小伙伴不再与他一起嬉戏玩耍，常常远离他、躲开他、讥笑他。亲人朋友既感到痛心又觉得可怜。小学三年级报名参加学校运动会，没有得到荣誉却受到同学们的嘲笑和愚弄，重重地冲击了许某的自我意识，使他感觉如同掉进了一个大冰窖，由此，许某离开了学校。发生在许某身上的童年事件是一个抹不去的童年阴影，它对许某的影响是巨大的，改变了许某的潜意识和人际关系，改变了许某的人生前途和命运。许某的生活被深深地打上了童年阴影的印痕。

2. 不良人际交往。许某曾经发誓要出人头地干出一番事业，要让所有看不起自己的人感到羞愧。然而，现实是残酷的，它让许某感觉到了走投无路。在困境中，许某遇人不淑，认识了一帮社会人士，他们带领许某开始盗窃，他们教会了许某如何"享受"人生，如何寻求刺激。正是这些不良的人际交往，让许某找到了暂时的自信、勇气和满足。也正是这些不良的人际交往，让许某进一步偏离人生轨迹，继续扭曲心理，逐渐强化犯罪心理。

3. 人生挫折。许某有许多的梦想，他为此不断地闯荡、奋争。他流浪、盗窃、偷渡、抢劫，干了很多的坏事。然而，他始终没有一夜暴富，没有实现他美丽的憧憬。他困惑、麻木、犹豫，决心走正路，做起了小生意，然而，自己缺乏经营之道，导致生意失败。由于生意的失败，共同打理生意并相知相爱多年的女友也决然离去。事业和爱情的双重打击，使许某痛苦万分，他首先想到的是死，而死又是那么的不容易，两次自杀两次未遂。人生挫折需要代偿，许某找到了代偿的新方法——抢劫，他喜欢血的味道，喜欢欣赏别人的痛苦、沮丧，喜欢这种行为带来的刺激。他疯狂地作案，他要弥补自己的痛苦，他要报复整个社会。"物极必反"，终于东窗事发，他成为铁窗下的一名罪犯。

（三）心理行为特征

1. 反社会人格。许某具有明显的反社会人格障碍：他的社会经历复杂，反社会心理根深蒂固；他仇视一切，痛恨警察，痛恨有钱人，痛恨健康人；他把自己的失败和不如意全部归因于社会，认为社会不公，认为太平世界华而不实，充满虚伪、欺诈，希望生活在乱世，希望成为伊拉克、阿富汗的勇者；他表情冷漠，情绪低沉，改造消极，对前途迷惘，害怕面对现实，常有轻生念头，认为生不如死，希望得到解脱；他报复性强，争强好胜，做事不择手段，不守本分，随心所欲，喜欢刺激和冒险，精力旺盛，崇尚暴力；他情绪易变，不能应对困难和挫折，对前途缺乏信心，两次自杀证明其是自残、自杀的高危人群。

2. 犯罪心理定势明显。许某走上犯罪道路，与其具有明显的犯罪心理定势是分不开的，主要表现在：具有明显的犯罪思维模式，惟利是图，贪图享受，认为人生是平等的，别人可以享受的自己也可以享受，他希望有钱，希望风光如意，他以花费盗窃所得财物进出高消费场所为荣；他从社会中寻求代偿，以犯罪为乐，以血腥为刺激，缺乏同情心和罪恶感，缺乏社会责任感，疯狂作案，侥幸心理十分严重。

3. 怀疑心理、逆反心理严重。入监以后，许某表现出极强的怀疑心理和逆反心理。他不相信监狱警察，不相信其他罪犯，寡言少语，消极改造。正如他自己所说，虽然我无力反抗政府，但我从来就不会相信政府，更不会寄希望于政府。

4. 失望与希望共存的矛盾心理。许某对心理咨询员追问最多的话就是："假如你现在没有工作，没有学历，甚至一无所有，而且也是残疾，你会怎样去面对去选择？""我之所以走到今天，原因完全在我自己吗？""积极改造有用吗？有一天我走出监狱大门了，我又去干什么？生存是我最大的挑战！"从他的言谈中我们不难看出，许某的心理是一个矛盾的综合体，他的人生路偏离正常人太远，他遭遇的困难和挫折太多，内心深处本我意识与自我意识反差太大，同时，他又在反省和责问，不断地碰撞，不断地麻醉。他想过正常人的生活，他想孝敬自己的母亲，他想有一个家，他想得到爱、得到关心、得到理解、得到支持。

（四）矫正对策

许某入监5个月后向心理矫正中心投信要求进行心理咨询，监狱心理矫正中心及时安排心理咨询员对其先后进行了6次心理咨询，主要的矫正对策如下：

1. 理解和关心。在咨询过程中，咨询员与许某建立了互相信任的良好关系，对许某的遭遇给予了充分的理解和关心，对许某的态度是认真的、负责任的，既让许某感觉到了咨询员的权威性，又让其感到咨询员亲切、可信，消除了许某的顾虑，促成许某采取自愿、合作的态度。

2. 压力的宣泄。让许某尽情倾诉，宣泄心理矛盾和冲突，咨询员帮助其挖掘理性观念，剖析非理性观念和病态人格，让其释放生活压力和改造压力，缓解内心痛苦，帮助其面对现实，应对监狱生活。

3. 矫正认知。许某的许多行为都是其错误的扭曲的认知的结果，即自以为是，以自身动机、兴趣等主观因素为出发点，不讲原则，不守规则，约束力差，不易应对生活挫折，行为变化莫测，富于幻想，好怀疑，不能听取别人的意见，喜欢错误归因。咨询员运用"认知疗法"帮助许某矫正思维结构和思维方式，端正认识；消除悲观、消极、抑郁等不良心理，解决思想疙瘩。

4. 环境熏陶。改善监狱环境尤其是关系许某的小环境，发挥环境在感染情绪方面的积极作用。心理咨询员积极与分监区警察联系，及时反馈情况，共同营造良好的改造环境，通过环境的潜移默化，培养许某的健康兴趣，增强其心理承受能力。

5. 培养良好的人际关系。咨询员提出咨询意见，即要求许某多与其他罪犯接触、交流，培养良好的人际关系和交际能力。咨询员与许某共同讨论了人际交往的方式、方法、技巧等，帮助许某建立集体荣誉感、安全感，在集体活动中学会帮助人、关心人。

6. 前途教育。加强对许某的改造信心教育，对许某在改造中的积极行为进行正强化，及时予以表扬、奖励。利用改造典型的榜样作用进行前途教育。

经过心理咨询员的努力，对许某进行的心理矫正效果比较显著。许某现在的改造情绪比较稳定，有较高的改造积极性和上进心，能服从管理，自觉参加一些力所能及的劳动，还时常与其他罪犯交流，更为可喜的是他还报名参加了当年4月份的全国高等教育自学考试。对许某的心理矫正个案是监狱开展罪犯心理矫正的一个很好的范例。

五、知识链接

（一）挫折反应

个体体验到挫折后，在情绪和行为上的表现往往以综合的形式出现。但常见的反应有以下几类：

1. 攻击。攻击是一个人受到挫折以后产生的强烈的侵犯和对抗的情绪反应，是情绪反应中最常见的一种表现形式。攻击有直接攻击和转向攻击两种。直接攻击是指一个人受到挫折以后，把愤怒的情绪指向对其构成挫折的人或者物，多以动作、表情、言语、文字等形式表现出来。转向攻击是指将挫折引起的愤怒和不满的情绪转向发泄到自我或与挫折来源不相关的其他人或其他物上。转向攻击通常在以下三种情况中表现出来：①当个体觉察到引起挫折的真正对象不能直接攻击时，把愤怒的情绪发泄到其他的人或者物上去，即日常生活中的迁怒。②挫折的来源不明，可能是日常生活中许多挫折积累综合作用的结果，也可能是自身疾病引起的。在这种情况下，找不出真正构成挫折的对象，于是就将这种闷闷不乐的情绪发泄到毫不相干的人或者物上去。③当一个人意志薄弱，缺乏自信或悲观失望时，易把攻击的对象转向自己。如埋怨自己能力不够强、机遇不好、命运不佳、生不逢时等。

2. 焦虑。焦虑是指个体对自己或自己所关心的人在心理、生理、社会等方面受到威胁时激起的一种不愉快的情绪反应，是一种隐隐约约受害的预感。这种消极情绪由紧张不安、急躁、忧虑、抑郁等交织在一起，能使人陷入茫然无措的痛苦状态中。焦虑对个体的学习、生活和环境适应具有积极和消极两方面的作用。适度的焦虑可以激发个体潜力，提高个体随机应变的能力。例如，考试前适度的焦虑可提高复习效率，但焦虑过度或持续时间较久则会导致神经状态失调，影响个体的正常生活。

3. 退化。个体行为的发展原本是有一定规律的，即随着年龄的增长逐渐成熟起来。但当一个人遭受挫折时表现出与自己的年龄和身份不相称的幼稚行为，这种成熟倒退现象就是退化。例如，有的中老年妇女钱包被偷以后，坐在地上嚎啕大哭；有的领导因受到挫折而对下级大发脾气，或为一点小事而暴跳如雷。退化的另一种表现是易受暗示性，即人在受到挫折后，对自己丧失信心而盲目相信别人，或盲目执行某人的指示。例如，个体遭受挫折后轻信谣言，无理取闹，盲目忠实于某个人或某个组织。

4. 固执。固执是指个体在受到挫折后，采取刻板的方式盲目重复某种无效行为，尽管情况已经变化，这种行为并无任何结果，但是刻板式的反应仍在继续进行。从外部特征来看，固执与正常习惯有许多相同点，但是在遭受挫折时，二者的区别就明显地表现出来了。如果因习惯的行为而遭受挫折或惩罚，那就会改变习惯行为；而与此相反，固执行为不但不会改变，而且还会反常地强烈起来。这是因为，人们在社会生活环境中一而再、再而三地遇到同样的挫折，又一时难以克服，就可能慢慢失去信心而形成刻板化的反应方式，一再重复同样而无效的行为。另外，过多过严的惩罚和指责，也可能导致固执行为。

5. 冷漠。冷漠是指当个体遭受挫折后，所表现出来的对挫折情境漠不关心与无动于衷等情绪反应。这是一种十分复杂的行为表现方式。冷漠行为的发生同个体过去的经验密切相关。如果个体每遇挫折后采用攻击方式就能够克服困境，那他以后就会继续采用攻击的方式；反之若因采用攻击而招致更大的挫折，那他就会采用相反的方式，即逃避或以冷漠的态度来对待挫折。冷漠并非不包含愤怒的情绪成分，只是个体的愤怒被暂时压抑，并以间接的方式表现出来而已。这种现象表面显得冷淡退让，内心深处却往往隐藏着很深的痛苦，是一种受压抑的情绪反应。心理学家吉布莱发现，冷漠反应多在以下情况中出现：①长期遭受挫折；②情况表明已无希望；③情境中包含着心理上的恐惧与生理上的痛苦；④个体心理上产生了攻击与压抑之间的冲突。

6. 逃避。逃避是个体不敢面对自己预感的挫折情境而逃到比较安全的环境中去的行为。主要类型有：①逃向另一个现实。例如，有的人在生活中碰了钉子或者追求的目标、理想一时不能实现，便心灰意冷，沉迷于赌博、烟酒之中。②逃向幻想世界。这时个体企图以自己想象的虚幻情境来应对挫折，借以脱离现实。幻想能使人暂时脱离现实，使人在受到挫折后减轻焦虑和不安，从而有助于提高挫折的容忍力，但幻想本身并不能真正解决问题，长此以往则会降低个体适应现实生活的能力。③逃向生理疾病。这是个体为了避免困难而出现的生理障碍，如参加高考的学生考试当天发烧、生病。这种疾病的发生是无意识的，与装病不同。

（二）激情

激情是一种持续时间短、表现剧烈、自我控制力减弱的情绪。激情通常是由一个人生活中具有重大意义的事件所引起的。对立意向的冲突或过度的抑制也很容易引起激情。激愤、暴怒、恐惧、狂喜、剧烈的悲痛、绝望等都是激情的例子。

激情发生时有很明显的外部表现，如咬牙切齿、面红耳赤、冷汗一身、手舞足蹈，有时甚至发生痉挛性动作。处在激情状态下的人，往往会改变自己原来的观点，把发生的许多事情看得不同寻常，给以完全不同的解释，使习惯的行为方式遭到破坏；其认识活动的范围往往会缩小，往往只指向引起激情体验的对象，而较少考虑其他方面；意识清晰度降低，控制自己的能力减弱，行动完全受激情支配，往往不能约束自己的行动，不能正确地评价自己的行动的意义及后果，完全贯注于自己的激情状态之中。

根据激情的性质，可以将其分为两类：①积极的激情，这是由个人生活中高兴的事情或者具有极大的社会意义的情境所引起的激情，它能成为动员个人积极投入行动的巨大动力，对社会做出积极的贡献。对于这种激情不应过分抑制，医学观察表明，经常制止和抑制积极的激情，对于个性的发展是有害的。②消极的激情，这是由个人生活中不良的甚至令人厌恶、使人愤慨的情境引起的激情，这种激情会促使个人进行严重危害社会和他人的行为，严重的会导致激情犯罪。因此，对于不良的激情需要动员意志力，有意识地控制自己，转移注意力，以冲淡激情暴发的程度。

激情的发展大致可以分为三个阶段：在第一阶段，意识控制减弱，不由自主地离开一切无关的、甚至在实际上很重要的东西。身体的变化和表情动作变得越来越缺乏意识。细微的动作由于强烈的紧张而发生紊乱。抑制越来越强烈地包围着大脑皮层，而兴奋则在皮下神经节与间脑中增大，使人感到被迫屈从于他所体验到的情感，如恐惧、愤怒等。在这一阶段，无论是成人，还是儿童，一般都能制止住自己。在第二阶段，人常常失去意志的监督，发生不可控制的动作和失去理智的行为。在神经系统比较健康的人身上，由不负责任的放荡与酗酒可以观察到这些阶段：这种人与其说是处于严重激情状态，不如说是故意放纵自己，因此他们要对自己的所作所为负责。在这个阶段发生的行为，往往使个人在事后回想起来时感到羞耻和后悔。第三阶段出现在激情爆发之后，这时会出现安静和某种疲劳现象，在更为严重的情况下，会出现极度疲乏、精力衰竭，对一切都抱着无所谓的态度，呆立不动，有时精神萎靡，即所谓激情休克。有时兴奋持续时间很长，并周期性地加强或减弱。

（三）认知能力

认知能力指接收、加工、储存和应用信息的能力。它是人们成功地完成活动的最重要的心理条件。知觉、记忆、注意、思维和想象的能力都被认为是认知能力。美国心理学家加涅（R. M. Gagne）提出三种认知能力：言语信息（回答世界是什么的问题的能力）；智慧技能（回答为什么和怎么办的问题的能力）；认知策略（有意识地调节与监控自己的认知加工过程的能力）。

六、能力实训

（一）角色训练

1. 训练目的：让被训练者扮演现实生活中的不同社会角色，体验不同社会角色的感情，明确人们对不同社会角色的期待，并且把这种体验和认识与自己以前的情况相比较。从而领悟到自己应当进行什么样的行为、持有什么样的态度等，学会新的行为模式和态度，达到改善自己的目的。

2. 训练要求与步骤：角色扮演或角色训练既可以采用比较简单的形式，也可以采取比较复杂的形式。在采取比较简单的角色扮演形式时，可以让被训练者扮演比较简单或单一的角色，体验这种角色的感情和人们对这种角色的期望，从而产生心理领悟和新的认识，使其原有的不恰当思想和不良行为方式发生转变。同时，也可以让被训练者扮演一些与行为本身关系不大的普通社会角色，体验他们的感情、角色期待和行为方式，启发被训练者反省自己，促使其对未来产生渴望心理，加快转变的进程，增强矫正的效果。被训练者所扮演的角色，既可以是过去曾经有过的或者曾经接触过的角色，也可以是新的、未曾接触过的角色。通过扮演新的社会角色，可以使被训练者对自己未来的情况产生一定的认识，进行一定的心理和行为准备。

角色扮演也可以采取比较复杂的形式。在这种情况下，往往有多人参加，有一定的情节，有一定的准备和对话、讨论等。

角色扮演或角色训练通常包括三个环节：

（1）准备阶段。在这一阶段，训练主持者要明确被训练者遇到的问题，或者针对被训练者存在的问题，考虑使用什么样的角色扮演或角色训练内容来帮助被训练者解决这些问题。在明确要解决的问题之后，选择合适的进行角色扮演的被训练者，并且根据每个被训练者的不同情况和需要解决的不同问题，让他们扮演不同的角色；还要考虑在角色扮演或角色训练过程中可能出现的问题和相应的指导办法、解决方案等，做到心中有数，避免在角色扮演或角色训练过程中出现意外情况时，无法进行及时处理。

（2）行动阶段。在这个阶段，根据事先确定的问题和被训练者，首先让一名问题比较突出、也有比较好的表演能力的被训练者进行角色扮演。如果需要的话，也可以让其他被训练者参与角色扮演，或者轮流进行角色扮演。

（3）讨论阶段。在角色扮演或角色训练之后，要组织被训练者进行讨论，讨论的内容主要是：

第一，被训练者的角色扮演是否符合生活中的实际情况？如果不符合实际情况，那么，生活中的实际情况究竟是什么样的？

第二，被训练者在角色扮演中处理问题的行为方式是否恰当？如果被训练者在角色扮演中处理问题的行为方式不恰当，那么，恰当的处理方式是什么？

第三，在实际生活中，是否还会有其他的情况？如果遇到这些情况，应当怎样恰当地应对和处理？

第四，参加角色扮演或角色训练的被训练者目前的行为表现，与角色扮演或角色训练中正确的行为方式是否符合，如果不符合，应当怎么办？

第五，通过训练主持者的指导和被训练者的角色扮演、集体讨论，使被训练者学会恰当的行为模式，改变自己的不良行为，产生新的转变。

（二）自信训练

1. 训练目的：帮助被训练者学会更有效地表达和满足自己的正当需要的方法。

2. 自信训练的内容、过程和步骤：

（1）自信训练的内容。自信训练涉及三类行为：①表达积极的感情。例如，赞扬别人和接受别人的赞扬，与别人进行谈话。②自我肯定。例如，坚定地维护自己的权利，拒绝做一些事情。③表达消极的感情。例如，适当发泄烦恼和愤怒。

（2）自信训练的过程。在自信训练中，首先需要消除被训练者的顾虑，解除其心理负担。在进行自信训练时，首先设定某种情境，如一个人站在拥挤的人群中，看到一个小偷在偷别人的钱包。然后，讨论这个人在这种情境中的权利、义务和责任。训练组织者要引导被训练者分析在这种场合个人采取不同的行为和行动的短期和长期后果，并且让被训练者决定采取什么样的行动。例如，要是个人对小偷不予理睬，假装没有看见，在短期内，他们会保全自己，不会受到别人的侵害和威胁，但是，在较长的时期内，他自己不但会受到良心的谴责，内心会感到不安，而且也会深受其害，自己钱物也可能被小偷偷去；相反，要是个人站出来制止小偷的行为，在短期内，个人会受到小偷的威胁甚至伤害，但是，他也会得到周围人的帮助和赞扬，从长期来看，个人不但会有心灵上的安宁和欣慰，而且也减少了自己身受其害的可能性，因为，如果小偷是一个初犯，第一次的失败可能会使其停止进行这类行为，即使对一个惯偷来说，失败一次也会使其在一段时间内停止偷窃活动，从而减少了偷窃行为发生的数量和可能性。同时，从社会伦理道德方面来讲，在这种场合个人有制止违法犯罪行为的责任和义务。

（3）自信训练的具体步骤：

第一，分析和归纳被训练者在日常生活中最容易遇到的难以表达自己感情和坚持自己观点的情境。例如，受到不良朋友引诱、甚至胁迫的情境；想做好事但是又顾虑重重的场合等。

第二，每次选择和设定一种情境，讨论被训练者在这种情境中的权利、义务和责任。

第三，分析被训练者在这种情境中采取不同的行为可能产生的短期和长期后果。

第四，鼓励被训练者进行他们认为正确的行为，这种行为既包括实际的行动，即在模拟的情境中，进行角色扮演行为。例如，拒绝接受别人的意见，或者劝说别人放弃违法犯罪的行为或打算；也包括言语表达，即让罪犯在别人面前大声讲自己想说的话。例如，大声向别人道歉，大声称赞别人的良好举动，大声说自己不喜欢什么事情等。

第五，在被训练者进行了上述活动之后，引导他们讨论在以后的实际生活中，是否能够像在这里一样地采取行动，巩固和强化被训练者已经学会的人际互动方式，促使被训练者在以后的生活中能够应用这些人际互动方式，避免发生人际冲突行为和违法犯罪行为。

（三）愤怒控制训练

1. 训练目的：帮助减少愤怒的频率；教导控制愤怒的方法，避免情绪恶化。

2. 训练要求：

（1）要求训练组织者向被训练者示范怎样恰当使用愤怒减弱技术。

（2）要指导被训练者练习愤怒控制的步骤。

（3）对被训练者是否成功地按照训练组织者的示范进行练习的情况，要及时给予反馈。

（4）要监督被训练者在训练后进行练习和实践，布置课外作业。

3. 训练步骤：

（1）示范。示范是训练组织者讲解、演示愤怒控制技术以及使用这些技术的具体情境的活动。如果有两名训练组织者，那么，两个人都可以参加示范，其中的一个人担任主要的训练者，演示愤怒控制技术；另外一个人担任合作者，充当激怒主要训练者的角色。如果只有一个训练组织者，那么，可以从被训练者中找一个人担任合作者的角色。在这些情况下，进行简单的演示是很重要的，这种演示可以真实地展现在冲突情境中挑衅事件是如何发生的。

在示范中要注意以下几方面：①每次演示时，至少需要有两个人参与演示；②选择与被训练者有关的场景；③安排演示会导致积极结果的各种场景，而不要演示导致攻击行为的场景；④主要演示者应当是在年龄、社会经济背景、言语表达能力和其他特征方面与愤怒控制训练小组的成员相似的人。

（2）角色扮演。角色扮演是指在示范之后要求被训练者根据示范在特定情境中练习如何使用愤怒控制技术的活动。角色扮演的情境，可以是被训练者最近刚刚遇到的情境，也可以是未来可能遇到的情境。

当在训练中设想被训练者正处在某种冲突情境时，被训练者就成了角色扮演中的主要演员，他就要选择一个配角演员（合作者），让配角扮演发生冲突的另一方，两人一起扮演在冲突情境中各自的行为反应。然后，训练者要询问被训练者很多问题，包括冲突发生的时间、地点等，以便确定角色扮演的剧情。主要演员要尽可能准确地应用愤怒控制技术演完剧情。

在角色扮演中，要注意以下几方面的问题：①在角色扮演之前，要提醒被训练者明确认识各自的角色：主要演员必须使用愤怒控制技术；配角演员应当扮演剧情中的特定角色。②指导观看的小组成员要认真注意，主要演员是否恰当地使用了愤怒控制技术。③当角色扮演开始时，如果某一个演员"演坏了角色"，就应当停止角色扮演活动，鼓励被训练者回到本来的角色。④如果角色扮演明显偏离了所要演练的愤怒控制技术，就应停止角色扮演，指导被训练者如何进行角色扮演，然后重新开始角色扮演活动。⑤应当让所有的小组成员都有机会扮演主要角色，演练在他们曾经遇到的或者可能遇到的情境中如何使用愤怒控制技术。

（3）表现反馈。在愤怒控制训练中，表现反馈是很重要的。在每次角色扮演之后，都应当有一段简短的反馈时间，以便让其他人评论主要演员使用愤怒控制技术的情况。这种表现反馈活动也给主要演员提供了机会，使他们能了解自己使用愤怒控制技术影响配角演员的情况，进一步鼓励他们在训练课程之后尝试使用愤怒控制技术。

表现反馈应当按照下列方式和顺序进行：①要求配角演员做出自己的反应；②要求观看者评论使用愤怒控制技术的状况；③训练组织者评论使用愤怒控制技术的情况，并给予强化，包括表扬、赞同、鼓励等；④主要演员对角色扮演和别人给予的反馈进行评论。

在表现反馈中，要注意以下几方面的问题：①只有在角色扮演者恰当使用了愤怒控制技术时，才给予强化。②对提供帮助和合作的配角演员进行强化。③强化的程度应当与角色扮演的质量相称。④当角色扮演严重偏离特定愤怒控制技术时，不能给予强化。⑤当角色扮演者改进了以前的角色扮演内容时，要给予强化。

（4）课外作业。课外作业是指被训练者在训练课程结束之后需要进行的演练工作。愤怒控制技术不仅要在进行训练课程期间加以演练，而且也要在训练课程结束之后加以演练。因此，在两次训练课程之间布置受训练者完成一定的课外作业，是很重要的。课外作业要记录在烦恼日志中。记录在烦恼日志中的课外作业完成情况，可以成为进行新的训练的问题情境。

复习与思考

1. 未成年犯的心理有何特点？
2. 女犯有哪些独特的心理？
3. 初犯、偶犯与惯犯、累犯的心理有什么不同？
4. 轻刑犯与重刑犯在服刑过程中有什么不一样的心理特征？

工作任务七　罪犯回归社会心理

一、学习目标

知识目标：掌握罪犯回归社会心理的内涵、特征与表现。

能力目标：识别罪犯的不良回归社会心理，掌握可操作的矫正技术，能设计基本矫正方案。

二、工作项目

◎ **案例**：昨日是刘某刑满释放的日子，当看着他满心希望地走出监狱的大门时，监狱心理咨询与矫正中心的警官露出了会心的微笑……

3个月前，即将刑满释放的刘某在监区警察的带领下来到心理咨询室。"我吃不下，睡不好，整天迷迷糊糊。我觉得自己的精神都要崩溃了……"脸色苍白的刘某有气无力地说。这是刘某第一次来到心理咨询室，他非常拘谨，甚至不敢抬头看人。他就要获得自由了，为何会有如此的表现？

"小刘呀，我想和你谈谈出狱后的事情。你现在心里有啥想法？你喜欢从事哪方面的工作？或许，我可以帮助你。"咨询师试着和刘某交谈。

"我现在不想谈出去以后的事情，我不知道出去后应该怎样面对亲人，也不知道出去后自己应该干什么，自己又能干什么。"刘某无限伤感地说。

说话的时候，他始终低着头，两只手紧握在一起并将它们夹在两腿之间。咨询师非常清楚他无意识的肢体语言所包含的心理学意义。在现实生活中，一般只有像受审犯人那样承受如此大压力的人才会做出这样的动作。这种动作叫作"锁住"，意思是让心灵停留在一个不动的空间，以获得一种主观心灵上的相对安全感。凡习惯作出这种动作的人多半是胆怯和不自信的人。那么，刘某的恐惧对象和恐惧理由是什么呢？

因为这次刘某情绪波动过大，为了不影响咨询关系，又能弄清楚刘某恐惧的对象和理由，咨询师又约他谈了一次。

"小刘，你最害怕什么？你最担心的事情是什么？"

"我杀死了我的亲叔父，最怕亲人说我。我最害怕婶婶那仇恨的目光，最担心周围的人取笑我，我不喜欢任何人以任何方式批评我。我觉得被人批评和遭人白眼的滋味很难受，这会让我感到无地自容，更加自卑。"

"你承认你有自卑感吗？"

"有，我有很强的自卑感，我感到自己是一个废人，什么事情也干不了……"泪水从刘某的眼里流出。

"那你出去后有什么打算？"

"我只想逃到深山老林里去，什么人也不想看见。我想和动物生活在一起，不想和人在一起。"刘某哭出声来。

查过刘某的档案，他的父亲和叔父因宅基地发生纠纷。在看到父亲吃亏以后，盛怒之下，刘某用木棍将叔父打死，被判处死刑缓期二年执行。在即将刑满释放时，本该是喜气洋洋，他却闷闷不乐，心事重重，原因是他无法面对两个问题：一是出狱后无脸见亲人，自己杀死叔父是大逆不道的；二是出狱后无法面对现实生活，与社会脱轨这么长时间，不知道出去后怎么办。根据以上的对话和刘某的表现，咨询师分析认为，刘某是一个典型的回避型人格障碍患者。

刘某第三次咨询，做了一个心理游戏，让他扮演一个成功者，而咨询师扮演一个失败者，两人之间进行了一场对话。在游戏中，让刘某尽可能地扮演一个充满自信的领导者，而咨询师则扮演一个处处否定自己、不敢面对现实的人。游戏后我们进行了分析并告诉他，在游戏中他扮演的角色才是真正的自我和理想中的自我，而在日常生活中的他则是一个虚假、缩小的自我。听了分析后，刘某表示很受启发，他愿意改变自己。

此外，咨询师还采取了多种方法，帮助他明确人生的意义和目的，强化他战胜困难的勇气。

经过近两个月的矫治，刘某逐渐从自责、自卑的泥潭中走了出来，恢复了自信……

（一）罪犯回归社会心理

前面介绍的这个真实生动的案例表明：关注罪犯回归社会的心理是监狱矫正工作的重要内容，也是监狱机关教育改造罪犯的一个重要组成部分。学习和了解罪犯回归社会心理，对管理、教育和矫正罪犯，提高罪犯改造质量，巩固教育改造成果，引导罪犯顺利走向新生，促进监狱完善回归工作机制，防止再犯罪，维护社会稳定而言，都具有十分重要的意义。

1. 什么是罪犯回归社会心理？罪犯回归社会心理是指服刑人员在刑罚执行

期间萌发的，在服刑后期和即将刑满释放前表现更为明显的一种特殊的心理状态和心理特点。

顾名思义，回归社会心理，无论从法律逻辑意义上还是从监狱实践上进行分析，回归社会心理的主体，只能是因犯罪而被依法剥夺或被限制人身自由的罪犯；心理的内容与回归社会关联，尽管回归社会前和回归社会后的心理有一定的联系，并且回归社会前的心理会影响回归社会后的行为，但是由罪犯转变为普通公民，由监禁生活转向自由生活，这是罪犯回归前后的"两项本质变化，而罪犯的回归心理也正是从这两大变化中萌发和繁衍出来的"，这与一般的服刑改造心理是有区别的。

2. 罪犯回归社会心理的形成。罪犯回归社会心理的产生是其特殊身份在特殊环境下，个性因素与客观因素互动作用的结果。"回归社会心理是一种特殊的心理现象，必须是受限制人为了祈盼自由，摆脱法律的强制规范，达到其欲望实现的目的才能产生的。"

由此可见，罪犯回归社会心理形成的基本因素是：罪犯作为刑罚的承受者，在人身自由被依法限制的条件下，产生了与向往人身自由有关的心理欲求，并把这种欲望动机转化为缩短或结束强制措施的具体行为，满足需求欲望是罪犯回归社会心理的驱动力。

按照"需求—动机—行为"的原理，正确引导可以成为正常回归社会心理的转化机制。因为动机能调节与支配人的行动，随着正确世界观、人生观、价值观的教育强化和认知能力及法制意识的提高，人的高级需要能对低级需要起调节作用，积极的内在动机便能定向地发动和推进某些行为，或消除和中止某些行为。监狱的教育矫正要符合心理规律，不断引导其合理需求并强化其改造动机，培养其积极人生态度的形成，发挥积极人生态度对行为方向和对象选择性的调节功能，促使其社会适应机制的建立，由此矫正罪犯不良回归心理，促使其形成积极改造的心理，进而转化为健康的社会化行为。

回归社会心理对服刑人员的改造会产生正反两种影响，正面的效应会激励和加速罪犯改造，促进良性回归；反面的效应则会对改造和回归社会产生消极影响。

（二）不良回归社会心理的表现

◎ **案例**1：罪犯吴某，62 岁，因盗窃罪被判刑 3 年。目前已经服刑 2 年多，再过几个月就可以出狱了。他平时好逸恶劳而且惧怕劳动改造，对艰苦的监狱生活既厌烦又难以忍受。按说一个快要出狱获得自由的人一定很高兴，可是他最近反而变得急躁与不耐烦起来。有一次在狱内打扫卫生和搬运杂物时，他发现一个个砖垛可以藏身，于是，他决定躲起来逃避劳动。一个与他配合劳动且是连号的罪犯找不到他就报告了警官，他出来后骂这个与其连号的罪犯，当对方与他理论时，他不由分说，在地上捡起砖头就打过去，并使对方受伤住院。

1. 罪犯回归社会前的心理特征。罪犯回归社会前，一般是在罪犯最后一次减刑的裁定书下达以后的剩余时间，是罪犯在即将刑满释放离开监管场所之前的一段时间。但是最后一次减刑或假释的呈报，打破了其在服刑中后期相对稳定的情绪，心中产生了同回归紧密相连的兴奋激动和心理负担。此时，心理矛盾集结，喜忧交集，烦恼与压力骤增，具有以下心理特征：

（1）喜形于色，憧憬未来。大部分罪犯，经过若干年的教育改造，能够洗心革面，真诚悔罪，决心吸取教训，走向新生；他们每天计算着归期，勾勒今后的生活蓝图，改造表现好，学到一技之长，不断思考未来的谋生手段，打算自食其力，迎接新的生活。

（2）既有对自由的渴望，又有对家庭的愧疚。担心家人和亲朋好友是否谅解，他们归家心切，但又羞于见家人和乡亲，"想回家，盼回家，临到回家怕归家"。

（3）既想重新做人，又怕"走老路"。他们为新生感到喜悦，但又怕难以立足社会，尤其当看到现在就业难的现状时，容易对就业丧失信心。他们认为社会上需要就业的人数剧增，并且竞争激烈，自己的人生又有污点，认为人生前景灰暗，自己既无特长又无门路，对择业和去向往往无所适从，自己创业既无资金又无经验，担心经不住诱惑而重蹈覆辙。

（4）弥补损失、变本加厉。一些改造不彻底的罪犯，临近回归前，原被压抑的非分之想又蠢蠢欲动，认为这些年自己吃苦太多、损失过大，打算"牢内损失牢外补"，尝试出去"捞一把"，甚至图谋对"仇人"进行报复。

（5）功利心强，劣性重现。少数罪犯认为自己马上就要回归社会了，改造到头，放松要求，产生了"混"和"闹"的心理，学习上不感兴趣，劳动上投机取巧，行动上自由散漫，甚至谩骂、顶撞民警，对"得罪"他的同犯动以手脚。

（6）左顾右盼，患得患失。服刑人员即将假释回归社会，意味着能重新与家人团聚，他们大多欣喜激动，充满对新生与自由的渴望，但在高兴之余，他们面对由监禁矫正转向社区矫正的现实，对假释带着余刑的尾巴参加社区矫正，存在种种顾虑。担心众人闲言碎语，怕被人瞧不起，怕给家人脸上抹黑，更怕遇见熟人，不想让人知道他们曾经的过往，顾虑就业受歧视，社会适应困难，等等。

（7）情绪不稳，生理功能紊乱。一些服刑人员因受就业、婚恋、家庭、社会适应等诸多问题的困扰，改造后期的心理问题比改造中期还要多，表现为焦虑、恐惧、抑郁、食欲下降、失眠多梦等症状，严重的还会出现心理危机。

深入了解和掌握罪犯的回归心理特征，是切实做好教育矫正工作，解决不良心理行为问题的前提，要引导罪犯接受犯罪教训，辩证分析主客观条件，正确对待社会，把重返社会看作人生的新机遇，坚定克服各种困难的意志，勇敢地走向社会。

◎ **案例2：** 罪犯翁某，42 岁，诈骗罪，1991 年被判无期徒刑而投入改造。因表现好，先后担任组长、检验员，多次获得记功、减刑奖励，并享受过特许探亲的处遇。在对他进行最后一次减刑的材料呈报后，他就认为回归在即，可以不像以前那样辛苦地改造了，分数对他已用不着了，也无所谓了，于是放纵对自己的约束，改造走下坡路，表现由好变差。不久就因琐事动手打人，受到扣分、降级、严管集训、撤销减刑呈报的处理。

2. 不良回归社会心理的表现。回归社会心理因服刑人员个体的差异，对其产生的效应也不同。积极效应是激励改造，促进顺利回归；消极效应则使一些功利思想严重的服刑人员不思进取、无心改造、混刑度日，甚至会违规违纪，扰乱改造秩序，刑满释放后，可能会重新犯罪危害社会。

服刑人员所出现的不良回归社会心理一般有三种情况：

（1）解脱和放纵心理。罪犯在与社会隔离，人身自由受到限制的特殊环境中，受刑罚影响，必然有很大的心理压力，随着刑期届满的临近，人身自由即将重获，这种心理上的压力也会随之减小。部分自我改造意识较差的罪犯，认为"改造已经熬出头了，终于可以放松了"，就产生了解脱心理，"好像自己已经不是囚犯了"。在改造上，表现为：对学习、劳动抱无所谓态度，常置监规纪律于不顾，放纵自身行为。这种心态，致使少数改造未彻底、犯罪心理未根除的服刑人员，人未出狱就可能又走上犯罪的道路。还有一部分功利型的、惯于投机取巧的服刑人员，尽管曾获得改造积极分子的荣誉和行政奖励，以及减刑的刑事奖励，但是一旦"实惠"到手，再次减刑无望时，其行为与改造前期会判若两人。

（2）烦躁和贪婪心理。罪犯临近刑满出狱，常会考虑回归后的去向，生活出路，婚姻家庭，社会适应等问题，顾虑重重，思想压力大。年轻的罪犯认为"打工太辛苦，务农不甘心，做生意无本钱"；老残病弱的和家无亲人的罪犯更是愁眉苦脸，茫然无措，经常表现出情绪烦躁、脾气大想发火、心神不宁、寝食不安、改造消极，甚至铤而走险，用在狱内重新犯罪的手段以逃避回归社会带来的压力。还有极个别罪犯，原来的犯罪心理没有得到彻底的根除，即将出狱前，被剥夺、被压抑的物欲需求急剧滋生，对就业的职薪要求甚高，认为"三四千元的工资还不够我的手机钱"，热衷于赚大钱、发大财，过上豪华奢侈的生活。为了"享乐"，他们暗地里向他犯索讨食品，甚至于不择手段地搞到违禁品，把能搞歪门邪道看作自己有本事，严重扰乱了监管改造秩序。

（3）补偿和报复心理。有的即将出狱的罪犯认为，这些年自己坐牢吃了苦，受了罪，出去后一无所有，而一些原来不如他的亲友、同事、邻居，现在工作称心，生活富裕，于是感到心里极不平衡，急于"走捷径""操旧业"冒险致富，诱发了"牢内损失牢外补"的重新犯罪的心理。个别罪犯还把自己的犯罪原因归于他人和社会，回归社会后准备对相关人员无理纠缠，伺机报复。个别罪犯在改造期间曾因违纪违规受过处理，就对教育处理他的民警愤愤不满，怀恨在心，不但不从自身找主观原因，反而错误地认为是民警故意整人，产生强烈的敌对心理。到了临近释放前，认为"再不动手就没有机会了"，于是会制造麻烦进行报复。还有的罪犯对那些积极靠拢政府、积极改造，自认为得罪了他的服刑人员滋事生非、制造麻烦，影响他人的改造……

（三）不良回归社会心理的矫正

◎ **案例**：罪犯王某，以前是一家国有公司的负责人，因挪用资金罪被判处有期徒刑 6 年，已服刑 5 年，尚有 1 年余刑。其回归心切，却没能遂愿。认为分数低的人比分数高的自己先呈报减刑，以为是民警在故意整他，情绪不稳定，改造出现反常现象，被列入重点控制和心理矫正的对象。

首次咨询印象：王某表情阴郁，目光阴冷，满腔怒气。

自述："5 年来我一直告诉自己，端哪儿的饭，服哪儿的管，可是现在我觉得自己的命已经无所谓了，谁惹了我，不管是警官还是同犯，我都会结果他。如果有一颗原子弹，我也会毫不犹豫地引爆它"。在咨询中他言辞偏激，有严重的行凶危险。

初步诊断：对减刑一事的错误认知，引起了他强烈的愤怒情绪与行凶意念。

矫正概要：

第一，根据其狂躁型的情绪表现，带到蓝色（冷色）的心理治疗室作心理疏导。

第二，运用倾听、理解、尊重、共情等咨询技巧，使其内心积压的愤怒情绪宣泄出来。

第三，及时与监区及监狱领导沟通，建议将其调离现在的监区，使其脱离产生不良心理的情境。

第四，结合认知调整，使其认识到改造分数并非是减刑的唯一要素，而减刑是刑期、改造年限、改造表现、减刑次数、减刑人数比例等诸多因素的综合平衡，并领悟到自己的主观臆断和绝对性的思维模式是错误的。咨询师同时也要肯定其闪光点，指出其不良情绪的危害，鼓励其坚信政策，争取光明前途。

效果评估：经过几次的心理疏导，其心理状态明显好转，避免了可能因不良回归心理而导致的狱内恶性案件的发生。该犯已于后期减去余刑获释出狱。

1. 矫正工作的特征、规律和要求。对不良回归社会心理的矫正应贯穿罪犯服刑改造的全过程，如同一个人的新的观念和行为习惯的培养形成一样，矫正是一个长期的艰巨的不断强化的过程。由于罪犯是一个差异性很明显的复杂群体，因此，教育矫正方法要求多样性、灵活性与针对性相结合。目前，参与式、互动式、情感式、体验式、关心式、援助式的多元化教育模式等新的探索，已开始运用于监狱的矫正实践，因此，要依据罪犯的共性与个性的特点，研究和遵循矫正工作的客观规律，总结一套系统的科学的矫正工作方法，形成有实效、有特色的不良回归心理的矫正机制，制定矫正目标，设计矫正的内容与模式，实现矫正任务。

（1）矫正工作的特征。矫正过程主要是在改造实践中进行的，尤其对罪犯在服刑改造后期产生不良回归心理，要进一步强化回归教育；矫正过程主要通过罪犯集体与个体相结合的方式进行，并且要形成良好的改造氛围，否则就不可能有好的改造效果。矫正过程不仅要解决罪犯的不良心理和行为，还要解决罪犯对社会的根本态度及其世界观、人生观、价值观问题；矫正过程主要是积极的心理与消极的心理进行交锋，并且形成良性转化的心理过程；矫正过程是一个长期的、反复的、逐步巩固的过程；矫正工作是一个受多方面影响的过程，不良回归心理是在个性因素条件下，受监狱、社会、家庭等诸多环境影响而形成的。因此，矫正过程也是从多个侧面施加影响的过程。

（2）矫正工作的规律。矫正的对象是人，所以对罪犯进行矫正的方法必须符合人的心理和思想活动的规律。罪犯的心理、思想是千差万别的，矫正的方法就应当是多种多样的；罪犯的心理、思想的多变性要求矫正方法具有灵活性；罪犯的心理、思想的隐蔽性要求矫正方法具有深入性；罪犯的心理、思想的反复性要求矫正工作具有长期性和连续性。

（3）矫正工作的要求。对罪犯不良回归心理的矫正，要注意做到"五性"：

①矫正工作要适应时代与形势发展的需要，要有预见性；②要从监狱和罪犯的实际出发，有的放矢，具有针对性；③要讲究方式方法，灵活多样，具有启发性；④矫正工作要持续不断，反复进行，保持经常性；⑤要不断总结、研究、提高，具有探索性。

2. 矫正目标。矫正目标就是改造工作的终极目标，即把罪犯改造成为"守法公民"。这与具体矫正目标，如观念转变的思想矫正目标，如认知重建、情绪控制、自尊心、自信心、羞耻感、荣誉感的培养，人际关系改善等心理行为矫正目标是统一的。它以罪犯回归社会为基本目的，通过文化、技术、思想、心理和社会适应教育，来提高个体的社会适应性。

3. 矫正模式。矫正模式是以回归社会、适应社会的目的为内容，结合传统教育方法和现代矫正元素的一种方法，是实现矫正目标的载体和途径。

在长期的改造罪犯的实践中，广大民警和理论工作者，借鉴并吸收了中外先进文化成果，把传统教育方法与心理矫正等现代教育手段相结合，并做了大量的探索和实践，初步形成了符合时代特点的现代矫正模式。

基本的矫正模式包括：思想矫正模式、心理矫正模式和行为矫正模式。

（1）思想矫正模式。思想矫正是监狱机关教育改造罪犯工作的核心和政治优势，其最重要的任务是转变罪犯的犯罪思想观念，使其去恶向善，树立符合社会主流意识的世界观、人生观、价值观和道德观。

第一，综合教育法。常见的形式有：法制、道德、政策、形势、前途、人生观等综合性专题教育。以提高其对人生内涵的认知能力，转变错误观念，端正择业观，不仅要"维持生存"，还要在自我发展中，增强社会责任感。着重帮助指导其解决人生方向的重大问题和明确人生定位，让其知道今后应该成为什么样的人，怎样成为受社会欢迎的新人。

第二，社会支持法。常见的形式有：亲情帮教，政府帮教，法律援助，动员社会力量来监宣传就业、社保等方面的法律法规与政策等。依靠亲属、地方政府和各相关部门对监狱工作社会化的支持和帮助，使他们建立起与社会联系的桥梁，使他们认清形势，了解社会，消除疑虑，放下思想包袱，鼓起重新生活的勇气。

第三，典型引导法。常见的形式有：英模报告会、浪子回头报告会、刑满释放人员再犯罪现身说法等。主要是以先进人物为榜样，并辅以反面教训的规劝警示，促使服刑人员模仿好的行为，反省不良行为，从而矫正他们的思想、情感和行为模式，并进一步达到明辨是非、召唤良知复归的效果。

（2）心理矫正模式。心理矫正是指监狱运用心理学的知识和技术对服刑人员实施心理测量、心理健康教育、心理辅导、心理咨询与治疗等活动的总称。它是由获得专业资格或经培训的民警，对服刑人员提供心理帮助和指导，使其心理状态向有利于改造的趋势转化的一系列系统工程。

针对服刑人员的回归社会心理行为的问题，可以运用各种心理矫正的技术。这里主要介绍适合进行个别辅导和团体辅导的方法。

第一种：运用自画像技术，培养正确的自我意识和健康的回归心理。

◎ **案例1**：罪犯孙某，31岁，初中文化。16岁时因杀人罪被判处无期徒刑，已服刑14年，现在余刑不足1年了。新生的临近，带给他的不仅是喜悦，更多的是经受自卑、焦虑、烦愁的煎熬，从而使其身体和改造大受影响。

首次咨询时他自述："我入狱时还是一个迷茫无知的少年，而今却已过而立之年，眼见新生越来越近，我的心情却日渐烦躁不安，非常容易兴奋、激动；遇事不顺心时，会特别愤怒、想发火，同犯们戏谑我像一个'火药桶'。晚上一闭眼，想的都是外面的花花世界，设计着出去后怎样过好日子；也常常发愁，回家后，怎么面对邻里乡亲有色的目光，我整夜地辗转反侧，常做噩梦，一段时间下来，劳动没精打采，人也瘦了一大圈，因分心而使改造受影响……"

郑警官让他尽情倾诉，偶尔插上一些关切的话，对他的苦恼表示能够理解，向他介绍心理健康知识，表示愿意在心理上给予其指导和帮助。

在建立了良好咨询关系的基础上，郑警官要求孙犯画一幅以回归社会为主题的自画像，孙某起先不肯画，说"从来没有画过，怕画不好"，郑警官告诉他："不是看画的好坏，你只要画出心目中的自己，认真画就行了。"在郑警官的一再鼓励下，孙犯"终于成功地画了我人生中的第一幅自画像"。郑警官让他先描述一下取名为"我和我家"的作品，然后对画作了试探性的分析，这画中在一起的两个人，大的象征你的父母，小的代表你自己，人小意味着你内心存在着自己仍是个小孩的潜意识，包括对父母的依赖心理，你的自画像是一个小孩，多少传达出你的幼稚性的心理痕迹。同时也反映你自卑而不自信。关于画的两边的房子，左边低矮的房子可能是现在的家，也许你还留恋过去的童年生活，右边的高大的楼房是你的目标所在，希望住上新房，表示你对未来充满了美好的期待，但是你又有很多的担心，从你的自画像可以看出你满脸迷茫，担心以往的过错会使你今后的生活出路蒙上阴影。这番话说得孙犯连连点头称是，认为分析确实符合他的想法。于是，郑警官进一步启发孙犯：你现在已是成年人了，服刑改造有助于你的心理成熟，你手中也掌握了几门技术，起码具备了一定的谋生能力，年纪又轻，只要有信心和勇气面对，出去后还是大有可为的。

孙犯说："想不到一幅画使我知道了内心深处的自己，郑警官激励我的话，句句印在我的心坎里，增强了我的自信心，心情就渐渐开朗起来，人际关系也和谐了许多。懂得了出狱后不怕起点低，只怕境界低的道理。"后来又经过解梦、放松训练和自我鼓励法的综合调整，孙犯身心得到康复，并顺利回归社会。

运用自画像的技巧，引导服刑人员画出以回归社会为主题的自画像，从中探寻其当时所处的心理状态。然后根据绘画过程和图画作品，与其探讨交流，引导其自我探索，和他一起分析自身心理状态和人格特征，对其不良的回归社会心理，提出有针对性的调整建议：①对于盲目乐观"欢天喜地"的，要提醒其"理智冷静、估足困难"；②对于犹豫不决"悲观胆怯"的，要鼓励其"相信自我、果敢向前"；③对于毫无主见"迷失自我"的，要引导其"找回自我、树立信心"；④对于自我放纵"翘尾巴"的，要告诫其"严格自律、善始善终"；⑤对于自以为是，自视甚高的，要诱导其懂得"高者易曲、遇挫易折"的道理，使其有自知之明；⑥对于自暴自弃"心灰意冷"的，要激励其凡事要看光明面，找到自己的长处和价值感，热爱生活，树立自强不息的信念。

心理自画像的目的是：引导服刑人员探索自我、认知自我、调整自我、建立新我意识和健康的回归心理，促进其自我成长。

画自画像对罪犯来说是安全的，会降低阻抗，不仅可以多次运用，还可以作为检验矫正效果的测量工具。

○ **案例2**：罪犯蒋某，35岁，初中文化，犯抢劫、盗窃罪，被判刑16年。因争吵打架，改造表现差，曾被列为顽危犯。教育转化后改邪归正，改造后期还评上改造积极分子，多次减刑，服刑10年，余刑不足2年。由于蒋犯存在易冲动，人际关系不好，对回归社会盲目自信，过于乐观等相关问题，咨询师对他进行了回归社会心理辅导。

在第一次以回归社会为主题的自画像中，蒋某在画纸左边画了一间翘檐的房子，在画纸中间画了一个无头发、无耳朵、无腿的"介"字形的男性，并且解释说，这个人脑子好、抱负大，回到家准备干一番事业。咨询师说："这个人如果是你的话，则显示你非常牵挂家人，作品表达了你渴望回家团圆的良好愿望。但是，作品也透露出你潜在的不足，我提出来供你参考。首先，自画像的面部描绘相对来说要比身体其他部分仔细，身体的其他部分不是过于简单，就是缺失，可能意味着你很注重面子，顾于局部而疏忽了整体，也说明你对自己形象认识的不确定和不完整性。作品头部比例过大，占身体的1/3，不是显示头脑充满智慧，就是想法多、好空想。其次，画中人的上肢部分，用一条直线表示，显得自我控制力量单薄，没有画下肢部分，显示缺乏行动能力，或许是无意识中反映了你无立足社会基础的状况。最后，从都用直线条来描述人体和柳树的笔法，以及人物没画耳朵的特点进行分析，可能表达了你简单生硬和日常生活中忽视他人的意见、不关注别人情感的性格特点。"蒋某颇有感触地说咨询师分析得挺准的，自己也意识到存在以自我为中心，自以为是，自我控制力低等问题，表示无论在改造中还是出狱后，能改正缺点，调整自我，会接受教训，把握自己，不会再重新犯罪。

后来经过训练，蒋某自控力与人际沟通能力有明显改善。有一次面对某罪犯的故意挑衅，也能理智克制，做到打不还手。在临释前，咨询师又要他再画一张自画像，这次自画像的人物长出了头发，有了耳朵和双腿，衣着西装领带，旁边还画了一个年龄相当的女性，房子长高了，画了二层楼的新房，房子边上的一棵树长出新枝，果实累累，画面呈现出他有了一个完整的自我形象，积极的情感，幸福的家庭，寓意他对新生活的热爱与期待。

通过用自画像技术对蒋某进行的几次回归社会心理辅导，不仅对其心理成长提供了有效帮助，巩固了改造成果，而且也从中检验了自画像技术的诊断与矫正功效。

第二种：利用"五个学会"调整认知，促进重新社会化。随着刑期的缩短，回归社会的临近，服刑人员长期受到抑制的需求欲就会以各种方式显露出来。他们"何种职业能挣钱发财，发家致富"的物欲观，以及急功近利的、畸形的目标追求要求我们在回归教育中对其予以引导和纠正。比如，开展"五个学会"认知教育，即学会做人、学会做事、学会求知、学会共处、学会自助（自救）和求助，以帮助他们树立正确的需求观、价值观，调整思维模式，提高社会适应能力，抱着正确的心理期望与心理定位重返社会。

第一，学会做人。不同的需求动机会影响服刑人员回归社会以后的人生轨迹。对其低级、扭曲的心理需求，要运用正确的人生观、价值观加以纠正，从而培养对社会有益的、健康的心理需求。还要注意指导并让他们学会在心理矛盾冲突中选择正确的人生目标，树立良好的人生态度，学会健康的生活方式。做事先做人，这不仅仅是回归社会、安身立命的前提，更是为人的根本之道。

第二，学会做事。做事是人在社会上生存的最基本手段，掌握谋生的一技之长，就是要参加职业培训，培养服务社会的能力，学会做事要力所能及，不要好高骛远。做事的价值不光是生存，还在于自我发展，回报社会。

第三，学会求知。要引导罪犯认识学习的重要性，帮助他们掌握一定的文化知识与职业技能，树立终身学习的意识和能力，不断掌握新知识、新技能，自觉适应社会的不断发展变化。

第四，学会共处。每个人都生活在一定的群体之中，要学会与人沟通和与人相处，能与社会融合，要懂得和尊重群体间的理解、宽容、竞争、合作的共同规则和方法。要帮助罪犯建立合理的人际交往行为模式：和蔼诚恳地接待他人、平心静气地与人交谈、耐心地倾听别人、真实地表达自己、入情入理地理解别人、善于原谅他人、名利面前善于退避、危难时刻能挺身而出、对他人无私援助、对自己严格要求等。

第五，学会自助（自救）和求助。指导罪犯在生活中遇到挫折和困境时，要能依靠自身寻求解决问题的途径，也就是要能够自助（自救）和自我调适。遇到合法权益受到侵害时，要寻求正当途径，求助政府、社会帮助解决。如罪犯李某，减刑释放于春节前，因春运高峰，到杭州火车站后根本买不到去贵州的车票，他就向车站民警求助，拿出释放证明，表明自己的身份，说明自己须在规定的期限赶到当地公安机关办理报到手续的理由，民警很重视，想方设法直接把他陪送到火车上。回到家后他给监狱写信，感谢"五个学会"对他的教育帮助。

"五个学会"目的是促使其心理行为向重新社会化方向转化，使其回归社会后有较强的社会适应能力和"免疫力"。

第三种：开展"四个一"活动，强化健康回归心理，巩固改造成果。要切实加强出监教育的力度，设计一套系统性、有针对性、多样性的科学矫正方案。比如，组织开展类似心理行为训练的回归社会团体辅导。它的特点是：具有较强的参与性、互动性和体验性，对服刑人员有极强的吸引力、感染力和影响力，能大大提高矫正教育的成效。

主要活动内容是：

第一，谈一谈即将刑满回归社会的情感体验。目的是从中发现其存在的思想问题或心理问题，从而进行有针对性的心理辅导，对有严重不良情绪的，宜拟定个性化的矫正方案，有的放矢地纠正其认识上的偏差，排解心理障碍，为回归社会做好心理准备。

第二，写一份改造总结，谈谈改造体会。要引导即将刑满的服刑人员回顾改造历程，从思想深处反省犯罪的惨痛教训，深挖根源，再谈改造的心路历程和收获，最后明确表明重新做人的决心。这样做的目的是强化其弃旧图新的改造意识。

第三，设计一份自我回归设想预案。通过研究服刑人员为自己设计的回归设想预案，来帮助他理清思路并可以由此了解他们对回归后就业、工作和生活的憧憬情况，从而引导他们正确认识和对待社会，正确处理个人、家庭和社会的关系，建立合理的期望值，优化需求心理，正确面对困难，培养挫折承受力，从而具备一种平和心态，以健全的心理回归社会、适应社会。

第四，组织一次新生回归仪式。①送一句回归赠言。服刑人员和民警每人的赠言对他有提醒、关爱和鼓励作用，祝愿他回归后安居乐业、平安幸福，有一个美好的未来。②表达自己的新生感言。对警官的教育和其他服刑人员的帮助表示感谢。③在国旗下举行新生宣誓仪式。"……沉重的一页已经翻过，人生崭新的篇章从这里开始。未来的路虽然坎坷，但我们会记住惨痛的教训，好好控制自己人生航向。我们将珍惜今天、面向未来，做一个堂堂正正的人，做一个自食其力的人，做一个遵纪守法的人。"这样的新生回归仪式会对罪犯的心理形成潜意识，给即将回归社会的罪犯以终生难忘的记忆，为他们增添迈向新生的希望、勇气和动力。

（3）行为矫正模式。行为矫正又称行为训练，是指在民警的指导和参与下，通过组织罪犯开展团体辅导、演心理剧、角色扮演或情景模拟、拓展训练、放松训练等体验式的活动，以强化、示范、训练等手段使罪犯获得完成训练目标后的领悟感、成功感和快乐感受，从而帮助罪犯改变不良意志品质、行为习惯及思维方式，培养并建立健康的意志品质和行为习惯。这有助于开发罪犯的心智潜能，矫正旧习，更好地适应社会。

第一，情景模拟法。针对不同矫正对象的心理特点和心理社会化的缺陷，设定模拟情景，确定模拟训练的任务，要求罪犯进行角色扮演，并处理相关事务及由此引发的种种问题和矛盾，由民警对其在情景中所表现出来的行为和反应方式进行观察、分析并给予指导，从而引导罪犯改变不良的行为习惯，提高自控能力和社会化成熟程度。比如，对贪财的罪犯设置利益引诱的情境，以考验其抵御金钱和物质诱惑的能力；对情绪易激动的罪犯设置人际矛盾冲突与挫折的事件情境，以考验其情绪控制能力和处事能力；对即将回归社会的罪犯设置就业招聘环境，以训练其展示自己的能力、人际沟通能力以及其他面试技巧，用实践教育罪犯，为他们铺平走向社会的道路。

第二，心理剧矫正法。心理剧是由心理辅导者、"演员"、"观众"三要素组成的心理矫正技术。在心理咨询师（或民警）的辅导下，让罪犯扮演一定的角色，其他罪犯演配角和观众，在设定的剧情中，体验对相关问题的认识与感受，从中引发新的感悟和认识，最终起到改变罪犯的行为和态度的矫正作用。

比如，对一个即将回归社会的，因性情暴躁而犯故意伤害罪的罪犯的行为矫正与自控能力训练，就是让他参与演出《回家》的心理剧，由他扮演丈夫角色。剧情是丈夫因邻里纠纷致人重伤入狱改造。邻居不予原谅，经常指桑骂槐地讥讽他家人，而在他刑满释放之后，其妻向他哭诉这一遭遇，这就使他面临着如何处置这一问题的抉择。剧情设置了三种不同的结局：①丈夫暴怒，找邻居算账并杀死对方，导致重新犯罪；②丈夫认为忍让一点算了，而积怨并未消除；③丈夫主动上门，就以前事情赔礼道歉，最后双方握手言和。通过对上述不同处事方式导致三个迥异结局的几次演练和分析，启发罪犯内心深处的感悟，从而重塑其思维方式和行为模式，以达到构建健康人格的效果。

三、操作流程

◎ **案例**：罪犯余某，47 岁，因盗窃罪被判刑 15 年，余刑一年半，因争取最后一次减刑的机会将落空，竟然在警官面前重重地将板凳"啪"地一放，气势汹汹地冲着警官说："我想不通！"并且劳动消极，声称"要多多保养自己身体了"，还发生夹带香烟进监房的严重违纪违规行为，改造情况整体滑坡。

下面是对余犯的矫正流程：

（一）了解情况

了解情况即心理咨询师通过观察、测量、面谈、走访、查档、问卷等手段，收集相关的信息资料并进行综合分析研究，经过沟通缓解和消除阻抗现象，与罪犯建立一种互相信任和真诚友善的矫正关系。余某曾 4 次被劳教、判刑，有 27 年在监狱、劳教所度过。家有老母、妻儿。此次是最后一次减刑，因其是"惯窃"而被否决，提前出狱的希望破灭，使他陷入沮丧、不服、无奈和气愤的恶劣情绪而不能自拔。在面谈过程中心理咨询警官始终以接纳、包容的姿态任其发泄心理上的愤怒与烦恼，待其情绪缓和就因势利导，交代政策，肯定他的改造表现和急于回归的良好愿望，对其情绪化的"滑坡"现象则表示这是暂时的，可以理解的。他对警官说："你们确实为我好，那时我发脾气很不应该。"通过有效沟通，收集信息，为诊断与矫正该罪犯的不良心理创造了前提条件。

（二）评估分析

评估分析就是把罪犯入监时的心理测试、改造表现与目前的心理测试及现实表现进行对比分析，评估现时的心理问题所在，并作良好、一般、较差或有再犯罪危险的分类处置。

心理咨询警官经过对谈话观察、MMPI 测试、心理问卷和表现材料进行整理归纳，分析评估如下：

1. 犯罪和认罪心理分析。余某对犯罪及其危害的认识是低层次的，他认为："只要我承认自己的犯罪，对法院判决没有看法就可以了，想的太深没用场，脑子也用不够。"并认为自己的改造表现就是在这种认罪伏法状态下形成的，自认为有这一点就够了。

余某的犯罪与他的生活环境有关。其家住商业中心地带，属高消费地区。但其家所在地平民百姓居多，收入较低，与周围环境形成强烈的反差。该地是偷盗高发区和违法犯罪的多发区。这是余某从小走上犯罪道路的环境因素。

2. MMPI 测试分析。余犯有压抑、保守和被动的倾向。改造动机的积极性缺乏，兴趣狭窄，满足感明显。

3. 回归心理分析。回到社会上会不会重新犯罪，余某坚信自己"不可能再犯罪"。他的理由如下：①年纪大了，没能力了，坐牢也坐怕了；②出去都快 50 岁的人了，想过太平日子。

4. 现时的问题所在。

（1）期望中的减刑没有实现，对余某来说是一个重大挫折，由此产生的消极心态可能会影响他的回归社会心理，强化其中的不合理因素。

（2）由于认识上的浅薄，其对回归后的复杂性和困难程度准备不足，不排除重操旧业的诱发因素。

（3）他一改过去表现，声称现在"要多想想保养自己了，过去加班加点不晓得消耗多少时光了，这是自己给自己加刑"。还发生夹带香烟进监房的违纪行为，表明改造在整体上开始滑坡。

因此，对余某分析评估的基本判断是：平常表现一般，现时表现较差，任其发展则有重新犯罪的可能。

（三）设定方案

根据所掌握的现有信息资料，分出常态性与短暂性的问题，分别设定可评估、可量化、可操作的具体矫正目标和矫正方法。综合其改造表现和心理特征，针对余某的悔罪意识淡薄的常态性问题，矫正的目标是强化悔罪意识教育，增强改造意识，摆事实讲法律，纠正其对减刑的认知误区。针对其减刑遇挫的"临时紧张"和情绪焦虑的短暂性问题，制定的矫正的目标是加强沟通，真诚相待，热情鼓励，提供帮助；在其他服刑人员中有目的地表示对其积极改造的信任，培养互信情感，以解除其对警官的误解，消除其烦恼、沮丧的消极情绪与滑坡行为。根据其年龄特点，安排他从事需要经验的工作，鼓励并安排他多学技艺，为他回归就业创造条件。

措施是具体的、可以操作的，目标能够量化，可以通过问题的改善程度来体现，因此是可以评估的。

（四）实施矫正活动

组织罪犯开展各类切合实际又形式多样、富有实效的矫正活动，引导并激发罪犯积极完成要求的矫正作业任务。在此基础上进行矫正效果的评估，以便作为后续矫正或出监鉴定的参考意见。监狱在矫正过程中把各种综合性的专题教育与心理行为矫正和日常的劳动生产相结合，包括完成出监教育任务，基本消除了余某的不良回归社会心理，稳定了其思想情绪，于是作出了基本改造好的评估意见，余犯如期刑满释放。

进一步强化并完善不良回归社会心理的矫正机制，应该结合和强化出监教育，切实开展对罪犯的心理测量、社会心理成熟水平及认识能力的评定、社会适应能力的评定、文化知识和职业技能的评定、罪犯改造质量考核评估等一系列工作。由于罪犯刑种、刑期不同，个性差异，不良回归心理情况及改造表现不同，具体的矫正目标和矫正方法也各不相同，应该按实际情况，并参照心理咨询程序来设定矫正的操作流程，包括：认识罪犯，沟通建立矫正关系，进行问题评估分析，设定包括有矫正目标的方案，实施矫正活动，评价矫正目标，强化矫正行为，持续矫正行为，最终达到矫正等环节和步骤。

四、知识链接

（一）回归社会前的心理表现

服刑人员回归社会前的心理表现，可以分为正常和异常两类。正常心理状态主要表现为悔过自新心理、立功赎罪心理、发愤图强心理、忧愁戒备心理等。异常心理状态主要表现为报复心理、混刑度日心理、逞强好胜心理、补偿心理等。

1. 罪犯正常的回归社会心理。

（1）回归向往与忧虑共存的心理。罪犯刑满释放前对未来的前途既向往又忧虑。向往的是自己即将重返社会，获得自由，与家人团聚，有可能靠自己的双手勤劳致富，因而激动、兴奋、不安。但对即将回归社会生活又有一种压力感，担心回到社会后无业可就，怕受到歧视，心理上呈现出对能否适应社会、承受社会评价并能否为社会所容纳的担忧。

（2）自信心不足与自尊需要交织的心理。罪犯自信心不足是因为想到自己曾服过刑，回归社会后怕被人看不起，在别人面前抬不起头；自尊是因为罪犯仍然存在着自我尊重的需要，也希望被人尊重，不希望被他人歧视、侮辱，所以，自卑与自尊的矛盾使他们常常深感不安。尤其是原为知识分子或者有一定社会地位的罪犯，这种不安情绪就更为强烈。

（3）急切的归属愿望。当罪犯想到即将刑满释放能够回到亲人身边团聚时，心情会非常激动，甚至常彻夜难眠。急切的归属愿望时时冲击着罪犯的心灵，使他们常常表现出欣喜与焦虑交织的心态。

2. 罪犯异常的回归社会心理。

（1）过于自信与过于自卑心理。由罪犯的认知偏差引起。有的罪犯准备回归社会后经商做生意，赚大钱，期望值较高。认为刑释后没有了严格的纪律制度约束，行动自由，就业如意，把回归社会后的一切想得一帆风顺，尽如人意。这种心理一旦遇到负面性刺激，就会缺少思想准备，难以正确对待，容易从一个极端走向另一个极端。另一些罪犯则过于自卑，认为自己是犯过罪的人，对回归社会忧心忡忡，担心受人歧视，精神萎靡不振。他们回归社会后与周围的人们难以建立正常的社会关系，其自尊、自爱、自重的自我意识淡化，自暴自弃，自觉或不自觉地与有过劣迹或行为不端的人结为知己，形成落后群体。

（2）需求心理急剧增长。罪犯在服刑期间囿于法律的惩罚关系，某些合理的需要被抑制或剥夺，随着出监日期的临近，被抑制的需要极想得到满足。但是，由于监狱环境的不可能性，罪犯的需求愿望尚不能得到实现。只有回归社会，才能把愿望变成现实。如果罪犯自我控制能力差，或需求过高，就可能采取违背社会道德以及法律规范的行为去满足自身的需要，重新走上违法犯罪的道路。

（3）翻案报复心理。少数罪犯素质差，认识能力低，把被判刑归罪于被害人、检举人及办案人等。随着刑满日期的临近，他们常常想在回归社会后以自由公民的身份进行无理纠缠，挽回犯罪或审判时丧失的面子与坏影响，闹翻案，搞报复，成为危害社会的隐患。

（4）补偿心理强烈。这些罪犯认为，服刑期间生活苦，劳动累，自感吃苦太多，损失太大。希望回归社会后能够尽快发财致富，挽回服刑的损失。如果一时不能实现，就企图通过走"捷径"、冒险而富裕起来。

（5）犯罪心理残留。从总体上来说，大多数罪犯经过服刑改造，原有的犯罪心理与行为恶习得到矫正，为回归社会做守法公民打下了基础。但是，仍有少数人改造意识淡薄，抱着反向思维意识看待现实社会的人，尤其是累犯、惯犯，他们的反社会意识很难随着刑期的届满而自然消失，有的甚至把判刑改造看作是犯罪的间歇，回归社会后伺机而动，准备重操旧业。

（6）监内教育与社会上某些腐败丑恶现象的反差，诱发回归人员的病态心理。罪犯在监内接受的是正规的社会主义法制、人生观、道德观等方面的教育及严格的行为养成教育。在教育改造过程中，往往要联系罪犯日常改造的不良言行进行深入细致的剖析。随着刑期届满，罪犯的感知视野逐步由封闭走向开放，逐步了解到现实社会中大都是在想实在的、实惠的。特别是听到看到某些丑恶腐败现象后，就会错误地认为监狱机关的管理教育不切实际，于是思想反复，对自己的犯罪行为不以为然。在这些负向效应的作用下，刚刚建立起来的人生理想、信念又会产生怀疑和动摇，不良意识则会乘虚而入。

（二）罪犯改造质量的心理学评估标准

1. 改造质量评估标准。罪犯改造质量的心理学评估标准可分为总体目标、一般标准和分类标准三个层次。

（1）总体目标。把罪犯改造成为能够遵守道德、法律规范，自食其力的守法公民。

（2）一般标准。即各类罪犯在服刑期满后都必须达到的各种心理要素的共同标准。具体是：①社会认知标准，即能够按照社会的价值标准和道德、法律规范要求，正确认识社会、自我以及自我与社会、集体与他人的关系；②社会情感标准，即具有积极的利他的社会情感，如爱国主义情感、责任感、羞耻感、罪责感等；③自我调控标准，即能够以意志控制、调节自己违反道德和法律规范的需要、动机和行为；④个性倾向标准，即能够对原有错误的价值观、人生观和世界观持批评态度，树立正确的个性倾向；⑤道德法制标准，即能对原有错误的道德观和违法犯罪心理与行为持批评态度，树立正确的道德观，具备基本的法律知识，形成守法意识。

（3）分类标准。由于不同类型罪犯的犯罪心理的内容和重点有所不同，因而改造质量的具体标准亦应有所差异。具体可以根据物欲型、暴力型、性罪错型、信仰型等类型罪犯的犯罪心理特征制定相应的改造标准。

2. 罪犯改造质量评估方法。对罪犯改造质量的评估，可以采用定性与定量评估相结合的方法。

（1）定性评定方法。主要有：①谈话法，通过监狱警察与罪犯面对面的交谈了解罪犯思想现状与心理活动状况的方法；②活动产品分析法，通过对罪犯的日记、文章、书信、劳动产品等物的分析，了解罪犯心理活动部分真实信息的方法；③模拟实验法，通过设置一定程度的诱发情境，以考查罪犯的不良心理矫正程度和良好品质形成情况的方法，如设置人际冲突情境，以考查暴力型罪犯的自我调控能力的矫正状况。

（2）定量评定方法。主要有：①心理测验法，运用标准化的心理测验量表，通过前后施测比较对照，或自编问卷的测量来获得改造质量信息的方法。②考核记录分析法，汇总罪犯改造行为百分考核记录，以服刑时间（月或季度）为横轴，考核分为纵轴，构筑考核分发展曲线，通过数学分析方法，获得罪犯改造行为发展趋势及改造质量方面的信息。③观察法，通过对罪犯学习、劳动、生活及交往等方面的表现进行有目的的观察，掌握罪犯思想、心理状况的方法。观察法既可为定性评估方法，也可以是定量评定方法；设置观察问题，并划定评定等级，可获得观察对象的定量评估结果。

3. 评估操作程序。对罪犯改造质量作评估，应当从罪犯入监时就进行设计。特别是开展罪犯改造质量的定量评估，需要有"前测"结果，明确罪犯矫正的"标的"，这是第一步。然后，在罪犯改造过程中可以开展中期"测量"评估，或在罪犯改造后期进行"后测"，获得出监前的改造效果信息。并通过前后测结果的对比，得到改造质量评估定量结论。同时，结合定性评定结果，作出罪犯改造质量的全面评估。

五、能力实训

（一）自我认知训练：自画像

1. 活动目的：通过自画像，展示一个"内心的自我"，促进罪犯自我探索、自我认知，建立正确的自我意识和健康的回归心理。

2. 活动时间：约 60 分钟。

3. 活动方式：个别辅导或团体辅导。

4. 活动场地：以室内为宜。

5. 活动材料：A4 纸（图画纸也可）、铅笔、蜡笔或油画棒、水彩笔，橡皮可自由择取。

6. 操作程序：

（1）辅导者给每人发纸笔。

（2）指导语：你给自己画过像吗？多数人会说从来没有受过绘画的训练，不会画画。自画像，不是绘画技能比赛，而是用图形表现你对自我的认识。现在，你轻轻地闭上眼睛，先想一想自己是怎样一个人，然后画回归社会后的你自己，可以用任何形式来画自己，形象的、抽象的、动物的、植物的什么都可以，可以有标题，也可以无标题。如果要修改，可用橡皮擦掉。总之，要把自己的形象和真实的想法画出来。

（3）在 5~10 分钟内，每人画画，辅导者观察绘画的过程。

（4）公开"画展"。团体辅导中，让罪犯自由观看他人的画作，互相交流"自画像"的含义，辅导者发现典型的案例作为共同分享或择机进行个别辅导。

（5）个别辅导。首先，由罪犯本人对"自画像"进行描述性介绍，辅导者对其自画像进行探索性的询问。比如，你是否对自我感到模糊和不确定？你是按心目中的自我意象来描绘自己的吗？你对自己的画作满意吗？哪些是你满意的？哪些是你不满意的？这个人在干什么？有何特点？画的时候你想到了什么？以他的作品配合自由联想与解释，帮助他发现自己的内在世界与外在世界的关系。其次，辅导者介绍自画像原理，自画像用非语言的形式将画者的内心投射出来，这种方法可以使罪犯发现隐藏在潜意识方面的自我，不知不觉地对自己作出评估和内省，进一步分析为什么会这样描绘自己的形象或回归社会后的情景，可以帮助罪犯揭示一些更深层次的自我，从而有利于罪犯的自我完善和自我探索。人生如画，人就如在描绘自己的生活肖像，每天使用什么颜料，怎样落下每一笔，都是你自己的选择。自画像也是如此，画的结构、比例、局部与整体关系都带有自我发展的特点。自画像的大小、位置、线条、色彩、神态和情景等内容的表达，都投射出罪犯深层次的动机、情绪、冲突、价值观和愿望等，如自画像笔触拖沓、犹豫的人，线条僵硬、杂乱，显得毫无信心，这不是对自己的形象难以确定、便是对某些细节该如何表达心存顾虑。有的罪犯对自我形象的感知比较准确、真实，有的罪犯自觉或不自觉地将自己的缺点加以美化，或将优点加以贬低、忽略，甚至有的罪犯将缺点夸大，有的罪犯将优点过分突出，不同的表现，不同的心理活动，折射出罪犯复杂的自我意识。最后，以罪犯本人的自画像为切入口，进行分析、解释、引导和正性鼓励，帮助罪犯自我调整，建立正确的自我意识和健康的回归社会心理。

（二）个案矫正训练：释前焦虑心理问题的矫正

◎ 案例：蔡某，男，45 岁，小学文化，农民，因抢劫罪、故意伤害罪，被判处死缓，已服刑 17 年，3 个月前减刑 1 年 8 个月，余刑 8 个月，父母均已去世，有一姐一弟，各自成家，家庭经济状况较差。怕回到社会无法生存，重新犯罪，对未来的前途感到迷茫，感到很焦虑，曾自我安慰，说车到山前必有路，现在安心改造不要想太多，但作用不大，请求得到帮助。

监狱对蔡某实施个案矫正的基本步骤是：

1. 收集资料。通过本人陈述、他人反映和心理测量，比较全面地收集到该犯的成长史、家庭史、犯罪史和改造表现，了解到该犯性格内向、自卑，平时改造表现较好，近一个月来，蔡某精神状态较差，显得烦恼焦躁，心神不定，生产不安，情绪低落，晚上失眠，常吃不下饭，不与人交流，常为小事和他犯发生口角，改造表现明显下降。蔡某自述常胡思乱想，父母已过世，姐弟已成家，各自家境又不是很好，没有接济他的能力，自己又没有一技之长的谋生手段，今后的生活没有着落，且入狱 17 年，满刑时已 45 岁了，对外界的变化不知能否适应，感到很焦虑。

2. 心理测试。心理测试显示：情绪稳定性（63 分）分数高，表示情绪易变，起伏不定，不易恢复平静；自信心（61 分）分数高，表示有较强的自卑感，缺少自信心；焦虑感（64 分）分数高，表示焦虑不安，对前途悲观，缺少安全感，伴有失眠、噩梦。

SAS 测试显示：标准分 63 分，属于中度焦虑。

SDS 测试显示：标准分 61 分，抑郁情绪明显。

SCL-90 测试显示：焦虑 2.4 分，抑郁 2.1 分。

3. 评估分析。根据对蔡某已收集的资料分析，结合对症状的持续时间、反应的强度和是否泛化，以及三个心理测量结果的评估，判断蔡某的核心问题是释前焦虑情绪反应，因有求助愿望和自知力，通过与精神病、神经症和严重心理问题相鉴别，属于一般心理问题，建议通过心理疏导稳定情绪，恢复平衡。

4. 原因与理由分析。

（1）生理方面：睡眠差，食欲下降。

（2）社会原因：文化低，没有谋生技能，渴望回归社会却害怕不适应。

（3）家庭环境：父母双亡，姐弟各自成家，缺乏社会支持系统。

（4）现实环境：服刑时间长，与外部社会严重脱节，担心无法适应新生活。

（5）心理原因：存在认知错误，认为自己脱离社会生活时间长，无谋生技能，到社会上无法生存。被焦虑、抑郁情绪所困扰，不能自行摆脱；在人际关系上与他人缺乏沟通和交流；个性较为内向、敏感、自卑。

这些问题是可以用心理学的方法予以调整的。

5. 矫正过程。

（1）制定矫正目标。根据以上收集资料并依据初步评估，依照具体、可行、积极和双方接受的原则，共同商定近期目标和远期目标。①近期目标：着眼解决焦虑、烦躁、入睡困难的不良情绪反应，纠正认知偏差，降低焦虑抑郁程度，改善人际关系，增强改造信心和生活的勇气。②远期目标：增强对可能出现问题和挫折的认识及应对能力，培养自信、健全人格，增强适应能力，树立积极的改造和生活态度。

（2）制定矫正方案。与蔡某共同商定具体方案，采用认知行为疗法，调整其对回归社会和对自我的认知，具体运用倾听、共情、解释、指导、积极关注、合情情绪疗法等咨询技术，布置心理作业，每周面谈 1 次，共分三个阶段进行。

第一阶段：建立信任关系，宣泄情绪。鼓励他把回归社会后可能遇到的问题和自己的个性情绪表达出来，使他感到接纳、理解和信任。

第二阶段：运用解释技术，分析问题，探寻根源，使他明白刑释前产生的情绪问题，属于服刑人员走向社会公民的角色转换不适问题。因家境不佳和文化程度较低，形成了其内向、敏感、自卑心理，而即将回归社会可能遇上的各种挫折及生存危机激发了他内心的自卑感，增加了他对适应社会的不自信，造成内心的冲突与痛苦。咨询师又向他说明社会的就业形势，同时让他回忆服刑期间所掌的各种劳动技能，使其明白自己具有的能力和自信心也是走向社会的资源。最后向他解释合理情绪 ABC 理论，给他布置作业，使其意识到对回归社会的不合理认知。

第三阶段：运用认知行为技术，调整认知，减轻压力，缓解症状。针对他把回归社会可能遇到的问题归结于家庭条件不好，认为只有"有关系"的人才能在社会上立足，并就此推断自己将找不到工作、无法生存等不合理认知，让其用合理的思维与不合理的信念进行自我辩论，帮助他建立正确的回归心理和良好的择业就业观。同时还指导他学习自我放松技巧，鼓励他多与家人亲友保持联系，以获取更多的社会支持，使得蔡某豁然开朗，心情轻松了许多。

（3）矫正效果评估。

第一，自我与他人评估：蔡某在最后一次面谈时说："这段时间自己的精神状态好了很多，也乐于与警官和其他罪犯交流，劳动积极性也高了，警官和其他服刑人员也说我表现不错，我自己也感觉不错，对即将到来的新生活信心很大，焦虑情绪有了明显缓解，心情也平静不少，睡眠改善了许多。"

第二，咨询师的评估：矫正的近期目标基本实现，蔡某基本消除焦虑抑郁情绪，自信心增强，并积极主动学习掌握新的劳动技能，为即将到来的新生做好准备。

第三，心理测验结果：SAS 标准分 45 分，SDS 标准分 44 分，显示正常，焦虑、抑郁情绪明显改善。SCL-90 测验结果：抑郁 1.5 分，焦虑 1.6 分，各项因子分都在正常值范围。

第四，跟踪回访表明：蔡某的焦虑、抑郁状况消除，乐观积极，刻苦学习劳动技能，在劳动中还获得表扬。

（三）能力实训

出狱前团体辅导方案：

1. 团体名称：放飞心情，释然回归。

2. 团体形式：体验式团体心理辅导。

3. 团体目标：通过观察、学习、体验活动，消除即将假释或刑满释放人员回归社会的自卑、焦虑、迷茫心理，鼓励、支持其勇于探索自我，尝试新的行为方式，建立积极的心理机制，提升自我接纳能力和自信、自尊，增强责任感，尽快适应社会生活。

4. 活动理念：针对服刑人员在回归社会前，面临再社会化的困扰，运用团体动力学理论，社会学习理论，人际沟通理论，积极心理学等理论，通过做游戏、讲故事、看短片、绘画等团体辅导形式，提供安全的支持性的环境，在愉快、轻松的氛围中，激发希望，强化正性能量，处理心理冲突与不适应，提供矫正的影响力。让即将出狱的罪犯在体验、分享、讲解中进行观察和思考，重新认识自己，调整心态，探索人生价值，得到启迪，增强自信，学会如何更好地应对挫折，消除其回归社会的焦虑、迷茫心理，构建新的认知与行为，提升他们顺利融入社会的信心与能力，从而为重返社会，接轨社区矫正打下基础。

5. 团体操作：

（1）活动导入（10分钟）。

第一，活动目的：辅导者简要介绍，澄清目标，建立团体契约。首先，辅导者自我介绍，介绍助教和观察员，欢迎大家。其次，辅导者澄清本次团体心理辅导的目标、内容，对活动的安排做简单介绍。最后，宣布团辅应遵循的活动规范：发团体契约，读契约内容，成员签上各自的姓名，作为承诺。

第二，签约内容：

我愿意真诚的遵守下列团体契约，若有违背愿接受自我检讨。

我绝不：无故退出活动，打断他人的发言。

我可以：在活动中开放自己，尊重他人。

我能够：真诚互动、积极投入，遵守保密规则。

我期待：建立互助友爱的团队 。

我相信：我们一定会共同完成团辅目标。

（2）开始阶段（热身游戏）。

游戏一：巨龙阵（20分钟）

活动目的：

第一，通过身体接触，活跃气氛，舒缓压力，使成员对活动充满期待。

第二，短时间内提升辅导者的亲和力。

操作流程：

第一，辅导者说：为了让活动充满乐趣，而又能始终精神饱满，下面请所有人一起来玩一个集体按摩的游戏。

第二，成员排成一列，后面的成员将手搭在前一名成员的肩上，首尾相连组成一个圆圈。伴随舒缓的音乐，后面的成员为前面的成员轻轻地揉肩、捶背。让其放松和舒服；约一分钟后，辅导者说，"付出终会有回报"，然后让所有人向后转，重复进行上述环节。

第三，活动结束后，相邻的成员间要打招呼、问好，相互表示感谢。

第四，引导成员分享体验，使成员懂得在交往中要关注和尊重他人。

讨论分享：该游戏你有何感觉，你有没有问对方是否感到舒适。

启示引导：人际互动的过程是有趣的，即使是无声的互动，也可以给人们带来美好的感受，比如这个简单的活动，就可以让所有成员在肢体接触中感受亲密和温暖，在放松的状态下开始团体活动。希望别人真诚地对你，希望别人爱你，希望别人理解你的心情，可用人际关系"黄金法则"：像你希望别人如何对待你那样去对待别人；亦可用人际关系"白金法则"：别人希望你怎样对待他们，你就怎样对待他们。从研究别人的需要出发，然后调整自己行为，用对方期待、喜欢、想要并能接受的方式去与对方交往，建立积极主动的人际交往态度。

游戏二：有家可归（20分钟）

活动目的：将成员分组，检视团体的凝聚力，以及成员在团体中的参与程度。

操作流程：

第一，成员手拉手围圈，体会大家在一起的感觉。当辅导者报出一个数的时候，成员以最快的速度抱成一个团。

第二，辅导者说"变，3个人一组"，成员必须按照口令，重新组成3人组，形成新的"家"，然后再说别的数字，成员按规定数字再组成新的"家"……

第三，落单的人要表演节目（可以唱歌，讲笑话，实在不行就要做鬼脸拍照），然后，其他小组可以邀请落单者加入该团体。

分享体验：

第一，请没有找到家的人谈谈游离在团体之外的感受。

第二，为什么我们需要一个"家"？怎样才能尽快找到"家"？有经验可与大家分享吗？

启示引导：经过了这个热身小游戏，相信大家也有所收获。在游戏中，我们有没有体会到各种压力呢？有的会谈到"孤独、孤单、被抛弃、没依靠、失落"等，也有的表达"温暖、有力量、安全、踏实"等，活动让每人有机会去改变自己的行为，积极融入团体，体验有家的感觉，体验团体的支持，从而更加愿意与团体在一起。

游戏三：滚雪球（30分钟）

活动目的：快速地相互认识对方，增进了解和好感，拉近彼此的心灵距离。

操作流程：以有家可归若干人为小组，围成一个圈，由任意一名学员开始，按顺时针方向用一句话介绍自己，如"我是来自××、喜欢电脑游戏的李××"。第二个成员自我介绍："我是坐在来自××、喜欢电脑游戏的李××旁边的张××，我来自××，喜欢打球。"后面成员要把前面几个人的来自哪里、姓名、喜好重复一遍，再介绍自己，到最后一个人时必须从第一个人开始讲起。

分享体验：现在你能叫出每个人的名字吗，能叫出几个？除了名字，你还记住了什么？

总结引导：与他人交流、沟通，关注他人，体验被人关注的感觉，准确快速地叫出对方的名字，是人际沟通的最简捷有效的方法。要认识和了解他人，学会关注他人，倾听他人，尊重他人是增进人际关系的艺术。

（3）工作阶段。

游戏四：积极赋义（30分钟）

活动目的：化消极为积极，开阔思路，强化正念，激励进取。

操作流程：

第一，在轻音乐的衬托下让成员想象自己出狱后的境况和目前的心情，想一想如何将消极思维转改写为积极的陈述句。

第二，辅导员示范。比如，"马上要回归社会了，我感到压力很大，我要把压力变动力""一想到就要假释了，我感到很迷茫，我要把这过程视为寻找新的希望""我常感自卑，但是有自卑才知要自强，这正好给了我强大的动力往前走，并实现自己""坐过牢会被他人看不起，但是我首先自己要看得起自己"等。

第三，让所有成员敞开心扉，进行表达与互相交流。

第四，当有的成员表达有困难时，其他成员可以提供帮助，如有的成员说"我出狱后是无希望的，"后面正性的肯定句不能完成时，其他成员可帮助其完成回答，比如，"我出狱后是无希望的。但是，出去后只要吃苦耐劳肯定是有希望的"。

体验分享：

第一，对比这种不同表达与思维方法，你感觉有何变化？

第二，刚才有多少人获得了至少一个有用的新启示？

总结引导：这个活动在友好接纳的环境里，使大家与内心的困惑辩论，明白误与悟的认知，学会积极的思维与表达方式。通过相互学习和鼓励，协助成员改变消极情绪和思维，以积极稳妥的态度认识环境对待生活。看问题不要只看不利的一面，也要看到光明的一面。认识到改变自己的心情就是帮助自己，心境的改善和提升才是最重要的。当你在事物中，看到其正面积极的含义时，你就促成了事物往好的方面发展。

积极的思维方式，可形成积极人生态度。挖掘有助于自身立足社会的优点与有利条件，这是无形的宝贵资源。它并不是与生俱来的，而是你主观赋予的。正性的积极观念改变人的一生，但需要你坚定自我，持续地保持积极的心态。一句话，改变你内部的世界，你也就改变了外部的一切！

游戏五：伤痕实验（20分钟）

活动目的：帮助成员做好重返社会的心理准备，消除自卑感和标签心理，缩小社会距离，增强重返社会的信心。

操作流程：辅导者讲述故事。

故事梗概：实验是由好莱坞的专业化妆师在每位志愿者左脸做出一道血肉模糊、触目惊心的伤痕，志愿者被允许用一面小镜子照照化妆的效果后，镜子就被拿走了。关键的是最后一步，化妆师表示需要在伤痕表面再涂一层粉末，以防止它被不小心擦掉。实际上，化妆师用纸巾偷偷抹掉了化妆的痕迹。对此毫不知情的志愿者，被派往各医院的候诊室，他们的任务就是观察人们对其面部伤痕的反应。规定的时间到了，返回的志愿者竟无一例外地叙述了相同的感受：人们对他们比以往粗鲁无理、不友好，而且总是盯着他们的脸看！可实际上，他们的脸上与往常并无二致。

　　该实验旨在观察人们对身体有缺陷的陌生人作何反应，尤其是面部有伤痕的人。

　　这真是一个发人深省的实验。原来，一个人内心怎样看待自己，在外界就能感受到怎样的眼光。同时，这个实验也从一个侧面验证了一句西方格言："别人是以你看待自己的方式看待你的。"一个从容的人，感受到的多是平和的眼光；一个自卑的人，感受到的多是歧视的眼光；一个和善的人，感受到的多是友好的眼光；一个叛逆的人，感受到的多是挑剔的眼光……可以说，有什么样的内心世界，就有什么样的外界眼光。

　　分享体验：听了伤痕实验故事你有何感想和启迪？

　　总结引导：在现实生活中，有些人常抱怨社会，认为自己受到不公正的待遇。其实，真正出问题的正是他的内心世界，是他对自我的认知出了偏差。这个时候，需要改变的，正是自己的内心；而内心世界一旦改善，身外的处境必然随之好转。毕竟，在这个世界上，只有你自己，才能决定别人看你的眼光。不要把以往的阴影带到新的生活中去。

游戏六：解心结（25分钟）

　　活动目的：学会克服自卑，积极应对，增强自信心和战胜困难的勇气。

　　操作流程：

　　第一，成员手拉手，看清楚自己的左手和右手是谁。

　　第二，确认后松手，在圈内自由走动。

　　第三，辅导者叫停，成员定格，位置不动，伸出右手拉刚刚右边人的左手，左手拉刚刚左边人右手，从而形成很多结或扣的一个错综复杂的"手链圈"。

　　第四，成员不能松手，但可以钻、跨、绕，设法把这张乱网解开。

　　分享体验：当排除困难、解决问题时，请成员分享活动的感受。比如，一开始面对这个复杂的"结"的时候，感觉是怎样的？当努力了很久"结"都没有被解开时，你的感觉是怎样的？想放弃吗？再如，在现实生活中，如碰到困难和挫折，容易产生什么念头？在解开了一点以后，你的想法是否发生了变化？

总结引导：人生总会碰到坎坷，碰到坎坷不可怕，可怕的是自己被吓倒，逃避困难、挑战和责任，要比面对容易得多。出狱后，可能会碰到困难和挫折，会遇到看似复杂，但只要采取积极的应对措施，就可以顺利解决的问题。希望游戏能对你们有所启迪，提升在困境面前冷静判断、解决问题的能力，学会积极的应对方式。任何困难都是可以克服的。通过分享与交流，相互学习，群策群力，获得解决问题办法。

游戏七：《鹰之重生》（25分钟）

活动目的：清晰目标、激发希望，增强信心与力量。

操作流程：观看《鹰之重生》视频。

体验分享：讨论观看《鹰之重生》感受与启示，谈鹰之重生在于蜕变和更新的意义。

总结引导：鹰的寿命长达70年，但是不拔羽毛、指甲和喙，只能活40年，为了再活30年，它必须完成蜕变和更新。大家从鹰的蜕变中感到震撼，反思人生历程，学习鹰为获得重生而坚忍不拔的意志和不畏艰难的精神。鹰之重生犹如凤凰涅槃，经历艰难困苦，脱胎换骨之后达到更高境界。人生亦如此，回归社会要获得社会认可与成功，先要有鹰之重生般的勇气，放下包袱，百折不挠，自省自励，创造新的未来！

活动准备：《鹰之重生》视频，音响等器材。

游戏八：我心中的家（35分钟）

活动目的：强化责任，规划未来，促进适应。

操作流程：

第一，将事先准备好的彩笔和纸分别发给每个小组。

第二，每组成员集思广益，共同构思，对家的设想和未来的蓝图达成共识。

第三，建立新家园（定家名，选家长，立家规，画家园，唱家歌）。

体验分享：

第一，回归社会后，你最想为家里（父母、妻子或丈夫、孩子）做些什么？

第二，你会找一份什么样的工作，怎么规划接下来的人生？

第三，各组成果展示并进行分享与评比。

总结引导：在我们每个人心中都有个家，因为有了家，生活才变得丰富多彩，因为有了家，才懂得什么叫爱和珍惜，"家"让我们多了份情感，多了份思念，多了份牵挂。《我心中的家》活动，使大家再次感受到家庭对自己的重要意义。能够激发爱心，使其能够最大可能地承担起家庭和社会的责任。

活动准备：彩笔、白纸、奖品。

（4）结束阶段。

游戏九：出监宣誓（5分钟）

活动目的：坚定信念，正性强化。

操作流程：

第一，全体成员面对五星红旗，共同诵读"出监誓词"。

第二，出监誓词内容："走过了人生的沼泽，沐浴了法治的阳光，今天，在即将回归社会的时刻，我面对国旗，郑重宣誓：吸取犯罪教训，珍惜美好人生，坚定生活信念。假释回归社会后，我一定热爱祖国，严守法律法规，遵守社会公德，承担社会责任，参加社区矫正，履行公民义务。做到自尊自爱，自强自立，永不危害社会，永不违法犯罪！承诺人×××。"

启示引导：宣誓是郑重的形式，宣誓的过程既是一种教育，又是一种警戒，还是一种自我约束，增强成员的正向行为，希望忠实履行自己的承诺，成为永不食言的承诺者。

游戏十：结束寄语（25分钟）

活动目的：回顾团辅历程，强化团辅效果。

操作流程：成员围成一个圈，轮流谈团辅活动的收获与感受：

第一，今天的活动你有什么收获？让你感触最深的是什么？

第二，辅导者总结团体活动：活动就要结束了，大家收获了很多，有助于化解迷茫、学会应对，增强信心，释然回归，迎接未来。鼓励成员把收获迁移到生活中去，对成员表达积极肯定的祝愿。

第三，合唱歌曲《明天会更好》。所有成员站成一个大圈，面朝圆心，将两手分别搭在左右成员的肩膀上，然后随着《明天会更好》的背景音乐有节奏地左右摇摆，并一起哼唱，使全体成员在温馨甜蜜的气氛中告别团体。

第四，道别。

活动准备：歌曲《明天会更好》，音响等器材。

复习与思考

1. 什么是罪犯回归社会心理？

2. 罪犯回归社会心理的特征与表现有哪些？

3. 罪犯的不良回归社会心理有哪几种类型？

4. 罪犯不良回归社会心理的矫正模式有哪些？

5. 请根据下面案例，结合本章内容，设计一个合适的矫正方案。

案例1：某罪犯随着刑期越来越短，考虑的问题越来越多，如何去争取最后一次减刑？回归后怎样适应飞速发展的社会？怎样融入社会群体？怎样面对受害者……这一系列问题常使他精神恍惚、夜难安眠，改造也因此分了心，自我难以摆脱现状，请你帮助他进行调整。

案例 2：某罪犯是最后一次减刑了，按理说他应该高兴，但近段时间心情越来越压抑，脾气也没以前好了，经常想发火，也不知什么原因，更不知怎么办，你如何帮助他解决？

工作任务八　罪犯异常心理

一、学习目标

知识目标：重点掌握罪犯异常心理的概念、判定标准、形成原因以及罪犯异常心理的几种常见类型。

能力目标：识别罪犯常见的异常心理，了解基本心理和行为特点，并能够运用几种常用心理矫正方法（有关罪犯心理矫正技术的详细内容，详见本书工作任务十三）对罪犯异常心理予以矫正。

二、工作项目

罪犯经历了犯罪、逮捕、审判和监禁，遭受了常人难以想象的挫折，因此，几乎所有的罪犯都有这样或那样的心理问题，只不过在不同的服刑阶段和不同的罪犯身上会有不同的表现。

恐惧、自卑、焦虑等轻微的心理失调，几乎人人都遇到过，通常情况下它虽不会引起人们严重的心理疾病，但却会在一定程度上影响人们的行为。罪犯处于监禁和改造的特定环境中，这种轻微的心理失调不仅较自由公民更为频繁，而且往往会导致心理恶性变化和行为失控。因此，研究罪犯心理，特别是罪犯异常心理，对罪犯心理矫正具有特别重要的意义。

本部分专就常见的罪犯异常心理进行介绍。内容涉及罪犯异常心理的概念、成因、表现以及异常心理的主要类型（包括罪犯神经症、罪犯性心理障碍、罪犯人格障碍和罪犯拘禁性精神障碍）。

（一）罪犯异常心理

异常心理，又称心理异常，是指偏离常态的心理。罪犯异常心理，主要指罪犯的知、情、意活动和个性心理特征，以及行为表现超出了正常范围，甚至表现为某种程度地丧失了辨认能力或控制能力。罪犯常见的异常心理主要有神经症、人格障碍、性心理障碍、拘禁性精神障碍等。

◎ **案例**：罪犯卢某，男，1975年8月9日出生，初中文化，汉族，因犯抢劫罪，被判有期徒刑4年6个月，第三次改造。入监后，情绪低落，心情烦躁。分到中队2个月后，情绪极不稳定，内向、抑郁、不与人交流，自杀观念强烈。分监区民警反映该犯有暴力、自杀倾向，情绪波动大，难以控制，由分监区提出对其进行心理咨询与矫正。

（二）罪犯神经症及矫正

罪犯常见的异常心理主要为神经症，又称神经官能症或精神神经症，是一组精神障碍的总称，包括神经衰弱、强迫症、焦虑症、恐怖症、躯体形式障碍等。《中国精神障碍分类与诊断标准（第3版）》（CCMD-Ⅲ）中有关神经症的描述性定义是："神经症是一组主要表现为焦虑、抑郁、恐惧、强迫、疑病症状，或神经衰弱症状的精神障碍。本障碍有一定人格基础，起病常受心理社会（环境）因素影响。症状没有可证实的器质性病变作基础，与罪犯的现实处境不相称，但罪犯对存在的症状感到痛苦和无能为力，自知力完整或基本完整，病程多迁延。"

1. 抑郁症。抑郁症是一种以心境低落为主要特征的情感性障碍，它既可表现为轻度的情绪不佳，也可表现为严重的抑郁。作为一种负性情绪，其基本症状是丧失信心，表现为对改造生活失去兴趣，对前途悲观失望，内心郁闷、孤独，外表闷闷不乐，精神萎靡不振。一方面，病犯由于情绪低沉而思维迟钝、行动迟缓，并常导致紧张、焦虑和不安的情绪体验；另一方面，不良的情绪体验又进一步加剧其抑郁程度。经过如此恶性循环，使其产生严重的自我贬低、自我蔑视情绪，并由此出现自杀意向，而且，这种自杀意向往往难以预防。

在上面的案例中，通过观察与谈话发现该犯卢某目前的主要症状为：

（1）精神状态：情绪低落，苦恼，抑郁，哭泣，强烈的自责自杀观念及行为。胡思乱想，思维不够清晰，自控力差，行为意志薄弱。

（2）身体状态：睡眠差，头痛，疲倦感重，体重减轻，自述"跑步也跑不动了"。

（3）社会功能：言语行为与所处环境极不协调，难以在原分监区正常服刑，被送特管队特管。

（4）社会关系、个人成长经历及社会支持体系：卢某家庭责任感较重，夫妻关系和睦，有一男一女两个小孩，妻子刚生产，家庭无正常经济来源，生活窘迫。母亲在其8岁时因肺结核去世，父亲在其12岁时因高血压发作猝死，有3个哥哥，但得不到哥哥的照顾，自幼流浪。自述在社会上挨打时有兴奋、放松的感觉，有过剁手指的行为。性格内向，缺乏一定的社会支持系统。成家后，把家庭看得较重。后因参与赌博把积攒的1万元钱输光，继而犯抢夺罪被收监，其妻不知情。到分监区常想不开，自述"常有想拿个东西把动脉划破的念头，每天中午都想把自己结束掉"。睡眠差，情绪很不稳定，常为了小事而发怒。

（5）既往病史、家族病史：无遗传的精神、神经系统的病史。

（6）心理测验结果：①COPA-PI：PD2（67），PD4（65），PD5（63），PD6（68），PD7（63）。②EPQ：P（60），N（60），L（50），E（50）。

（7）SCL-90 测验结果是：强迫状态（重）；抑郁（极重）；敌对（重）；偏执（重）；人际关系敏感（中）；精神病性（中）；其他项目（中）。

（8）个性特征、自我认识评价及常用的应对方式：通过摄入性会谈、监区民警及同组犯人的反映，结合心理测试结果等资料进行综合分析，得知该罪犯多愁善感，情绪不稳定，控制力差，心理承受力低，敏感，自我评价低，对于挫折，缺乏基本的应对处置能力。

按判断正常与异常心理活动的三原则来分析，卢某的问题不属于精神病。理由是，求助者主客观世界统一。求助者担心自己精神方面有病，自责自杀观念强烈，控制与反控制的矛盾心理冲突，由此产生苦恼，能寻求咨询帮其解决问题，说明卢某对自己的症状有良好的自知力，无精神分裂。

结合 CCMD-Ⅲ抑郁发作的诊断标准，卢某兴趣丧失，无愉快感，自评过低，有自责、内疚感，反复出现想死的念头，有自杀、自伤行为，睡眠障碍给本人造成痛苦。排除器质性精神障碍所致的抑郁，属精神病性症状的抑郁症。

对于罪犯抑郁症的心理矫正，可选用不同的治疗方法。有时需要将几种方法综合起来运用，才能收到较好的效果。常用的矫正方法有以下几种：

（1）支持疗法：此疗法的要点在于：①建立良好的医患关系；②医生耐心倾听；③鼓励与支持；④解释指导；⑤合理安排生活。

（2）人际心理疗法：常见病因是病犯存在人际交往的困扰或丧失。打断患者症状与人际关系的恶性循环来减轻或消除抑郁症状，是人际心理治疗的基本出发点。

（3）合理情绪疗法（ABC 疗法）：在 ABC 理论中，A 代表诱发事件；B 代表个体对这一事件的看法；C 代表继这一事件后，个体的情绪反应和行为结果。合理情绪疗法矫正实践的核心是人们通过改变自己的想法和观念（B）来改变、调控其情绪反应和行为结果（C）。其重要的方法是对不合理的信念加以驳斥和辩论，使之转变为合理的观念，最终达到新的情绪及行为的矫正效果。

在此，我们对罪犯卢某的抑郁症，以合理情绪疗法（ABC 疗法）为例予以演示。

第一阶段：初期阶段。运用尊重、热情、真诚、共情等关系技能建立良好的咨询关系，从了解卢某一般生活状况入手，进行会谈，结合心理测试，收集相关资料，诊断其为抑郁症。与卢某共同制定矫正目标，即找出自杀原因，修正或放弃不合理信念，减低各种不良情绪体验。

第二阶段：接受、领悟阶段。在卢某稍有领悟后，再结合他的具体情况进行分析，指出他的问题别人也会碰到，但别人不会像他那样生活。引导卢某运用ABC 理论来思考自己的问题。

附：咨询片段：

  咨：你觉得是什么原因让你一直处于这样的情绪中？

  卢：我太对不起家人，拖累他们。自己赌钱输了一万多，又去犯罪，我恨自己，想死了算了。

  咨：这些是你生活中发生的一些事，我们称之为诱发事件，但这些并不是真正的原因。

  卢：(疑惑地) 不是真正原因？那真正原因是什么？

  咨：是你对这些事的看法。人们对一些事情的看法有些是合理的，有些是不合理的，不同的看法会导致不同的情绪体验。如果你能意识到或许就能控制住自己的不良情绪。

  卢：真的吗？

  咨：举个例子，如果你新到一个分监区，陌生的环境，陌生的人，你对靠你最近的同犯友好地打招呼，结果他就当没有听到一样，你会感觉怎样？

  卢：我会很难过，甚至会责怪他为什么不理我。

  咨：现在我告诉你，他是个聋子，听不到你的话，你会怎么想？

  卢：我不会怪他，甚至有些同情他了。

  咨：你看，两种不同的情绪体验是因为你对事情的前后看法不一致所导致的。

  卢：看来是的，我的情绪是不是跟我对事情的看法有关……

  第三阶段：修通阶段。可通过各种质疑式的提问，也可通过列举假想的情境使卢某认识到其观念的不合理性，引导卢某对自己的问题进行主动思考。同时启发卢某如何用新的、合理的观念来代替旧想法。

  附：咨询片段：

  咨：我们谈一谈你的经历和感受。

  卢：我把家给毁了，我恨自己，想把自己结束掉。

  咨：你是说恨自己，就要把自己的生命结束掉吗？

  卢：是的，我该死。

  咨：你有什么理由应该去死？

  卢：是我拖累了家人，把他们害苦了。

  咨：为什么因拖累了家人，就要选择自杀呢？

卢：……（沉默）

咨：对家庭难以承担责任，反而成了家人的拖累，很多犯人都有这样的处境，但是他们的想法并没有你这样的糟糕。其实，每个人的境遇都不是顺利的，在劣境中，你不能说把自己结束掉就保证问题解决了。

卢：是的，的确无法解决问题。

咨：我们再假设一种情境，如果换作是你深爱着的妻子因赌博而涉案，她非常爱你，爱孩子们，在狱中因照顾不到孩子而非常自责，恨自己。她怎么做？也像你这样自杀自残来解决问题？

卢：不要。不能像我这样。

咨：为什么呢？

卢：我觉得家里需要她，没有什么理由就这样轻易地结束生命。

咨：你看，同样的一件事情，你要求别人不要轻易地结束生命，那么你也没有必要要求自己应该结束生命。这是你自己的一种不合理的信念，对自己的绝对化的要求，如果你总是这样想，你会越想越难以自拔。

卢：看样子，我确实不该有这样的想法，为了家人和自己，我要好好活下去……

2. 焦虑症。焦虑症是一种以焦虑情绪为主的神经症。焦虑症患者的焦虑与恐惧，往往是在没有明显诱因或无相关的特定情境的情况下突然发作，时间长短不一，有的达数小时之久，然后，又突然或逐渐消失并恢复常态，但经过一段时间又会复发，如此周而复始。

焦虑症病犯的症状，主要表现为心理和躯体两个方面：

（1）心理症状突出表现为内心恐惧，对罪犯来讲，主要表现为害怕余罪被揭发、身体有毛病、精神要崩溃、担心家庭破裂、妻离子散、刑期漫长难以出狱等。由于心理上的恐惧不安，情绪大起大落，记忆力减退、注意力不集中，劳动、学习效率下降，对生活失去信心，并可能导致自杀行为。

（2）身体症状主要表现为阵发性的心脏剧烈跳动，呼吸窒息，感到胸闷、头晕、手足发抖、脸色发白、全身微汗，严重的还会在躯体的某一部位出现病理性体验，如消化不良、失眠、尿频，等等。值得注意的是，躯体的症状都是由心理上的焦虑所引起的，而心理上的焦虑又主要根源于患者低劣的心理素质和缺乏基本的适应能力和应变能力。

◎ 案例：罪犯王某，男，21岁，初中文化，2003年7月因盗窃、抢劫罪被判处有期徒刑 16 年，2004 年 2 月入监，入监集训后被分至服装厂从事缝纫机工改造。该犯于 2004 年 11 月 1 日因胸痛、面色发黄、发烧等症状送医院就诊，经住院治疗，上呼吸道感染治愈，但贫血症状无明显好转，经多次检查未发现结核病状，无法确定致病原因。后期又发现其身上有褐黑色色素沉着，范围较大，不时发痒。监区民警通过观察和向其他同犯的了解发现王某近来情绪不稳定，对前途悲观失望，有明显的心理变态倾向。于是，决定对其异常心理进行诊断与评估。

（1）通过调查的方法获得其生活史资料。王某家庭环境差，与父母关系处理得不好，对其父母评价较低，长期缺乏亲情关爱，加之 2001 年生母去世，后与继母关系恶化，"时常感到凄凉，有话不知跟谁说"。又因其文化程度低，不善于表达，故而形成了较强的自卑心理，明显缺乏自信心。

2001 年夏天，王某骑摩托车带两个好友出门，将一路人撞倒，本应帮助他的两个好友却弃车而逃，致王某于不顾，王某气愤至极，遂产生了强烈的报复念头，但未实施。此事对王某异常心理的形成起了关键性的作用，随着时间的推移，王某的报复欲望未能得到宣泄，却越发强烈，且不断泛化，发展到因琐事与人争吵或开玩笑后即产生强烈的报复念头，不能自制。

（2）该犯的其他基本情况包括：

第一，生理因素。如前所述，病犯因多种疾病而住院，尚有两种主要病症未见好转，致使王某有一定的思想包袱，此因素是王某异常心理形成的诱发原因。

第二，环境因素。王某入监集训后即到服装车间改造，投改大半年来，从未主动找民警汇报思想，也曾多次因改造上的小事受到部分民警的批评教育，因此对监区的个别民警极有成见，感到"见到他就很压抑、很反感"，甚至有敌意，加之他不善与人沟通，人际关系差，感觉"受他犯欺负"，严重不适应改造环境，致使其深感精神压力大，思想包袱重，情绪不稳定，环境因素是该犯异常心理形成的加剧因素。

第三，面谈印象。年貌相符，衣着整洁，问答切题，思维清楚，语调清晰，眉头紧锁，被动接触良好，有情绪化的表现，如声音变大、语速变快等。通过监区民警的观察发现，王某精神压力大、紧张，常把事情想得很极端，偏执，狭隘，刻板，缺乏变通，对前途缺乏信心，忧虑抑郁，明显缺乏安全感，思想包袱重。

第四，社会支持系统。据王某自述，他与同犯关系紧张，入监后，一直没人过来接见，自己也不想让家人来，声称看到他们就心烦。

针对王某的一些基本情况和心理症状，采用个性分测验（COPA-PI）对其进行心理测验。结果分析认为有意义的（得分低于 40 或高于 60 的项目）有以下几项：PD2 情绪稳定性 67 分，PD3 同众性 38 分，PD5 攻击性 65 分，PD6 报复性 65 分，PD8 同情心 64 分，PD9 自信心 64 分，PD10 焦虑感 72 分，PD11 聪慧性 72 分，PD12 心理变态倾向 68 分，PD13 犯罪思维模式 64 分。

综合以上分析结果，可以得出以下结论：罪犯王某情绪易变，攻击倾向明显，报复欲强，缺乏同情心，自卑，缺乏自信，焦虑感尤为明显，精神压力大，思维迟钝，有明显的心理变态倾向和犯罪思维模式。

通过观察和晤谈，王某并未出现幻觉、妄想等精神分裂症症状，自知力完整，因此可以排除精神病的可能性。另外，由于王某持久的精神不振、焦躁忧虑，已经影响了其正常的改造生活。因此，可初步判定王某有焦虑性神经症，并伴有头痛、失眠等焦虑症状。

根据罪犯王某的实际情况，在掌握其异常心理的成因及诱因的基础上，可以制定以下几个步骤的矫正方案：

第一阶段：帮助其宣泄。王某精神长期压抑，加之青年时期遭受挫折，因此鼓励其尽情诉说，有关或无关的事情都可宣泄，稍加提问和引导，以适当引导其说出内心痛苦所在，鼓励其谈出自己的思想，对其倾诉给予支持，对其痛苦给予理解和同情。

第二阶段：正面疏导。对王某所谈到的一些问题，从正面予以婉转地解释和引导，帮助分析其内心痛苦的症结所在，鼓励其"重在行动"，多做事，少思想，帮助其消除敌意，增加自信心和信任感，对不理解的反复解释，"共同探讨"。

第三阶段：支持疗法。以环境的改善帮助其有效地适应环境，给王某重新调换班组，并让新班组的罪犯尽量与其多接触，监区民警也有意找其多沟通，使其感受到集体的温暖，鼓舞其自信心，重建心理平衡。

第四阶段：认知领悟疗法。帮助王某分析其青年初期所受挫折是他致病的根源，因当时没有有效地宣泄，而导致在大脑中产生了不良的认知结构，建立了不良的条件反射。随时间的推移，愈加泛化。同时就如何适应环境和搞好人际关系，对该犯进行引导，提出建议，让他认识到与同犯人际关系紧张，是自己的思维方式不对，不应该将自己的意志强加给别人。鼓励其坚定改造信心，减轻心理压力，学会调试自己的心理。

3. 恐惧症。恐惧症是一种表现为对外界的一定事件、物体或处境产生莫名其妙的持续的惧怕心理的神经症。恐惧症的一个明显特点是伴有惊恐性发作，并常导致患者产生回避行为，出现焦虑和植物神经功能紊乱等症状。

恐惧症的产生原因主要是受到过某种惊吓的刺激而形成条件反射或受过恐怖

的暗示。当然，也有一些恐惧症的原因难以查清。不管是何种原因引起的恐惧症，一般都经历了一个恶性循环的过程，即因害怕而回避，又因回避而强化恐惧，以致害怕后恐惧，恐惧后更害怕。

⊙ **案例**：罪犯胡某，男，1980 年 6 月出生，性格较为内向，高中文化。胡某幼时父母离异，后父亲再婚，并生了一女儿。后母只爱自己生的女儿；因胡某自小缺乏母爱，17 岁就开始外出打工。2008 年因犯盗窃、抢劫罪被判处有期徒刑 17 年。

胡某入监后一直害怕洗澡，用自来水洗手没什么害怕感觉，就是不能在洗澡池、淋浴底下洗，一洗澡就浑身不自在，出现手发抖、紧张害怕、头昏、出汗、心跳加速等症状。尤其最近，心情特别不好，别人对其不好，胡某便恨不得用暖水瓶砸过去。他晚上经常做噩梦，感到很苦恼。

据监区分管民警介绍，胡某并非生下来就害怕洗澡，是后来才害怕的。原来，在 3 年前，胡某在打工时曾与同厂的另一打工者（与胡某同龄，也是四川人）一起到附近的池塘游泳，另一打工者溺水死亡。事后，当地公安机关进行了调查，并作了死亡鉴定：确认死者系自己不会游泳导致溺亡，排除他杀。死者家属总认为是胡某知道死者不会游泳而跟他一起去游泳，是胡某害死了死者，也曾到胡某家闹过事。并且由于此事，死者的表妹也与胡某断绝了恋爱关系。

因死者母亲很爱自己，非常同情胡某自小没有母爱，所以死者要求胡某认其父母为干亲。后来，胡某回四川去看望死者父母，发现死者父亲年纪已大，头发全白，母亲由于承受不起失去儿子的打击已经精神失常，变得谁也不认识了。于是，胡某的负罪感日益加重，以至发展到现在，只要一洗澡，看到大量的水就会回想到当时的情景，晚上失眠，经常做噩梦。

咨询师在了解其生活史和犯罪史的基础上，通过心理测试和分析，确定胡某患有恐惧症。

矫正目标：

（1）具体目标：消除胡某的恐惧心理，改善当前人际关系，学习文化知识，提高认知水平。

（2）最终目标：逐步完善个性，增强适应能力，提高自我矫治能力，从而提高整体心理健康水平。

可采用认知疗法中的理性情绪疗法和系统脱敏疗法相结合的办法来治疗胡某的恐惧症。咨询阶段大致可分为三个阶段：①诊断评估与咨询关系建立阶段；

②心理帮助阶段；③结束与巩固阶段。下面，重点介绍理性情绪疗法与系统脱敏疗法的实际运用。

（1）针对胡某的恐惧症，具体实施理性情绪疗法，进行了4次咨询，每周一次。

第一步，向胡某指出其思维方式、信念是不合理的，讲清楚不合理的信念与情绪困扰之间的关系。

第二步，向胡某指出，其情绪困扰之所以延续至今，不是由于早年缺乏母爱的影响，而是由于其文化程度、知识水平及环境背景的因素而产生的不合理信念所致。对于这一点，胡某自己应当负责任。

第三步，通过从与不合理的信念辩论的方法为主的治疗技术，帮助胡某认清其信念不合理，进而放弃这些不合理的信念，帮助胡某产生某种认知层次的改变。诱发事件中，死者家属认为是胡某害死了死者，胡某也认为同伴溺亡是自己的责任。事实上，事后公安机关作出的死亡鉴定证实死者的死与胡某无关。

第四步，帮助胡某放弃特定的不合理信念，并且帮助其学会以合理的思维方式代替不合理的思维方式。诱发事件中，合理的信念应该是：同伴溺亡不是自己的过错，自己主观上根本不想、也没想到同伴会溺亡，完全是生活中常常会发生的一次意外事故。

（2）实施系统脱敏疗法，顺序依次为：①让胡某学会放松，应用肌肉放松训练的方法来对抗胡某洗澡恐惧症中的焦虑情绪。②将引起胡某焦虑反应的具体情景按焦虑顺序排列，找出胡某恐惧洗澡的事件，并报告出对每一事件他感到恐惧的主观程度，这种主观程度可用主观感觉尺度来度量。这种尺度为0~100，一般为10个等级。即：

0（心情平静）——25（轻度恐惧）——50（中度恐惧）——75（高度恐惧）——100（极度恐惧）。

表8-1　由胡某本人将恐惧洗澡按等级程度由小到大的顺序排列：

序　列	事　件	单位（等级尺度）
1	洗澡前一个晚上想到洗澡时	30
2	走在去洗澡的路上时	40
3	在洗澡房外等候时	50
4	进入澡堂	60
5	刚泡进浴池时	70
6	大量水冲在身上时	80

（3）分级脱敏练习。要求胡某在学会放松的状态下完成。主要进行放松、想象脱敏训练：最初两次，可配合药物，以便更好地实施行为疗法；要求胡某像演员一样进入角色进行30秒的美妙场景的想象，不允许有回避行为，一般要求在澡堂忍耐最初的40分钟左右为有效，实在无法忍受而出现严重恐惧时，采用放松疗法对抗，直到大量水反复冲在身上也不会出现惊恐反应为止。由民警安排适当时间，让胡某从最低级到最高级，逐级训练，以达到心理适应。

（三）罪犯人格障碍及矫正

人格障碍（Personality Disorders）是指人格特征显著偏离正常，使患者形成了特有的行为模式，对环境适应不良，常影响其社会功能，甚至与社会发生冲突，给自己或社会造成恶果。人格障碍常开始于幼年，青年期定型，持续至成年期甚至终生。人格障碍有时与精神疾病有相似之处或易于发生精神疾病，但其本身尚非病态。严重躯体疾病、伤残、脑器质性疾病、精神疾病或灾难性生活体验之后发生的人格特征偏离，应列入相应疾病的人格改变。儿童少年期的行为异常或成年后的人格特征偏离尚不影响其社会功能时，暂不诊断为人格障碍。一般认为某些机构如监狱、福利部门中的发病率高；Langer 和 Michael 认为最低社会经济阶层的发生率较最高层大3倍；Leightons 则认为社会秩序混乱地区的发生率较安全地区的发生率大3倍。

具有人格障碍的罪犯智能并无损伤，能够正常参加劳动、学习和生活，但他们不能如常人那样始终理智地处理日常事务，常给人以"古怪"的印象。

1. 反社会性人格障碍。反社会性人格障碍也被称为悖德狂，是对社会影响最严重的一类人格障碍。男性多于女性。在监狱男性罪犯中，反社会性人格障碍在各种人格障碍中所占的比例最高。

反社会性人格障碍的具体表现主要有：①情感体验肤浅，与周围人缺乏正常的交流与爱，与家人和朋友甚至与配偶都不能保持比较长久、亲密和忠实的关系，对家庭、社会缺乏责任感，待人冷淡甚至冷酷无情；②两性关系混乱；③做事没有计划，行为带有情绪性、冲动性和本能性；④高度的自私、利己，屡教屡犯，不会吸取经验教训；⑤没有法制观念或法制观念非常淡薄，经常做一些损人利己甚至是损人不利己的事情；⑥自控能力差，脾气暴躁，对挫折的耐受能力差，遇到不利的处境就推诿于客观或他人，或用一些似是而非的理由为自己辩解等。

◎ **案例**：罪犯王某，女，21岁，中专文化，无业，未婚。2004年因抢劫罪被判有期徒刑10年，同年10月送某女子监狱服刑。

通过观察发现，该犯近期表现异常，改造不稳定，规范意识差，情感淡漠，常因为琐事与同犯发生争执，脾气暴躁，而且经常目露凶光。

从罪犯生活史、疾病史调查得知，王某 14 个月大时，父母收养了弟弟后将她送给奶奶抚养，她因此怨恨父母。初中前被认为是乖孩子，初二开始抽烟、酗酒、打架和逃学，父亲自费让她读中专，为报复父母，不好好学习，16 岁交男友并发生性关系，心情不好就用美工刀划手臂或自杀，17 岁时因母亲与奶奶关系不好，父母离异，奶奶去世后父母复婚。无精神病史，无重大疾病史，经体检无身体疾病。

通过与王某谈话得知，罪犯王某近来看到钢筋和水管时会有一股抑制不住的冲动想拿它砸人。而且静下来的时候，脑子里老是有很多极端的想法，担心控制不住出大问题。她还称，总觉得自己是个坏人，好像有点唯恐天下不乱，平时觉得做坏事很开心，有时被表扬也总感觉是别人在讽刺自己。

针对王某的症状，在征得其同意的情况下，选用 MMPI、EPQ、SCL-90 对其进行心理测验，结果如下：

（1）MMPI 测试为：F（68.55），Mf（69.57），Pa（71.32），Sc（63.06），Pd（70.08）。

（2）EPQ 测试为：P（60），E（70），N（70），L（30）。

（3）SCL-90 测试总分为：226，阳性项目数（66），强迫状态（2.10），人际关系敏感（2.89），抑郁（3.15），焦虑（2.00），敌对（3.33），偏执（3.00），精神病性（2.70），其他（3.14）。

根据所搜集到的资料，可作出如下判断：

（1）精神状态：敌对、自负、焦虑、抑郁、强迫意念、情感冷淡。

（2）身体状态：失眠、头痛。

（3）社会工作与社会交往：人际关系敏感，没有朋友，学习、劳动能力下降。

（4）相关资料：根据王某的生活史资料可知，王某怨恨父母；逃学、抽烟、打架、酗酒、辍学；过早发生性活动；有自伤、自残和自杀史；因被判刑而仇恨法官、警察乃至社会，在看守所时常与人打架，入监后规范意识差，经常为琐事与同犯发生争执，有一定暴力倾向。

（5）资料可靠性：可靠。

（6）问题的关键点：表面上看，是钢筋、水管诱发了王某内心强烈的报复欲望和冲动。实质上是王某歪曲的认知导致其对父母、他人乃至社会的强烈不满。

（7）结果：王某存在以偏概全、专断的推论及人格化等认知上的异常偏离，存在以自伤自残甚至自杀等极端行为来获得心理和情感满足、人际关系敏感、自我控制能力差等方面的行为和情感上的异常偏离，初步诊断为人格障碍。依据反社会性人格障碍及诊断标准，王某符合无视社会常规和义务，行动无计划或有冲动性等标准。同时还存在逃学、过早发生性活动等方面的品行障碍。因此，进一步诊断为：反社会性人格障碍。

根据王某的情况，可以综合运用认知、NLP 等方法对其进行治疗。

（1）运用认知疗法帮助王某分析自己冲动意念背后的原因，了解不正确的认知图式，并进行认知重组。例如，运用开放式对话，发现"我现在这个样子都是他们害的，都是他们的错""他们无论在哪方面都对我不好，爸爸疼姐、妈妈疼弟，没人在乎我""有时我想死了才好，让他们内疚一辈子"等错误的认知观念，通过鼓励王某做作业和记录所思所做来使其改变消极的思维模式和放弃不合理的观念。

（2）运用 NLP 简快心理疗法帮助王某修正和重新设计正确的思维模式，实现其行为和能力方面长久的改变。神经语言程式学（NLP）专注于修正和重新设计思维模式，以求更大的灵活和能力。该心理疗法的基本原理是，找出引起负面情绪的经验，然后利用同一逻辑修改经验储存的网络（心智模式）。这样，这个人便在想起该次经验的同时，没有了那一份使他悲苦的情绪。

（3）运用"化解情感痴缠法"处理王某因已去世的奶奶及没有音讯的男友而产生的情感困扰。运用"宽恕法"使王某明白宽恕别人并不是为了别人，而是为了自己。

（4）运用"接受自己法"帮助王某化解内心矛盾冲突、化解成长过程对自己身份信念的错位。

（5）运用家庭治疗、放松训练及创造未来景象等技术帮助王某学会用正确的思维模式思考和处理问题，稳定情绪，获得心灵的宁静。

2. 偏执性人格障碍。偏执性人格障碍主要是以猜疑、敏感和偏执为特点。这种人格障碍表现为主观、固执、敏感、猜疑、不信任、心胸狭窄、自私自负、记仇、嫉妒、报复心强。他们过分警惕，总是提防他人胜过自己；怀疑别人欺骗自己，耍阴谋、搞诡计，因而从不信任其他人。常表现出社交困难、固执、喜好争辩，遇到他人提出的建议，常小心翼翼，生怕会损害到自己的利益。

监狱中的这种病犯通常表现为：对任何人或事物都敌意甚高，容易记恨，报复心强。对同犯和监区民警的善意举动歪曲理解，常常将好心当成歹意，认为他人不怀好意，并因此而立即采取各种防御措施，结果使同犯都觉得他们难以相处、不可理喻。因此，常与同犯发生争执、对抗，甚至冲突，但多数情况下不会出现攻击行为。这种病犯很难与周围人建立起亲密关系，并存在一定社交回避倾向。因此，他们常常表现出孤单、沮丧、阴沉、不愉快、没有幽默感，经常处在紧张状态之中。

◎ 案例：罪犯王某，因故意损坏公司财物被判刑4年，2004年8月入监。主要犯罪事实：因违反公司规定而被公司解聘，对此处理决定不服，同年3月，回到公司破坏公司财物，造成经济损失12.6万元。

根据分监区民警介绍，王某一贯表现比较好，言行上对自己要求都比较严格，但其性格比较固执、偏激，很容易钻牛角尖，自我评价较高，与同犯相处不融洽。近期与其他人的矛盾升级造成言行冲突，违反了监规纪律，进了强化班。因此王某想不通，睡眠较差，情绪波动很大甚至有过轻生的念头。

通过与之面谈，得到如下信息：王某高中毕业，有当兵的经历，在部队里入党。家庭关系和睦，家族无精神病史。周围人对他的评价很好，能吃苦耐劳，对自己的要求也很严格。但在失去自由的环境里，总感觉到很压抑，特别是要整天和那些"品行恶劣、思想邪恶"的人生活在一起，打心眼里瞧不起他们，更不愿与其交往，自己也无法快乐起来。曾经一度坚定了改造的信心和勇气，也下定决心要早日回归社会。但没想到的是一心一意的改造换来的却是其他人的打击报复，很多人总看不惯自己，故意找茬，真的让人忍受不了……

对该犯进行SCL-90测试，结果显示：王某强迫状态（3.10）、抑郁（2.69）、偏执（3.14）、精神病性（2.60）都呈现中等程度；人际关系敏感（2.44）、焦虑（2.30）、恐怖（2.14）等属于轻度水平，敌对程度重（3.50）。

分析：王某平时充满敌意，经常疑心别人有意与他作对，内心对环境愤愤不平，常常想叫骂、摔东西，还常为小事与人争斗，人际关系紧张。性格固执，即使是错误的观点，也不大能改变。结合心理测试得分，初步诊断王某属于偏执性人格障碍，并有一定程度的人际关系敏感。

对于偏执性人格障碍的矫正应以心理矫正为主、以克服多疑、敏感、固执、不安全感和自我中心的人格缺陷。根据王某的实际情况，可对其采取以下方法：

（1）认知提高。由于他对别人不信任、敏感、多疑、不会接受任何善意的忠告，所以首先要与他建立信任关系，在相互信任的基础上交流情感，向他全面介绍自身人格障碍的性质、特点、危害及纠正方法，使其对自己有一个正确的认识，并自觉自愿产生要求改变自身人格缺陷的愿望。

（2）交友训练。鼓励王某积极主动地进行交友活动，在交友中学会信任别人，消除不安感。在培养交友训练的同时，安排王某参加一次"个人成长"心理训练的团体咨询，主要是让服刑人员真正认识自己、开放自己和接纳自己；接受他人和自己的差别；公平、公正地对待每一位同犯。团体咨询方式主要是操作训练，从每个人原有的心理状态出发，经过"做活动—促感悟—教方法—变行为"的路程，改变认知态度，实现行为的改变。比如，"我的家庭"的训练，让每个服刑人员感悟到人与人之所以不同，很大原因是家庭造就的。通过训练让他们明白，对同犯要正确看待，理解他们，少一分苛求，多一些谅解。"滚雪球"的训练，就是要解决他们平时处在一个屋檐下却彼此缺少交流和关注的遗憾，让他们增强归属感、凝聚力和向心力。而"无家可归"的训练，则是在极大的反差中让他们体味失去集体的孤独。通过一系列的训练，使王某认识自己，理解别人并接纳别人。

（3）自我疗法。具有偏执性人格障碍的人喜欢走极端，这与其头脑中跳出的非理性观念相关联。因此，要改变王某的偏执行为，首先要让他学会分析自己的非理性观念。例如：①我不能容忍别人一丝一毫的不忠；②监狱里没有好人，我只相信自己；③对于别人的进攻，我必须立即予以强烈反击。

现对这些不合理观念加以改造，以除去其中极端偏激的成分：①我不是说一不二的君王，别人偶尔的不忠应该原谅；②世上好人和坏人都存在，我应该相信那些好人；③对别人的攻击，马上反击未必是上策，而且我必须首先辨清是否真的受到了攻击。

（四）罪犯性心理障碍及矫正

1. 罪犯性心理障碍的表现与识别。性心理障碍的主要类型有三种：①纯粹的性身份障碍，即女性认同自己为男性，男性认同自己为女性；②性偏好障碍，如恋物癖、露阴癖、窥阴癖等；③性指向障碍，主要包括同性恋、双性恋。

监狱作为一个只有单一性别的特殊环境，罪犯之间为了个人感情方面的渴望和性生理方面的需要所出现的性心理障碍大部分是"境遇性同性恋"或称"假性同性恋"，境遇性同性恋是可改变的同性恋类型之一，指在特殊环境下呈同性恋，一旦脱离该环境又转变为异性恋。在监狱中罪犯出现的同性恋现象只有极少数属于真性同性恋。

下面，我们结合具体案例来谈罪犯同性恋的诊断与识别。

◎ **案例**：罪犯贾某，男，22 岁，汉族，未婚，小学文化，因涉嫌故意杀人罪，于 2000 年 11 月 23 日被判处有期徒刑 15 年，2001 年 4 月 5 日投改。家住农村，父母健在，有 3 个姐姐。投改以来，平时人际交往较少，不善人际沟通，朋友不多。对目前从事的工种较为满意，与监狱干警关系不好，与他犯的关系尚可。

最近，监区民警通过观察发现该犯比较烦躁、易冲动，而且完成劳动任务情况不好，该犯所生产的产品质量明显下降，白天精神状态不佳，不愿和民警交流。

随后，监区民警找到贾某与其进行面对面的交谈。贾某交代：自己与监区仓库保管员已有2年的同性恋史，并且有性行为，自己是被动的，但因对方同时有几个对象，并且当着他的面与其他人在一起，他突然觉得这种活动很见不得人，想结束这种关系。既想摆脱这种关系，又怕对方知道后对他进行打击报复，心里非常矛盾。于是想出了可以顺理成章地离开"男友"的办法，如袭击同号房的犯人从而借机调离号房，从空间上拉开与对方的距离。说到最近的表现时，贾某说："心里总想着要离开他，想得头都疼；经常做一些性梦；想摆脱，但控制不了；失眠，白天没精神，烦躁。"

为了进一步确定贾某的异常心理反应，针对贾某的实际情况，选择了合适的心理测验量表。由于贾某具有内向、害羞等特点，可选择艾森克人格问卷（EPQ）来检验罪犯的内外向（E）、情绪稳定性（N）、倔强性（P）三个个性特征。另外，为了评估贾某的心理健康程度，还可综合运用症状自评量表（SCL-90）、焦虑自评量表（SAS）和抑郁自评量表（SDS）来检测其人际关系敏感度、焦虑程度和抑郁情况等。

表 8-2　心理测验量表

量表	各量表分值				
EPQ	E：45	N：70	P：70	L：40	
SCL-90	总分：201	人际关系敏感：3.20	抑郁：2.62	焦虑：3.60	恐怖：2.00	其他项目：3.00
SDS	标准分：58.75				
SAS	标准分：67				

综合分析所收集的资料，并结合贾某的心理测量结果，大致可以得到以下分析：

（1）主要症状：焦虑，自卑，人际关系不良，烦躁，失眠，头痛；情绪与行为表现一致，人格相对稳定。

（2）社会工作与交往：尚能胜任现在的工种，但觉得比以前吃力，和民警关系不良。

（3）相关资料：自上小学起就和老师关系不好，五年级时因和老师吵架而退学。后由于和邻居家11岁的小女孩吵架，而将小女孩骗至家中杀害，后又毁尸灭迹，最终案发而被判入狱。身材矮小，面目清秀。个性特征为内向不稳定，高级神经类型为抑制型。

（4）资料可靠性：可靠。求助者有自知力，症状与监区民警提供的资料及心理测验结果一致。

（5）心理问题的关键点：表层上是男友对其用情不专，想和他结束这种关系，不想再搞同性恋了。其实质是内心的信念发生了变化，重新审视自己的所作所为，感到迷惘，有羞耻感。

（6）罪犯问题的性质：可排除重性精神病。理由是贾某的主客观世界统一，对自己的症状能自知，内心感到痛苦，能主动寻求帮助；对同性生活事件表现出焦虑、烦躁等；个性相对稳定，一贯内向。

根据CCMD-Ⅲ关于性指向障碍的诊断标准，可诊断贾某为可变化的同性恋类型中的境遇性同性恋。

2. 罪犯性心理障碍的矫正。以上是一个典型的境遇性同性恋的案例，贾某在监狱这个特殊的环境下产生了特殊的病态心理反应，其内心痛苦，想寻求解脱的途径。对罪犯性心理障碍的矫正，也主要针对的是这一类同性恋，并且治疗的效果比较明显。但对真性同性恋的矫正工作是比较困难的，所以心理治疗的任务也比较艰巨。

在这个案例中，为了取得良好的心理矫正效果，可以通过运用认识领悟疗法，让贾某回顾自身的心理发展过程，理解在何时、何阶段、由哪些因素导致心理走向偏离，并运用归因理论，帮助他进行心理分析，使其正确理解、领悟和认识到自己并非真正意义上的同性恋，而是特殊环境下的特殊反应，从而进行自我心理矫正。

认识领悟疗法，又称为中国精神分析法。主要是通过解释使患者改变认识、得到领悟，而使症状得以减轻或消失，从而达到矫正的目的。认识领悟疗法可以看作是在心理医生的指导下进行的患者自我教育，是对幼稚心理的改造。患者在接受治疗前，对他们的病态行为的幼稚性和幼年儿童的行为模式概不自知，通过心理医生的解释、分析、相互讨论，并联系自己进行深入思考后，其才真正认识到病态行为的幼稚性。最后随情感和行为的改变，症状也就自然消失。

贾某15岁入狱，心理上还未发育成熟，对性的认识也停留在儿童期。进入青春期后，体内性的驱动和渴求爱的本能使他躁动不安，但又因环境条件所限，得不到正常的宣泄。于是，在压抑原始冲动而又没能得到升华时，便选择了类似同性恋的生活方式，并跨越了人们较能接受的友情形式，产生了互相拥抱、接吻、触摸乃至效仿同性恋的体交行为，以满足爱与被爱的身体与心理需求。

该犯和"男友"的性活动正是满足了性的需求，但理性又让其觉得羞耻，内心充满矛盾，难以取舍。因此，选择认识领悟疗法，让他认识到其性行为的幼稚性，从而进行自我心理纠正。

具体矫正过程如下：

咨询时间：每周 1 次，每次 60 分钟。

明确咨询双方的权利与义务。

第一阶段：咨询关系建立与评估诊断阶段。通过摄入性谈话搜集大量的临床资料，并形成初步诊断。运用尊重、温暖、共情和积极关注等关系技能，与贾某建立良好的咨询关系。运用解释技术，向贾某说明认知领悟疗法的基本理论以及对其问题适用该疗法的原因。最终使得贾某愿意配合治疗。这一阶段首先让求助者回顾发生同性恋的心理过程，并产生自己的想法，可在每次咨询结束后给求助者留下家庭作业。

附：此阶段咨询片段：

咨：能说说你们是怎么认识的吗？

贾：是他先找的我。我当时也很寂寞无聊，和民警的关系也不好，刚开始我们并没有性活动，只是情感上的寄托，而且和他在一起有安全感。

咨：如果当初他不是仓库保管，你也会有这种安全感吗？

贾：（沉默片刻）可能不会吧，但也不全是为这个，我的个性内向，在这里很少有人可以交流，他对我很好，这种感觉才是让我满足的。

咨：安全感是人的基本需要，但如果他也是一名普通的犯人，还能给你这种安全感吗？

贾：你的意思是说他手中的权力给了我安全感？

咨：思考一下，你现在不敢跟他分开，不也是因为他手中的权力吗？

贾：是的，当初是因为他手中的权力不敢拒绝他，现在又因为他手中的权力不敢离开他。可我不想再继续下去了，我觉得别人都在歧视我。但心里又会渴望和他在一起，我是不是没得治了？

咨：也就是说，目前你仍然渴望同性生活，那么空间上的距离并不能消除你现在的焦虑、烦躁等症状。

贾：你的意思是说，距离并不能解决问题？

咨：空间上的距离，只是你自己强迫自己离开他的一种方法，但试想，调离号房你可能不会再为"离开他"而烦躁焦虑了，但那代表你就不会渴望同性生活了吗？如果你还是渴望，势必又会出现一些不良的症状，这样做只是治标不治本。

咨：对女性有兴趣吗？

贾：并不讨厌女性，平常也喜欢看一些杂志上的漂亮女明星。

咨：你想过会把性取向的对象一直指向男性吗？

贾：应该不会吧，我们家就我一个男孩，父母也不会同意的，出去后我也会娶妻生子的。

咨：真正意义上的同性恋，只对同性感兴趣，因此不必急于从空间上离开他，要从心理上彻底离开他。在监狱里他手中的权力对你的改造很重要，从开始到现在都是权力在其中起着重要的作用，这是你目前心理问题的关键点，这说明你并非真正意义上的同性恋，而是境遇性的，理论上是可以改变的。

贾：我真的不是真正意义上的同性恋吗，是可以转变的吗？

第二阶段：认识阶段。通过第一阶段求助者对心理问题性质的认识，求助者已经能接受暂时不再想调号房的事，配合咨询师从心理上解决问题。此阶段应帮助求助者沿着这个方向来解释其行为，并使其认识到自己并非真正的同性恋。同时，对求助者进行青春期心理健康指导，引导其通过合理的方法来宣泄。

附：此阶段咨询片段：

咨：你如何理解和男友的性行为？

贾：开始是觉得好玩、刺激，像一种游戏，也能得到一种满足，直到后来，已经成为一种需要了。

咨：嗯。

贾：虽然得到满足，但心里也有顾虑，毕竟是和同性，是有悖常理的。

咨：那现在你认为"性"应该是怎样的呢？

贾：说不清楚，没有想到过性的问题，这像是一种游戏，同时也是一种满足欲望的方法。

咨：也就是说在你心里，它并不是真正意义的性，只是一种用来满足欲望的方法而已。

贾：是的。

咨：性变态是成年人用幼年的性取乐方式来解决成年人的性欲或解除成年人苦闷的表现。以你目前的情况来看，你和"男友"的性行为其实还是幼年时期性取乐方式的延续。

　　贾：可是每个星期都会有冲动，无法克服的。

　　答：对于性冲动可以通过合理的方法宣泄。

　　第三阶段：领悟阶段。这阶段主要是领悟阶段，通过咨询师的引导，让求助者自己领悟该如何选择，帮助其树立生活的目标，勾勒生活的美景。在这一阶段后期，求助者称情绪及睡眠状况有较大改善。

　　附：此阶段咨询片段：

　　贾：精神上还是克服不了，晚上睡不着的时候总是在想，怎样才能消除这种幻想呢？

　　答：有这样一个小故事：一位哲学教授带着他的 10 个弟子外出游历归来，在城外一片杂草丛生的草地上，教授给他的学生上最后一课，让每个学生想出一种把杂草彻底除掉的办法，有的学生说把草连根挖掉，有的学生说用石灰……教授对学生们说，明年的这个时候再到这儿吧。1 年后，学生们回到城外的那块草地，发现杂草已经不见了，取而代之的是绿油油的禾苗，学生们恍然大悟。这时教授说道：要想彻底去除杂草，最好的办法就是让善良的种子取而代之。你从这个小故事中感悟到什么了吗？

　　贾：你的意思是说，要想克服性幻想，就是要想别的东西来替代它。

　　答：你说的很好，人的大脑不可能是空着的，在不能克服一些自己不想要的想法的时候，最好的办法就是转移，首先要树立生活的目标，在希望中生存。

　　贾：哦。（点头表示理解）

　　答：人的兴趣爱好应该是广泛的，性只是生活的一部分，并不是全部，过分地沉入其中会让你失去生活中的很多乐趣。监狱的条件虽然有限，但能做的事情还有很多，照样可以实现你的自我价值。

　　第四阶段：巩固阶段。咨询师一方面继续帮助求助者摆脱不合理的信念，建立正确的认知；另一方面引导求助者，把刑期当学期，珍惜时间，做一些有意义的事。此阶段的咨询重心，逐渐由具体目标向长远目标转移。此时求助者已显得非常轻松，对自己的前途充满了信心。

　　（五）罪犯拘禁性精神障碍及矫正

　　拘禁性精神障碍，是指罪犯在被拘禁后或服刑期间发生的精神异常。在广义上是指罪犯因受拘禁后的精神刺激或压力而产生的反应性精神障碍、癔症、精神分裂症或抑郁症；在狭义上是指因受拘禁后的精神刺激或压力而产生的反应性精神障碍，又称拘禁反应。在此我们主要介绍狭义拘禁性精神障碍的表现。

1. 拘禁性情绪反应。拘禁性情绪反应在拘禁性精神障碍中程度较轻，在被拘禁后急性或亚急性起病，也可发生在接到逮捕证或判决书之后。表现以情绪障碍为主，如抑郁、恐惧、紧张等；言语动作减少或坐卧不宁、饮食减少、出现睡眠障碍；可能发生轻度意识障碍和心因性幻觉，如表情恍惚、听到亲属的讲话声等；有的还伴有神经症身体症状，如失眠、疑病等。此类罪犯基本保持一定的自知力，知道自己是由于被拘捕后感到"紧张、恐惧"而起病的。经过精神科检查，并无明显的思维逻辑障碍与妄想症状。此类症状多见于轻度或中度精神发育迟滞、人格缺陷、脑外伤或脑动脉硬化者，多见于案情特别重大者。

2. 拘禁反应性抑郁。常在被拘禁后亚急性或慢性起病。表现为不由自主且无法摆脱地追忆往事、哭泣叹息、情绪抑郁、悲伤、虚弱无力等，常伴有食欲减退和睡眠障碍，也可有抑郁性激情发作，如大喊大叫、对自己抓头打脸等。但患者很少有自责倾向，而把失败或不幸归咎于他人，为自己辩护，常显示出愁眉苦脸、眼泪汪汪、祈求他人怜悯的样子。少数长期的严重反应性抑郁罪犯可能有自杀念头，并付诸行动，偶尔还会发生带有冲动性的扩大性自杀行为。

3. 拘禁反应性偏执。在罪犯被拘禁后急性发病。表现为在焦虑或恐惧性刺激背景下产生的被害和关系妄想，以本人的妄想观念评价周围的一切；还可表现为在轻度意识障碍基础上产生的错觉、幻觉，幻觉常常直接反映拘禁现实中的体验，如听到审讯、判决徒刑的声音，听到亲属的哭泣声，或听到否定他现有境遇的声音（如法院宣判他无罪释放）；还可出现精神自动综合征、人格解体、非真实感等精神症状。另外，罪犯在暗示和自我暗示作用下还可出现类妄想性幻想症。

4. 拘禁反应性意识障碍。在被拘禁后突然发病。患者的意识障碍程度不一，有的表现为情感休克，情感反应突然丧失，意识恍惚，目光茫然，表情淡漠，对周围食物及周围人的言行漠不关心，无动于衷，反应迟钝，应答简单缓慢，可伴有无目的的重复动作。有些患者在情感休克解除后转为情感释放的激情状态，表现为兴奋躁动、言语增多、行为紊乱、易冲动等。有的表现为反应性木僵，不言不语，甚至不吃不喝，对外界刺激毫无反应。有的表现为意识蒙眬，意识水平降低，意识范围狭窄，时间、地点、人物定向不全，常伴有生动的心因性幻觉或梦样体验，表情紧张恐惧，注意力不集中，答非所问，可能发生冲动毁物或向外奔跑等行为，事后常不能忆起。

为了更好地了解罪犯拘禁性精神障碍，我们结合具体案例予以说明。

◎ **案例**：王某，男，16 岁，初中文化，盗窃，刑期 5 年。自幼父母离异，与父亲一起生活，初中未毕业辍学，之后在社会上游荡，1 年后因参与团伙盗窃被判刑，现投未管所半年。据监区民警反映，王某投改以来一直不能适应改造生活，自理能力差，不能完成生产劳动任务，与同犯关系紧张，希望得到帮助。征得王某本人的同意，对其进行心理咨询。

第一步：评估与诊断。首先进行摄入性会谈，经了解，基本情况如下：

（1）王某自述：现在在分监区改造很辛苦，劳动任务完成不了，不愿与同犯交往，觉得同犯看不起自己，所以觉得很自卑，经常想和人吵架。最近一周出现失眠情况，吃饭也没胃口。

（2）民警反映：王某每天都要和其他服刑人员发生一些小小的争执，而导火索都是一些生活琐事，并且一直不能完成劳动任务，让人感觉他好像什么都不在乎。

（3）一般印象：衣着邋遢，微胖，面容憔悴，表情忧郁，社会功能低下，思维正常，能完整表达自己的想法。经了解，身体状态良好，无既往病史和家庭病史。

然后，对其进行心理测试。测试结果为：性格为内向、不稳定型，具有部分反社会性人格特征，人际关系敏感度高，存在中度的焦虑和抑郁情绪。综合分析其他资料，排除精神病，王某的心理与行为异常表现属于拘禁适应不良，属一般心理问题的范畴。

第二步：制订咨询目标与咨询方案。

（1）近期目标：缓解焦虑情绪，正确对待改造生活，改变歪曲的认知。

（2）长远目标：建立自信，学会以行动去解决问题，提高环境适应能力，达到正确的自我认识，自我成长，完善人格。

（3）咨询方案：用认知治疗和行为治疗的方法对王某的认知和人格偏差进行纠正。认知治疗不直接纠正情绪障碍或心瘾，而是通过改变他的不良认识来消除其症状。那么，要想改变不良的情绪和行为就必须首先对原来的认知过程，以及这一过程中产生的错误的认知观念加以改变，这是认知治疗的核心。在行为治疗中，采用的方法主要有：系统脱敏疗法、厌恶疗法进行心理渴求治疗，正性强化疗法，并发动同犯对他进行帮教，使他体会到集体的温暖，学会承担爱与责任。

第三步：矫正过程。王某的自卑和人格偏差是从小就形成的，加上来到未管所与同犯关系没有处理好，生活自理能力较差，使他感到事事不如人，事事不顺心。因此，可以此为突破口，让他认识到自己的自卑和环境适应不良的原因，转换他的思维模式。这一阶段的矫正任务可分几次完成。

答：我可以看出你的压力和焦虑，也能够理解你的心情，一个人来到新环境，又没有亲人朋友可以照顾你，肯定心里不好受，可是你有没有想过，他们为什么会对你这样吗？

王：我知道我有很多缺点，说话态度不好，性子急，就是想和人吵架，可吵完后又胡思乱想，想哭，又不想被别人看到掉眼泪。

答：你的自我分析能力很强，你看到了自己的一些特征，认识自己这是一个很好的前提，但你认识的还不够充分，比如：家人没来看你，你就说家人不要你了，你是否考虑过他们有不便之处？你说别人都取笑你，那到底有几个人取笑你？一个人不代表全部，对吗？你因为犯罪被判刑，这是事实，你的心理接受这个事实了吗？

答：你对自己的这些问题没有看清楚，所以内心自卑、郁闷、烦躁，没有交流欲望，情绪难以自控，自己怀疑自己能力不佳；出现了多睡、疲乏、精力减退、头疼等一般性的躯体感觉。是不是……

此外，对王某进行人际交往方面的认知辅导，如：①交流是人的基本需要，回避只会使困难像滚雪球一样，越滚越大，所以需要勇于面对；②人际交往是趋利避害的，人与人的交往遵循着互相尊重、平等、信任的原则，需要讲究一定的方法和技巧等。鼓励王某积极参加各种学习训练活动，主动与同犯或民警沟通，把困难和想不通的事说出来，并转换比较对象，让他把原来的与别人比较转变成与自己比较。

"你来得比别人迟，你在进步的同时别人也在进步，所以，无论你怎样努力，总会比别人差一节，当你只想到跟别人比较时永远会感到自卑。重要的是你自己是否做出努力？与你自己的昨天相比，你是否有成长？"

三、操作流程

罪犯异常心理的识别既是心理矫正工作的基础，也是整个监狱工作的一项重要任务，这对提高教育改造效果，维护监管安全和改造秩序，以及罪犯回归社会后的安置帮教都有十分重要的意义。

目前，对罪犯异常心理的识别，可以通过面谈、书信咨询、观察、调查等方式。现分别就不同识别方法的基本操作流程和注意事项进行简要介绍。

（一）观察法

观察法是指通过有计划、有目的地了解罪犯的言语、表情、姿态和动作等外部表现，掌握他们心理活动的一种方法。根据实施观察的主体的不同，可将观察法分为客观观察法和自我观察法。

1. 客观观察法。该法是通过观察一个人的外部行为来了解其心理，因而，是监狱人民警察和心理矫正工作者了解罪犯心理的一种常见方法，通常有以下三种具体方式：

（1）监狱干警观察。罪犯心理虽然自其被投入监狱这一刻起就已经形成，但它始终处于动态变化之中。可从罪犯细微的情绪变化中，把握影响罪犯心理和行为的各种现实问题，从而对其未来行为作出准确判断。对罪犯异常心理变化的掌握，一方面，有助于对其开展针对性的管理和教育；另一方面，有利于心理矫正工作者。

观察作为监狱人民警察的一种有计划、有目的的自觉活动，利用与罪犯密切互动的机会，通过细心观察，认真记录，及时了解罪犯的情绪、态度变化，并通过这种变化进一步了解罪犯面临的心理问题或现实问题，既及时，又经济，还可靠。

适用这种方法的对象，包括新入监的罪犯，可通过监狱人民警察的观察，了解罪犯的现实心理和行为表现，尤其是那些反映其不良思想、恶劣行为习惯和异常心理的表现，以便对罪犯的人身危险性和心理特征等作出客观公正的评估。同时，还包括那些心理素质差，已经有轻微人格障碍的罪犯和一些严重偏离常态，有自杀、行凶、脱逃等危险的罪犯。他们都可以通过民警的日常观察来识别，以避免潜在的危险转变为现实危险。

（2）同犯观察。首先，由于监狱人民警察与罪犯之间存在特殊的管教关系，罪犯对监狱人民警察普遍存有戒备心理。其次，受身份关系、工作时间等影响，监狱人民警察观察到的大多是罪犯在正式场合的心理和行为表现，而他们的真实心理和行为更多的是在非正式场合表现的。因此，监狱人民警察的观察有其局限性。与监狱人民警察不同，罪犯之间身份、地位相同，又长期共同劳动、学习和生活，不仅相互少有戒备心理，而且具备全方位、全时空观察的条件。更重要的是，罪犯观察本质上是一种参与性观察，能够了解到被观察对象的心理和行为细节，因此可以弥补监狱警察观察的不足。当然，对罪犯观察所获得的信息，要辨别真伪，并要与其他信息相互印证。

就人选来说，应该严格选用合适的罪犯，对其进行教育、培训和监督，严防出现偏差，还要注意保密。就观察时段而言，应侧重于被观察罪犯自由活动或晚上休息时间，如晚上观察新入监罪犯的睡眠情况，就可知道其情绪的稳定情况。就观察的场所来说，应重点放在罪犯的非正式互动的场合，因为只有此时，罪犯才可能毫无戒备地表现自己的真实自我。

（3）监控观察。利用现代监控设备，对罪犯群体或单独禁闭的罪犯个体进行连续观察，以分析罪犯的不良行为习惯和群体心理、行为特点，不仅是很多西方国家在罪犯心理调查中常用的方法，也是我国罪犯心理评估中需大力倡导的观察手段。

利用监控观察要注意以下问题：①监控探头的安装要尽可能隐蔽，最好不要让罪犯察觉到；②对重点对象监控观察，对其所在的群体无需特别安排；③有条件的监狱，对新入监的罪犯可通过单独监禁实行监控观察，时间一般在5~10天，期间不让其与其他罪犯接触；④对录像的分析要了解背景情况，并注意前后比较和对其他信息的综合分析。

2. 自我观察法。是指通过罪犯自己的陈述来了解其心理的一种方法。如果说通过客观观察了解到的是罪犯现实的心理和行为状况，那么，通过自我观察则既可以掌握罪犯现实的心理和行为，也可了解其心理与行为的历史演变。从这个意义上讲，自我观察所获得的信息更有价值。

可采取的方法有：①根据罪犯的口头或书面陈述，分析了解其心理。例如，让罪犯陈述自己的生理、心理病史，个人成长史，犯罪史和改造史等。②根据罪犯的书信、日记、文章、作品等，分析了解其心理。与口头和书面陈述不同，这里借以分析的材料大多是罪犯在日常生活或改造过程中，根据自己的所思所想即时的成果，因此，它们更能反映罪犯的一些真实的思想。例如，在罪犯劳动改造过程中，通过对比罪犯不同时间所生产产品的质量可以有效地识别罪犯内心世界的变化。

（二）面谈法

面谈法，即调查者以直接接触的方式与被调查对象进行面对面的交谈，包括与被调查罪犯本人的谈话和向其他知情人的询问。面谈法可主要适用于了解被调查罪犯的社会关系、生活经历、犯罪经过、改造表现等情况。例如，罪犯李某近来表现出异常现象，经常烦躁不安、脾气暴躁，对同宿舍的其他犯人表现出强烈的攻击性。为了辨别其心理异常情况，监区民警决定对其进行谈话，以了解其心理异常的原因并予以矫正。操作流程如下：

1. 谈话前要明确目的，设计方案，熟悉李某的情况。

2. 选择谈话地点，创设放松的谈话情境。面谈咨询要个别进行，不允许第三者在场，在这种情境中，李某易于消除顾虑、谈出自己内心深处的真实想法。

3. 在谈话过程中，要注意营造良好的谈话氛围，缓解李某的紧张情绪，以便其更全面地将自己心中的烦恼倾诉出来，可以在耐心倾听的基础上，与李某进行面对面的磋商、讨论、分析和询问。

4. 通过与李某直接的、面对面的交流，对他进行直接观察，这样做有助于对李某的个性、心理健康状况、心理问题的严重程度和当时的心理状态进行观察、了解和诊断。

5. 在谈话结束时，还要抓住时机，进行针对性教育，缓解其内心的烦躁，消除其紧张情绪。

（三）调查法

从广义上讲，为获取罪犯的相关资料和信息所采取的一切方法都可以称为调查法。为区别不同的心理识别方法，这里的调查特指对涉及某一或某类罪犯的某些特定情况所进行的外调、函调、内查和问卷调查活动。

1. 外调。通常由监狱直接指派监狱人民警察深入到罪犯的家庭所在地的派出所、原单位等，就罪犯的某些特定情况进行调查和核实。一般适用于以下情况：①罪犯不愿配合，不愿、不能或没有如实陈述评估所需的信息，而通过其他途径又无法获得的。例如，一名罪犯事前无任何征兆，在一天出工列队路过水泥料库时，突然攀上库顶跳楼身亡。为了查明原因，分清责任并避免类似事故发生，监狱派专人到其家了解情况，结果意外发现，其母亲和姐姐都因这种突发性的精神疾病而自杀。由此，可鉴定为这是由遗传的精神疾病而导致的自杀事件。②为了消除导致罪犯异常心理的病因，需要派专人到罪犯的家庭或单位，请求他们协助解决罪犯所面临的一些现实问题，如老人无人赡养，子女无人照顾等。

通过这些外调活动，可以更好地对罪犯的异常心理和行为进行识别，以便对症下药，解决其心理问题。

2. 函调。一般由监狱通过向罪犯原所在地的公安机关、检察机关、法院以及其他企事业单位发函，就罪犯的某些情况请求其协助辨识。其优点是简单易行，较外调的成本低很多，但所需时间较长，回函率低。采取这种方式应注意认真设计函调表格，明确目的、要求，尽可能争取有关部门的支持。为了争取时间，还可以通过传真或电子邮件等手段传输相关信息。

3. 内查。顾名思义，就是在狱内的调查，指监狱人民警察（或心理矫正工作人员）向知情的罪犯，就被调查罪犯的一些特定情况（如异常行为表现或异常心理）所进行的调查活动。通常适用于下列具体情况：①为印证被调查罪犯自己的陈述内容，可以找其他知情的罪犯进行调查；②被调查罪犯有明显的异常心理，但其不愿或不能对自己的情况作出陈述或陈述不清；③其他需要通过知情罪犯了解的情况。内查的优点是方便易行，缺陷是信息的可信度差，需要反复印证。

4. 问卷调查。问卷调查，是指通过让被调查罪犯填写表格或回答问题等形式来辨识和研究罪犯的心理和行为的一种方法，是监狱用于了解罪犯中带有普遍性的心理问题及其成因的常用方法。从形式上来看，问卷调查类似于心理测验，它们都是通过让罪犯回答问题来推测其心理的。但不同的是，前者是由专家制定的标准化的测验，有参照的常模，可以跨地区、跨时间适用，而后者则是由监狱人民警察自行设计的一种非标准化的测验，一般适用于某一具体目的。

问卷调查的优势在于可以在短时间内收集到大量与调查者所需要的资料或数据相一致的罪犯信息，并可在此基础上，通过分析比较，找出不同类型罪犯的某些共同的心理特点。其不足之处在于，一方面，问卷制定的随意性大，结果的可靠性较低；另一方面，调查数据的利用率低（具体的问卷调查程序可参考第十章罪犯心理评估中的心理测验法）。

四、知识链接

罪犯异常心理是怎样形成的？长期以来，国内外的专家学者们进行了大量的研究，归纳起来主要有以下几种。

（一）社会化缺陷

如果说社会化使生物人变成了社会人，那么，则是社会化缺陷导致了犯罪人的产生。犯罪心理是支配犯罪人实施犯罪行为的内在动力，所以，心理缺陷是其共同特点，也是其服刑改造过程中异常心理形成和发展的基础。通常社会化缺陷主要分为两类，即不完全的社会化（社会化程度不足）和错误的社会化（逆向社会化）。

（二）监禁负效应

以剥夺人身自由为主要内容的监禁刑，取代剥夺人的生命的死刑和致人残疾甚至死亡的身体刑，是人类刑罚发展的重大进步。但监禁刑并非十全十美，也存在着容易导致罪犯相互或深度感染，或"监狱化"等明显的缺陷。监狱的目标是造就适应社会的守法公民，但监狱封闭的环境和传统的行刑模式，也易形成或加重罪犯的某些异常心理，所以，这里所说的监禁负效应主要是指剥夺罪犯的人身自由所带来的对罪犯心理的消极影响，包括形成新的异常心理或加重原有的异常心理。例如，由于罪犯被剥夺了自由并从事强制性劳动，就很可能因此而产生消极对抗或破罐破摔等不良心理。另外，狱内人际关系紧张，由监禁所导致的婚姻、家庭破裂等也都会给罪犯带来更为严重的心理问题。

（三）其他原因

罪犯异常心理形成的原因是多方面的，除社会化缺陷、监禁的负面效应等原因外，还有遗传因素、生物因素、心理因素等原因。通常，各种因素不是单独发挥作用，而是相互作用的。

1. 遗传因素。对罪犯异常心理的产生，我们虽然不承认遗传决定论，但也不否认某些神经症、人格障碍等受遗传因素的影响。绝大多数实验表明，同卵孪生子比异卵孪生子在人格障碍、过失和犯罪等方面的一致率更高。在精神疾病中，尤其是精神分裂症、躁狂抑郁症和癫痫等，遗传常常是重要的原因。

2. 生物因素。罪犯的异常心理也必然要受到生物因素的影响，生物因素包括素质因素和诱发性因素。素质因素一般是遗传所引起的，是一个人的行为的生物基础，它包括结构因素和生理因素。如德国精神病学家 E. 克雷奇米根据体型特点将人分为肥胖型、瘦长型和健壮型三种类型，并认为应当从一个人的身体形态或生理特征中寻找犯罪人的犯罪原因。如易成为偷窃或诈骗犯，也可以成为杀人犯的健壮型体型，是粗暴、易激动、残酷和自负的人，所以最容易发生犯罪，特别是暴力犯罪。除结构因素外，诸如内分泌异常、血种缺糖等生理和生化方面的因素，也可能引起变态心理。

3. 心理因素。心理是客观物质世界在人脑中的反映，因此，心理活动的内容、方式都直接或间接地受制于社会环境的影响。也正由于此，心理因素对罪犯异常心理的形成具有重要意义。

和常人一样，罪犯在日常改造生活中，由于需要的多元化和满足需要的目标、途径的多样化，因此，常常要在满足什么需要和怎样满足需要方面做出选择，由此产生心理内部的动机冲突。具体表现为：当"鱼和熊掌"同时出现时而又不可兼得；面对"骑虎之势"时，左右为难；面临一个目的，而又患得患失。动机冲突不论表现为哪一种，都可能导致罪犯的心理挫折，而与挫折相伴的是需要部分或全部得不到满足，是目标实现受阻所引起的情绪紧张的焦虑反应，而这些又是罪犯异常心理形成的温床。

五、能力实训

案例讨论：关于罪犯人格障碍的个案分析

（一）基本情况

　　罪犯张某，男，32 岁，初中文化。因强奸、伤害罪，被判处无期徒刑，现在某监狱服刑。入监 7 年，余刑 14 年。因打架违规多次被禁闭、严管（其中一次因打架构成伤害罪，加刑 2 年）。感到服刑生活压力大、改造没有出路；自卑、悲观、敏感，不愿意和别人沟通，人际关系不良，喜欢钻牛角尖；脾气暴躁、易激怒；行为控制能力差；焦虑，考虑问题混乱，失眠多梦，梦到自己杀人等；总是想着不能活着走出监狱，即使刑满出去也会再犯罪。某日前来心理咨询中心求询。

交谈得知其成长背景复杂，自小生活在严厉的家庭教育环境中，父亲脾气暴躁，父母之间时常发生家庭暴力，对孩子以体罚代替，如果在外边与别的小孩之间发生冲突，回到家里肯定受到体罚；在学校老师将他的座位排在教室的最后一排，定位他为一个学习不好的学生。

最初来咨询时，按照心理咨询的一般程序，进行资料的收集、分析，其中根据来访者的言语、行为表现及心理现状，在取得其同意和配合的情况下，对其做了明尼苏达（MMPI）心理测验。测验结果有效，来访者在 Pd（82）、Pa（78）、Pt（68）、Sc（78）、Ma（76）、Si（71）几项临床量表上存在明显高分，表明该犯在认知、情感、控制冲动以及人际关系等方面存在明显异常，因此初步诊断为人格障碍。

（二）课堂讨论

1. 针对张某的心理与行为表现，你认为可以采取什么方法对其人格障碍进行矫正？并说出自己的理由。

2. 讨论矫正方法的具体实施过程。

下面，让我们尝试运用认知行为疗法对该犯的人格障碍进行矫正，并探究其适用性。通过学习要求大家掌握认知行为疗法的基本要求和操作步骤。整个矫正过程可分为三个阶段：

第一阶段：建立咨询和矫正关系、搜集资料、分析评估和诊断阶段。在最初的治疗中，主要围绕心理问题现状进行诊断，建立良好的咨询关系，协商咨询及矫正方案。由来访者的背景资料分析可知，其自我评价极低，且模糊不清，缺乏自信心。由此导致来访者形成规范意识差、认知偏执、情绪不稳定、攻击性强和行为自控能力差等人格障碍。

首先，应对其想改变自己的现状且主动要求咨询的行为给予积极的肯定和鼓励。其次，再围绕来访者的自我概念现状，结合其成长过程和人格测验结果，协助来访者进行自我分析。主要分析其人格中存在的缺陷和不足，以及目前人格现状对他认知、情绪和行为的影响，确定咨询和治疗目标——重建自我概念，矫正人格障碍，发展自我。

第二阶段：正式矫正，此阶段可分为三个治疗层面进行。

第一个层面：认知上的改变——围绕澄清来访者自我评价偏低、认知偏执及一些非理性观念问题开展治疗，治疗目标是摒弃其消极的人生观，并代之以理性的、积极的人生哲学。

（1）围绕来访者认知现状，通过分析让他形成初步的自我认知的概念，即对生活事件的解释中带有一些消极的观念。如在服刑生活中"要面子""如我得不到我想要的，几乎不能容忍"，将自己的愿望和爱好变成武断的"应该""必须"，在信息不足或错误信息的基础上进行的不正确的推理，以及不能区分现实和想象，造成了他偏执和歪曲的认知，过度概括，主观推断，极端思维，不敢面对现实的问题和事件，对出现的一些问题进行外归因等。

（2）针对来访者认知结构的核心图式，进行认知重组。运用开放性问题让其发现"每个人都不爱我"这个错误认知结构图式，导致他从小就怨恨家庭和社会，不在乎社会道德规范和行为规范，以至于经常出现越轨行为和不良的冲突。在治疗过程中应要求他放弃不合理的观念，尽量教会他如何有条理地查找出自己观念中存在的错误，让其知道这些错误又会导致认知歪曲。

（3）在其认识到他的认知不合理性后，鼓励他做一些家庭作业，记录下他的所做所思，形成一些另外的解释来替代他错误的假设。

第二个层面：情绪上的改变——围绕来访者情绪不稳定、易被激怒的问题展开治疗。

在治疗过程中，来访者可以学到一些控制自己过激情绪反应的技能，运用自我提醒和深呼吸放松的方法，不让自己消极情绪发作，使他能够确认和辨认那些通过自我灌输而保持下来的不合理信念。使他学习如何用有效和合理的认知来代替那些无效和非理性的观念，并由此来改变他对情境的情绪反应。

另外，教给他适当的宣泄不良情绪的方式。例如，向和自己关系较好的服刑人员倾诉；运用手中的笔将消极的情绪随意写出来；通过读书、多想一些快乐的事情等转移注意力。

通过以上情绪治疗，使其消极情绪得到有效控制，情绪反应的强烈程度和发作频率逐渐降低。

第三个层面：学会运用适当的方式处理当前和未来问题的具体应对技能。学会分析事件，对事件的看法，这些看法产生的后果，对错误看法反驳及反驳的后果。教给他要为自己的行为负责，打破行为的刻板定势。

让他获得一组帮助性的信念和自我提高的内部对话；让他对以前无疑问地接受的自我击败信念进行评估，督促其放弃错误的信念，然后将有效的功能信念结合进来，让他不只是要认识到自我击败的思维方式，而且要作出行动去挑战和改变它们。

促使其行为改变可分三个环节：

（1）自我观察，学习如何观察自己的行为。在治疗开始时他们的内部对话充满了消极的自我陈述和意象。关键是他们愿意和有能力倾听自己，这个过程包括提高对自己的想法、情感、行为、胜利的反应和对别人的反应方式的敏感性。随着治疗的深入，来访者获得新的认知结构，这使得他能以一种新的角度来看待他的问题。

（2）开始一种新的内部对话。在来访者学会了注意他们所适应的不良行为后，形成新的内部对话，从而产生新的行为。

（3）学习新的技能。矫正过程的第三阶段是教给来访者一些更有效的可以在现实生活中应用的应对技能（认知重组可以帮助他们改变他们的消极观念，因而使他们更乐于去进行自己喜欢的活动）。同时，来访者要继续注意告诉自己一些新的内容，并且观察和评估它们的结果。来访者所学内容的稳定性在很大程度上受他们告诉自己的有关新学行动和它的结果内容的影响。如在人际关系方面，教会来访者如何关心别人，多做利他行为，从而使他逐渐被周围人所接受，关系逐渐和谐。

同时，在治疗过程中要求监区民警给予配合，当来访者积极表现时及时鼓励强化；当人际关系出现冲突、情绪波动时，及时予以关注和干预，直到治疗效果完全稳定。

第三阶段：后续支持性治疗阶段。此阶段主要是针对来访者人格治疗的反复性而进行，随着矫正成果的不断强化，该来访者逐渐能面对和分析自己的过去和现在。在自我认知方面有很大的提高，减轻和消除了非理性的观念，情绪趋于稳定，行为的冲动性大大降低。经过三个不同的矫正阶段，运用明尼苏达人格量表对其进行再测，各项指标如果趋于正常，说明通过认知行为疗法的治疗使来访者在心理上产生了显著的变化。

通过这一人格障碍治疗的案例分析，我们可以看到，对于存在人格障碍的服刑人员的治疗，主要原因还是他们已经形成的认知结构、已有的生活经验和固有的人格特征。认知行为疗法改变了他们的认知结构，重塑了其人格，进而改变情绪反应定势和行为习惯。对监狱来说，特别是关押重刑服刑人员的高警戒监狱，服刑人员中存在人格障碍的比例还是比较高的，服刑人员人格障碍的存在直接威胁着监狱的秩序和安全，因此监狱要坚持"以人为本"的矫正理念，治疗方法要具有专业性和针对性。

复习与思考

1. 结合实例，谈谈对监狱罪犯中同性恋的心理矫正方法。
2. 你对罪犯人格障碍矫正的困难与可能性有哪些认识？
3. 以罪犯神经症为例，你认为对罪犯异常心理应采取什么方法进行识别？
4. 如何理解罪犯拘禁性精神障碍？如何进行矫正？

工作任务九　罪犯的心理危机干预

一、学习目标

知识目标：掌握罪犯心理危机的内容，干预的方法、原则和步骤。

能力目标：能根据罪犯心理危机的表现进行识别，并能针对心理问题采取相应的心理干预措施。

二、工作项目

近年来，我国狱内犯罪案件时有发生，尤以自杀、脱逃等恶性案件较为突出。罪犯，作为一个特殊的群体，入狱后在刑罚作用下承受了一定的生理和心理上的痛苦，在遭受狱内外的生活事件刺激或挫折后，极易出现各种心理问题和心理障碍，严重者甚至诱发精神疾病。这严重干扰了正常的监管改造工作，甚至出现危及监管安全的事故。少数罪犯把对刑事判决和服刑改造的不满情绪转化为公开地对国家和人民的疯狂报复，其犯罪手段也更加狡猾残忍，诸如杀害干警冲监、聚众劫持干警暴狱、结伙预谋越狱脱逃、内外勾结劫狱，等等，造成的危害、后果也呈越来越严重的趋势。

◎ **案例**：汪某某，男，19岁，进监狱不到一年。他曾经是一个很文静，很有礼貌，也很有理想、很有抱负的男孩子。在初中时成绩非常出色，是父母的宠儿、老师的骄傲、同学心中的榜样。汪某某刚进高中时进行了摸底考试，结果成绩离理想的相去甚远，想到自己曾经的辉煌，不由失落感倍增。特别是初中的同学C，也是汪某某高中的同桌，其成绩远远超过了他，这无疑使他更受打击。因此他强烈地想把成绩搞上去，总怕自己上课漏听什么，结果，他一听到上课铃声心就会猛烈跳动，整个上课过程就像得了严重的心脏病似的，很难受，可一下课就一切正常了。每次考试他都想着要翻本，可事实是一次比一次差，甚至拿到试卷就会发抖，脑中一片空白。从此他一度萎靡，上课提不起精神，甚至连头也不敢抬，总感觉老师和同学都在笑话他，都在歧视他，认为同学C更是有过之而无不及。就在这时，他和C在宿舍因一点小事发生了冲突，经过老师的教育和开导，事情很容易就解决了。C也没再把这件事放在心上，可汪某某却认为这是C对他轻视、挑衅的突出表现，又联想到从开学到现在他自认为C侮辱他的很多次事情，便断定自己有今天全是 C 这个小人背后搞的鬼，他越想越气，决心要报复，但又没胆量，总这样憋着，渐渐地感觉胸闷、心慌、头痛和厌食。最后，他终于无法控制自己，向 C 发出了挑战书，邀 C 晚上到厕所决斗，去时他身带一把水果刀，见到 C 就拔刀相向，造成 C 重伤，结果他被判处有期徒刑 10 年。

进监狱以后，他一直感到压抑，打不起任何精神，什么兴趣都提不起，饭不思，茶不想，整天低头无语。想想自己以前对大学的期盼，父母与老师的期待，再想想父母因为自己身陷囚牢而现在身体大不如以前的境况，感到非常自责，对整个人生失去了兴趣，经常暗自流泪，干警几次找他谈心效果也不佳。

（一）问题的分析

1. 开始于考试焦虑。我们从汪某某第一次摸底考试失败后产生的一系列心理变化可以推断，他一开始是处于典型的考试焦虑状态，他的自负和脆弱让他无法接受自己不如别人的事实，矛盾使得他心力交瘁。考试焦虑是后天习得的心理障碍，它是主客观因素共同作用而形成的，多数是因为家属、老师或自己对学习提出过高要求，超越了自己的承受能力并形成了过度的心理压力。

一般来说考试焦虑与下列因素有关：①考试焦虑与能力水平呈负相关，即学习能力相对较弱或学习效果较差者容易产生考试焦虑；②考试焦虑与抱负水平呈正相关，即要求自己成绩过高者容易发生；③考试焦虑与竞争水平呈正相关，即考试意义越大越易产生；④考试焦虑与考试失败经历呈正相关，即经历过重大考试失败者容易发生；⑤考试焦虑与心理生理状态呈负相关，即心理承受能力差的人容易发生，且与生理状态也有关系。

2. 经历了抑郁和嫉妒。汪某某在多次自我挣扎却不能扬眉吐气后陷入了深深的不安和忧虑中，同时想到以前不如自己的 C 现在成绩反而超过了自己，心里很是不爽，嫉妒的成分慢慢在膨胀，随着时间的推移，汪某某患上了比较严重的抑郁症。抑郁症是一种以情感低落为核心表现的心理状态，通常表现为内心愁苦，缺乏愉悦感，思维迟钝，注意力不集中，记忆力减退，常感到不顺心，对什么事情都没有兴趣，缺乏信心，有时还伴有失眠或昏睡、体重下降、心慌等生理变化。它是心灵的杀手，近年来，罪犯中抑郁症患者呈迅速上升、日渐严重的趋势，甚至于有的罪犯走上绝食、自杀的极端道路，引起了社会各界的高度关注。其实，抑郁也是一种正常的情绪反应。生活中，人人都会面临各式各样的不如意，遭遇形形色色的挫折，但绝大多数人都能化解不快，忘却烦恼，只有小部分人不由自主地沉湎其中，难以自拔，日积月累，沮丧悲观。而汪某某的心理素质较差，对于一时的失败不能正确认识，一直耿耿于怀、无法释然，最终导致了抑郁症的产生。

3. 发展成暴力倾向。汪某某一直很痛苦，也想早日解脱心灵的羁绊，导致了情绪的最终爆发，但是他采取了极不理智的处理方式。他选择用暴力来解决问题。其实，他本来是一个文静胆小的男孩子，也知道自己有心理问题，他需要寻找突破口，也就是我们经常说的"归因"，但他把自己所有的失败和不如意都归到了别人身上，认为是 C 把他害成这样的，把一腔怒气全部倾注在 C 头上，以至于要找 C 决斗。他的这种暴力倾向比较特殊，并不是因为受到某些暴力因素的影响，而是一种郁积力量的突然爆发。这种突然的情绪爆发危害性是很大的，往往会给双方带来巨大的伤害和痛苦。

（二）心理干预过程、策略及效果

1. 认真倾听，鼓励当事人宣泄感情。一开始他还不太愿意说，我主动表示了同感，拉近了彼此的距离，使汪某某相信自己找到了能理解他痛苦的人，他其实也渴望倾诉。在断断续续的讲述过程中，他神情激动、痛苦和焦虑。我鼓励他把内心的痛苦宣泄出来，释放积聚在内心的不良情绪。这次谈话后，他的态度发生了变化，从被动倾诉开始转向主动找我聊天，有时一聊就是两三个小时，这是一种良好的发展势头，经过多次谈话，他的情绪基本稳定下来。

2. 启发引导，调节不良认知。通过谈话，了解了事情的来龙去脉，也了解了他的劳动、生活、交往、家庭等情况，从这些信息可以分析出他存在着不正确的观念，因此，首先要矫正他的一些不良认知。认知的改变主要通过以下几个方面进行：①一起分析以前成绩不理想的原因；②分析考试的作用，介绍考试的策略；③一起分析从忧虑到恐惧考试的盲目性；④一起分析友谊的重要性以及归咎于他人的不合理性；⑤鼓励他在监狱里参加自学考试。通过多次引导，最后我在时机比较成熟的情况下，通过他的家属、监狱老师，安排了 C 到监狱和汪某某见面（这也是监狱进行思想教育的一个契机），我鼓励双方当着干警、家属以及老师的面把对对方的看法说出来，结果说来说去大家发现竟然也没什么大不了的事情，我注意到汪某某用力甩了下头，然后伸出手对 C 说："对不起！"我感觉这三个字真的可以用掷地有声来形容，当时我们在场的所有人都很激动，也许这就是他怨气的释放和释然吧。

3. 缓解压力，正确自我定位，重塑自信。其实，汪某某的这些心理问题主要和监禁、人际、劳动及学习等压力有关，他不能正确面对各种学习压力特别是竞争压力，对自己的要求又过高，这样就导致了内心的矛盾和冲突。针对这种情况，接下来的心理辅导重点就放在了建立正确的压力观上了。我主要帮助他认清如下问题：

（1）得失心不要太重。得失心太重往往会使自己患得患失，更增加心中的压力和紧张。人一生中最大的光荣，不在于从不失败，而在于每次跌倒后，都能勇敢地爬起来。如果能从挫折、失败中站起来，才是真正勇者的表现。之后，我向他介绍了在监狱通过自考获得成功的几个案例，鼓励他："你完全可以从现在起做出决定，监狱也是非常支持努力改造、积极向上的人的，年轻不努力，年老后悔就来不及了……"

（2）正视考试的价值。不要怕考试，把考试当作检验自己努力成效的工具。考试不但能指出你该努力的方向，也能警告你是否该努力了，这样的"益友"到哪里找呢？人一生中最丢脸的事，莫过于被同一块石头绊倒两次。我们要吸取考试经验，才能使今日的失败成为明日的成功。

（3）增强实力最重要。如果每天都在想"考不好，怎么办？"，只会造成无谓的烦恼，占用你宝贵的时间，对自己没有丝毫帮助，倒不如把心思和时间花在改造、读书上，有了实力，还怕考不好吗？学习永远不嫌迟，只要努力再努力，成功必然属于你。

在谈话阶段，我发现汪某某的变化是让人欣喜的，第二天他就重新拿起了他厌恶的课本，甚至还经常找一些干警、高学历的服刑人员等问问题，他已经准备认真投入自考了。

三、工作项目分析

（一）什么是罪犯心理危机

罪犯心理危机干预是监狱心理矫治工作的重点和难点。

心理危机，是指当人们面临突然或重大生活逆境时，如亲人死亡、婚姻破裂或天灾人祸等所出现的心理失衡。确定有心理危机须具备下列三个条件：①出现较大心理压力的生活事件；②出现一些不适感觉，但尚未达到精神病程度，不符合任何精神病诊断；③依靠自身能力无法应付困境。

在人的一生中，会遇到不同的心理危机。青年人一般会遇到恋爱和学业等方面的危机，中年人一般会遇到职务升降和社会关系等方面的危机，而老年人则会出现以精神和身体疾病为主的危机。

罪犯心理危机是一种特殊机构中的危机，即监狱中的危机。监狱的隔离性，监狱中的特殊人际关系，监狱对罪犯行动自由的限制和剥夺等是监狱特有的自然因素，当这些自然因素"自然"地发生作用的时候，其很可能就成为罪犯危机产生的一个重要的促成因素或背景因素。

罪犯心理危机，通常是指罪犯在服刑期间，由于人格缺陷或意外事件的压力，而产生的严重的紧张、焦虑、抑郁、愤怒等情绪体验，有可能会引发自杀、行凶、脱逃等行为，或存在着潜在危险的应激状态。其构成要素主要包括以下几个方面：①重大的心理应激；②急性情绪扰乱表现出紧张、焦虑、抑郁等情绪状态；③认知改变，躯体不适和行为改变却不符合任何精神、疾病的诊断标准；④当事人出现特殊问题而自己的应对潜能与之失衡。

（二）什么是罪犯心理危机的干预

◉ 案例：罪犯黄某某，犯敲诈勒索罪，刑期3年，黄犯在某市看守所绝食5个半月，靠打点滴维持生命，不说话。3次被送到监狱，小腿已开始萎缩。前两次投送监狱，监狱都将其退回看守所，第三次投送监狱时，监狱没办法只好收押了。如何对一名不与干警对话，长期绝食的罪犯进行心理干预确实是一个难题。为此，我反复查阅相关资料，认为黄犯在死亡问题上仍存在犹豫状态，属自伤。否则，在看守所为他打点滴时就不会配合了，他并不想死，弄明白他的愿望和要求就会打开他的心结。为了让自己有充分考虑对策的时间，我进了新犯监区，与新犯人谈话，以寻求灵感和自信。在与新犯的谈话中，我意外地发现了黄犯的侄子是其连案，也刚送到新犯监区服刑。我做通了其侄子的思想工作，要他配合我做其叔的工作，黄犯的侄子答应了。因此，我信心大增，设计了一个大胆的方案，抓住他并不想死的心理，利用激将法和逻辑问题刺激一下黄犯，观察其反应再说。临近监区下班时，我在监区卫生室里见到了黄犯，黄犯躺在床上正在打针，我在简单的自我介绍后，便对他说了下面一番话："黄某某，你要么继续绝食，死后我们送你一个骨灰盒，你的一生就这样过去了，根本没有多大意义；要么你就好好活下去，有什么问题你可以向我们反映，你一句话不说，我们就是想帮你也没有办法，我希望你好好想一想，何去何从你自己拿主张。"当我说完这话时，黄犯有了微微的笑意，有明显的躯体反应。三天后，黄犯在监区干警和其侄子的劝说下，开始吃面条，并开口说话，一场长达五个半月的绝食就这样无声无息地解决了。据笔者了解，黄犯绝食的原因有三：一是刚刑释回家不到一年就被抓，感到无颜见人；二是对这次定罪量刑有看法；三是想逃避劳动。

心理危机干预，又称危机调停，是以急诊访问或劝导的形式，改善可能导致心理障碍的各种条件的一种心理干预措施，以避免患者发生意外事故或发展成为精神病。罪犯心理危机干预也由此而来，是对心理失衡罪犯的紧急处理技术，其目的就是解救那些陷入心理危机泥沼中的罪犯，以避免逃跑、伤害、自杀等严重后果的发生。

（三）什么情况下罪犯可能发生心理危机

可能发生心理危机的罪犯，一般都是案情重大、情节恶劣、危害后果严重的犯罪分子，或者团伙案件中的骨干分子。他们一般刑期较长，悲观厌世心理严重，表现为情绪消沉、思想狭隘，不愿与人交往，碰到挫折与压力时，易产生自杀或与别人同归于尽的恶念。也有的是具有严重的恐惧与悲观心理者，自己知道罪行严重（特别是死缓），故其心理压力负荷极重，言行上谨慎小心，见到干警唯唯诺诺，实际上口是心非，情绪上寡言沉默，一切行为都是刻板地重复。但也有极少数死硬分子，他们的主要表现是逃跑或行凶，孤注一掷。

1. 突发事件、重大心理压力事件。突发事件、重大心理压力事件主要包括罪犯配偶提出离婚、失去亲人、身患重病、人际关系紧张、同性恋等。此类危机爆发剧烈，处于危机中的罪犯心理、情绪严重失衡，认知偏激，行为盲目，易导致灾难性后果，导致恶性改造事件的发生。如罪犯李某从家人寄来的书信中得知其父亲去世的消息后，突然大哭，情绪极为悲伤，用头猛撞墙，造成自伤自残严重事件。

2. 日常事件。服刑生活中日常繁琐事件容易造成消极心理长期积聚，导致心理危机的发生，造成打架斗殴甚至自伤自残等事件的发生。如内向的罪犯张某在狱内面对着枯燥单一、严格的生活秩序，且每天按照规定和要求劳动、学习、睡觉等，心里烦闷压抑，但尚能遵守监规纪律。一天，同组罪犯王某因一件小事说了张某几句，而张某则回骂王某，此时张某压抑已久的情绪不能控制，顺手用铅笔向王某脸上猛刺，将王某的脸部刺伤。

3. 年龄。根据心理学的有关理论，个体在生命发展的每个年龄阶段都会产生危机。如较为年轻的女犯有亲近的需要，而关押在监狱就使得这些需要无法满足，往往会因陷入孤立境地而导致她们心理危机的发生，其特征是情绪剧变，个体心理失衡。而有的老年犯人感叹人生暮年深陷牢狱，回顾过去自感悲凉孤独，黯然神伤。

4. 人格特征。人格因素表明，具有个性强，过分的抱负，固执好争辩，急躁、紧张、好冲动，富含敌意，具有攻击性等所谓 A 型性格的人，容易发生心理危机。在监管改造中，同样的事件对有的犯人可能影响不大，但对另一部分犯人可能就会引发心理危机，这就是个体特征因素在起作用。

（四）罪犯心理危机的一般表现

1. 心理危机的反应。当罪犯个体面对危机时会产生一系列身心反应，一般危机反应会维持 6~8 周。危机反应主要表现在生理上、情绪上、认知上和行为上。

（1）生理方面：肠胃不适、腹泻、食欲下降、头痛、疲乏、失眠、做噩梦、容易被惊吓、感觉呼吸困难或窒息、哽塞感、肌肉紧张等。

（2）情绪方面：常出现害怕、焦虑、恐惧、怀疑、不信任、沮丧、忧郁、悲伤、易怒、绝望、无助、麻木、否认、孤独、紧张、不安，愤怒、烦躁、自责、过分敏感或警觉、无法放松、持续担忧、担心家人健康、害怕染病、害怕死去等情绪。

（3）认知方面：常出现注意力不集中、缺乏自信、无法做决定，健忘、效能降低、不能把思想从危机事件上转移等行为。

（4）行为方面：呈现反复洗手、反复消毒、社交退缩、逃避与疏离，不敢出门、害怕见人、暴饮暴食、容易自责或怪罪他人、不易信任他人等行为。

2. 心理危机的发展。心理学研究发现，人们对危机的心理反应通常经历四个不同的阶段：①冲击期。发生在危机事件发生后不久或当时，感到震惊、恐慌、不知所措。如罪犯突然听到其妻子要与他离婚，亲人得了重病，家乡遭受重大自然灾害等消息后，大多数人会表现出恐惧和焦虑。②防御期。表现为想恢复心理上的平衡，控制焦虑和情绪紊乱，恢复受到损害的认识功能，但不知如何做，会出现否认、合理化等倾向。③解决期。积极采取各种方法接受现实，寻求各种资源努力设法解决问题。焦虑减轻，自信增加，社会功能恢复。④成长期。经历了危机变得更成熟，获得应对危机的技巧。但也有人消极应对而出现种种心理不健康的行为。

3. 心理危机的后果。心理危机是一种正常的生活经历，并非疾病或病理过程。每个人在人生的不同阶段都会经历危机。由于处理危机的方法不同，后果也不同。一般有四种结局：①顺利度过危机，并学会了处理危机的方法策略，提高了心理健康水平；②度过了危机但留下心理创伤，影响今后的社会适应；③经不住强烈的刺激而自伤自毁；④未能度过危机而出现严重心理障碍。对于大多数人来说，危机反应无论在程度上还是时间方面，都不会带来生活上永久或者是极端的影响。他们需要的只是用时间去恢复对现状和生活的信心，加上亲友间的体谅和支持，能逐步恢复。但是，如果心理危机过强，持续时间过长，会降低人体的免疫力，出现非常时期的非理性行为。对个人而言，轻则危害个人健康，增加患病的可能，重则出现攻击性和精神损害；对社会而言，会引发更大范围的社会秩序混乱，冲击和妨碍正常的社会生活。其结果不仅增加了有效防御和控制灾害的困难，还在无形之中给自己和别人制造新的恐慌源。

四、操作示范

　　◎ 案例：罪犯黄某，23岁，小学文化，犯抢劫罪，刑期4年，入狱前情绪较平稳、语言表达流利，思维连贯。入狱后自我感觉很糟糕，觉得自己没用，什么事情都做不好，情绪波动大，说话吞吞吐吐，具体表现为紧张、抽搐、恐惧。入狱后 10 多天就被列为三级心理危机干预对象，监狱安排了两名心理咨询员对其进行干预。一是每日通过安排其观看监狱介绍宣传片，参加新犯入监教育恳谈会，做一套暗示放松训练等方式让其对监狱的规章制度、周围的监管环境有一个感性的认识，缓解心慌恐惧心理，帮助其认同目前的生活环境；二是对其进行连续 5 次的心理咨询与辅导，了解引起该犯内心冲突、紧张害怕的深层次原因和主要症结，并针对她的低自我价值观念进行修正，进行客观的评价和角色定位；三是根据该犯的现实情况、特点及改造需求以半年为单位制订改造计划。通过一个多月的心理干预，该犯的紧张感减轻了，情绪逐渐平稳，抽搐、说话吞吞吐吐的情形消失，已经能正常地参加日常的入监教育课程和各项活动。

该案例说明，罪犯在入监教育期间出现入监不适应，情绪方面往往表现为高度的紧张、焦虑、悲伤或恐惧，有的可能出现敌对、愤怒、失望等情感；行为方面表现为不能专心学习和整理内务而导致社会功能下降；躯体方面出现不适，如食欲不振、心悸、头痛、失眠等。对这部分罪犯实施干预要教会其基本的心理调适方法，提高适应环境的能力，帮助转变角色，尽快适应监狱改造环境。

实施步骤：①情景导入。安排咨询员传授放松技术（深呼吸训练、渐进式肌肉放松、暗示控制放松、布置日常练习任务），通过安慰、提供温暖、放松训练等支持方式安抚其情绪，缓解入监后的心慌恐惧心理。②角色定位。在入监教育期间通过讲解心理健康教育知识、门诊咨询、团体辅导、聘请社会心理学专家个别辅导等形式，教会干预对象如何使用自主思维记录以确认并探寻歪曲认知，通过纠正错误认知极不合理的信念，帮助罪犯理性地分析和看待客观现实，进行角色调试。③植入目标。综合评估干预效果及结合罪犯改造需求，帮助罪犯确定切合个人实际的中短期改造目标和制订改造计划，逐步消除干预对象紧张、恐惧心理，激发其改造信心。

一般来说，心理危机干预策略的过程主要有：①主动倾听，共情关注，心理支持；②提供机会，鼓励疏泄，促进言语表述内心感受；③提供信息、解释危机的发展过程，使当事者理解目前的境遇、理解他人的情感，树立自信；④建立希望和保持乐观的态度和心境；⑤鼓励积极参与有关的社交活动；⑥注意社会支持系统的作用，多与家人、亲友、同事接触和联系，减少孤独和心理隔离；⑦必要时辅以行为、药物疗法。

（一）识别罪犯心理危机的状态

1. 通过心理矫治的技术和方法对罪犯进行心理评估，排查出干预对象。

（1）罪犯入监初期。前面的案例就反映了罪犯入监教育期间的心理危机的状态。罪犯入监时，由于从熟悉的环境到一个陌生的环境，情绪不稳定，心理处于不适应期，容易产生心理危机，所以在入监教育期间利用心理测试、行为观察、调查问卷、访谈、信息采集等方式对每名新犯的人格特征、心理健康水平及潜在的不良心理因素等进行分析评估，初步排查出需要危机干预的罪犯。

（2）罪犯改造中期。罪犯在改造过程中会经常面对配偶提出离婚、主要亲属病故、患有重大疾病等创伤性事件。一些罪犯由于心理承受能力差、自我调控能力低会因为这些创伤性事件而产生强烈的无助、痛苦的体验。具体表现为：①行为方面退缩，不愿与人交往，或者做出不寻常的努力以便使自己不孤单、不依赖他人，结果却变得令人讨厌；对前途悲观失望，漠视他人的帮助和关心，有的还可能发生对自己和对周围的破坏行为（如自杀、自残）。②认知方面表现为注意力过分集中于急性悲伤，并因此导致记忆和识别能力的下降。③情绪方面常出现害怕、焦虑、恐惧、怀疑、不信任、沮丧、忧郁、悲伤、易怒、绝望、自责、过分敏感或警觉、无法放松、持续担忧、害怕染病、害怕死去等。④生理方面表现为肠胃不适、腹泻、食欲下降、头痛、疲乏、失眠、做噩梦、容易惊吓、感觉呼吸困难或窒息、肌肉紧张等。

对这部分罪犯实施干预要使其能够将创伤事件融入改造生活并正视之，帮助其恢复创伤事件发生前的心理健康水平，重获自信，提高情感控制、人际交往能力。

实施步骤：①与干预对象建立基本规则，特别强调保密性，获得罪犯的信任；②由经历创伤事件的罪犯叙述事件事实，确定个体生活史和创伤之间的联系；③运用心理测试、结构性访谈、行为观察等方式来评估创伤对情感、认知及行为的影响，并对创伤的性质和严重程度进行综合心理评估，搜寻在负性情感反应和创伤之间起中介作用的歪曲认知，制订应急处置疏导方案；④鼓励干预对象加入为遭受类似创伤事件之苦而设的支持小组；⑤做治疗性游戏——停、歇、想，帮助干预对象形成良好的自我控制习惯，提高服刑人员自我处理心理危机的能力。

◎ **案例**：罪犯杜某某，55岁，犯受贿罪、渎职罪，刑期13年，余刑8年，在一次接见中得知自己的妻子因肺癌去世，儿子在处理妻子的丧事时又遭遇车祸。回到监区后精神恍惚，当天晚上强行冲越警戒线扬言要出去看自己的儿子，情绪激动。当日晚，监狱对其进行了个别谈话教育并将其列为危机干预对象。在干预过程中咨询员做了以下工作：①通过给以同情、支持、温暖、关注等方式先与该犯建立良好的信任关系。②给其提供时间和空间，听其倾诉，促使其打开"心理水龙头"，达到情绪的完全释放。③结合该犯的现实改造表现和心理特点，综合各方面的资料和信息进行心理评估，制订干预方案。④安排其参加"成长团体"活动。通过编排模拟情景剧，让其分别扮演剧中不同的角色，体验各种感受，帮助其承受和分解内心的不良情绪。⑤通过给其讲心理故事、看励志电影和书籍、讲述身边罪犯改造的一些亲身经历等方式，逐步引导其注意力的转变和自控力的累积，促使其将"心理水龙头"逐步收紧，达到情绪的平衡。⑥与该犯互做心理游戏，在寓教于乐中进行干预总结和反馈，通过鼓励、肯定、暗示巩固干预效果，促使其实现自我成长。通过干预后，杜某某已能正确看待和处理自己妻子的去世，得知其儿子已经出院，并由其儿媳与女儿照顾后，情绪得到了很大的改善，能超额完成劳动改造任务，获得了年终表扬，改造动力和热情增加。

（3）罪犯改造后期。对即将出监的罪犯心理评估采取问卷调查、心理测试、结构性会谈、个别调查相结合的方式进行。掌握临出监罪犯的心理现状，了解其社会心理成熟水平、认识能力、自制力以及是否存在由于出监而产生的自卑、焦虑等不良情绪引发的各种心理危机现象。

2. 结合狱情排查，及时发现干预对象。①由监区警察根据了解的罪犯书信、会见、谈话、日常改造表现等情况，进行分析排查；②由业务科室根据罪犯的心理测试、各类咨询、接谈等情况，进行分析排查；③通过查阅狱情防控系统，掌握每天犯群动态，及时排查、确定干预对象。

（二）保证安全

1. 对重点犯、顽危犯等每年（或半年或随时）评估1次。掌握这类罪犯的心理健康水平、个性特征、行为倾向、内心需求、心理变化、矫治效果等与改造密切相关的信息，防范这类罪犯因某些心理问题没有及时化解而引发重大违纪或危及监管安全的事件。

2. 对其他类罪犯每2年评估1次。了解掌握当前罪犯的心理健康状况、罪犯共性和个性的心理发展问题，预测各类罪犯的危险性，排查其是否应该列入危机干预或重点防控。

3. 通过电话咨询、门诊咨询、日常观察等途径排查甄别罪犯的危险性或心理危机级别。

4. 制订罪犯心理危机干预的预案。

（三）危机干预的工作环节

要构建完善的工作系统，开展有效的心理疾病预防与危机干预，主要包括五个方面：

1. 发现。要开展罪犯心理素质教育，鼓励罪犯本人积极求助。要选择科学的工具对罪犯开展心理健康测评，建立心理档案，以便做到早期发现心理问题，防患于未然。要开展危机重点人员排查工作，并建立快速反应通道，对有危机或潜在危机的罪犯做到及时发现，及时干预。

2. 监控。要主动收集罪犯心理疾病与危机信息，做好监控工作。要组织有关专家对有心理困扰的罪犯进行心理鉴别，通过早期干预、心理咨询和跟踪调查，形成心理问题筛查、干预、跟踪、评估等一整套工作机制，提高心理危机干预工作的科学性和针对性。

3. 干预。在相关专家的指导下，根据危机的类型和性质进行"红色""橙色"和"黄色"三种紧急干预。"红色"是危机的最高级别，一旦发现有自杀（劫持、脱逃等）意向并计划实施自杀（劫持、脱逃等）行为的罪犯，应立即对其实行有效的监护，确保罪犯人身安全，并迅速通知责任民警与分管领导，共同采取干预措施；"橙色"是危机的次高级别，在对罪犯进行心理健康普查时和日常工作生活中发现有自杀（劫持、脱逃等）意向者，必须甄别危机的程度，通过澄清、解释、安慰以及问题解决技术的应用，协助当事人或相关人员减少或摆脱危机的影响，恢复心理平衡，必要时应当及时转介；"黄色"是危机的较低级别，即发现有心理困扰并严重影响其劳动、生活的罪犯，要建立良好的心理咨询关系、耐心倾听、认真记录、跟踪调查、协助当事人摆脱心理困扰，并及时通报信息。

4. 转介。与当地精神卫生机构建立良好的联络关系，按照有关规定，对不属于咨询范畴的、有严重心理障碍或心理疾病的罪犯应转介到精神卫生机构，以便及时采取心理治疗或住院治疗等干预措施。对处于危机中的罪犯要请专家进行心理评估；对自杀未遂的罪犯，应立即送到专门机构进行救治。

5. 善后。危机过去之后，干预工作仍然需要。可以使用支持性干预及团体辅导策略，通过教导员、责任民警等单独辅导等方法，协助经历危机的罪犯及相关人员，如责任民警以及危机干预人员正确总结和处理危机遗留的心理问题，尽快恢复心理平衡，并进行跟踪调查，尽量减少由于危机造成的负面影响。

（四）全程跟踪，关口前移，巩固干预效果

1. 严格制定危机干预撤销标准。针对三种级别的心理危机状况，结合不同罪犯的心理特点，科学、合理、严格地制定三种级别心理危机的撤销标准，避免因标准过低而使得干预不易出成效，从而防止其成为影响监管安全的隐患。

2. 控制诱因，重点预防，减少刺激源。狱外诱因的控制主要通过严格检查服刑人员的信件、监听亲情电话、接见、关注重大政治和自然灾害等途径，及时对干预对象做好周密细致的疏导工作。狱内诱因的控制主要通过提高服刑人员心理素质和适应能力，做好正面的积极教育和个别疏导工作，帮助服刑人员解决心理冲突，从根本上消除服刑人员自杀心理危机的诱因和刺激源。

3. 设定危机缓冲期，落实跟踪措施。对具有心理危机的罪犯经干预心理危机状态消失，继续跟踪 3 个月或给予降级处理情况稳定的，逐级审批同意后，恢复常规管理。对连续干预时间达 1 个月仍无法化解罪犯心理危机的，监区要及时调整干预方案，经调整两次仍无法化解罪犯心理危机的，作升级处理，由心理矫治科牵头组织相关科室和邀请社会心理学专家来监指导、会诊，并制订干预方案、落实矫治措施。

五、知识链接

一般而言，危机（Crisis）有两个含义：一是指突发事件，即出乎人们意料发生的事件，如地震、水灾、空难、疾病暴发、恐怖袭击、战争等；二是指人们所处的紧急状态。当个体遭遇重大问题或变化从而使个体感到难以解决、难以把握时，平衡就会被打破，正常的生活受到干扰，内心的紧张不断积蓄，继而出现无所适从甚至思维和行为的紊乱，进入一种失衡状态，这就是危机状态。危机意味着平衡稳定的破坏，引起混乱、不安。危机出现是因为个体意识到某一事件和情景超过了自己的应付能力，而不是个体经历的事件本身。

心理危机，可以指心理状态的严重失调、心理矛盾激烈、冲突难以解决，也可以指精神面临崩溃或精神失常，还可以指发生心理障碍。当一个人出现心理危机时，当事人可能及时察觉，也有可能"不知不觉"。一个自以为遵守某种习惯行为模式的人，也有可能存在着潜在的心理危机。染有严重不良瘾癖的人，常常潜伏着心理危机。当戒除瘾癖时，心理危机便会暴露无遗。

（一）罪犯心理危机的可能原因

1. 对监管环境存在适应性障碍。

2. 对服刑期间家庭发生重大变故造成心灵创伤或因特定事件而导致行为亢奋或情绪过度压抑、焦虑、紧张。

3. 悲观自责或因特定事件引起自杀、自残。在改造过程中受缺乏自信、耐受力弱、性格内向、自我调控能力差、不良的婚姻家庭关系等因素的影响，容易导致情绪低落、抑郁、思维迟钝、食欲不振、体重下降、注意力缺乏、失眠等。极度悲观和无助的罪犯容易实施自杀或自残行为。

（二）罪犯心理危机的评估

1. 什么是罪犯心理危机评估。心理危机评估是危机干预的一项重要工作，对心理危机的评估需要一定的专业技术，应该由专业人员或经过培训的危机干预工作者完成。

罪犯心理危机评估是罪犯心理矫治工作的前提和基础，它是评估者根据心理测验的结果，加上调查、观察得到的多方面的资料，对被评估的罪犯个体或群体的心理特征作出有意义的解释和科学的价值判断过程。

　　2. 罪犯心理危机评估的一般过程。罪犯心理评估的过程一般有：①确定评估目的和评估标准；②资料收集阶段；③具体评估阶段；④评估结果的使用阶段。

　　（1）对纳入危机干预的罪犯进行了集体会诊（由监区分管改造工作领导、管教科室领导、教育科全体警察、各分监区、医院分管领导、分监区取得心理咨询师资格证的教育警察等参加）。各分监区对列为危机干预的罪犯逐一详细分析汇报，对典型的危机干预案例，进行了重点研讨，分别从受干预对象的犯罪史、成长经历、改造情况、心理评估、近期改造表现、异常行为、心理咨询结果，以及危机产生的原因、干预情况和效果，跟进措施等诸多方面进行会诊。抠流程、抓细节、探背景、究根源、找不足、寻差距，大家各抒己见，相互交流探讨。与会人员各自提出细致的会诊意见，并制订具有针对性的矫治措施。

　　（2）教育科对监区每季度危机干预情况进行了工作总结，根据与会人员会诊评估意见，对改造表现稳定、危机状况消除的罪犯给予解除危机干预；对心理危机状态趋于稳定，能够顺利参加改造的罪犯，继续巩固强化干预措施；对干预效果不明显的罪犯，调整完善干预措施，加大干预力度。同时，会议研究决定将监区列为顽危犯的罪犯纳入危机干预对象范围，向监狱危机干预小组报批后，列为监狱级危机干预，请监狱心理健康指导中心对该犯进行心理危机干预，对监区的心理危机干预工作给予指导和帮助。

　　（3）为下一步监狱在监区召开罪犯心理健康指导工作现场会作准备。结合工作实际，提出工作要求：一是重视对纳入危机干预罪犯的心理矫治和监控工作；二是夯实罪犯心理矫治工作基础建设，提升工作保障水平；三是规范罪犯心理矫治工作运行机制，提升科学应用水平；四是拓宽心理治疗渠道，综合运用设备，对罪犯开展减压、宣泄、疏导等调适工作；五是健全心理矫治心理工作管理机制，提升专业技能水平；六是要在理论调研上下功夫，把取得的工作经验和方法转化为更深层次的东西，为监区罪犯心理矫治工作更上一个台阶发挥自己的作用。

　　3. 罪犯心理危机评估的内容。罪犯心理评估的内容一般包括情绪、认知、行为和躯体症状等四个方面。①情绪：心理危机罪犯往往表现出高度的紧张、焦虑、抑郁、悲伤和恐惧，部分人甚至会出现恼怒、敌对、烦躁、失望和无助等情感反应。②认知活动：在急性情绪创伤或自杀准备阶段，心理危机者的注意力往往过分集中在悲伤反应或想"一死了之，一了百了"之中，从而出现记忆和认知能力方面的"缩小"或"变窄"，判断、分辨和做决定的能力下降，部分人会有记忆力减退、注意力不集中等表现。③行为方面表现：心理危机罪犯往往会有痛苦悲伤的表情，哭泣或独居一隅等"反常"行为。例如，劳动能力的下降，从而不能劳动和料理自己的事务；兴趣的减退和社交技能的丧失，从而日趋孤单、不合群、郁郁寡欢；对周围环境漠不关心，对前途悲观和失望，从而产生拒绝他人帮助和关心的行为，脾气暴躁或易冲动。④躯体症状方面：相当一部分心理危机罪犯在危机阶段会有失眠、多梦、早醒、食欲下降、心悸、头痛、全身不适等多种躯体不适表现，部分罪犯还会出现血压、心电生理及脑电生理等方面的变化。

4. 自杀危险性评估。自杀危险性的评估包括两个方面：①需要评定有自杀企图的罪犯是否存在生命危险，即自杀、他杀、自伤、冲动攻击行为等发生的可能性，这一水平的评定至关重要，因为它牵涉生命的安全与否；②需要评定有自杀企图的罪犯是否已丧失原有的社会角色能力、是否与周围环境疏远或隔绝，或者离开原先所处的自然社会环境。

自杀危险性评估必须注意，对自杀罪犯的检查评估应该尽量在短时间内迅速作出，以便及时干预和抢救。自杀危险性评估同时也包括下述两个方面：①自杀的严重程度；②相关的危险因素。

（三）各种罪犯心理危机干预的预案

心理危机往往具有突发性、不确定性、伤害性等特点。如果不能得到及时控制与缓解，就会导致罪犯在认知、情感和行为上出现功能失调以及社会的混乱。心理危机干预预案，是给正处于危机之中的个人或群体提供有效帮助和支持的一种必然的应对策略。

1. 心理危机干预的目的。①采取紧急应对措施，协助当事人度过现有的混乱状态，降低危机反应的影响程度；②减少或避免当事人心理疾病的产生，避免由于危机引发的伤害行为，提高监狱及当事人应对危机的能力；③增加当事人成长的可能性，使其学到新的应变技巧，增加生活选择，拓展人生观；④稳定监狱正常的教学秩序。

2. 心理危机的干预原则。①生命第一原则。发现危机情况，应"以人为本"，立即采取保护措施，最大限度地保护罪犯的人身安全。②亲属参与原则。实施心理危机干预时，要以最快的速度通知罪犯家属或亲属。③全程监护原则。实施危机干预过程中，安排专人对干预对象全程监护。④多元参与、分工协作原则。实施危机干预过程中，相关部门要协调配合，各司其职，积极主动地开展工作。⑤高度保密原则。有关工作人员不得将信息扩散给与事件无关的人员，以避免受干预者回归正常社会生活时产生心理障碍。

3. 心理危机干预的程序。

（1）问题的发现。各监区要建立起通畅的罪犯心理危机信息反馈机制，做到在第一时间内掌握罪犯心理危机动态。对有心理问题的罪犯，行为异常或近期情绪、行为变化较大的罪犯或家庭背景特殊（如父母亡故、离异、经济特困、孩子重病等）的罪犯，周围罪犯应予以理解、宽容、关心和帮助，若发现他们有什么异常应及时向干警、监区长（大队长）反映；监狱或监区应建立这些罪犯的信息库，密切关注其发展变化。对问题严重的罪犯需转介到心理咨询中心，由心理咨询中心工作人员解决或请相关专家对罪犯进行预诊和危机风险评估，或转介到相关医疗机构。

（2）信息报告。如果发现危机情况应立即向干警、监区长（大队长）报告，干警、监区长（大队长）在采取必要措施并迅速赶往现场的同时向所在监区（大队）分管领导报告，监区（大队）分管领导立即向监狱职能部门的主管领导报告，职能部门主管领导视危机严重程度酌情向监狱分管领导及时汇报。

（3）即时监护。一旦发生意外，监区长（大队长）立即派专人对危险罪犯进行24小时监护，并与医疗机构联合保护罪犯的生命安全。

（4）通知家属。在实施监护的同时，干警、监区长（大队长）应以最快的速度对罪犯采取相应的治疗措施。在紧急情况下，可采取直接送至专业卫生机构进行治疗等相应处理措施。并通知家属最好能来监狱协助干预，妥善解决罪犯危机。

（5）进行阻控。对于可能造成危机扩大或激化的人、物、情境等，要进行必要的消除或隔绝。对于监狱可调控的可能引发其他罪犯心理危机的刺激物，院（系）、辅导员应协助有关部门及时阻断。

（6）实施治疗。需住院治疗的，必须将罪犯送至专业卫生机构治疗。对可以在监狱坚持劳动但需辅以药物治疗的罪犯，在监狱内予以药物治疗；对不能坚持在监狱劳动改造的，按照监狱管理有关规定办理相关手续，采取如保外就医等措施治疗。

（7）应急救助。得知罪犯有自伤或伤害他人的倾向时，监区（大队）指导员、相关部门（包括狱政、狱侦、医务等）应立即赶赴现场采取救助措施，紧急情况下应先请求武警紧急帮助。

（8）事故处理。当罪犯自伤或伤害他人的事故发生后，监区（大队）、狱政、狱侦等部门负责现场的指挥协调；警卫队负责保护现场，配合有关单位对当事人实施生命救护，协助有关部门对事故进行调查取证，配合监区（大队）、指导员对罪犯进行安全监护，并通知监狱医院对当事人实施紧急救治，或配合相关人员护送至就近医院救治；心理咨询指导中心负责制订心理救助方案，实施心理救助，稳定当事人、周围人的情绪。

（9）成因分析。事故处理结束后，监狱突发事件工作小组成员应对事件的成因进行分析，对事前征兆、事发状态、事中干预、事后疏导等情况认真反思，总结经验教训，以备以后参考。

（10）善后处置。尽量消除事件带来的负面影响，特别是要重视向主管厅局汇报。同时做好所在监区（大队）其他罪犯的心理干预工作。

（四）罪犯心理危机干预的内容及方法

1. 内容。根据罪犯身心发展变化规律，以其内在的心理为对象，采取必要的教育、咨询和治疗手段，有效地提高其自身整体心理健康水平和心理素质，从而消除其心理危机产生的诱因和途径，从根本上降低心理问题的发生率，促进罪犯自身的心理健康。其内容主要包括：

（1）提高罪犯心理适应能力。①要让心理危机罪犯正确地认识和接受自己，要看到自我的希望和产生发展动力，不要放弃自己；②要学会处理人际关系的技巧，在监狱中要正确处理好各种关系；③学会主动控制自己情绪，把情绪波动的强度、速度和持续时间控制在正常范围内，掌握积极的心理防卫方法并用来调节自己的情绪。

（2）防止轻度心理障碍恶化。一般来说，心理冲突发展成心理危机都有一个从量变到质变的潜伏期，故而早期的疏导与治疗是必要的。所以，当罪犯出现人际挫折、家庭困难、改造问题以及情感绝望、抑郁或者人格变态等心理应激事件时，都要指导、提醒他们采取措施，及时阻止其心理的进一步恶化。

（3）预防心理危机的发生。对已经预测出来具有心理危机发展倾向的罪犯要实施特殊预防，可以从原因入手进行有效的预防。例如，可以通过亲情救助，帮助罪犯解决困难，也可以通过提高罪犯的自我认识、处理问题的能力，达到特殊预防的目的。

2. 方法。在工作实践中，有时尽管采取了各种预防和治疗措施，有些罪犯仍然难免步入心理危机的沼泽，以爆发性的形式释放其心中的不良情绪，对自身和他人都具有极大的危害性，这时就需要进行及时强化危机干预，避免造成灾难性后果。

（1）自我干预。在做好外部干预的同时，引导罪犯进行心理危机的自我干预。所谓自我干预，是以自我紧急心理变化为干预对象，实施及时、有效的自我危机干预。实践中主要通过心理健康教育、团体辅导、知识讲座及个体咨询等方式帮助心理危机罪犯进行自我调节，实现自我成长，化解心理危机。

自我干预的实现需注意以下几点：①了解心理危机产生、发展的规律及表现特征，能够识别自身心理和行为的变化。②适时宣泄。即遇到心理危机事件（如离婚、丧失亲人、人际关系紧张等）后，要充分体会这种痛苦，发泄情感（如哭泣和呼号），否则容易产生不良后果。③寻求帮助。在遇到心理危机时及时有效地寻求帮助，获得心理支持，尽快走出心灵的沼泽。④掌握有效的心理防卫机制，正确应付危机。罪犯要使用正确的应对方法，防止情感、精神上的崩溃。⑤成长。危机是一种生活变迁或转折。面临心理危机，个体的心灵受到一次考验，处理得当顺利的话，个体就上了一个新台阶，得到一次成长。

（2）外部干预。即通过监狱警察、罪犯家属、社会志愿者等采用宣泄、支持、澄清、决策等方法引导当事人走出心理困境、顺利度过危机期。实现外部干预的手段主要有以下几种：①宣泄。宣泄法即运用支持技术如暗示、宣泄等手段释放危机罪犯心中的抑郁、焦虑、仇恨等不良情绪，稳定其心情。宣泄法的实施既可通过面对面的谈话教育、心理咨询与治疗方法实施，也可通过警察控制的心理宣泄室实施。②支持。即在宣泄的基础上，引导罪犯重新认识目前的心态和这种心态的成因，并对这种心态所导致的后果进行全面的评估，在权衡利弊的基础上，自省到新的认识角度和行为方式，调动其认知潜力。③澄清。帮助罪犯掌握一些处理逆境和挫折的方法，以提高其应对能力。④决策。选择解决问题的合理方法。

六、能力实训

（一）自杀的心理危机干预

1. 对自杀者现场紧急干预流程。了解情况（贯穿谈判的全过程）→控制现场→疏散人群→制订谈判计划→设法让自杀者开口→建立信任→做个好的聆听者（贯穿始终，多给对方讲话的机会）→设法转移其对悲伤的注意力→动情→说理→协议达成→使其放弃自杀行为。

对自杀者现场紧急干预的技巧，按以下处置的基本程序来进行：

第一步：消气。让自杀者宣泄、平稳情愫，同时也是为了解更多的情况。对自杀者表示理解、关心和帮助的愿望。

不断让自杀者自由地表达和抒发内心的情感。设法让自杀者向我们宣泄内心的情绪，这一点是关键，有气堵在胸口而得不到发泄就会走极端，不是报复他人就是毁灭自己。两者的结果都不是我们所希望看到的，引导对方发泄、消气是最好的办法。对性格暴躁的自杀者要从下面三方面入手：①确定并反馈自杀者的愤怒；②发掘隐藏在试图自杀者内心深处的愤怒；③为自杀者宣泄愤怒提供机会。

重点了解试图自杀者是怎样产生自杀念头的。设法弄清楚导致试图自杀者产生轻生念头的一些特殊原因。设法转移自杀者的思维注意力，改变话题让其从消极的阴影中解脱出来。这是个很重要的技巧，自杀者就是思想上只想消极的东西，越是这么想心中就会越阴暗，改变注意力就是让其思维转向阳光的一面，从而用积极的态度来看待问题，态度积极了，行动上也会转变的。

第二步：取信，动情。打动对方，让对方不讨厌我、接受我直至喜欢我。

用真挚的表情、关怀的语言和行动上的微小帮助，来打动对方。让其有被尊重、被爱、被重视的感觉。尽可能地讲出所知道的行为人背景材料的细节，包括呼喊其名字和对其兴趣、特长的认可等，这样做可以表现出对其的重视和真诚。同时，对其受到的伤害表示同情。

设法发现行为人的闪光点，及时给予肯定和表扬。设法找到同行为人相似的经历。目的是求得认同感。有时适当地让有关人员扮演一下政府官员角色：一是表示对其重视；二是提高对我方能力的信任度；三是在适当的时候可出面周旋或警告一下，让谈判专家有回旋的余地。

第三步：说理。最重要的是趋利避害，让其感到接受我们的安排符合其自身的"利大于弊"的原则。同时还要照顾其自尊心，让其体面地放弃自杀。

利用其内心的矛盾，来加重其生存必要性的砝码。采取对比、类比、位置互换、利害陈述等说理方法让行为人自觉理亏或不划算而放弃其非分要求。

开诚布公地向自杀者讲述实施自杀行为但没死成对身体健康造成的种种危害后果，如瘫痪。要给行为人心理上造成一种压力，从而有所触动。这要在其宣泄完后再讲，在其情绪不稳定时，对方不会害怕什么，也听不进去的。

发掘对自杀者有意义的人和事，但要了解同其自杀有多大的利害关系。有时视现场情况及谈判的发展趋势，让这些人和事来配合我们谈判。

第四步：协议。双方让步，达成协议或给其指明方向，放弃行动。

对行为人提出的要求不要轻易满足，实在要满足也是一点点的来，且每次付出都是要图回报的，要讲大量的道理和运用一些感情手段。

让其对自己的非分要求自我感觉是不合理的、荒唐的。对其合理要求我们帮助其呼吁，并指明前途。告诉对方我们做了哪些工作，正在帮其做哪些工作，还将为其做哪些工作，哪些是我们能力范围之外的，但我们却努力达成了，哪些是我们尽了力，却无能为力的，最后还要告诉其以后该怎么办等。总之，一切为了对方，让对方感到我们尽了最大努力。

向自杀者强调自杀不是解决问题的唯一办法，一定有更好的途径——拖延时间，自杀的想法是由来已久的，要其放弃此想法是需要时间和耐性的。对处在危险境地的自杀者，应积极筹划稳妥的营救方案。这是不得已之法，不是首选。营救方案要在自杀干预前准备好，营救行动要和自杀干预同时进行。这是工作原则问题，不能疏忽。

2. 自杀危机干预的有关注意事项。

（1）三个关键。一是了解自杀者的真实动机和目的；二是让其开口以发泄情绪；三是做好心灵沟通，动之以情。

（2）四个必须。一是必须学会倾听；二是必须及时转移对方对让自己伤心之事的注意力；三是必须尊重、理解和关心对方；四是必须要有耐心，时间上要有保证。

（3）五个建议。

第一，建议对谋略的运用。在指导思想上主张上兵伐谋，其次伐交。在这里包括所谓"谎言"的运用，是善意的并且不会对其造成损害，其实这是运用谋略的一种方式；还有就是利而诱之，亲而离之等谋略也会发挥很好的作用。

第二，运用心理学理论中的心理需求的层次原理，这对我们在自杀干预过程中知道怎样满足对方的要求是有帮助的。人是因为需要才会产生行动的，知道了满足需要的方法就能阻止其行动，还有就是对一些变态心理知识的了解，尤其是对抑郁症的了解，大部分的自杀者都有此症状。

第三，语言的表达是重要的，所有以上这些都要用语言来表达。在这里有个表达方式的问题，就是赞扬的语言用直接表达的方式，用激昂的语调；批评的语言用委婉的方式，用平缓的语调；警告的语言用暗示的方式，低沉的语调。当然这些都不是绝对的，要因人、因事、因时而异，再就是多讲些阳光、鼓励的话。

第四，分析判断不能少。尤其对自杀者的分析判断要贯穿于交谈的始终，不断地分析其思想和下步行动走向以及真实想法，来不断修正我们的谈判思路和方法。还有就是对与自杀者有利害关系人的使用问题，要随着事情发展的趋势来分析判断，从而决定是否还能为我所用。

第五，我们要控制自杀者的思想，而不是控制其行动。通过控制其思想使其自己改变其自杀行为。

（二）劫持的心理危机干预

○ 案例：某年某月某日 11 时 30 分，某省监狱内警报突然拉响，该监狱二监区罪犯都在吃午饭时，罪犯林某某手持玻璃劫持罪犯李某企图脱逃。

"我老婆跟别人跑了，我现在什么都没有了，死了我也要拉一个人当垫背的……"该狱二监区罪犯林某某手持玻璃劫持罪犯李某企图脱逃，罪犯林某某声嘶力竭地叫嚣着。

因为林某某犯了罪，他的妻子在失望之余选择了离家出走。得到这一消息的林某某万念俱灰，于是决定脱逃。监区值班监管员发现罪犯林某某劫持李某在监舍门内大喊大叫的情况，进行劝阻，但无效。于是，值班管理员遂向监区领导报告。

"各单位进入临战状态，组织监区内部封控！"监狱"处突"指挥部接到报告后，指挥长副监狱长下令启动监狱"处突"预案，命令监狱各单位进入临战状态，请求驻狱武警增援，并向某某市公安局通报情况。霎时间，警报声在监狱上空响起。听到警报后，监狱防暴分队警察、驻狱武警中队携带装备迅速赶到指定位置集合。

"林某某，你已经被包围了，放下手中的凶器，举手投降，这是你唯一的出路！否则，你将承担严重的法律后果！"宣教组对罪犯林某某进行劝说教育。"少废话，叫监狱领导来！不伤害人质可以，你们给我准备两万块钱，再准备一辆车，我就放了他！"罪犯林某某恶狠狠地说，并把玻璃顶在李某的喉部，李某一直叫"救命……"

这时心理学专家被请到现场……

他向指挥长耳语一番，了解了一些情况后叫大家适当向后退些距离，就对罪犯林某某喊："林某某，我知道你此时心里非常难过，我能理解你此时的心情……"

林："你是谁？"

专："我是某某大学的心理学教授，我的名字叫某某某。"心理学专家边说边往前移动。

林："别过来！你要是再往前来，我就扎死他！"

心理学专家停住脚步说，"我就一个人，而且是赤手，没有带任何东西"。说着在原地转了一圈，并把外衣解开，在身上摸摸让林某某看，证明身上的确没有带任何东西。

心理学专家接着说，"我是想来与你谈谈的，我知道你此时此刻心里很难受"。

林："你不要骗我，你是监狱长派来的人！"

专："我没有骗你，我是监狱长请来的。"

林："监狱长请你来干嘛？"

专："监狱长说你遇到了麻烦，叫我来与你聊聊。"

林："没有什么好聊的！叫监狱领导来，给我准备两万块钱，再准备一辆车。"

专："这些我们都可以慢慢谈，你遇到了麻烦，我作为大学的心理学教授，我们先聊聊总可以吧。据我了解，你平时表现还是可以的，今天你发生这样的事情，我想你肯定遇到了大的麻烦，自己又不好解决，我希望我们能好好谈谈。"

……

专："我知道你现在心里很苦，你不要这样为难自己，这样你反而更加难受。"此时观察到罪犯林某某突然受到触动似的，动作和语气比刚才相比有了细微的变化。

心理学专家接着说："你今天所做的一切，我很理解，我很想听听你的心里话，我希望我们都能冷静一点，我们能好好谈谈。"心理学专家边说边往前移动着步伐。

林："你不要过来！"罪犯林某某的声音明显有些嘶哑了，语气也明显没有刚才强硬了。

专："我知道你一个人在外面不容易，你目前又受到了这么大的打击，你心里很苦，又不知道找谁去说，我现在就是想听你说的，我们一起来商量商量，看看能否想到更好的办法。"

……罪犯林某某没有答话。

心理学专家接着说："我也是很早就一个人在外面闯荡了，也吃了不少苦，有时也很郁闷，感到有人说说话心里会好受些，我想你也有这种体会。"罪犯林某某没有答话。

……

心理学专家边说边观察林某某，边说边往前移动着步伐。发现林某某持玻璃的手比原来松弛了很多，眼睛也慢慢地垂了下来……

心理学专家感觉林某某在听着，就接着说："听说你母亲不久前来看过你，你的母亲年龄不小了，身体也不是很好，可她坚持经常来看你，你想过没有？什么力量使她一直坚持来看你啊？她难道比你好过吗？你不想想自己，也该想想你母亲吧！也许你母亲她还在想，下次来看你还有多少天呢？"

心理学专家知道他与母亲的关系较好，他是母亲的依靠，他也比较孝顺母亲。

"呜呜……"，罪犯林某某突然声音哽咽起来……

心理学专家立即接近了林某某，把他手中的玻璃拿下。

这时心理学专家摸摸头，这是一个事先安排的手势。说时迟，那时快，几个干警迅雷不及掩耳之势，马上解救了被劫持的罪犯李某，并控制了罪犯林某某。

一场监狱罪犯劫持人质要脱逃的事件暂时得到了控制。

……

随后一段时间里，心理学专家与罪犯林某某进行了多次的心理干预与咨询，基本上使林某某接受了夫妻离婚、监狱的处罚等事实。

上面介绍的案例其实是反劫持谈判问题，也是一种特殊的心理危机干预。反劫持谈判是一个要求有着政治思维、法律素养、个人技能、心理承受力、个性特征的警务技巧性活动，必须在与劫持者进行谈判之前，就有明确的谈判理念，以当作一种最高的行动准则，来指导一个具体而系列化的谈判过程。它一般要注意以下几个方面的问题：

1. 生命至上、以人为本。在一个具体的反劫持现场中，一般有五种人在场，即被劫持的人质、谈判专家、现场参与"处突"的警力、现场围观者或居住的公众以及劫持者，警察应无条件、最大限度、全力以赴、快速有效地通过专业化的应对策略去维护这五种人的生命。

2. 反对以暴制暴、硬碰硬的传统处置。人质案件解决的成功与否，主要看人质是否能安全获救，同时保证警方的安全及嫌疑人被捕。但是，如果我们一味地采取以暴制暴的方式，很可能造成其中一方的伤亡，这都不算是最成功的解救。暴力的方式往往应该放在谈判未果以后，作为最后的处置方式。

3. 和平解决劫持人质危机。和平解决劫持危机是当代社会去应对与处置这类事件的最好选择，是一种短、平、快和多、好、省的优胜活动方式。只要警方能深入这个既微妙而又简单的处置过程中，准确地发现相应的规律，形成一种恰当的交涉形式，落脚在一个平稳的状态上，就可做到化对峙为合作，用"一笑解千仇"的对策来实现"四两拨千斤"的危机干预效能。

4. 与狼共舞，用心谈判。不但要以一种情感去打动劫持者，以符合人情的义理去感染劫持者，而且还要从灵敏度、深层度、应变度、控制度上去一展谈判专家的身手，才是"与狼共舞，用心谈判"所包括的精神、智力、魅力这种三位一体的谈判技巧的全部意蕴。

5. 处置劫持的心理危机干预人员必须专业化。心理危机干预人员要经过专业的培训，基本要求在干预现场要能做到以下几点：①干预人员一定要通过询问确认劫持者的需要和所要求的条件；②鉴于劫持者的情绪一般都很激烈，干预人员应该帮助其缓和情绪；③对劫持者所提出的要求作理性而自然的回答；④善于利用时间因素；⑤对劫持者的要求进行评估，满足其一些可实现的需求，也使其做出有价值的让步；⑥以协议或突击的方式结束人质事件，即在劫持者有所动摇、筋疲力尽或要向恶性方面转化时，当机立断地与外围警力配合解决问题。

6. 处置劫持的心理干预方法。指导我们处理这种特殊心理危机的基本思路，是确保"处突"过程中"不出事、出小事、防止出大事"的根本方针。可以说，这种配套性的反劫持谈判是理论结合实战、国内结合国际、执法机关结合民众、突发事件结合社会、经济结合政治的一种现代警务实战性的行动纲领。

在处置劫持人质的案件中，劫持犯劫持人质大多都是为了威胁有关部门答应他们的各种条件。虽然人质生命安全受到威胁，但是杀害人质并不是劫持人质犯追求的目标。在这种背景下，处置劫持既然首先是力求人质生命不受到伤害，那么，同劫持人质犯谈判往往就成了处置劫持人质案件心理较量中不可缺少的过程和手段。所谓"谈判"，其实是一种手段，为了达到我们预期的目的，就要说服和改变对方的看法，使他们放弃原来的想法和观念；或者游说对方达至一个共识，甚至妥协，也就是投降。如果能够达到这两个目的的话，就可以说是一个成功的谈判、成功的心理干预，形成一个双赢的局面。

（三）脱逃的心理危机干预

◉ **案例**：在一次新犯心理测试报告录入过程中，偶然发现一名罪犯在心理测试答题纸的反面写道："我有妄想症，需要帮助。"并在这句话的后面写了大大的国际求救信号"SOS"，可以看出这名新犯的求助心情很迫切，写在反面似乎内心又有些矛盾或者是不确定。咨询师带上该犯的心理测试报告到了监区谈话室坐下等候。

"报告。"

"请进。"隔着谈话室的栏杆，只见一位个头不高，戴着眼镜，神情沮丧的年轻来访者（按照咨询惯例，称求询罪犯为来访者，下同）走了进来。

"请坐吧。"来访者站在那里半天没有挪步，眼泪却哗哗地流了下来。新犯谈话时常常会发生流泪的情况，但一般都出现在谈话进行过程中，这位来访者刚进门什么都没说就止不住地流泪，可见其心理脆弱到了极点。等其稍稍平静了一点，咨询师再次说道，"请坐下来慢慢说吧"。

"没想到你真的会过来。"来访者坐下后缓缓地抬起头说。

"这是我的工作啊。你有什么需要帮助的吗？我看到你写的 SOS 求助，能不能具体谈谈？"

"我满脑子都是控制不住的想逃跑的念头。脑子里只要有一点空就会想到逃跑，想象着各种各样逃跑的方法，哪怕是在操场上训练时也是这样。我会幻想天上飞来一架飞机，在我头顶上空盘旋，飞机上放下一个云梯，我顺着云梯上了飞机逃走了。我知道不应该有这样的想法，但是控制不住，甚至经常神情恍惚，我非常担心报数时脱口而出会说出'逃跑'二字。我想我是不是有心理毛病？"

"这种想法是从什么时候开始的？"

"拿到判决书的时候就有了，后来越来越强烈，以至于现在无时无刻不在想这件事。"

这位来访者此刻正遭受着因为被捕入狱而产生的心理危机。

这名罪犯此刻正处在严重的心理失衡状态，在难以承受的心理冲突中理智尚存，因此才会提出申请，希望能得到帮助。眼前重要的首先是给予心理支持，帮助其稳定情绪，并在此基础上寻找适合他的解决问题的方法，以保证其本人和监狱的安全。

干预过程中，建立和保持与罪犯的心理联接是贯穿始终的任务，让罪犯觉得这里有人愿意也能够帮助他，并建立起对他的信任，干预就成功了一半。咨询师一定要注意不要驳斥，不要拒绝、否定罪犯的想法，并给予支持性的倾听与同情。罪犯在述说的同时，随着情绪的宣泄，就可能渐渐稳定下来。有时候也可以借助"保险箱""内在安全岛""遥控器"等情绪稳定技术帮助其稳定情绪。

　　"听起来你现在遇到了比较大的麻烦，你的理智告诉自己不能逃跑，但你的情感却不受控制地总会想到这件事，这个想法让你很害怕，你担心自己万一控制不了真的会去做这样的事情，其实你并不想这样做，所以你寻求心理咨询的帮助，希望能帮助自己稳定下来。"

　　"是的，我明明知道这样做是不可能有好结果的，退一步说，就算我想方设法地跑出去了，又能怎么样呢，可能我还没到家，警察已经到我家了。但是没用，我就是控制不了自己的想法。"

　　"很多人刚刚失去自由时都很不习惯，有些人会幻想着要是能出去就好了，就有自由了，似乎你比他们的这个想法要更加的强烈，其实你知道的，我们监狱的安全防范措施是很周全的。"

　　"我仔细观察过，在××处有 N 个摄像头，在××处有 N 个摄像头，从集训队到监狱大门口有××米，从操场到大门口有××米。我现在住在二楼，按照规定新犯是不准一个人下楼的，但是我为了能有机会一个人下楼，故意去争取帮忙搞卫生倒垃圾，我试过几次，有时候小岗也习惯了没在意我就下来了，有一次还试着一个人走到了监区大门外，我担心哪一天真控制不住的话就会迈出这一步。"

　　"看起来这个问题无时无刻不在困扰着你，并且严重影响到你的思维和你的行为，所以你会有这么强烈的担心，其实你同时也是用了很大的努力在控制自己。"

上面的这段对话在确定问题的同时也是在对危险性进行评估。其实危险性评估是贯穿危机干预每一个步骤的。

来访者此刻内心有强烈的冲突：一方面是渴望自由，不惜任何代价地获得自由；另一方面又在极力控制自己，不要做徒劳并且只会给自己带来更大灾难的错事，正是这种心理混乱的冲突导致了他内心的紧张焦虑和恐惧。如果不能及时处理的话不排除会发生不理智的脱逃行为。

接下来的咨询中了解了来访者过去的一些经历。来访者排行老二，有个姐姐，自己从小被父母宠爱，以前曾经不止一次被拘留，都是父母找人或者花钱帮他把事情解决，哪怕是被关在看守所里也没有吃过什么苦头。来访者性格机敏，在外面工作时也比较顺利，收入较高，后来因迷恋赌博无力自拔导致犯罪再次被捕，原先也以为这次会像以前那样轻松出去，没想到这次谁也帮不了他，被判刑入狱，父母变卖了所有家产包括房子帮他还债，两位老人只有一人有退休工资，想到父母因为自己的原因落到无家可归的地步，还要继续每月帮他还债，来访者内心非常自责，想逃出去的原因之一也是想知道父母现在怎么样了，万一他们有什么意外，来访者是无法接受和面对的。

参考来访者"中国罪犯心理测试个性分测验：COPA-PI"的心理测试结果，他的情绪不稳定，依赖性强，自卑，焦虑不安，对前途缺乏信心等。

咨询师向来访者指出其想脱逃的原因：一是从小一直受到家人的宠爱和保护，以前每次犯事都有家人帮着轻松过关，这次却被送进监狱，内心不能接受；二是即将被分到劳动监区，目前对以后的改造环境不了解甚至是充满恐怖，强烈的无助，缺乏安全感，潜意识里还是希望能够被保护，希望能回到亲人的身边，所以产生了强烈的脱逃念头。来访者表示认可这样的解释，并且在这个过程中，把压抑在心头很久的事情说了出来，现在轻松了些，感觉平静了许多。

　　"我们讨论了你目前的情况和大致的原因，现在我们来看看怎么解决这个问题，你很希望自己能从这个危险的矛盾中摆脱出来，那么有什么人、什么办法可以帮到你呢？"

　　来访者沉默了半天后抬起头说："只有监区的民警能帮我，让他们看紧我，或者是安排其他人看紧我，不要让我有逃跑的机会。"

　　"这是个非常好的办法，你能够想到这个方法说明你的理智还是占了很大部分的，并且你是愿意积极面对此事的，那么为什么不是直接去找民警而是找我们？"

　　"我担心他们知道了我有这样的想法会对我改造不利。"

　　"监区民警和我们工作的方法不同，但根本目标都是一样的，都希望你们能更好地适应环境更加顺利地改造，那么你是希望自己去告诉他们还是想让我去和他们说这事?"

"还是你帮我说吧,我还是不敢去说。"

"那好,我先告诉这里的民警,让他们帮助你来控制自己,等下星期你分到其他监区后我再告诉那里的民警,这样就可以减轻你的心理压力,不用随时担心自己控制不住会逃跑了。我相信,凭你的聪明、能力和迫切地想重获自由的动力,慢慢地等你适应了这里的环境以后你就会积极投入改造,通过正常的途径早日回到亲人的身边了。"

"父母亲写信说明天上午来接见,我不知道现在他们会是什么样子,如果他们能安顿下来,那我心里会好受些,否则的话我真担心我会失去理智的。"

"那我明天下午过来,具体有什么情况我们再讨论,但你要答应我,在我没来之前一定不要去做危险的事情。"

"好的,你放心,这点我一定做到。"

第二天下午的咨询中了解到他的父母上午来过了,目前是租房子住,也找了份临时的工作,眼下每月的还债应该没有问题,父母亲让他安心改造不用担心家里。咨询中来访者表示了自己许多猜测和担心:父母亲现在生活得很艰辛甚至是吃不上肉;如果以后的接见两人中有一人没来一定是因为他的原因病倒了,他将不能接受等。咨询师运用认知技术讨论他的非理性信念,来访者认识到自己的错误,最后表示现在自己的情绪平静多了,应该不会做出什么不理智的事情,并且约定等分下监区十几天后再次咨询,以防止自己不能很好适应新环境。

十几天后进行了第三次咨询,来访者表示对自己现在的状态很满意,被分配到一个辛苦但能多拿分的岗位,自己每天从出工到收工一直在不停地集中注意力干活,根本没时间去想逃跑,或者说这个念头现在已经几乎不再出现了。咨询中对目前可能出现的问题做了简单讨论,来访者表示对未来有了明确的打算,多学技术多拿分,好好改造争取减刑,靠自己的努力早日走出监狱大门。为了将来能更好地适应社会,还打算在劳动改造的同时参加自学考试。对于他的巨大改变和目前的心态,咨询师给予了积极的肯定,整个干预咨询过程结束。

以上的危机干预过程评估了罪犯心理危机的程度,了解了引起罪犯心理危机的因素,解决了罪犯的心理危机,帮助罪犯恰当应付所发生的意外事件,摆脱困境,恢复到危机发生前的状态,实现了危机干预的基本目标。危机干预的最高目标是增强其个人的功能,使其超过危机发生之前的水平。

罪犯危机干预应注意以下几点:

1. 危机是由罪犯确定的,而不是由咨询师确定的。罪犯在任何时候、由于任何原因都会发生危机，是否发生危机应当以罪犯的认识为标准。在罪犯认为发生了危机时，如果咨询师不认为那是危机，那么罪犯就会感到咨询师不理解他，就会产生更严重的隔离感；另一方面，咨询师应当避免形成一种危机心态，把罪犯的很多问题都看成是危机，如果形成这样的心态，就会不恰当的把危机扩大化。

2. 在危机干预过程中对罪犯的接纳是稳定情绪的基础。从这例危机干预的谈话过程中得知，来访者曾经和咨询师有过两次接触，一次是在新入监罪犯的心理健康教育大课上，还有一次是在部分新入监罪犯与即将出监罪犯的座谈会上，通过这两次的接触，来访者对咨询师有了认可和信任，这份信任成了关系建立的基础，所以刚见到咨询师就直接把内心的痛苦和恐惧都说了出来。

危机干预过程中，咨询师必须无条件地以积极的方式接纳罪犯，接纳和肯定那些无人愿意接纳的人，表扬那些无人会给予表扬的人。只有这样建立起心理上的连接，才能建立起良好关系，在此基础上，咨询师才能协助罪犯稳定情绪，才能进行干预工作。

3. 危机干预后的跟进咨询是对干预结果的巩固。社会上的危机干预通常是一次性的，干预结束后根据需要可能是将来访者交给其亲属，或是其他可以利用的社会支持系统。但是，在监狱里，罪犯可以利用的资源有限，这时，咨询师的跟进咨询就成为其心理支持必不可少的环节。在危机干预之后罪犯心理功能尚未完全恢复的时候，针对其不良认知、消极情绪和错误行为进行工作是对危机干预结果的巩固。根据监管安全需要，采取一定的措施是必要的，但仅仅如此而放弃心理疏导则不利于罪犯的心理成长，往往也会导致问题的再次发生。

4. 危机中包含着危险，也蕴藏着机会。遭遇危机有三种结果：最坏的是崩溃，也就是自杀、脱逃、暴力等非理性行为的发生；其次是将有害的结果或症结排除在意识之外，遗留认知问题，遇事再次浮起（慢性危机：转移状态）；第三种结果是能够有效地应付危机，罪犯从中获得经验，提升自我能力，此次的危机事件就成了他一个成长的机会。

本例干预后，咨询师向有关监区做了反映，并一直关注这名罪犯的心理和改造情况，在跟踪回访中该犯表示目前情绪稳定，监区也反映他的改造表现积极，半年后该犯参加了有关心理学某专业的自学考试并顺利通过两门，综合以上情况来看，该犯有效地度过了这个危机并获得了一定的成长。

本例罪犯的危机干预过程比较顺利，但某些危机的解决往往是很复杂的，可能需要监区民警甚至是罪犯亲属的配合。不存在万能的或者快速的危机解决方法，危机的解决通常与咨询师的工作能力密切相关，而这种能力的提高除了有赖于咨询师的生活经验以外，还有赖于理论学习和工作实践中的不断积累。

对于以上的案例，同学们可以按照书上讲的原理自己进行实训。

然而，现实中的情况是综合且复杂的，罪犯往往会准备多套预案，他们是经过精心准备，周密预谋、择机实施，以有备对无备。如案例：

◎ **案例**：2009 年 10 月 17 日上午，4 名罪犯（乔某某、董某某、李某某和高甲分别于 2003 年至 2006 年因犯抢劫罪、盗窃罪、故意伤害罪被判处死刑缓期 2 年执行和无期徒刑，并投入呼和浩特第二监狱服刑。在服刑改造期间，罪犯乔某某于 2008 年 3 月产生脱逃念头，遂与同监区服刑的罪犯董某某预谋绑架监狱民警夺取警服和出门卡后实施脱逃。2009 年 8 月至 10 月，二人又串通了同在监狱服刑的罪犯李某某和高甲，四人预谋 10 月 17 日绑架民警，实施越狱，如遇反抗就使用暴力。）在监区一库房内准备了刀具、电线、胶带等作案用具。当日 13 时许，罪犯董某某将安全员高乙（系服刑人员）骗入库房，罪犯乔某某、李某某、高甲用电线、胶带将高乙手脚绑住，用汗衫堵住其嘴。董某某又将监管民警徐某骗入库房，3 名罪犯将徐某的警服强行脱下，搜出徐某身上的出门卡等物后将徐捆绑。董某某又以同样的方式将监管的民警兰某某骗入库房内，兰某某发现情况异常进行反抗时，李某某抱住兰某某并捂住其嘴，乔某某与高甲用尖刀在兰某某腹部、颈部等处捅刺数十刀，致兰某某当场死亡。罪犯乔某某从兰某某身上搜走出门卡、钱包及 3700 余元现金。

当日 14 时许，4 名罪犯将徐某的警服和事先准备好的便服换上来到监狱大门口，当其受到值班人员盘问时，高甲用手中的裁纸刀击打值班人员头部，四名罪犯冲出监狱大门，劫持了一辆出租汽车，将司机和一名女乘客拽下车，将另一名女乘客陈某堵在车内，由乔某某驾驶逃离。高甲上车后将刀架在陈某的脖子上，抢劫了陈某的手机，李某某将陈某钱包内的 700 元钱抢走。当车行至呼和浩特市南二环路段时熄火，四人弃车潜逃至呼和浩特市和林格尔县境内的山上。三天后，4 罪犯发现有公安人员搜捕，便抢劫了一辆农用三轮车驾车逃跑。为了抵抗追捕，4 罪犯将一名村民挟持到车上作为人质。车行至一转弯处发生侧翻，李某某、乔某某、董某某先后被追捕的公安人员抓获，高甲抗拒抓捕持刀捅刺追捕中的公安人员时被当场击毙。

结合以上案例进行复习与思考。

复习与思考

1. 什么是罪犯的心理危机?
2. 简述罪犯心理危机评估的内容。
3. 试述罪犯自杀的心理危机干预的流程。
4. 进行罪犯严重焦虑、抑郁、打架、斗殴等心理干预的能力实训。

工作任务十　罪犯心理评估

一、学习目标

知识目标：让学生了解罪犯心理评估的内涵、作用、应遵循的基本原则和要求，罪犯心理评估的分类和内容。

能力目标：通过本章的学习，使学生掌握罪犯心理评估的方法和具体操作步骤。

二、工作项目

罪犯心理评估是指监狱心理学工作者对服刑罪犯的过去、现在和未来（出监后可能发生的）的个性特征、智能状况、心理健康、行为表现和潜在危险性等进行评估和鉴定的过程。

罪犯心理评估类似于医学上通过各种手段和方法对病人进行诊断、会诊、确诊，以便因人施治和对症下药。所以对罪犯的心理评估是对罪犯进行有针对性的、有效的矫正、教育和改造的前提和基础，是十分必要的过程。

罪犯心理评估贯穿于罪犯从入监、服刑到出监的全部动态过程，关注罪犯经过服刑期间的教育改造和心理矫正变成一个守法公民的整个心理状态改变过程。

罪犯的心理评估又是监狱管理工作者和心理咨询师对罪犯的心理活动、情绪反应、异常表现和潜在危险性的一种认知和评价过程。但它不同于医学诊断和一般对有心理疾患的病人的心理评估，因为它的评估对象是罪犯。尽管基本原则和方法同样是依据心理学，但罪犯心理评估有其特殊目的、要求、内容和评估方法。

为了更好地理解罪犯心理评估，下面先看一个关于罪犯心理评估的案例。

关于服刑人员李威的心理评估报告

第一部分：一般信息

评估者：×××

被评估者：服刑人员李威。男，21岁，未婚，入狱前系××大学三年级学生，因犯故意杀人罪被判有期徒刑20年。

评估时间：2006年10月25日。

第二部分：要解决的问题

1. 李威在认识上或情绪上的具体问题是什么？

2. 李威的心理问题属于什么范围，程度如何？是机能性障碍还是器质性障碍？

3. 李威对自身心理问题的认识程度如何？

4. 李威心理问题产生的原因有哪些？

5. 对李威应选择什么样的心理矫正方法最有效？

第三部分：测验及结果解释

对李威进行 16PF 测验，其结果如下：A—6，B—10，C—3，E—7，F—4，G—5，H—5，I—6，L—8，M—6，N—6，O—9，Q1—6，Q2—6，Q3—1，Q4—10。测验结果表明，罪犯李威在个性上具有高智商、高怀疑、高焦虑、低自律等特点。其他测验，如 EPQ、MMPI 等，也得出类似的结论。

第四部分：背景信息

通过对过去与李威有过交往的各类人员（父母、同学、朋友等）进行调查，发现人们普遍认为，李威比较聪明，学习成绩好，有一定的体育特长。但他在个性上的不良特点也很明显，如：性情暴躁，情绪极不稳定，遇事容易冲动，思维偏激、片面、固执，爱钻牛角尖，听不得别人的半点意见。即使自己有错误，当时认了错，以后又不认账，反复无常，自我反省意识很差。在与同学的交往中，狭隘自私，以自我为中心，敏感多疑，心胸狭窄，争强好胜，报复心强，得理不饶人，无理也纠缠不休。因此，同学们为避免麻烦，与他交往都小心翼翼，或采取敬而远之的态度。他平时与别人交往也较少，比较孤僻。

第五部分：行为观察

通过观察，发现李威在心理测验过程中配合很好，并且很想通过测验了解自身的心理问题与心理困扰。在服刑中，李威对待学习、劳动态度比较积极，没有不良表现。但很少与人交往，少言寡语，焦虑情绪明显。

第六部分：危险性预测

根据各方面的资料，可以预测李威在服刑过程中存在自杀危险性（事实上李威在被逮捕过程中自杀未遂）。如果不对与他有关的各种矛盾作妥善处理，便会存在伤害他人的危险性。

第七部分：总结与建议

1. 小结。服刑人员李威因个性不良而走上杀人犯罪的道路，但他认识能力正常，在监狱中改造表现正常，但抑郁、焦虑情绪明显，应加以重点防范和矫正。

　　2. 诊断。李威属偏执型人格障碍。

　　3. 建议。多用认知疗法挖掘其不良情绪产生的根源，及时有效地化解周围矛盾，避免矛盾激化导致不良后果。

　　罪犯心理是一个多侧面、多层次、内容丰富的体系，出于不同目的和要求，罪犯心理评估也应该是多视角的。在罪犯教育、改造、矫正的不同阶段，罪犯心理评估的侧重点有所不同。

（一）入监初期的心理评估

　　对入监初期的罪犯进行心理评估，主要是为了了解罪犯的心理状况，为建立罪犯心理档案、进行分期教育和个别矫正提供原始资料和心理学依据。因此，在罪犯入监初期，应有专门人员对罪犯过去的生活史和生存环境进行访谈，并确定评估目的和评估标准。

　　1. 进行心理测试。应用心理测验量表，掌握罪犯的个性特征、犯罪心理状况、心理健康状况、防御方式等与改造密切相关的心理状况，为进一步的诊断、矫正提供科学依据。

　　2. 开展心理调查。通过查阅档案、访问、面谈、观察等手段，初步掌握罪犯的心理现状，预测其未来的行为倾向。

　　3. 进行心理诊断。根据心理测试和调查的结果，对罪犯的心理状况进行综合评定，并对罪犯的个性特征、行为方式、心理问题等做出恰当的评价。

　　4. 建立心理档案。关于罪犯心理档案的有关问题，将在本章后面予以重点介绍。

　　5. 制定矫正方案。在弄清罪犯的心理发展历史和现状的基础上，根据心理诊断结论，提出相应的管理教育措施和心理咨询、心理矫正方案。

　　◎ **案例**：服刑人员梁某，男，1983 年 5 月生，2004 年 6 月某日晚，梁某与女友王某争吵，王某提出分手，并收拾物品准备离开，梁某不肯让其离开并追问原因，因此两人在卫生间发生争执，梁某用手卡住王某颈部，将王某卡死在浴缸内。梁某被判处死刑缓期两年执行，2004年 12 月投入某监改造。

　　据监区民警及其本人反映，入监以来，梁某在到厕所方便时经常会出现小便困难。具体表现为：当有人与梁某一起小便时，梁某总是故意回避，一直躲在厕所里，等到别人都离开厕所后，只剩下他一人时方能顺利排便，有几次因为有很多人接二连三地到厕所小便，他实在憋不住了，甚至尿到了裤子里，这种情况严重影响了其正常的生活。

第一部分：收集资料。

表 10-1　一般资料收集卡

姓名	梁某	性别	民族	婚姻状况	受教育情况	出生日期
		男	汉	未婚	初中毕业	1983 年 5 月 16 日
籍贯	江苏省某市	捕前职业	个体小商贩			
爱好	读书、看报	人际关系	一般，仅能维持，不能深交，没有好朋友			
家庭情况	13 岁时父亲去世，随母亲生活					
协助者	监区分管民警	目的	解除梁某心理障碍，适应改造生活			

表 10-2　个人成长史资料收集卡

个人成长史	婴幼儿期	剖腹产，独生子女，比较娇惯，无其他明显记忆
	童年生活	很少与同伴交往，父母关系不好，平时父亲不管自己，与父亲交往较少
	少年期生活	13 岁时父亲去世。初中毕业后辍学，极少与朋友、同学往来，开始有手淫史
	青年期生活	艰难谋生，交一女友，2004 年 6 月某日晚因矛盾将其杀害。在看守所羁押期间，因为一次手淫被同羁押人发现，被迫取消后，产生羞愧感，产生小便障碍
	重大事件	13 岁父亲去世；犯罪；手淫被同羁押人发现，被迫取消

表 10-3　精神、身体和社会功能状态资料收集卡

精神状态	认知障碍	感觉过敏
	情绪情感障碍	焦虑、紧张、恐惧
	意向行为障碍	无
	自知力障碍	自知有病感，并积极要求从医
身体状态		与他人一起上厕所时，心慌、脸红、出汗、颤抖、无法正常排便；监狱医院诊断显示，无器质性病变
社会功能状态		有回避行为，直接影响社会功能

在收集完来访者的基本情况后，针对来访者的实际情况，征得其同意后，选用 SCL-90 量表对其进行心理测验。测验结果如下：

表 10-4　SCL-90 结果

总分	总均分	阴性项目数	阳性项目数	躯体化	强迫状态	人际关系敏感
246	2.73	33	57	3.33	1.80	4.11
抑郁	焦虑	敌对	恐怖	偏执	精神病性	其他项目
3.54	2.30	3.50	3.71	1.33	2.10	2.86

第二部分：资料来源的可靠性分析。

一般资料中除人际关系、爱好两项目由来访者本人口述外，其余的主要是从其判决书上获得，比较可靠。

个人成长史资料均为摄入性谈话过程中来访者口述，存在一定的主观性，但可靠程度应较高。

精神、身体和社会状态资料来自于来访者口述、其他同犯反映、监区民警及医生收集的资料，可靠性应较高。

心理测验结果，由该来访者提出需要心理咨询和矫正时施测，测验操作规范，来访者也较为配合，测验结果可信。

综上，本次收集的资料应该是可信、可靠、可取的。

第三部分：初步诊断。

1. 确定病与非病。鉴别诊断：来访者不应属于精神疾病。依据郭念锋教授确定心理正常与异常三原则，可得出结论：

（1）来访者主观世界与客观世界相统一。来访者认识到自身存在的问题，并因此而感到内心的极度痛苦，并且积极主动要求解决问题。

（2）心理活动内在一致性。来访者在上厕所时，如果没有别人在，就会很开心，并顺利排便；相反，如果有很多人在，就会感到紧张，不知所措，并不能够顺利排便。

（3）人格相对稳定。来访者性格从小较为内向，且他人也没有感觉到来访者有特殊的变化。

2. 诊断。依据《中国精神疾病分类方案与诊断标准 CCMD-2-R》，作出诊断。

（1）确定来访者为神经症。①恐怖症状为主要临床相；②严重程度：妨碍了生活、劳动、改造和社交，无法摆脱精神痛苦，以致主动求医；③病程达 1 年半，超过 3 个月；④排除器质性精神障碍、精神活性物质与非依赖性物质所致精神障碍、精神分裂症。

（2）确定来访者为特定情境恐怖性神经症。①符合神经症的诊断标准；②以恐怖症状为主要临床相，对有人与来访者一起上厕所的处境有强烈的恐怖，恐怖的程度与实际危险不相称，发作时伴有心慌、脸红、出汗、颤抖、无法正常排便等躯体症状，并伴有回避行为，直到别人全部离开方能正常排便，知道恐怖过分，不合理，不必要，但无法控制；③恐怖主要发生在厕所，并伴有一定的情境，即有他人与来访者一起如厕时发生。

（二）服刑中期的心理评估

1. 罪犯心理预测。这是对罪犯心理现状和行为倾向的判断，根据罪犯自身特点安排合适的劳动岗位，有效防范危险行为，确保监管改造秩序的稳定。

心理预测包括危险性预测和心理发展预测。罪犯危险性预测是根据测量结果以及罪犯现实表现、来自监狱内外的刺激因素等，预测罪犯危险性的大小，为确立重点防范对象及防范项目提供依据；罪犯心理发展预测是指根据罪犯不同年龄、不同刑期、不同经历、不同犯罪类型所体现出的不同特点，预测其共性和个性的心理发展问题，为监管改造特别是心理矫正活动提供依据。

2. 罪犯心理危机评估。根据罪犯心理危机产生的原因和发生的过程，在进行评估时可将其划分为三个水平，即一般预防水平、重点预防水平和特殊预防水平。

（1）一般预防水平。这类罪犯没有明显异常的言语和行为，有明确的自知力和定向力，在情绪方面有一定的不稳定性，但没有受到明显的刺激。对此，可以通过各种心理矫正措施，提高罪犯自我调节和控制能力，增强其对各种挫折的耐受和应付能力。

（2）重点预防水平。重点预防水平是根据入监心理评估的结论，对有轻度心理障碍的罪犯的预防水平。建议采取心理咨询与矫正等措施，预防恶化，并促使其向良性方向转化。

（3）特殊预防水平。是根据心理危机预测结果，对具有潜在心理危机发展倾向或现实危机表现的罪犯的预防。如对有自杀观念尤其是有自杀企图的、有过度焦虑表现的、有明显的精神分裂症症状的罪犯等，应实行特殊预防，以确保其自身和他犯的安全。

◎ **案例**：罪犯李某，因盗窃罪被判刑 7 年，入监后表现良好，但近来由于女友要与其分手而感到痛苦万分。症状为失眠多梦，不思饮食，内心痛苦不堪，感到绝望，劳动时心不在焉，不能自制地反复回想与女友相处的时光，对女友的绝情感到愤怒，甚至要割腕自杀。通过观察发现，该犯近来经常因为琐事与其他同犯发生争执并且动手打人，经民警批评教育后，依然我行我素，有几次还在民警教育的过程中与民警发生争执。因此，我们可将李某划分为特殊预防对象，需及时对其进行心理矫正。

3. 罪犯心理健康状况评估。通过量表测验、行为观察、会谈等评估手段。对罪犯当前的心理健康状况进行评估，是罪犯服刑中期心理评估的一项重要内容。其中包括对监禁生活的适应状况（是积极适应还是消极适应）、是否有异常的行为和心理表现、是否有精神病症状等进行评估，系统掌握其心理健康状况，并提出提高罪犯心理健康水平的建议。

4. 罪犯心理咨询和矫正评估。在罪犯服刑中期，由于长期的同性群体生活，长期远离亲人，以及长期从事强制性学习和劳动等，罪犯的心理困惑、心理问题（如焦虑、抑郁、幻觉等），甚至由于心理问题导致的生理反应（如焦虑导致的失眠，伪装疾病导致的身体机能的退化等）会相继出现。

罪犯心理咨询与矫正评估，是评估者主要针对来访罪犯在上述方面的问题，通过会谈评估、行为评估、心理测验等方式，进行归纳、总结和判断，进而提出咨询和矫正建议，甚至协助其他咨询和矫正人员拟定咨询与矫正计划。在这种评估中，主要目的是帮助来访罪犯认清自己的心理问题，以提高其应对挫折和各种应激事件的能力，改善其心理与行为适应方式，促进其人格的完善和成熟。

（三）服刑后期的心理评估

服刑后期的心理评估，既是对罪犯心理矫正效果的检验，也是对改造质量综合评估的重要方面。这种评估对此后制订他犯的心理矫正方案，改进和完善矫正措施有重要的参考价值。因此，这一时期的心理评估除记录性的描述外，还应有深刻的分析和比较。

1. 出狱前的心理检测。在罪犯出狱前应对其进行各种心理测试，并将结果与入监时或改造中期的测试报告相对照，比较两次测试结果的差异，以检验矫正效果。例如，对一个激情杀人犯，入监时艾森克个性测验情绪分很高，证明其情绪极不稳定，而出狱时情绪分有所下降，说明该犯暴躁的性格已发生一定的良性转化，自我调控能力有所提高。相反，如果出狱时的情绪分与入监时一样甚至高于入监时的分数，说明其不良的性格品质不但没有改变，反而变得更加暴躁。

2. 社会心理成熟水平及认识能力的评定。在罪犯出狱前，按照改造质量评定的一般标准，应根据日常行为考核、阶段性综合评定、改造对策调整效果的记录等，对罪犯的社会认知水平、社会情感水平、意志的自我调控水平以及犯罪恶习、不良个性品质与习惯的矫正、良好行为习惯的养成等做出等级评定。

3. 不同类型罪犯改造质量的心理评定。罪犯在出监前，根据分类标准的各项指标，对不同类型的罪犯进行分类评定或有针对性的模拟检测。例如，委派物欲型罪犯独立从事与金钱、物质有关的工作，以考查其抗御金钱、物质诱惑的能力；对于那些由于性格缺陷而犯罪的情绪型罪犯，可对其设置遭受他人侵犯的心理挫折情境（可以是观看影片，让罪犯说出自己的观后感），以此来考查其对挫折的心理承受力和自我调控能力，并根据各项考查结果，做出相应的等级评定。

4. 社会适应能力的评定。这是为了检验罪犯重返社会后能否良好适应社会。因为回归社会后，会遇到各种挫折和困难，能否用理智和意志克服这些困难，应付各种挫折，是衡量罪犯社会适应能力的主要标准。对于罪犯出监后可能遇到的各种困难、挫折、诱惑等，可编制成一系列"怎么办"的心理问卷，让犯人回答。通过测验，了解犯人出监后对这些可能遇到的问题的心理准备程度，考查犯人回归社会后的社会适应能力。

此外，还要对罪犯进行文化知识和职业技能的评定。通过狱内的文化、技术教育，对于罪犯已经达到的文化水平（已取得的学历）和职业技能水平（已取得的技术等级），应与其入监时的上述两项指标相对照。看是否有所提高，是否具备了以自己的一技之长立足于社会的能力。这也是衡量罪犯未来适应社会能力的重要方面。

（四）罪犯心理档案的建立

1. 罪犯心理评估报告。撰写心理评估报告是罪犯心理评估中的重要一环，也是评估工作者必须掌握的一项基本技能。罪犯心理评估报告的一般格式大致包含以下几部分：

第一部分：一般信息。罪犯心理评估报告的第一部分应注明评估者（社会上的心理学家或专职监狱人民警察）的基本情况，以及被评估罪犯的姓名、年龄、以前职业、婚姻状况、住址、刑期、违法犯罪类型等，同时注明实施评估的日期。

第二部分：要解决的问题。罪犯心理评估所要解决的问题通常包括如下内容：

（1）确定被评估罪犯在认知或情绪上的具体问题是什么。

（2）对被评估罪犯有无器质性损伤及程度，以及由此引起的机能障碍进行评估。

（3）对被评估罪犯的心理障碍区分出是机能性障碍还是器质性障碍。

（4）根据有关心理或行为障碍的统计信息，对被评估罪犯存在的病态过程的范围、程度进行评估。例如，学习困难的程度如何？有没有其他证据证明这个人有自杀的可能性？

（5）被评估罪犯对自己所存在的障碍的反应。

（6）找出心理问题的病因。例如，罪犯的内心冲突、主要的防御机制及发展的趋势等。

（7）鉴别诊断。被评估罪犯所存在的是焦虑性神经症还是精神分裂症，或者是其他的精神障碍。

（8）为矫正方式的选择提供依据。例如，对某一罪犯来说应选择什么类型的心理矫正最有效等。

第三部分：实施测验及对其结果的解释。列出收集有关信息所用的测验，并根据评估的目的将测验进行分组。在选择测验时，应同时考虑评估的目的以及所用量表的信度和效度。

对测验结果的解释是整个罪犯心理评估报告中最重要的内容之一。对测验分数的解释，一方面要求主试者对所作的具体测验要熟悉了解，包括它的信度、效度、难度和常模的代表性，以及每一维度的实质涵义和设计要求等；另一方面，要依靠主试者的经验和心理测量学方面的知识素养，充分考虑受测试者的实际情况（文化程度、职业、是否有可能接触过测验中的问题等）和测验的具体情况（是否有干扰，被试者当时有无情绪波动或身体不适等），防止对测验分数作出千篇一律的解释。由于每个人的具体情况不同，相同的个性特点，对某人来说是良好适应，而对另外一个人来说也许是适应不良。譬如，胆汁质的气质类型，也许对军事指挥员来说是适合的，但对于绣花女工来说则是不适合的。同一种得分，由于心理活动倾向不同，可以作出不同的甚至完全相反的解释。例如，在16PF测试中，杀人犯的敢为性为标准分 10 分，刑警队员敢为性也是标准分 10 分，前者是作案的凶残性，后者是为抓捕罪犯不惜牺牲自我的勇敢性。所以，在多数情况下，要对其个性各因素的特点作出综合性的全面分析和判断，才可能获得正确的诊断结果。

第四部分：背景信息。在罪犯心理评估报告中，不应只报告测验结果和解释而忽略了某些个人生活历史等背景信息。这些背景信息包括罪犯目前的生活境况和具体的困扰因素，当前的主观感受和存在的客观问题、困扰的持续时间、初次出现困扰时的情境，以及这些问题对其生活情境的影响。另外，还包括个人生活的历史信息，如家庭情况、经济状况、受教育历史、职业历史、社会经验和躯体健康状况等。

第五部分：行为观察。在实施会谈或测验的过程中，应注意被评估罪犯的行为表现，特别是那些与测验结果的解释和要解决的问题有关的行为，包括被评估者参与测验的愿望、注意的程度、测验中的停顿，以及不寻常的反应等。对观察到的行为要有详细的记录，并要有例证。对于那些大多数人都可能出现的行为，如进行测验时的好奇、疑虑等可不做记录，更重要的是记下那些出乎意料的、不寻常的，以及某一罪犯所特有的行为。

第六部分：危险性预测。在对被评估罪犯进行了全面的评估之后，在评估报告上应写明该罪犯的危险性大小以及在哪些方面有危险性，是自杀、伤害他人、毁坏物品还是存在操作方面的危险性。这是整个罪犯心理评估报告中最难写的部分。一方面，由于我们是根据现状推知将来，不管是从预测手段还是预测标准来看都没有现成的预测效度很高的工具；另一方面，由于监狱环境的特殊性，时常会有难以预料的影响因素。此外，对有明显心理障碍的罪犯，在接受不同的矫正或干预措施后，心理障碍或行为障碍的预后也不尽相同。尽管如此，这种预测在评估报告中也必须要写，尤其是当被评估罪犯存在攻击性危险时（不论是指向自己或他人），更应认真书写这一部分内容，并尽量写明预测的依据，以便同行参考和会诊。

第七部分：总结与建议。

（1）小结。即对前面几部分的内容分别用一两句话进行概括，要求明确、具体，让相关者对前面的内容能有一个概括性的了解。

（2）诊断。在给出诊断时要特别慎重，因为对心理异常的诊断难以做到准确无误。如果必须做出诊断，应根据现有数据和资料做出谨慎的推理，同时给出这样做的依据。

（3）建议。为了扩大罪犯心理评估报告的用处，有必要对被评估罪犯提些具体的指导性建议，包括改善性的或补救性的措施，以及接受某种形式的矫正等。对有攻击性行为的罪犯，结合有关法律和改造中的具体活动提出相应的保护、防范建议，以供监管、教育改造时参考。

2. 罪犯心理档案的建立。所谓罪犯心理档案，是指监狱通过多种心理评估方法积累起来的有关罪犯人格特点、心理障碍与疾病、行为习惯等内容的记载，以及针对罪犯心理问题制定的矫正方案及实施矫正的效果的记载，还有能反映罪犯心理发展轨迹的文字、图表、音像等专门性材料。

建立罪犯心理档案是罪犯心理矫正的基础性和经常性工作之一：①建立罪犯心理档案，可从中摸索出罪犯服刑期间现实的心理发展轨迹。②开展心理矫正工作本身需要有准确的心理诊断结论和丰富、翔实的心理活动资料，这些资料需要在心理评估之后作专门记载。在实施心理矫正过程中，也需要将采取的矫正措施及取得的效果等在心理档案中如实地记载。③通过罪犯心理档案，综合分析罪犯心理发展变化的轨迹，为我们预测罪犯出狱或假释后有无再犯罪的可能性提供充分的依据（样本可参见本章前面部分）。

第一部分：罪犯心理档案包括的主要内容。

（1）心理测验结果及评估结论。心理测验资料，一般应包括常用的几个心理测验量表的检测资料。评估结论应主要对罪犯个性缺陷、犯罪的主客观原因和改造重点作出判断。

（2）罪犯自述材料。主要叙述犯罪心理形成和演变过程，对自我犯罪原因的认识，对人生历程的经验教训总结。

（3）罪犯生活史及评语。在评语中应对其社会化程度和主要缺陷作出判断。

（4）罪犯是否有某种变态心理、人格障碍及精神病史。

（5）对罪犯的心理矫正方案。包括拟采取的主要矫正措施，实施矫正的阶段及人员分工，预期达到的矫正目标等。

（6）心理矫正实施情况及疗效检测记载。

（7）对服刑过程中发生的重大事件和重要变化所作的心理分析。

（8）定期进行的对矫正质量的心理学评估及分析。

（9）为检测矫正质量所进行的模拟情境实验及其效果。

（10）罪犯自我矫正成效评定材料及罪犯集体评定记录。

（11）罪犯改造状况起伏变化及心理发展轨迹图。

（12）针对犯罪原因所采取的某些生化实验研究和医疗措施及其效果。

（13）罪犯心理咨询记录。

（14）罪犯心理矫正记载及其疗效。

（15）对出狱人员进行的再犯罪心理预测及行为倾向判断。

（16）出狱后的帮教、监督建议。

第二部分：建立罪犯心理档案需注意的问题。建立罪犯心理档案是一项技术性强，又需要耗费一定时间和精力的工作。首先，要注意罪犯心理档案在内容上的完整性。罪犯心理档案应全面反映罪犯的人格状况，不仅要着力诊断罪犯的心理缺陷和人格障碍，还要充分发掘和全面记载其常态心理和人格中的"闪光点"。其次，罪犯心理档案的建立和不断充实完善是一个动态过程，应把这项工作贯穿于罪犯改造过程的始终。

三、操作流程

罪犯心理评估贯穿于罪犯从入监、服刑到出监的全部动态过程，是关注罪犯经过服刑期间的教育改造和心理矫正变成一个守法公民的整个心理状态改变过程。

（一）对罪犯犯罪前生存环境及个体当时的认识状况进行评估

1. 犯罪前生存状况评估。一个人犯罪的原因是多方面的，有经济的、政治的，有主动的、被动的。了解一个人犯罪之前的生存状况，对了解其犯罪的直接和间接原因具有重要意义。生活历程是了解犯罪者人格特征的基础，了解的方式，既可以向本人、亲属及有关人员直接接触，当面询问，也可以查阅历史形成

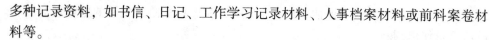

多种记录资料，如书信、日记、工作学习记录材料、人事档案材料或前科案卷材料等。

（1）家庭及家庭关系、家庭气氛、家庭教养方式评估。罪犯在监狱服刑，通过他们回忆，往往有助于了解其家庭方面的有关情况，并且通过他们在陈述过程中的情绪变化了解他们对特定的人或事件的感受。这是问卷调查无法解答的评估项目，需要运用半结构式访谈法完成。

（2）当时生活水平与经济状况评估。评估罪犯犯罪前的生活水平与经济状况，目的在于区分是由于生活所迫（过度贫穷）还是由于贪图享乐导致犯罪，抑或是职业犯罪（将犯罪看作是一种惊险刺激、无法抑制的欲望）。评估当时的生活水平，除了客观指标，更要关注犯罪个体对生活水平的主观感受，有人是因为通过社会比较，"不患寡而患不均"的心理导致心理失衡，从而走上犯罪道路的。

（3）生活中重要人物的评估。有些人的犯罪是受了各种外部环境因素的影响，如暴力美学的过度宣扬、家庭成员中的暴力影响等，使得一些青少年将某些杀手或暴力形象内化为自己的榜样，从而走上犯罪道路。洞察或评估罪犯生活中对其影响很大的人，并进一步考察是哪些方面曾令其感动。这样的评估结果对系统考察犯罪影响因素、提出预防犯罪的对策有长远意义。

对连环杀手的访谈结果显示，这些犯罪人心目中的重要人物常常是一个幻想的武士或杀手形象。这个形成的形象，有可能是现实中的人物，有可能是影视或文学作品中的人物，也可能是几方面综合在一起的人物形象。这种人物形象的形成有一个积淀的过程，不一定立刻催动主体去犯罪，但这种潜在的影响是深远的。例如，发生在河南平舆县的系列杀人案，凶手黄勇心目中的重要人物竟是他十几年前看过的暴力影片中的杀手形象，幻想着有一天自己也能成为那么"酷"的形象。后来网络游戏促使他强化了这种观念，最后酿成了近 20 个青少年被其相继杀害的惨案。

（4）同辈群体状况评估。对入狱前曾经交往的同辈群体的行为、习气、学业状况、与学校和教师的关系等方面的评估。该罪犯以前在群体中充当的角色等，能洞察出该罪犯的人际交往范围和接受外界影响的特点，对于制定监狱教育改造措施有重要意义。对于喜欢接受领导的、喜欢领导别人的、易于接受暗示的、能够控制他人的这些不同类型的罪犯，在改造中可因材施教，也可结合其他的人格特点进行劳动岗位安排。

（5）生活史采集。生活史采集包括：教育成长过程特点及生理、姿态、相貌状况；家庭与近邻的历史情况、经济情况、文化教育情况，家庭生活气氛，人际关系情况，恋爱、婚姻情况，与配偶、子女的关系等；学业和职业情况；整个社会化过程的发展状况，学科成绩，就业经过，角色地位，经济收入，与朋友、老师、同学等之间的人际关系等；结交朋友的年龄、性格、个性倾向特点以及情感深度、矛盾纠葛、离散结合等；兴趣娱乐爱好；违纪、不良行为，违法、犯罪行为以及各种处分记录等。

2. 认知能力与认知偏差评估。人对生活事件、社会中存在问题的态度与处理方法受人的认识水平的制约，解决问题的能力受人的认知水平、信念、意志力和问题难度的影响。认知上的偏差常常导致人走上错误乃至犯罪的道路。常见的认知偏差有：对社会不公正现象的放大；对社会比较结果的过度体验；对自尊与"面子"的夸大；对自我的极端认识——自卑或自大；对人生发展的悲观信念；对社会的蔑视；对"英雄"的理解偏差等。

（二）对罪犯入监后生存环境进行评估

1. 监狱环境。监狱环境是罪犯服刑生活中不可回避的问题。监狱的文化环境、劳动环境、监狱管理者塑造的监狱气氛，如监狱管理者是否公正执法、是否积极谋求监狱的良性发展等，对罪犯心态调整有重要影响。

2. 罪犯人际环境评估。罪犯人际环境包括罪犯与罪犯之间、罪犯与监狱人民警察之间、罪犯与亲属之间。对于罪犯的友谊关系，管理者最好做到心中有数。评估罪犯的人际环境，适时予以指导，对预防日后的重新犯罪有重大意义。

（三）对罪犯危险性进行评估

1. 暴力危险性评估。通过行为观察与跟踪观察即通过实况记录，了解犯罪者在一般状况和特定状况下所实施行为之特征，了解其在不同情境、不同活动内容、不同精神状态下的行为特点，其目的在于从中分析了解罪犯的智能、技能、工作能力；分析了解罪犯的忍耐力、自制力、意志力；分析了解罪犯的人际关系状况。行为观察本身不属于心理诊断方法，而是为心理诊断提供情报信息、基础资料的活动。

2. 罪犯自杀危险性评估。罪犯自杀危险性评估主要是针对那些因悲观厌世、改造受挫等缘由而具有自杀倾向的特定对象，而不是针对所有的服刑人员。

3. 罪犯动态刺激因素评估。罪犯动态刺激因素是指随着生活环境的改变，监狱管理者和分管改造的监狱人民警察必须监测能引起罪犯情绪波动的刺激因素，如家庭来信中的有关刺激、犯罪之前的朋友的各种信息、同案犯信息、监狱人民警察对罪犯的态度、违反监狱纪律后的处理、罪犯之间的人际冲突等。评估这些信息，以备必要时能采取控制措施，从而避免监狱事故的发生。

（四）对罪犯心理健康状况进行评估

1. 关于罪犯心理困扰。对主动进行心理咨询或行为上出现异常的罪犯，应首先对其心理上面临的困扰进行评估和疏导，并由专职人员对此记录在案。例如，一个因打架被判刑的罪犯，过度自责，后来发展到给监狱人民警察写信，说自己有余罪没有交代，说自己偷过别人家拖拉机上的零件。由于当时的管教人员没有充分重视，该犯认为自己罪恶深重，不断自责，用一只手不断挖另一只手的手心，但管教人员依然没有重视，最后该犯自杀身亡。如果专业人士介入，很容易识别这种过度焦虑的外在表现，及时给予干预的话，也许可以避免这种自杀事件的发生。

2. 关于罪犯行为异常。在行为上出现异常的罪犯，应综合评定，排除躲避劳动、寻求保外就医、逃避惩罚等原因后，请医生和心理矫正人员甚至是精神科医生共同诊断。

3. 关于罪犯精神失常。对精神失常罪犯的心理评估，包括诊断精神疾病诈病和真正的精神疾病。确诊后及时对失常者采取控制措施，才能有效避免因此带来的监狱秩序的混乱。

（五）对罪犯人格发展进行评估

对自己的前途充满信心、对自己的人格发展有更高的追求，是罪犯学会自我教育、自我激励，实现从他律到自律转变的重要前提。让他们重新认识到做人的基本准则，懂得了珍爱自己的生命，鼓励自己寻求发展，追求人生价值的真正实现，是人格发展评估的终极目标。

（六）对罪犯重新犯罪可能性进行评估

罪犯重新犯罪评估虽然是一个不容易作出的预测，但社区和公众希望我们的监狱机构能给出一个答案。随着预测水平的提高和社会整体治安状况的好转，重新犯罪的评估准确性有望提高。社会整体治安状况的改善，减少了刑满释放人员重新犯罪的可能性。单纯根据狱内表现来推定重新犯罪的可能性，可能会出现比较大的偏差，因为出狱后的就业状况、原先朋友的重新纠集、狱内新结识朋友的新组合等情况都是监狱所无法掌握的，而这些因素又可能直接导致他们重新犯罪。因此，从某种意义上来说，重新犯罪是一个需要整个社会综合治理的问题。

通过表 10-5 和图 10-1，我们可以更为清晰地掌握罪犯心理评估的基本操作流程。

表 10-5　罪犯心理评估程序与执行

评估程序	执行者	评估结果及处理
入监前生存环境评估	入监教育人员	记录并存入心理档案
入监前认识能力评估	入监教育人员	记录并存入心理档案
罪犯监狱人际环境评估	分监区与直接管教人员	记录、疏导、教育、改善

续表

评估程序	执行者	评估结果及处理
罪犯危险性评估	直接管教人员与分监区、监区人员	记录、监测、控制
罪犯心理健康状况评估	心理矫正专业人员	记录、疏导、矫正、提出转移方案
罪犯人格发展评估	监区长、心理学专业人员	记录、引导、鼓励
罪犯重新犯罪可能性评估	刑满释放决策组及心理学专业人员	记录、转交社区矫正机构妥善保管

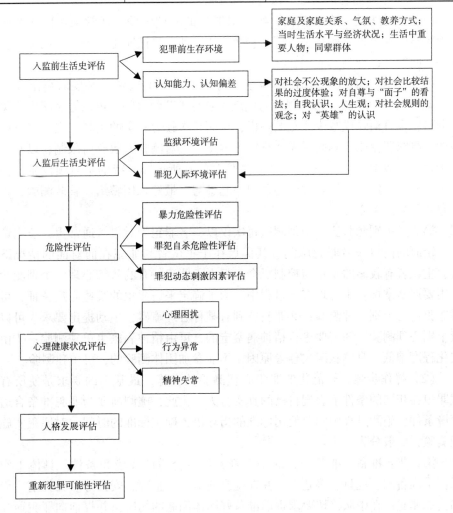

图10-1 罪犯心理评估流程图

四、知识链接

目前还没有公认的直接用于罪犯心理评估的方法。在实践中，常采用的方法有心理测验法、会谈评估法、行为评估法、生活史调查法、犯罪事实判断法等。

（一）心理测验法

罪犯心理测验是心理测验在监狱工作中的运用，是对罪犯进行心理评估的重要方法之一。我国监狱近年来的实践表明，对罪犯进行心理测验，是检测罪犯心理状况，发现罪犯的心理问题，进而对其进行心理诊断的有效方式，为进一步实施罪犯心理矫正提供了依据。

1. 罪犯心理测验的实施方法与操作步骤。

（1）实施方法。在监狱内，组织对罪犯的心理测验，通常采用团体测验和个体测验两种形式，而且多采用问卷测量法，即让受试罪犯根据自己的情况，回答一些问题，以推测其心理状况。

第一，团体测验法。团体测验是在监内由一位主试者（必要时可配几名助手）对多名罪犯施测。团体测验的优点主要在于节约时间，可以短时间内收集大量资料，也可消除或减少罪犯的疑虑，从而获得较为真实的资料，提高测量的准确性。组织罪犯团体测验时需注意以下两点：①对测验人数有所限制，以减少相互干扰，一般 15~20 人为宜。②对测验对象有所选择。特别是对顽危犯、惯累犯施测时，一定要选择表现好的罪犯一起参与，最好采用整组、整队测验，以免引起顽危犯的疑心。

第二，个别测验法。个别测验每次仅以一名罪犯为对象，通常由一位主试者在一定时间内对一名罪犯施测。其优点在于主试者与罪犯在面对面的情况下进行，主试者有较多的观察与控制机会。但由于罪犯特有的防御心理，个别测验的使用要严格掌握：①心理咨询过程中，为了确定来访罪犯的某些心理特征，可以对罪犯进行个别心理测验；②罪犯感到有某种心理障碍，主动提出要求，可以进行个别心理测验；③需要进行精神病鉴定的，可由精神病医生单独测验；④由于文化程度偏低、身体状况欠佳等原因，不能参加团体测验的，可单独测验。

（2）操作步骤。规范化的罪犯心理测验的实施，最基本的要求是使所有受试罪犯在相同的条件下表现自己的真实行为。为此，施测前要为罪犯准备合适的环境条件，施测过程中则要使用标准的指导语，确定标准的时间。对罪犯实施心理测验，一般分为三步：

第一步：准备。准备的目的是为测验创造合适的环境和条件。具体工作包括：①准备测验题目、答题纸，并在施测前清点、整理、安排好。②提前一天通知受试罪犯所在中队，按要求提前准备好团体测验的场所，并提前向罪犯通知测验的目的、时间、地点，通知受试罪犯准备测验所需的笔墨等工具。③熟悉测验指导语。主试者在个别测验中记住指导语是职业的基本要求。即使是团体测验，先熟悉指导语也会使主试在朗读指导语时少出差错，在测验中感到自然、轻松。④熟悉测验的具体程序，团体测验有辅助人员参与时，要明确分工，明确任务和要求。

第二步：施测。施测的目的是使受试罪犯在限定的时间内，按测验的要求，做出自己真实的反应。为此，在施测开始后应做好以下工作：①安排罪犯按顺序进入施测场地，坐好，并待其平静后，由主试者说明测验的目的、意图，并告知测验的结果与其改造表现无关。②按一定的语速、音量朗读指导语。念完指导语后，主试者应询问被试罪犯有何问题。主试者回答被试的提问，不能另加自己的想法。指导语也是测验的情境之一。不同的指导语会直接影响到被试罪犯的回答态度和回答方式。③控制施测过程中的环境。为了避免外界环境干扰，可以在门外挂上"正在测验，请勿打扰"的牌子，也可以由辅助人员在门外监守。监区民警在施测期间不准进入施测场地，主试和辅助人员在施测期间不要随意走动，也不要查看或观看被试罪犯答题。

第三步：收尾。测试结束后，为了确保答卷如数收回，消除测验给罪犯改造带来的副作用，应用引导性的语言说服所有参加测试的罪犯。这一阶段的主要工作包括：①测验结束时，按同一时间递交问卷和答题纸，以避免先后交卷，相互影响。②试题和答题纸收上来后应整理、清点，确保下发的问卷如数收回。③主试者应在测验结束后，及时对受试者进行正面教育，以免罪犯对测验结果妄加猜测，引起思想顾虑，影响其正常改造。

2. 罪犯心理测验的常用量表。目前，我国监狱对罪犯进行心理测验常用的量表大体有三类：

（1）智力测验。一个罪犯智力水平如何，影响他对事物和问题的认识能力，进而影响其改造进程。罪犯是否有智力障碍，需要通过智力测验来鉴别。

斯坦福—比奈量表和韦克斯勒智力测验量表，是目前我国常用的两个智力测验量表。斯坦福—比奈量表比较适合儿童智力测验。对罪犯进行智力测验比较适用的是韦克斯勒智力测验量表。由于智力测验是个别施行的，费时费力，对罪犯很难做到普测，只能有重点地进行。

（2）人格测验。我国监狱常用的人格测验有：①气质类型测验量表。由陈会昌、张拓基编制，用于测定罪犯的神经和气质类型。②行为类型问卷。是从外部行为和人的情绪体验上进行自我观测评定的性格量表，目的在于发现 A 型行为。A 型行为的特征是：情绪不稳定，社会适应性差，急躁、外倾，人际关系不融洽等。③艾森克人格问卷（EPQ）。由英国心理学家艾森克（H. J. Eysenck）夫妇编制。分成人、儿童用两式。前者多用于成年犯监狱，后者可在未成年犯管教所 15 岁以下的少年犯中使用。它主要用来检验罪犯的内外向（E）、情绪稳定性（N）、倔强性（P）三个个性维度。④卡特尔 16 项人格因素量表（16PF）。由美国心理学家卡特尔（R. B. Cattell）根据他的人格特质理论编制。这一量表能较好地反映人格的复杂层面及其组合，信息量较大，有利于发现罪犯的心理缺陷，了解罪犯心理健康方面的问题，可用于对入监罪犯的诊断。⑤明尼苏达多项人格测验（MMPI）。由美国心理学家哈撒威（S. R. Hathaway）和麦克金里（J. C. McKinley）于 1940 年编制。共包含疑病、抑郁、歇斯底里等 10 种临床症状量表，是目前国内外用于诊断精神疾病的主要量表之一，也是一种用途广泛的人格量表。我国司法领域常用该量表来做精神诊断鉴定和预测罪犯刑满释放后的行为倾向。

（3）心理健康状况测验。主要包括：①症状自评量表（SCL-90）。该量表由 Derogatis 于 1975 年修订，包含个体心理健康等十个方面的内容，涉及思维、情感、行为、人际关系、生活习惯等方面的偏离和异常。用来检测一定时间内罪犯心理健康的综合症状，可作为进一步检查的基础。②焦虑自评量表（SAS）。由 W. Zung 于 1971 年编制，反映 20 种焦虑症状，具有广泛适用性。可在咨询门诊中了解罪犯的焦虑症状。③抑郁自评量表（SDS）和抑郁状态问卷（DSI）。抑郁自评量表是由 W. Zung 于 1965 年编制，1972 年增编了供检查者询问使用的版本——抑郁状态问卷，改自评为他评。该量表可用于衡量罪犯抑郁症状的轻重程度及其在矫正中的变化。严重抑郁者可能导致精神分裂和自杀，值得重视。

以上量表各有其特定的功能和价值，使用时要注意其针对性，慎重选择。

（二）会谈评估法

在心理矫正领域，大量研究证据表明，会谈是一种很常用但也是最难掌握的评估手段。成功的会谈评估者需要经过特殊的指导和训练，才能从罪犯那里得到准确和有效的信息，以帮助其制定矫正方案。会谈评估的具体方式分为非结构性会谈和结构性会谈。

1. 会谈方式。

（1）非结构性会谈。非结构性会谈，允许会谈评估者自由地重复问题、引入新问题、修改问题顺序等，并且随罪犯自发的思维活动而变化。这种会谈的灵活性便于评估者采用适合罪犯的特定情形的不同技术。

评估者通过非结构性会谈所掌握的有用信息，如罪犯过去的历史、当前问题的描述、临床心理状况检查的结果、家庭成员和主要人物的看法等，可以帮助评估者对罪犯的心理状况作出分析和总结。

（2）结构性会谈。为了减少非结构性会谈由于不同会谈风格和范围所导致的不可靠性，出现了结构性会谈。在针对罪犯的结构性会谈中，对于同一个罪犯，如果给予预先固定的标准化问题，不同的会谈评估者可以得到同样的信息。然而，会谈评估者的临床判断和个人风格在一些半结构性会谈中会起很大作用，在这种半结构性会谈中，问什么、如何问和如何记录都有较大的自由。

2. 会谈的基本技巧。

（1）增强被评估罪犯的谈话动机。如让被评估罪犯知道谈话的重要性，因为只有通过谈话，罪犯所存在的问题才能被知晓，从而使会谈者帮助其找出解决问题的办法。另外，会谈者应及时对被评估罪犯的谈话给以强化或鼓励。

（2）减轻被评估罪犯对会谈的焦虑。在会谈开始时，主动来求询的罪犯往往带有种种期望，希望他们的问题会被了解，会得到答案；他们希望将和自己面谈的人是有能力和可靠的。因此，会谈者应尽量采取措施减少被评估罪犯的焦虑。可以使用的技巧包括：①让罪犯确信他们的谈话内容是绝对保密的；②以宽容和接纳的态度去倾听罪犯的谈话，尽量站在罪犯的立场上，设身处地地考虑罪犯的言谈及感受；③尊重罪犯的意见，当罪犯遇到不愿向会谈者提及的内容时，评估者应尊重他们的意见。

（3）注意提问的技巧。可以采取逐步缩小问题的范围的方式，即会谈开始时先询问一些非核心的问题。例如，小时候与父母相处得如何，小时候学习成绩如何等，以此来减轻罪犯的心理紧张。另外，还可以采取带领式提问。例如，一个有强烈报复心理的罪犯，表现出了整天沉默寡言、躺在床上看天花板的反常行为，会谈提问摘要如下：

问：你是因为什么事进来的（指罪行）？

答：盗窃。

问：刑期已经快满了（提前了解到的情况），你出去后想到要做些什么来谋生？

答：出去之后种地。

问：听说你当时犯事与你岳母有关，你现在家庭关系好吗？

答：是，是因为给岳母家借钱，借的是高利贷，后来实在还不上，工作单位又不景气，这时有人叫我一起去偷柴油，我就去了。可我进来不到两个月，妻子就跟别人走了（情绪表现出压抑的愤怒），上次来的时候就是那个男人陪她来的，那个男人我认识。

问：那你想到过报复吗？

答：想到过。而且，再判刑就不是几年的问题了。（至此，该犯的想法已经明晰）

问：你想过吗？为了岳母一家，或是为了妻子，你付出了在监狱度过5年时光的代价，而她们表现得这样不近人情，你觉得再把自己的余生搭在这些人身上，值得吗？（该犯陷入了沉思，第二次会谈时，他做了更细致和详细的陈述，想到了自己的父母，自己的生命价值。后来的追踪调查显示，该犯的压抑和愤怒情绪得到了缓解。）

当会谈评估者在倾听被评估罪犯的叙述而联想到一些可以进一步提问的内容时，为了保持会谈内容的连贯性和和谐的谈话气氛，会谈评估人员可以采取按捺稍候提问法。例如，罪犯徐某，被认为是"公开顶撞监狱民警"的抗拒改造分子，并被关禁闭数月。有会谈评估者做了如下提问：

"看过了你母亲的来信，你有一位知书达理的母亲，是吗？"

"母亲每次来信都这样盼望你早日回家吗？"

"你被减过刑吗？"

"你曾经与管教人员发生过冲突吗？"

"你能不能说说当时这样做的原因？"

会谈的最后，徐某将内心的感受、当时没有按照监狱民警的要求去做的原因、自己过去的犯罪经历和自己的脾气秉性很自然地讲出来，并减轻了禁闭带来的负面情绪。

另外，在会谈评估的提问中，还可以使用多种技巧，如帮助罪犯回忆往事、感情移入、重复罪犯的语言、反问等。这些都是我们监狱警察在实际运用中需要注意的方面，只有对会谈评估法有了一定的了解，并不断摸索和积累经验，才能很好地掌握罪犯的心理和行为特征，从而制定切合实际的矫正方案。

（三）行为评估法

行为评估的方法包含自然观察、模拟评估、参与观察、自我监控、行为评估会谈、自我陈述法、心理生理评估等。对罪犯心理评估有直接借鉴意义的有下列几种：

1. 自然观察法。自然观察是指在自然环境中对行为进行系统检测和记录的方法。观察者一般是受过训练的。由于这种方法是在自然环境中对行为的研究，使用推论最少，因而能够产生较为可靠的结论。

自然观察法目前被广泛应用到各种目标行为和群体的研究中，监狱中监狱民警与罪犯之间的相互影响、罪犯群体中的互动关系等都可以通过自然观察法进行评估。

2. 模拟评估法。模拟评估方法是安排一种使得目标行为易于发生的测量情境，将被评估者置于这种情境中，观察、记录其行为表现及特点的方法。这种方法特别适用于观察那些在自然环境中难以观察到的低比率行为（如让一个曾犯盗窃罪的罪犯进入一个无人看守的仓库，然后观察其行为），或几乎从不发生的行为（如让一个性焦虑患者与一些异性谈话）。

模拟评估法常见的有情境模拟和刺激性模拟。情境模拟，是在一个人为布置的情境中评估个体，如为暴力型犯罪者设置矛盾纠纷的情境；刺激性模拟，是给被评估罪犯提供人为刺激，如给性欲型犯罪者一定的性刺激，以此来检验其控制性冲动的能力。

3. 参与观察法。参与观察就是使观察者成为被观察者自然环境的一部分。这不仅可以降低费用，而且还有可能减少反应性，并与自然观察密切相关。在观察中，由一个处于被观察者自然环境中的人（如同监舍或同组劳动的犯人）监测和记录在具体时间内预先选定的行为。例如，同监舍的犯人可以监测其他犯人夜间气喘发作的次数；一个接受咨询帮助的犯人可以监测每天同组犯人做出的令人愉悦的事件的次数；一个改造积极、靠近政府的犯人对其他犯人的行为养成情况的观察等。与模拟观察相似，参与观察还适用于低发生率行为和那些对外部观察者具有较强反应性的行为（如性的相互影响、反社会行为、药物滥用等）。因为参与观察引入了一种新的社会关系（观察者和被观察者），所以必须细心练习以排除这种关系的干扰。

（四）生活史调查法

生活历程是了解犯罪者人格特征的基础，评估罪犯心理不能脱离对罪犯生活史的了解。调查生活历程的方式，既可以与本人、亲属及有关人员直接接触，当面询问，又可以查阅历史形成的多种记录资料，如书信、日记、工作学习记录材料、人事档案材料或前科案卷材料等。对罪犯生活历史的调查，可主要侧重于违法犯罪史、受教育史、从业历史三个方面。

1. 调查违法犯罪史。对违法犯罪人而言，其违法犯罪行为是在违法犯罪心理支配下实施的，而违法犯罪行为的实施反过来又强化其违法犯罪心理。这种心理的积淀导致违法犯罪人的人格偏离和人身危险性的增强。一般来说，犯罪人违法犯罪史越长，其人格偏离越严重，主观恶性越大，反之亦然。在罪犯心理评估中，要充分考虑罪犯的违法犯罪史，特别是当被矫正的罪犯是累犯或惯犯时，对他们采取的矫正方案和措施更要谨慎。

2. 调查受教育史。在罪犯心理评估中考虑犯罪人所受教育的情况，不仅仅在于有针对性地对罪犯进行文化、技术教育，而且还有助于考察罪犯的人格状况。一般来说，从小受过良好的家庭教育，接受学校教育的程度也较高，在上学期间表现积极的罪犯，其人性中的顽劣较少，恶习较少，接受矫正的主动性容易被激发；相反，从小受到不良的家庭教育，接受学校教育的程度低或者在上学期间厌学、逃学、经常受处分的罪犯，其人格中的顽劣较多，恶习较深，接受矫正的主动性较差。当然，也有一些受教育程度较高的罪犯，其人格偏离却更为严重，这就另当别论了。

3. 调查从业历史。犯罪人曾经从事的职业及表现情况，不仅可以提供刑罚执行中对罪犯进行劳动分类的根据，而且可以提供判断罪犯人格及心理状况的根据。对罪犯从业历史的调查，应侧重了解其职业类别、工作表现、业绩情况、职业中的人际关系状况等，这些都是影响其心理发展轨迹的重要因素。

（五）犯罪事实判断法

犯罪事实不同于一般的生活事实。一般说来，犯罪事实是在特殊或危急情况下的行为，而危急情况下的行为最能反映其人格的本来面目。因此，犯罪事实是判断犯罪者人格与心理状况的主要依据。分析犯罪事实，重点应放在以下三方面：

1. 分析犯罪性质。一般来说，罪犯所犯罪行的性质在一定程度上能反映其人格特点，显示其主观恶性。杀人犯、故意伤害犯往往具有滥用暴力的人格特点，而诈骗犯往往具有不诚实的品格。

2. 分析犯罪方法、犯罪对象、犯罪动机。犯罪人的犯罪方法、犯罪对象、犯罪动机可以较深刻地反映其人格状况。例如，一个强奸孕妇的犯罪人、一个使用针扎火烙方法虐待其亲生母亲的犯罪人，必然具有残忍、良心淡漠的人格品质；一个因自己的女儿被强奸后自杀而实施报复杀人的犯罪人，其人格虽有易激惹、自控力差的一面，但也有刚烈、疾恶如仇的一面。

3. 分析犯罪后的表现。对罪犯实施犯罪后的行为表现进行分析，也可在一定程度上透视其心理状况。如果行为人犯罪后积极抢救被害人、积极退赃，表明罪犯具有较多的常态心理，悔改余地较大；如果罪犯销赃灭迹、拒不认罪，则表明其犯罪坚定性较强、犯罪心理稳固。

（六）罪犯心理评估的目的及作用

罪犯心理评估的终极目的是通过对罪犯的监管、教化和心理矫正，把罪犯改造成心理健康可以回归社会的守法公民。

罪犯心理评估的最直接和最现实的目的是通过罪犯心理评估过程对罪犯的全部生理与心理的状态和特征，包括对诸如个性、情感、人格、智力、认知、思维、需求（欲望）、人生观、价值观、人际关系、遗传因素、行为动机、心理异常等方面进行全面、深入、细致、客观、准确的评估和鉴定，以便适时地对罪犯给予正确的和恰当的教育和矫正。

对罪犯的心理评估不仅可以对心理矫正提供依据和施治的方案，而且对整个监管改造工作都具有重要的作用和意义。

1. 通过评估使犯情见底、做到心中有数，提高了监管改造的针对性和实效性。

2. 便于对服刑罪犯进行梳理、排查、分类，针对不同罪犯的特定状况，区别轻重缓急，给予不同方式和程度的监管、教育和矫正，有利于合理地分配和安排有限的监管资源。

3. 预测危险、防患于未然，有效地控制和防范突发事件的发生，确保监管场所的有序、稳定和安全。

4. 科学地分配监狱的行刑权力。公正合理地实施奖惩政策，所有罪犯均有缩短刑期、早日出狱、获得自由的核心需求，通过心理评估使得行刑权力的运用更具效率性和公正性。

（七）罪犯心理评估应遵循的原则和要求

1. 必须建立在平等、尊重和信任的基础之上。科学的罪犯心理评估应该遵循主体间平等性的原则。两个主体或者说是主体（监管者和心理分析师）与客体（服刑的罪犯）之间是平等的医生与患者的关系，是"人与人"认知对方的合作互动的过程。"罪犯也是人"，应该确信罪犯是可以教育和改造好的。所有评估者应该充分尊重被评估者的人性和人格，否则，罪犯心理评估是难以进行下去的，而且也是难以做到客观、真实、正确和有价值的。

2. 客观性与主观能动性相结合的原则。

（1）罪犯的心理评估必须建立在客观和公正的基础之上，不允许妄加揣测、主观臆断，或者以偏概全、以点带面地下结论。因为"医学上的误诊"是要命的。违反了客观性的原则，罪犯心理评估就失之偏颇，甚至完全错误。拿错误的"诊断"进行矫正只会适得其反，不仅不利于罪犯的矫正和改造，而且会引起罪犯的逆反心理和反抗情绪，甚至引发危险行为，从而导致灾难性的严重后果。

（2）在具体评估过程中，评估者要充分发挥主观能动性，从教育改造罪犯的实际需要出发，运用自己掌握的知识和技能，对可能搜集到的全部信息和资料认真仔细地加以分析和选择，去伪存真，做出正确的判断。然后拿出客观公正的评估报告，在此基础上，提出切实可行的教育、改造、矫正的方案。

做人的工作是复杂的，做罪犯的工作就更加复杂了，所以做好罪犯的心理评估是一项复杂的系统工程，需要评估者有高度的责任心和使命感，需要评估者有丰富的知识和经验，以及娴熟的专业技能，需要评估者做耐心、细致、艰苦的努力和工作。因此，只有坚持客观性和主观性相结合的原则，才能做出正确的罪犯心理评估。

3. 个性与共性相结合的原则。罪犯心理评估过程中，要掌握和考虑罪犯群体的共性，他们的同一性、共同性，如阴暗的世界观、病态的人生观、扭曲的道德观、单薄的法纪观、强烈的畸变需要、不良的兴趣爱好、不成熟的或错误的自我认识、低层次的或病态的自我体验、失效的或反向的自我调控等。了解和熟悉罪犯的共性便掌握了罪犯共同的心理结构，以及他们带有普遍性和规律性的动力系统和调控系统。这对于个案和个体的心理评估是十分重要和有积极作用的。

因为罪犯个体是罪犯群体中的一员，不管罪犯个体之间有多么大的差异性和特殊性，罪犯群体的共性和同一性却是趋同的、一致的。用带有普遍性和规律性的共性去关照、分析、评估个案、个犯，无疑是一种正确的哲学思维模式和正确的实践操作方法。但是，罪犯心理评估针对的往往是个案和个犯，这就要求具体问题，具体分析，绝不能不分青红皂白，一刀切，更不能盲目地套用共性而漠视和抹杀个性的心理特征、动力机制和行为表现。因此，必须对罪犯个体特定的心理、气质、人格、理智、认知、情感、意志、行为习惯、遗传因素、社会关系，进行个性化和有针对性的了解和分析，综合个性和共性的特征来考量、判断，并做出系统的、完整的罪犯心理评估，这体现了个性与共性相结合的原则。

4. 定性与定量相结合的原则。在罪犯心理评估过程中，对掌握信息资料既要进行定性的分析，又要进行定量的分析，进而把二者有机结合起来，综合两方面分析的结果，做出科学的、准确的判断。

定性分析是一种直观型和经验型的分析方法，是对信息资料进行全面的分析、比较、概括、综合后，从中找出本质的东西和症结所在。定量分析是指对信息资料进行量化的、科学的统计、归纳和整理，通过现代科学技术探测的手段和诸多具体的、量化的标准，建立相应的数理模型。

5. 理论与实践相结合的原则。罪犯心理评估是在心理科学的理论指导下，充分运用不断发展和完善的医学、心理学等科学手段，最大限度地发挥评估者的主观能动性和被评估者的积极参与性，对罪犯群体或个体的心理作出科学和理性的判断。

必须指出的是，罪犯心理评估在很大程度上是理论层面上的认知和判断，但实际效果如何要由实践来检验，加上罪犯心理评估难以避免其相对性和时效性，因此，永远不可能完全、绝对地与罪犯的心理活动状态和行为表现相吻合。所以，评估的正确与否必须用罪犯监管、教育、改造的实际需要和最终效果来衡量和检验。

6. 评估与教育、改造和心理矫正相结合的原则。罪犯的心理评估是服务于教育改造和心理矫正的，不是为了评估而评估。评估、监管、矫正是一体化的流程，是有机结合的整体系统，不能人为地把它们割裂开来。对罪犯心理的评估和诊断过程也是监管改造的整体框架中的一个环节，其中，既包括评估者对被评估者的心理进行抚慰、关怀、疏导、教化、矫正的义务和责任，也包括被评估者的心理倾诉、情绪宣泄等。这既提供了评估的真实信息资料，同时也是对罪犯的心理矫正过程。所以，要把评估、教育、改造和心理矫正统一起来。

五、能力实训

随着现代化文明监狱的创建，狱内罪犯的心理健康评估愈来愈受到重视，面对有心理问题的罪犯，我们应该如何对其进行心理咨询与评估呢？下面，将结合具体案例对罪犯的心理介入、资料收集、诊断评估进行具体展示。

罪犯张某心理评估个案

第一部分：一般背景资料

（一）基本情况

罪犯张某，男，1970年9月28日出生，汉族，大学文化（肄业），个体驾驶员，因犯合同诈骗罪和诈骗罪，2003年4月25日被判处有期徒刑10年，并处罚金2万元。2003年8月14日投入某监服刑。其父母健在，姐姐已出嫁，妻子、女儿与岳母共同生活。

（二）个人成长经历

张某出生在一个贫困农村，从小由父母带大，但从记事起时常看到父母吵架，至今记忆犹新。由于父母关系不佳，他很少得到照顾，慢慢养成内向、自尊心强的性格。小学期间，他年年被评为"三好学生"。其间父母曾吵至学校，给其心理带来很大阴影。尽管如此，张某成绩依然很好，班主任很喜欢他。经常找他谈话，对他进行鼓励和指点。高中时住校，每周回家，由于每次回家仍然看见父母吵架，张某开始对家庭感到厌倦，回校后不能集中注意力。由于心情较差，他经常逃学到校外溜冰、看电影，开始接触社会上的闲散人员，成绩也下滑到班上倒数，其自信心因此受到很大打击。高二结束后，班主任找其谈话说："你应该把精力放在学习上，家里的事情不是你现在能管的，考上好大学才是你的出路。"这番话对其影响很大。通过一年的努力，他被南京某大学录取，实现了自己的大学梦。大二时，由于父母离婚，张某的学习成绩迅速下滑，期末很多课程不及格，被勒令退学。从此，张某一蹶不振，低迷消沉了很长时间。在老师和朋友的帮助下，张某先去上海打工，后辞职回家开中巴车。他于1995年结婚，妻子的温柔体贴、岳母的细心关爱让他感觉到了家庭的温暖。1996年8月2日，女儿出生了，他深深体会到做父亲的幸福。此时的他事业有成，家庭幸福。2001年3月，他在非洲纳米比亚办了一家出租公司。经过半年多运作，公司事业逐渐

走向正轨。但由于生活单调，他逐渐迷上了赌博。一夜间不但输掉了
100 多万元本钱，还欠下 30 多万元的债务。带着万般悔恨，他于 2002
年回国。今昔对比之下，他的心理开始失衡，决定利用假身份证进行汽
车诈骗。尽管第一次的经历让他惊魂不定，但在金钱的诱惑下，张某还
是彻底放松了自己的思想防线，又策划了第二起、第三起诈骗……

（三）主要犯罪事实

张某伙同他人于 2002 年 10 月 28 日、11 月 18 日利用真、假身份证
分别从汽车租赁公司骗得桑塔纳轿车 4 辆，随后在上海、南京等地销
赃，私分赃款。2002 年 11 月 28 日张某主动向公安机关投案自首。

（四）改造表现

张某于 2003 年 8 月 14 日入监，投改初期尚能认罪伏法，服从管
理。自担任小组长后，自恃有一定文化，不把其他罪犯放在眼里，导致
与他人关系紧张。日常改造中，由于对监狱严格规范的管理难以适应，
张某逐渐产生了自卑心理。在一次请假未获批准后，张某公开辱骂当班
民警，结果被禁闭。禁闭期间张某非但不能认真反省，反而片面认为民
警和他过不去，觉得改造没有希望，流露出悲观绝望和消极抗改的情
绪。禁闭期间曾自杀一次，被民警制止。张某至今未减过刑。

（五）咨询情况

主诉：自卑、自责，心理压力大，情绪极度消极。

自述症状：我是个没用的人，什么都不如人家。我没有退路了，监
区民警不给任何机会，把我逼上绝路。这个世界对我没有意义了，活着
是个累赘。我现在就对不起两个人，一个是班主任，还有一个是我岳
母，她对我那么好，我不能好好报答她。

临床鉴定：该犯自卑感明显，咨询中思维活跃，言语流畅，逻辑性
良好，有一定的认知；自知力完整，意志薄弱，心理绝望、无助感强
烈，对改造前途缺乏信心。存在明显的自杀倾向，现实危险性大。

在对上述基本情况了解后，首先运用艾森克人格量表（EPQ）对其
人格进行测量，同时辅以个性分测验（COPA－PI）。心理测量结果
如下：

1. EPQ 测试结果。

P	E	N	L
53	27	76	29

个性特点：与人相处有主见但不固执，人格偏内向，好静，离群，

富于内省,除了密友外对一般人缄默冷淡,不喜欢刺激,喜欢有序的生活,情绪不稳定,常焦虑紧张,忧心忡忡,遇到刺激时易出现强烈的情绪反应,不够理智,掩饰性低,幼稚。

2. COPA-PI 测试结果。

PD1	PD2	PD3	PD4	PD5	PD6	PD7	PD8	PD9	PD10	PD11	PD12	PD13
48	67	43	70	68	71	63	53	53	63	49	59	58

COPA-PI 结果显示:该犯性格适中,对人不冷漠也不格外热情。情绪易变,起伏不定,波动较大,不容易恢复平静,面对现实中的困难和挫折时欠沉着、冷静,冲动、鲁莽,行事不多加思考,喜欢以自我为中心。不安守本分,生活态度独立,求变,有较强的报复欲,喜欢争强好胜,与人斤斤计较,气量狭小。对人多猜忌和怀疑,戒备心理较重,对周围世界持明显的敌视和排斥态度。焦虑不安,内心忧虑和抑郁,对前途缺乏信心,沮丧悲观,属于自残和自杀的高危人群。

第二部分:心理评估与诊断

通过咨询发现该犯目前情绪低落,悲观绝望,对前途缺乏应有的信心,初步诊断为抑郁型神经症。未发现异常精神病性症状和人格特征偏离症状,从而排除精神障碍和人格障碍诊断。经过综合分析确诊为抑郁症,评估依据是:①兴趣丧失、无愉快感;②自我评价过低、自责、内疚感强烈;③反复出现死的念头且有自杀的行为发生;④出现睡眠障碍,有失眠、早醒症状;⑤不思饮食;⑥EPQ 结果显示焦虑紧张,忧心忡忡;⑦COPA-PI 结果显示焦虑感分数偏高,表示焦虑不安,忧虑抑郁,存在自杀倾向。

附:

罪犯心理测验量表简介

一、症状自评量表(SCL-90)评分标准

症状自评量表(SCL-90)是世界上最著名的心理健康测试量表之一,是当前使用最为广泛的精神障碍和心理疾病门诊检查量表。主要适用于成年的神经症、适应障碍及其他轻性精神障碍患者。此量表包含有广泛的精神病症状学内容,如思维、情感、行为、人际关系以及生活习惯等。

SCL-90 量表有9个因子,分别测试不同方面的心理障碍。每个因子又包括了不同数量的测试题目。这些因子是:

1. 躯体化。该因子主要反映身体不适感,包括心血管、胃肠道、

呼吸和其他系统的主诉不适和头痛、背痛、肌肉酸痛，以及焦虑的其他躯体表现。

2. 强迫症状。主要指那些明知没有必要，但又无法摆脱的无意义的思想、冲动和行为；还有一些比较一般的认知障碍的行为征象也在这一因子中反映。

3. 人际关系敏感。主要指某些个人不自在与自卑感，特别是与其他人相比较时更加突出。在人际交往中的自卑感，心神不安，明显不自在，以及人际交流中的自我意识，消极的期待亦是这方面症状的典型原因。

4. 抑郁。以苦闷的情感与心境为代表性症状，还以生活兴趣的减退，动力缺乏，活力丧失等为特征。存在失望、悲观以及与抑郁相联系的认知和躯体方面的感受。另外，还包括有关死亡的思想和自杀观念。

5. 焦虑。一般指那些烦躁、坐立不安、神经过敏、紧张以及由此产生的躯体征象，如震颤等。测定游离不定的焦虑及惊恐发作是本因子的主要内容，还包括一项解体感受的项目。

6. 敌对。主要从三个方面来反映敌对的表现，即思想，感情及行为。其项目包括厌烦的感觉，摔物，争论直到不可控制的脾气爆发等各方面。

7. 恐怖。恐惧的对象包括出门旅行，空旷场地，人群或公共场所和交通工具。此外，还有反映社交恐怖的一些项目。

8. 偏执。本因子是围绕偏执性思维的基本特征而制定的，主要指投射性思维、敌对、猜疑、关系观念、妄想、被动体验和夸大等。

9. 精神病性。反映各式各样的急性症状和行为，有代表性地视为较隐讳，限定不严的精神病性过程的指征。此外，也可以反映精神病性行为的继发征兆和分裂性生活方式的指征。

评分标准：SCL-90量表一般采取1~5分的5级评分标准。从1分代表无症状到5分代表症状严重，依次递进。总分即为90个项目的得分总和。总分160分为临床界限，超过160分说明测试人可能存在着某种心理障碍。并且，任一因子得分超过2分为阳性，说明可能存在着该因子所代表的心理障碍。

SCL-90量表还有一种0~4级的评分标准。如采用这种标准，则总分超过70分，因子分超过1分被视为阳性。

二、艾森克人格测验（EPQ）

艾森克人格测验（Eysenck Personality Questionnaire，简称EPQ），

是英国心理学家艾森克（H. J. Eysenck）等人编制的一种有效的人格测量工具，对分析人格的特质或结构具有重要作用。目前，这一测验已被广泛应用于心理学研究与实际应用、医学、司法、教育、人才测评与选拔等诸多领域。下面介绍陈仲庚主持修订的成人EPQ版本。

量表内容：EPQ是一种自陈式人格问卷，有85个题目，含三个维度四个分量表：①E量表。有21个条目，主要测量外显或内隐倾向。②N量表。有24个条目，测神经质或情绪稳定性。③P量表。有20个条目，测潜在的精神特质，或称倔强性。④L量表。有20个条目，为效度量表，测受试者的掩饰或防卫。下面是对EPQ各分量表高分和低分特征的一般性描述，可供解释时参考。

1. E量表：外向-内向，表示性格的内外倾向。

高分特征：人格外向，可能是渴望刺激和冒险；情感易于外露、冲动；喜欢参加人多热闹的聚会，好交际；开朗、活泼。

低分特征：人格内向，好静，离群，富于内省；除了亲密朋友之外，对一般人缄默冷淡；不喜欢刺激、冒险和冲动，喜欢有秩序的生活方式，很少进攻，情绪比较稳定。

2. N量表：神经质或情绪稳定性。反映的是正常行为，并非指病症。

高分特征：可能常常焦虑、紧张、担忧、郁郁不乐、忧心忡忡；情绪起伏较大，遇到刺激，易有强烈的情绪反应，甚至可能出现不够理智的行为。

低分特征：倾向于情绪反应缓慢且较轻微。即使激起了情绪也很容易恢复平静，通常表现得比较稳重，性情温和，善于自我控制。

3. P量表：精神质，也称倔强性，并非暗指精神病，它在所有人身上都存在，只是程度不同。但如果某人表现出明显程度，则易发展成行为异常。

高分特征：可能孤独，倾向于独身，不关心他人，难以适应外部环境，缺乏同情心，感觉迟钝，对人抱有敌意，与他人不能友好相处，固执、倔强，喜欢寻衅，具有攻击性，且不顾危险。

低分特征：能与人相处，能较好地适应环境，态度温和，不粗暴，善解人意。

4. L量表：测定被试的掩饰、假托或自身隐蔽，或者测定其社会性朴实幼稚的水平。高分者，示有掩饰，也可能较成熟老练，它本身代表一种稳定的人格功能。

对测验结果的分析主要是依据标准分来进行。标准分的平均分为50，标准差为10。根据统计学理论，标准分在40~60之间大约包括68.46%的常模群体，标准分在30~70之间大约包括95.45%的常模群体。一般认为，如果某个被试的标准分大于60或小于40，就可以认为该被试在某量表上具有高分或低分的特征，如果其标准大于70或小于30，那么这些特征就更明显了。

三、个性分测验（COPA-PI）

该量表用于监狱中对罪犯进行心理测试，针对性较强。该量表包含13个维度，分别是：①内外倾向，共10个项目；②情绪稳定性，共10个项目；③同众性，共8个项目；④冲动性，共10个项目；⑤攻击性，共8个项目；⑥报复性，共10个项目；⑦信任感，共10个项目；⑧同情心，共10个项目；⑨自信心，共10个项目；⑩焦虑感，共10个项目；⑪聪慧性，共10个项目；⑫心理变态倾向，共14个项目；⑬犯罪思维模式，共10个项目。

0~20分代表狂躁，重点防范暴力事件。

20~30分代表正常。

30~50分代表抑郁，重点防范自杀事件。

四、明尼苏达多项人格测验（MMPI）

明尼苏达多项人格测验是现今国外最流行的人格测验之一，此量表是由美国明尼苏达大学教授哈萨威和麦克金里所编制的，该量表内容包括健康状态、情绪反映、社会态度、心身性症状、家庭婚姻问题等26类题目，可鉴别强迫症、偏执狂、精神分裂症、抑郁性精神病等。[1]

该表可用于测试正常人的人格类型，也可以用于区分正常人和精神疾病患者。一般而言，在结果计分解释中主要使用4个效度量表、10个临床量表和5个附加量表。

（一）效度量表

1. 疑问量表（Q）。此量表反映被测试者回避问题的倾向，如果在566题中原始分数大于30，则说明被测试者对问卷的回答不可信。

2. 谎言量表（L）。此量表用于检测被测试者是否在过分夸大自己的优点，企图给人一个好印象。

3. 伪装量表（F）。此量表由一些不经常遇到的问题组成。分数提高表示被测试者回答问题不认真或者理解错误，表现出一组相互无关的

〔1〕 参见彭聃龄主编：《普通心理学》，北京师范大学出版社2001年版，第357页。

症状，或在伪装疾病。

4. 修正量表（K）。此量表用于测验受测试者是否愿意议论个人事情，它与智力、教育以及社会地位有关。分数过高，可能是被测试者不愿合作。

（二）临床量表

1. 疑病量表（Hs）。此量表原来是为了鉴定疑病患者而制定的。其特征是对自己的身体健康的一种过度的关心，担心自己有病或不健康。

2. 抑郁量表（D）。此量表最初是为评价抑郁症候而制定的。抑郁的特征是缺乏干劲，对未来没有希望，一般对自己的生活状况极其不满。

3. 癔病量表（Hy）。此量表原来是为了区别对紧张状况产生歇斯底里反应的患者而制定的。癔病的特征是心因性的不随意肌体机能丧失和机能障碍。

4. 精神病态量表（Pd）。此量表原来是为了区别那些被诊断为非社会类型和非道德类型的精神病态人格的患者而制定的。这种病态的特征是说谎、偷盗、性异常、酗酒等，但不包括重大犯罪行为。

5. 性度量表（Mf）。此量表也叫男性—女性量表，它原来是为了鉴别男性同性恋而制定的。反映被测试者的男性化或女性化程度。

6. 妄想量表（Pa）。此量表是为了区分那些被判断为具有关系妄想、被害妄想、夸大自我概念、猜疑心、过度敏感、意见和态度生硬等偏执性人格而制定的。

7. 精神衰弱量表（Pt）。此量表是为了测定精神衰弱的一般性症候类型而制定的。精神衰弱的特征为：焦虑、强迫动作、强迫观念、无原因的恐怖等。

8. 精神分裂症量表（Sc）。此量表原来是为了区别精神分裂症的患者而制定的。其特征包括：思维、感情和行为混乱。

9. 轻躁狂量表（Ma）。此量表原来是为了区别有躁狂性症候的精神科患者而制定的。其特征包括：气质昂扬，爱说、精力充沛、易怒、思维奔逸、抑郁气短等。

10. 社会内向量表（Si）。此量表是为了鉴别对社会性接触和社会责任有退缩、回避倾向者。

（三）附加量表

1. 外显性焦虑量表（MAS）。此量表是为了研究不同焦虑水平对任务完成情况的影响。焦虑水平高的被测试者对简单工作完成得好，对复杂任务完成较差。

2. 依赖性量表（Dy）。此量表用于评估被测试者的依赖性水平。

3. 支配性量表（Do）。此量表用于判别一个人在人际关系中支配能力的强弱。

4. 社会责任感量表（Re）。此量表是评估一个人愿意对自己的行为负责任和对社会团体尽义务的程度。

5. 控制力量表（Cn）。此量表是测定被测试者对其行为，特别是其病理性表现的控制能力。

复习与思考

1. 怎样理解罪犯心理评估的内涵？

2. 罪犯心理评估的主要方法有哪些？

3. 结合实例，谈谈怎样实施罪犯心理测验？

4. 选择一个典型案例，撰写一份罪犯心理评估报告。

工作任务十一 罪犯心理健康教育

一、学习目标

知识目标：掌握罪犯心理健康教育的内容、方法、原则和步骤。

能力目标：能根据罪犯的表现识别其心理问题，并能针对心理问题采取相应的教育方法。

二、工作项目

案例：杨犯，男，35岁，汉族，未婚，初中文化，哈尔滨市香坊区黎明乡人，无业，因盗窃与抢劫罪被判处无期徒刑，后因改造积极被减为有期徒刑20年，2年后又被减刑1年10个月，现余刑9年。

杨犯目前心理压力很大，当前监狱正在开展"结""摆""查"余罪的活动，也知道全国正在开展"网上追逃""督办案件"等活动，监狱各级领导与干警都对服刑人员做了深入细致的思想教育工作，很多服刑人员都交代了自己的余罪。该犯也有一起杀人余罪没有交代，当时心理十分矛盾。交代吧，可能自己会被枪毙；不交代吧，同犯早晚被抓，同犯被抓自己也是一死；逃跑吧，没有出路，在逃的滋味很难受；自杀吧，又没有勇气，也太对不起养育自己这么多年的母亲……

如何做好罪犯的心理健康教育工作？

经过了解知道该犯的家庭情况，该犯从小生活在一个不幸的家庭，父亲是一个好吃懒做的人，在农村就是所说的"二流子"，除了喝酒打媳妇没有别的能耐，自己从小就生活在家庭战争中，记得在8岁那年，一天中午放学回家，看到了刚刚打完仗的"战场"，家里所有的东西都散落一地，立柜被砸坏了，衣服、被褥散落一地，就连家里最值钱也是最值得珍惜的一筐鸡蛋也都被打碎一地，妈妈不在家，他预感到可能要出大事，就一口气跑到村西边的河边，看到妈妈就坐在河边，母子俩抱头痛哭，要不是为了他，也许妈妈早就自杀了。这些阴影从小就藏在他的心里，他也经常生活在"战争"和恐惧当中，加之该犯的犯罪、在逃等种种经历增加了他难以承受的负担。

COPA-PI心理测试显示：该犯性格趋于内向、好静、孤僻、缄默冷淡、落落寡合、交际面窄、不愿意与人打交道、行事严谨，情绪易变、性情暴躁、易生烦恼、喜悲情绪骤变明显，冲动、鲁莽、缺乏抑制、疑神疑鬼、焦虑不安、忧虑抑郁、忧心忡忡、沮丧悲观、急躁不安、身心疲惫，伴有失眠、噩梦、恐怖等。

找到了问题的症结就"对症下药"。每次咨询时心理咨询师都尽量多倾听该犯的"倾诉"，再按照心理学的知识，给该犯布置一定量的"作业"，比如，让该犯写些自己的经历，每次谈话后的感想，心得体会，自己有何要求等，心理咨询师还鼓励该犯在自己力所能及的情况下为监狱小报和一些杂志写些稿件、诗歌。这样做的目的：一是为了让其倾诉自己的情感，二是为了进一步了解该犯的真实内心感受。在5个多月的心理教育与心理矫治过程中，该犯也因为改造的问题情况反复过好几次，但总的来说情况在明显好转，心情也在向着好的方向发展。最后交代了余罪，也按正常法律程序没有被枪毙。七八个月之后，该犯给心理咨询师写了一份很完整、很成功的"思想汇报"，看到该犯的思想发生如此大的变化，心理咨询师也很高兴，并又对该犯进行了心理测试，结果显示该犯的很多症状已基本消除，他的焦虑、抑郁等症状已基本消失，对以后的改造有了信心。

通过北京新闻广播的《法制天地》节目，我们可以了解罪犯在监狱里心理健康问题的一些概况。

　　主持人：抑郁、自闭、自杀倾向，这些在人群当中常见的心理问题在服刑人员当中尤为突出，这不仅严重影响他们的服刑改造，甚至会影响他们的一生。近年来，北京市监狱管理局以提高罪犯改造质量为中心，深入开展了心理健康教育和心理矫正工作，并且取得了显著成效。那么作为服刑人员，他们的心理问题到底有多么严重呢？如何对他们这个群体加以矫正呢？他们的心理矫正又和社会上的心理矫正有什么不同呢？这些工作对这些服刑人员有什么深刻的社会意义呢？今天我们将和走进直播间的嘉宾来共同探讨，今天我们节目也将通过北京广播网进行视频直播，欢迎您收听、收看。

　　主持人：现在社会上的人不太了解服刑人员到监狱之后，心理上有哪些普遍问题，严重到什么程度。请您介绍一下。

　　心理咨询师：一般来说，罪犯实施过犯罪行为以后，他的心理都会受到一定的冲击，拿专业术语来讲叫心理创伤。他在犯罪以后，因为服刑会失去自由，失去一个家庭支持系统，来这儿会感觉比较孤独，而且自己在人格方面会有变化。原来很爱说话的人，在服刑期间不爱说话了，或者原来不爱说话的，一进入监狱以后，为了让自己不受欺负，就开始非常爱说话，而且经常违反一些制度。原来我们总是认为他这样做是不服从管教，觉得他不听话，思想上有问题。但随着我们的工作的开展，包括心理知识的普及，我们狱警都会觉得原来他们的问题是心理问题，比如他经常小打小闹，跟你闹一些事情，跟人吵架，跟人打架，实际上是需要队长去关心他，找他谈一谈话，需要有人与他沟通。监狱其实对于服刑人员来说，最普遍的问题就是孤独，心理咨询恰恰给他这么一个途径，我们经常说"敞开你的心扉请让我来帮助你，让我们从高兴的事情开始"。

主持人：如果他很孤独的话，他在服刑生活当中会有什么表现，比如他不愿意加分减刑，或者拒绝吃饭，拒绝谈话，失眠，这会很影响他们吗？

心理咨询师：表现的症状不太一样，有的人稍微消极一点，跟谁都不接触，自我封闭。还有一些就是焦躁狂，他注重在事事上表现出另类，不服从你的管理教育。比如早晨点名，他特地出个声音，或者中午睡觉的时候，特地把脸盆弄响，每个人的表现都不一样。一般入监的时候我们要做一个心理诊断，对他进行人格测试，以了解他大概属于什么样性格的人，人格倾向是什么，我们在教育当中要避免一些什么事情。

主持人：这种测试是强制性的吗？

心理咨询师：是强制性的。开始轰轰烈烈搞的时候，大家把问卷一发就可以了，但是我们发现那样测试出来的正确率能到40%就算很好了。随着工作逐渐深入，包括我们培养专职人员，学到专业的知识，我们懂得在给他们做测试之前，首先要给他们介绍心理健康的知识，让他们明白我们为什么要做这个，做这个不是单一为我们管教工作服务的，而是为他们自己服刑生活服务的。

主持人：否则结果不会太准确，如果被迫去做的话。

心理咨询师：现在准确率能达到75%左右，剩余的25%，因为对一个人的心理诊断不光靠测量量表，还有一些行为观察，包括他自己的言行什么的，这些都可以做判断的，所以剩余的25%，我们或者做问卷，或者找他进行个别沟通，以便做出诊断来。

主持人：像这种测试，服刑人员当中的问题普遍吗，都有不同程度的心理问题吗？

心理咨询师：反正比社会人群问题要多，我们运用的是社会量表，它采取的常模是社会的常模，所以他们的数据显得比别人高，其中有11项都高于正常人。

监狱管教警察：在监狱关押的服刑人员是心理问题或者心理疾病高发的人群。

心理咨询师：可以这么说。

监狱管教警察：因为他们是被完全监禁的。可以这样说，有些人是因为心理问题犯的罪，有的人是因为犯了罪以后导致了心理问题，心理问题再发展就是心理疾病，我们测试也是为了把这个现状、每个人实际的状况了解清楚，以便我们采取一些辅助性的治疗，启发他本人，调整他的心理。

主持人：今天我们还请到了来自北京市监狱的服刑人员老郭。老郭，你好！

老郭：你好！

主持人：您是什么时候被送到监狱去的？

老郭：2001 年。

主持人：您介意谈谈您的过去吗？因为什么事情入狱的？

老郭：因为职务犯罪。

主持人：现在服刑六七年了？

老郭：五六年了。

主持人：您是在监狱里接受过心理矫治的受益者，当时您入监之后是什么样的状态？

老郭：不适应，严重不适应。

主持人：有些什么症状，比如失眠、不想说话？

老郭：比这个严重得多。

主持人：有失眠症状？

老郭：我失眠很厉害，而且没规律。

主持人：严重到什么程度呢？

老郭：好几天可以不闭眼睛，有时候能睡好几天，我当初跟同号不能交流，跟警官也不能交流。

主持人：您是不想跟他们交流，还是有障碍？

老郭：都有，心里不想聊，也难以沟通，所以很自闭。

主持人：那时候您的服刑生活、劳动、改造都能正常参加吗，为了加分减刑？

老郭：不能，都做不到。因为从思想上本身落差难以适应，再加上心理问题，所以当时很痛苦。

主持人：您最痛苦的是什么呢？当时神志很清醒的。

老郭：我跟别人的情况不太一样，我是犯罪之前就有心理问题，所以进来以后不适应，更加重了心理问题。所以我对我的心理障碍，自己心里是清楚的。

主持人：所以您更痛苦。

老郭：痛苦在于知道有病但找不到出路，这才是最痛苦的。

心理咨询师：那时候你是不是特别想转变自己？比如你刚才说连续失眠好几天，又能连续睡好几天。

老郭：当初极力想适应这个环境。

心理咨询师：你都做过什么样的尝试？

老郭：跟干警沟通，跟家庭沟通，跟监狱上级沟通。

主持人：您这种渴求也是很强烈的，但确实没有什么效果。

老郭：没有效果，没有途径。

主持人：无路可走，刚才我跟老郭交流的时候，他说他曾经在监狱里崩溃过。

老郭：那会儿一般人不了解，一般人想到死会很惧怕，很恐怖。当初我的心态是一想到死我就很兴奋，一想到死，我觉得那对我是一种超脱，一点恐惧心理都没有，而且有一种急于实施的企图。

心理咨询师：你当时觉得自己想死，有没有想过采取措施或者自己想些办法，我怎么达到死的目的呢？

老郭：这个想法肯定是有的，因为在看守所就想过这个问题，当初这些东西在脑子里觉得不成问题。

……

监狱管教警察：刚才老郭说他在监狱里知道有心理咨询这个手段以后，他像抓到一根救命的稻草一样，会有这个感觉。

主持人：您第一次接受咨询是什么时候，是专家还是干警进行的心理咨询？

老郭：是专家，当初我刚进监狱的时候，监狱里还没有这项工作，所以当时我寻找不到出路。我记得是 2002 年北京市监狱组织社会的专家到北京市监狱给服刑人员开展咨询活动，当时我一听到这个消息真的就跟看到救命稻草一样。为什么？因为我刚才介绍过，我以前就有这种心理问题，我知道我有这个问题，但是我解决不了，所以一有这个消息，我头一个就去。

主持人：头一个就去。

监狱管教警察：当时有法律咨询，有心理咨询，他选择了心理咨询。

心理咨询师：你是主动求询的。

主持人：那次谈话效果怎么样，进行了多长时间？

老郭：由于头一次搞，组织了很多人，监狱领导讲一个人15分钟，但是专家看到我的情况以后，给监狱领导说他的情况比较严重，多给他点时间，结果一下午都让我占用了，别人都没咨询。

主持人：一直是您在说？

老郭：对。我当时的心情特别激动，为什么？我找不到路，就这条路。

主持人：这次倾诉之后，你感觉怎么样，专家跟您聊了些什么？

老郭：主要让我倾诉，他不说我也得说，我没地方去说。

主持人：跟这个专家的交谈，和以前您和狱友、干警的沟通完全不一样吗？

老郭：不一样。

心理咨询师：方式上有什么不同？

老郭：都不一样。为什么？我跟他沟通，我心里很清楚自己心里有问题。对方是专家，专家本身也是警察，所以他对监狱的情况比较清楚，所以我跟他说起来没有任何顾虑，我可以全方位地没有任何顾虑地讲，不用选题，我跟其他人沟通都要考虑对象的问题。

主持人：您当时有这样的心理问题，您觉得其他服刑人员是不是也有这样的问题呢，挺普遍的吧？

老郭：对，挺普遍的。当时听监狱领导讲了，一些人以前就有这种疾病，有些人是犯罪以后产生的。这种情况很普遍，我周围很多人都有这种情况。

主持人：您知道有心理咨询、矫正的机构之后，您是什么感觉？

老郭：刚才讲过，对我来说就是一根救命稻草。

主持人：很有必要在服刑人员当中进行这样一种手段的改造？

老郭：对。经过一段时间的治疗以后，我觉得效果很好，对我的服刑改造有很大的帮助，使我的心态摆正了。另外，对认罪伏法，服刑改造都有了比较正确的认识。

主持人：我们继续请老郭谈下后来的治疗情况。现在还在延续心理咨询和矫正吗？

老郭：对，因为我的心理疾病时间比较长，而且比较严重，所以我目前还在做治疗，虽然已经有很好的效果，但还在做治疗。

主持人：您觉得您现在是什么样的心态和状态呢，在服刑生活方面？

老郭：我能够正确面对现实，从心态上来讲很平和，不像以前那么浮躁、不适应，这种情况从我的日常生活、日常表现中都能体现出来，别人都说我有变化。

主持人：和别人沟通、家人沟通这方面？

老郭：好多了，监狱有亲情电话，罪犯能够跟家里通电话。我跟家里通电话，家里人都挺惊讶的，说你声音怎么都变了，因为之前我声音不好，但是心情变了以后，声音都发生了变化，家人的感觉是很明显的。

监狱管教警察：原来一提到死就感觉到兴奋，感觉到是超脱，现在就变正常了。

老郭：现在不想这个问题，也没必要想这个问题，而且现在我想的更多的是我怎么回归社会的问题。

主持人：您的刑期还有十年左右，那么您现在的信心怎么样？

老郭：我今年都 57 岁了，我还有十来年的刑期，以前是沉重的负担，现在我有信心能坚持到那个刑期，而且我有信心能够活着出去，还有可能为社会服务。

主持人：您刚开始在病症比较重的时候加分减刑情况怎样？

老郭：我恐怕谈得上创造了北京市服刑人员记录，很难减到刑，正常减刑，我根本做不到。

监狱管教警察：2001 年到现在只减了 3 个月。

主持人：这是很少见的。

心理咨询师：太少见了。

主持人：那么现在呢？

老郭：现在通过咨询以后，这个月达到了规定的减刑条件。

主持人：多长时间？

老郭：一年半。

主持人：能减一年半？

老郭：一年半的努力能减 11 个月。

主持人：这已经是很大的变化了。

老郭：对，以前不敢想象。

监狱管教警察：原来减刑少，主要是由于心理问题，严重不适应监狱的管理。

主持人：一位朋友问，在监狱服刑都能够得到这种帮助？是随时的吗？

监狱管教警察：应该是随时的，我们有求询，可以申请，监狱会安排，有专门的人员做这个工作。

心理咨询师：我们这个途径是比较畅通的，我们所有咨询员，监狱咨询员都有相片、介绍，摆在专栏里。像我这样或者社会上的专家，包括我们局的心理专家委员会的成员也可以点名让他们过来咨询。同时，北京市监狱跟回龙观的北京市心理危机自杀干预热线也合作了，方便、快捷，不受狱政管理方面的限制。

主持人：这都是无偿服务？

心理咨询师：对。

……

主持人：刚才短信的问题也谈到了，我也去过监狱，看过一些心理咨询室和心理减压室，条件还是不错的。可能有人会觉得我们现在守法公民要进行心理咨询、矫正，还要交很高的费用，但对这些服刑人提供有这么好的条件，有没有必要？我们听众提出来这样一个问题，对这个群体矫正的社会意义在哪儿？

监狱管教警察：刚才听到这条消息，我感觉有些人对我们监狱部门的工作不是很了解。我开始就说了，我们局的指导思想是以改造人为中心，利用他执行刑罚这一段时间还要做点什么，不是关起来就完了，还要改造他。主要有三个大方面，一个是思想，一个是行为，还有一个是心理。心理是近年来比较突出的问题，过去就是思想和行为。我们监狱要做的事就是把犯了罪的人通过执行刑罚，以及对他们使用各种手段，把他们改造成心理状态非常正常的人，最后走向社会。现在全国都在讲和谐社会，这些人早晚都会释放，只要不判死刑，都有重返社会的一天。重返社会那一天，如果他们没有改造好，就是不和谐的因素。

主持人：危害性很大。

监狱管教警察：危害性很大。这也是为了广大人民的利益，为了我们社会的安定、和谐，把这些人改造好，特别是通过心理咨询和矫正，把他们的心理状态调整好也有利于他们的改造，出去以后我们尽可能让他们带着非常好的心态回归社会。刚才老郭也说，回归社会还要为社会提供服务或者做贡献，这都是有可能的，也是我们多年来一直倡导的，就是服刑人员要回归社会做新人，为社会做贡献。

主持人：这是无价的。

监狱管教警察：这是无价的。现在看来这不是什么待遇，因为我刚才说了，服刑人员的群体是心理问题、心理疾病高发人群，我们在这方面关注他们，实际上最终还是为了社会。

主持人：老郭刚才也谈到很多体会和效果，您觉得您将来出去以后，或者在10年刑期里面，您目前能不能说"我还是肯定会以积极态度去面对"，能不能说这句话？

老郭：没问题。

主持人：您这种改造要延伸到将来出监狱以后的生活，这对您的一生都是有益处的。

监狱管教警察：对。改造服刑人员，社会应该多理解，我们要宣传，让大家了解，改造人的事不是一个监狱部门就能完成的事情，要通过全社会的努力，即使服刑人员出来以后，也应该有一个很好的环境，让他们更好地适应，减少重新犯罪。

心理咨询师：更多地理解他们，因为他们中有些人是一时冲动导致犯罪的，有的人可能是因为心理问题，有些人可能是社会因素，这些都是不能排除的。在监狱里，我们付出这么大的努力，给他们做这些工作，比如说我们培养的全都是专职的、国家认可的咨询师，我们一个咨询师的投入要15 000元，给他们做免费咨询。这是我们的职责，他们进入社会以后，我希望有更多的人理解他们，关心他们，能够使他们更好地适应社会，就像适应监狱一样。

主持人：因为他们将来有一天还是要回归社会的。

监狱管教警察：早晚要回归社会。

主持人：所以我们要给他们提供关爱，他们在监狱里要被执行刑罚，出来以后是一个公民，他们要享受到整个社会的一种关注，一种宽容，这是很必要的，可以减轻他们的心理压力。因为我们采访过一些服刑人员，他们出监狱以后反而问题更大，失落感会更强。

监狱管教警察：对，我们在快出监狱的服刑人员里边，通过调查，发现他们感到恐惧。很多人要出监了，要回归社会，要回家了，反而恐惧。他们出来以后面对的很多问题，觉得可能不会很理想。

主持人：这是我们一般老百姓所理解不了的。

监狱管教警察：一个是这些人进来以后他们感到恐惧，他们将要出监也感到茫然。这需要社会的支持和理解。

主持人：现在在我们监狱里面搞心理咨询和矫正，刚才我们谈到正规化、制度化，我们通过哪些具体的活动来进行系统的心理教育和引导呢？不能说有一些心理咨询师，建立心理咨询室，就算正规化、制度化了。我们还有其他方方面面的活动和措施，请监狱方面的领导、专家给我们介绍一下。

　　监狱管教警察：方方面面的活动能够体现出我们这项工作应该是有声有色的，特别是服刑人员，叫来访者，他应该进入到心理咨询当中，这是互动交流的过程。这里头需要一定的兴趣，应该说是比较立体化的。

　　主持人：我听说咱们监狱有心理档案。

　　心理咨询师：必须有。因为这样的话，第一个就是对他的接触方面，管理方面，会比较有针对性。比如，有的人是内向的，有的人是外向的，大多数成年人都是混合性的，有自己的特点，大家不是都一样的，根据他自己的一些特点，比如像老郭这样，他属于比较内向的，我们要教会他学会沟通，学会倾诉一些事情，因为他长期压抑的话，有点像拿一根管子接水，会膨胀、会爆裂，人会崩溃，给他一个疏通的渠道，对他来说是更好的缓解。对一些暴力性强，动不动因为一点小事就急了的人，平常让他参加体育活动，适当宣泄他的体力，把他的心情也宣泄一下，这种是非常有好处的。而且，我们建立心理档案，出现了很多非常好的例子，比如，我们在××分局有一个服刑人员，在建立咨询档案过程当中诊断出他是严重的抑郁症，跟老郭的情况差不多。当时我们通报了3次这个情况，因为我们心理咨询室还有一个职责，就是发现具有危险性的服刑人员，要向监狱报告。这个人在狱政部门被控制了4个多月，然而，就在一天早上他起来说要去卫生间，结果他要在那儿上吊，幸好被及时发现。当时好多领导说，你们是算命的，你们怎么那么准，预料到4个月以后的事情。这对于心理咨询专业人员来说并不是很困难的，因为他需要做一个人的诊断和分析。比如，老郭在外面已经是抑郁症了，他进来以后，根据他所叙述的东西，我想他没达到重症抑郁症，但达到中度了。首先，他有自杀的想法，有自杀的观念，而且他有自杀行为实施的预想，只不过没有条件实施自杀的过程（自杀的话题，我们在危机干预工作任务部分里进行了介绍）。

　　从上面的节目访谈中，我们了解到罪犯在监狱里心理问题比较普遍，这不仅影响其健康，更会影响到他们的有效改造，所以对罪犯进行心理健康教育非常重要。下面就介绍罪犯心理健康教育的基本方面。

　　（一）罪犯心理健康教育工作的内容

　　罪犯心理健康教育工作包括以下内容：①定期举办心理健康讲座，开展心理团体训练，并通过黑板报、闭路电视等渠道宣传心理健康知识；②做好每一名新入监罪犯的心理测试工作，对有突出心理障碍的罪犯开展个别化的心理咨询；③建立和完善罪犯心理健康档案。

（二）罪犯心理健康教育与一般的心理健康教育的区别

《简明不列颠百科全书》对心理健康的定义是："心理健康是指个体心理在本身或环境条件许可范围内所能达到的最佳功能状态，不是指绝对的十全十美的状态。"

一般的心理健康教育，是根据个体生理、心理发展特点，有目的、有计划地运用有关心理学的方法和手段，对受教育者的心理施加影响，培养其良好的心理素质，促进其身心全面和谐发展。它有助于受教育者潜能的开发和各种优秀心理品质的培养与发展，有利于心理健康水平的提高、个性的全面发展，同时预防和消除各种异常心理和心理问题的发生。

罪犯心理健康是指罪犯心理在自身与监狱环境许可的范围内所能达到的、为改造所能接受的较好的功能状态，是对不健康心理或人格缺陷的复健及预防。

（三）进行罪犯心理健康教育的原因

对罪犯心理健康的促进，是对教育改造质量的一种提升。相对于心理辅导、心理咨询和心理治疗，心理健康教育可以直接纳入罪犯教育的范畴，可以与思想教育、文化教育以及职业教育一起，成为罪犯教育的内容。具体来说，罪犯心理健康教育有以下意义：

1. 有利于罪犯认识自身心理，培养健康人格。

2. 有利于提高罪犯综合素质。①能够促进罪犯良好品德的形成；②保证罪犯正常、健康地生活与改造；③有利于防止各种心理危机和突发事件，维护监管工作的安定和谐。

（四）进行罪犯心理健康教育的场所

对罪犯进行心理健康教育的地方，可以说比比皆是：①罪犯所在的场所。如劳动、生活场所等，在这些地方可以随时对他们进行教育。②罪犯能接触的场所。如在劳动、生活场所的周围设立专栏进行教育，在阅览室放置心理健康方面的书籍进行教育，在心理咨询室进行个别教育，在活动室或教室等进行集体教育等。

（五）罪犯心理健康教育的内容

1. 认知教育。监狱环境下对罪犯的认知教育以罪犯的矫正为前提，以解决罪犯面临的首要问题为原则。

2. 意志力教育。意志力是个体克服困难忍受挫折的能力。意志力的教育旨在使罪犯了解意志的心理特点，了解挫折的心理规律，使他们能够正确面对挫折，自觉运用挫折的原理，理智地采用积极的挫折应付方式。

3. 情感教育。情感教育是心理教育的关键。因为人的行为与其当时的情绪和情感有着很直接的关系，要控制个体的行为，必须首先能够控制自己的情绪，心理问题和心理障碍都会以不同的情绪作为外在的表现，如一些人格缺陷者表现为情感、情绪的异常。

4. 人格教育。对罪犯的人格的大量研究中，艾森克的研究非常突出，他认为人格与犯罪行为有一定的关系。国内的许多研究也发现罪犯的人格与常人有显著差异；国外的许多调查研究也发现犯罪与某些人格有着非常密切的关系，如反社会人格几乎就是犯罪的同义词。在日常生活中，人格缺陷也是诸多认知、情绪等心理问题的来源。

5. 社会性教育。社会性教育是心理教育中的重要内容，它是以实现人的社会适应为目的的心理教育。

（六）罪犯心理健康教育的方法与途径

1. 知识的传授和技能的训练。作为教育形式的一种，心理健康教育可以采用常规的教育形式。一般包括知识的传授和技能的训练。知识的传授可以通过课堂教学、专题讲座、专家报告、阅读相关书籍、收看教学节目、收听相关内容的广播、观看板报等形式进行；技能的训练是在心理健康教育者的引导与指导下，有针对性地对罪犯进行系统的心理实训，使他们获得改善和调适自身心理状况的能力，可以通过教授、模仿、练习、巩固和应用等环节来达到目的。

2. 集体心理健康教育与分类心理健康教育。采用什么样的心理健康教育方式是由其教育内容决定的。集体心理健康教育是针对罪犯共同性心理问题而采用的教育方式，而分类心理健康教育是针对部分罪犯的心理问题而采用的教育方式。例如，集体心理健康教育可以通过对全体罪犯进行心理健康知识的普及，如讲座、课堂教学、统一收看相关节目、共同阅读指定书籍和报刊等活动，使他们明白心理问题可能引发心理疾病的道理，明白调节自我心理状态的重要性，重视自身的身心健康，合理调节自身心态，达到心理健康。但是，同样还是心理健康教育，针对不同对象的不同心理问题应该采取不同的方式方法，需要在分类的基础上进行教育。例如，焦虑问题的心理健康教育就需要运用分类心理健康教育的方式。在罪犯的异常焦虑表现上存在明显不同的两种状态：一是缺乏焦虑，二是过度焦虑。适度的焦虑对正常人遵守社会规范、社会道德是很有益的。在人格研究中发现，反社会型人格障碍者的突出特点就是缺乏焦虑。有人把罪犯分为三种主要类型：神经症型、精神变态型和亚文化型，而精神变态型和亚文化型都表现为缺乏焦虑[1]。相反，有些罪犯由于感受到监狱环境的压力和对监狱环境的不

---

〔1〕 陈仲庚：《实验临床心理学》，北京大学出版社 1992 年版，第 219 页。

适应，以及强烈的逃避和摆脱现状的愿望，对个人前途和家庭的担忧等，反而可能会患上过度的焦虑症。因此，焦虑的心理健康教育就应该区别对待不同的焦虑状态的罪犯，分类进行不同内容的训练。

按照焦虑的分类来说，即使是较高的焦虑状态，也有可能表现为个体稳定的人格特点，或者是在一定环境下的不愉快的体验差异，前者属于特质焦虑，后者属于状态焦虑。因此，对于焦虑者的心理健康教育就要进一步考虑其焦虑的性质，一般可以用焦虑量表测量其焦虑程度，确认属于特质焦虑还是状态焦虑，进而施行不同的焦虑教育。一般来说，知识传授形式的教育适合采用集体心理健康教育的方式，技能训练形式的心理健康教育采用分类心理健康教育效果会更好。

3. 个别心理健康教育与自我心理健康教育。个别心理健康教育是集体心理健康教育与分类心理健康教育的补充，是更注重个体特殊性的教育，因而也更有针对性。当遇到集体心理健康教育与分类心理健康教育不能解决的问题，或者集体心理健康教育与分类心理健康教育都没有取得理想的效果时，又或者某个罪犯的问题比较特殊时，就应该进行个别心理健康教育。个别心理健康教育常常要与心理测量、心理辅导、心理咨询和心理治疗结合起来进行。对于不适合个别心理健康教育的内容，如比较严重的心理困扰或者心理障碍，就应该进行心理咨询和心理治疗。个别心理健康教育可以通过心理剧、角色扮演、行为训练等方式进行。

自我心理健康教育就是指罪犯自己对自己所进行的心理健康教育，是一种自觉的自我完善的过程，是对个别心理健康教育的发展。罪犯心理健康教育的效果的取得离不开罪犯的主动参与，从某种意义上讲，无论是集体心理健康教育，还是分类心理健康教育，抑或是个别心理健康教育都只有在自我心理健康教育的基础上才会有效。因此，在罪犯心理健康教育的过程中应该鼓励罪犯接受教育，激发其自我教育的主动性，积极配合监狱的教育与改造。罪犯心理健康教育工作者应该在努力做好集体心理健康教育与分类心理健康教育的基础上，深入细致地进行个别心理健康教育，促进自我心理健康教育的产生，提高自我心理健康教育的成效。

三、操作流程

（一）集体教育

◎ **案例**：某年某月某日晚 6：30 分，某监狱某分监狱的教学大楼从一层到四层灯火通明，某学院的×××教授开始在主会场通过闭路电视向该分监狱的二千多名罪犯进行"情绪的识别及其调适"的讲座。该教授首先讲述了先前发生在该分监狱的一起罪犯间的打架事件，接着问了坐在主会场的罪犯几个问题："人在准备动手打人时，他的情绪会有什么样的变化?""被打的人心情又会是怎么样的?""目击者的情绪又会怎样?""打架后一般需要多长时间心里才能平静下来?""如果造成了较为严重的后果对当事人会有哪些影响?""双方当事人的家庭知道了此事件后又会怎样?""以后双方当事人再见面时怎么办?"等,让大家回答,也可以递纸条提问……教授从中引出情绪的问题,并就日常劳动、生活、人际交往、遇到一些突发事件等情景时一般人的情绪会发生什么样的变化,表现的是何种情绪、如何识别,这种情绪反应是否合理,是否在适度的范围内,如果情绪反应不合理或明显不在适度的范围内又该怎么办等问题进行了讲解。教授边讲边与大家讨论,最后又播放了一段有关"不良情绪心理咨询"的影像资料。讲座结束后不少人谈了感想,认为自己受到了触动、得到了不少启发、也学到了一些处理不良情绪的方法……

要想解决服刑人员的心理问题,集体心理健康教育还可以采用团体心理训练。

心理咨询师可以带领 12 名服刑人员来做这个活动——"你戳我爆"情绪加油站。

这些参加活动的人来监狱的时间大多在 1 年以内,主要问题表现在人际交往方面,情绪表现以消极成分为主。这天早晨,阳光明媚,一丝丝光线透过洁净的窗户投入活动室……12 位年龄在 20～30 岁的服刑人员在管教民警的带领下来到这间早已布置好的活动室,心理咨询师起身迎接,"欢迎、欢迎""请大家先找座位坐下",管教民警与心理咨询师交接之后就离开了。心理咨询师注意到服刑人员对这里的环境感到很新奇,既有兴奋又有拘谨的成分。

心理咨询师等服刑人员基本安静后说:"很高兴各位来到我们的'好人缘俱乐部',我们今天主要是在一起做些活动,希望大家今天上午在这里不要有任何顾虑、忘记身份、积极参与、把握过程、彼此之间好好配合、注意自己的感受……我们先玩热身游戏,叫'你戳我爆',请大家在一分钟内找个同伴,手拉手坐在一起。"

心理咨询师观察到服刑人员还比较拘谨,于是走到几个行动不太积极的人面前,引导他们……等服刑人员都准备好时,心理咨询师说:"请每组的两位学员比比看,指甲长的为 A,短的为 B。我会给 A 发一个气球,给 B 发一条绳子和一根牙签,然后请 A 吹气球,B 帮着绑气球,大家不要急着戳气球,听清楚要求再动手,B 用牙签戳气球,但不能将气球戳爆。最先成功的举手示意,可得到一件小礼品。"

有的人将牙签轻轻触碰中间鼓起的部分，立刻听见"啪"的一声，手里只剩下气球的"尸体"，笑声与埋怨声开始出现；有的人闭着眼睛，将牙签慢慢往软的地方戳，如吹气口及与其相对的另一端，随着牙签的深入，表皮在凹陷，他的脸扭曲了，手快僵直了，等待着爆裂声……但是，成功了！他与同伴仔细观察与等待后，发出兴奋的叫声"我们成功了"。

心理咨询师走到他们身边，向他们竖起了大拇指："向大家说说，你怎么能做到让气球不破的？"

这位游戏者有点不好意思，他的同伴开始试探地说："是不是气球两端较松弛，表面张力小，所以不容易破；中间绷得紧，表面张力大，所以容易破？"

心理咨询师意味深长地说："对。其实，这个物理原理和人际交往是相通的——在和他人交往时，你千万不要触碰对方的紧张面。例如，有的人有某些方面的不足，如家境贫寒或个子很矮，很不乐意别人谈论自己这一点，你就要避开这个话题，否则，容易像牙签戳气球一样一碰就爆，引发反感、争吵甚至打架，反目成仇。反之，你可以找对方松弛的一面去交流，更容易拉近彼此的距离。"

服刑人员听后都感到有所触动，笑声中似乎少了嬉戏的成分，但他们的情绪都渐渐地被调动起来。之后的游戏进行得越来越顺利，前后进行了 2 个多小时……此后心理咨询师和服刑人员又做了几次团体训练，如"众志成城"等。

活动目标：让学员体会合作的重要性，借团体合作与思考达到解决问题的目的，并体会个人在团体中的重要性。

活动对象：所有参训人员均可。

活动材料：报纸数张。

活动场地：不限。

活动程序：

1. 心理咨询师先将全体人员分成几组，每组约 10 人。

2. 心理咨询师分别在不同的角落（依组数而定）的地上铺一张全开的报纸，请各组成员均站到报纸上，无论用任何方式都可以，就是不可以让脚踏出报纸之外。

3. 各组完成后，心理咨询师再请各组将报纸对折后，再请各组成员站到报纸上。各组若有成员被挤出报纸外，则该组被淘汰且不得再参加下一回合。

4. 上述活动进行至淘汰到最后一组时结束（勿过长）。（以上约 30 分钟。）

5. 分享与回馈：请各位成员围坐成一圈，讨论刚才的过程并分享心得。

6. 心理咨询师结论参考。

（1）要得到团体的成功或胜利，惟有通过合作才能众志成城。合作乃是在团体贡献一己之力，并截长补短，同心协力共同创造团体成功之机会。

（2）解决问题时可借团体合作与思考达到目的，每个个人在团体中都有一定的重要性。

7. 注意事项：注意成员安全。

整个团体训练（一共进行了8次，历时近2个月）结束后，每个成员对整个活动进行评价，许多成员在作业中认为自己从活动中收获很多，归纳起来，主要有如下几点：

1. 自信心进一步增强。作为一个自强训练团体，设计的活动都是从调节情绪、改善人际关系这方面着手的，所以几乎所有的成员在这方面都有进步。通过团体辅导活动让成员学会了从另一角度重新认识自己、肯定自己。一位服刑人员在团体活动发表感言时是这么说的："长时间的交流障碍，让我开始很容易地否定自己，否定得多了，我发现自己变得有些自卑了。不仅是在人际交往上，在做其他事情时（如劳动），我也经常会顾虑许多，怕自己做不好。"而团体活动结束后，他的体会却是："与以前相比，现在渐渐走出了一味否定自己的怪圈，开始学会了客观地分析成败原因，总结经验。自信心随着自我否定的减少而增强。"

2. 人际关系得到改善。团体辅导活动使成员认识到在生活中要善于沟通，只要真诚付出，人际关系就一定会得到改善。一位成员是大队教导员推荐前来参加团体辅导的，刚参加活动时，说话时眼睛不敢看人，声音很小，沟通能力特别差，就像他在自己的书面报告中说的那样："感觉自己不会说话、不会做人。很多时候，自己心里想的是那个意思，但一出口又变成别的，人际关系实在是搞得不怎么样。"该成员在SCL-90的测量中有5个因子的均分在2分以上，4个因子的均分在1分以上，但在团体辅导中，他每项活动都积极参与、勇于尝试，大家发现他的变化真的很大。事实也是如此，在团体结束后的SCL-90测量中该成员每个因子的均分都在1分以下。另外几位成员在体会中也谈道："真诚是相互的，大家相互信赖，把自己的想法说出来，关系就会好很多，这个团队让我体会到沟通是很有效的。"

3. 学会了理解他人、关怀他人、替他人着想。"要真诚地对待别人，努力去理解别人""团体辅导改变了我以往对生活的一些看法，比如要坚持不懈地带给别人快乐""团体辅导激励自己去关心了解别人，也领会团队中的温情""每个人都有自己的优势和劣势，有时别人会在某个方面陷入困难窘境，这时就应当站在别人的角度来帮助和宽容他，因为你也会有这种时候"。好多成员都在体会中谈到了，通过团体辅导懂得了发现和寻找他人身上的闪光点，学会了更多地设身处地为他人着想、发现现实中美好的一面，知道应该怎样用一颗感恩的心好好生活，珍惜生命。

4. 增进了自我认识、自我反思，形成了积极的自我概念。很多成员在参加团体辅导之前，对自我的认识有很多负面性的想法，如"我做人是很失败的""害怕吃苦，害怕与人接触"等。团体活动"人际关系中的我"，给成员提供了从不同角度看自己的机会，通过"戴高帽子"游戏和"我真的很不错"等手语歌的暗示，让他们更清楚地认识了自我，看到了自己的长处，感受到了被人称赞的乐趣。下面是几位成员的体会——"参加团体辅导以来我能更好地认识自己，发现别人对自己的评价并没有自己原先想象的那么苛刻"，"通过团体辅导使自己对同龄人有了更多的了解，也能从一个更客观的角度来看待自己了"。

5. 增强了团队意识。"在活动中，我体会到团体中的成员是千差万别、性格互异的，但为了同一种目的，聚在了一起，那么就要成为其中不可分割的一部分，学会如何融入这个团体中。一个团结的团体才能称其为团体，团体的力量是不可估量的。我们处于很多不同的团体之中，就应该为这些团体做出贡献，同时，遇到困难可以向团体寻求帮助""我真心地感觉到，只有真心地投入到这个集体中，才能真正感受到集体的凝聚力""我发现自己参加团体以来，比较愿意在团体中发表自己的意见、观点，养成了一些主动融入团体的习惯""通过实际的活动，我不但体会到了团结，也明白了在一个团体中互帮互助的必要性"……

为了改变监狱民警和罪犯对心理健康的错误观念，监狱要将普及心理知识纳入工作日程。要采取"走出去，请进来"的方法，如选派管教民警，分批接受函授、自考、资格培训等形式的心理知识培训，成为监狱心理健康教育工作的中坚力量。与此同时，监狱还应该将社会上的心理学专家、心理医生请进监狱，向基层民警传授心理科学知识，并有针对性地讲解监狱罪犯这个特殊群体容易发生的心理疾病的起因、症状、危害以及矫治手段，因为平时与罪犯接触最多的是基层的管教民警。

（二）个别教育

个别教育是针对罪犯的思想、心理行为特征进行的以帮助罪犯解决婚姻家庭、疾病治疗、财产纠纷等实际问题为主的教育方法，是贯彻《监狱法》中提出的因人施教、分类教育、以理服人的教育原则的一种主要形式，是灵活机动地调动和激发每个罪犯改造积极性的有力措施。

◎ 案例 1：罪犯林某某，54 岁，因故意伤害（致人死亡）罪，被判处有期徒刑 10 年。该犯因儿女婚事与被害人发生争执，情急之中用木棍打在被害人头部，导致其死亡，后林犯自首，属于典型的激情暴力犯罪者。入监后，干警发现林犯虽劳动积极，但干活时沉默少语，很少与他犯交往。另外，由于他年龄较大，徒刑较长，有可能会出现过激行为。因此，在一次干活中，干警主动让其稍微休息一会，并及时与其谈话，用平和的口气向其了解犯罪过程，倾听其忏悔的心声，并适时给予其正确的慰藉，指明出路，答应在今后的劳动中照顾其年老体弱，适当安排劳动任务。该犯后来声泪俱下地说："干警，你们真是好人，本来我来了这里，心情坏透了，一来自己年老体弱，干不动重活；二来我觉得很对不起家人，原来我就抱着先改造看看再说，如果真不行，我就不想再活下去了。"干警趁机开导他说："人的一生真不容易，挫折每个人都会遇到，人也并非完人，都有可能一时失足，但我们应该正确总结过去，从过去的阴影中走出来，走好明天的路，而不应该再徘徊于过去的十字路口。"后来该犯的思想逐步稳定下来，平时干活相当积极，收到了良好的效果。

　　个别教育的内容和要求是多方面的，有面对面的说理斗争，有摆事实、讲道理的疏通引导，有耐心的规劝和严肃的警告，有表扬鼓励和批评帮助，有同罪犯直接接触中的情感交流，有生活上的体贴关怀和解决实际问题的感化，它是一项严肃的执法行为，也是一门综合性很强的艺术。通过个别教育可以做到深入了解情况，准确分析把握问题，及时正确解决问题，而且还是从罪犯改造的实践中获取反馈信息、检验和改进工作的良好渠道。可以增加对罪犯改造工作的透明度，增进改造者与被改造者之间的心理沟通，促进罪犯的思想改造。为了达到预期的效果，监狱干警应当认真分析暴力型罪犯的个性心理特点和思想症结，摸清全部事实真相，然后制订出一套切实可行的个别教育计划，有针对性地对罪犯进行个别教育。

　　◎ 案例：罪犯赵某某，30 岁，因犯故意伤害罪（致人死亡），被判处 15 年有期徒刑。通过查档了解到该犯为"三进宫"。其从初中起就混入社会，恶习较深，曾 3 次被劳教改造，属于流氓型暴力型犯罪，且性格暴躁，遇事不冷静。有一次因与另一名犯人雷某某在劳动中的干活多少问题发生争执，将雷某某的头部打破。当时，分监区对其实施了严管。当张干警开始负责对其进行转化后，经观察发现严管对其触动不大，但了解到他的妻子一直坚持等他早日回家，因此他很注重能早日减刑。想到年终评审就要开始，于是张干警先不对其谈话，采取迂回战术。果然，在评审中，由于他有重大违纪行为，只评了个乙等。本来，正常改造的话，他应该被评为省级改造积极分子。评审未结束，张干警就发现他情绪显著异常，老想休息。于是，张干警立即对其进行了一次对比教育，将他在劳动中因为一时冲动造成的改造损失联系其犯罪经过，进行了一次长谈。他听完后低下了头，懊悔不已地捶打着自己的头说："张干警，我真傻，明明知道前面是火坑，我却偏往里跳，都是我的脾气太坏了。"不久其父亲去世，按《监狱法》的规定，他差几个月才能离监探亲，但考虑到对其改造有利的一面，由监狱干警专程带其回家探亲。探亲回来后，张干警先让他休息3天，未与他交谈。第4天，他一出工就要求跟张干警谈话，表示回家后，看到村委会、乡亲们对他家的帮助，联想到父亲为了他竟十几年没买过一身新衣服以及自己近十来年从未和家人过过一回春节，觉得自己欠他人的太多了，今后一定好好改造，改掉自己的坏脾气。后来他省吃俭用，把省下的零花钱补贴给儿子和女儿买了学习书籍，自己也受到了专项奖励。

个别教育是教育改造罪犯的最直接、最有效的进攻性改造措施，是监狱人民警察必须掌握的基本功。落实《教育改造罪犯工作纲要》，提高教育改造质量，必须加强个别教育工作，监狱要根据每一名罪犯的具体情况，实施有针对性的个别教育。每月对每一名罪犯要进行个别谈话教育，并根据不同罪犯的思想状况和动态，采取有针对性的管理教育措施。在做好"一般罪犯"个别教育工作的基础上，进一步完善个案分析制度，对重点犯和顽危犯要综合其成长史、家庭情况、性格特点和心理特征以及犯罪的主观意识和现实改造表现等情况进行分析，找出问题根源，制订教育计划，提出相应的个别化教育转化方案和具体的教育措施并落实警察专管专教，全面构建罪犯个别教育工作体系，进一步提高教育改造罪犯的针对性。

（三）专栏

普及罪犯心理科学知识，是罪犯心理健康教育的重点。近年来，监狱逐渐将罪犯的心理健康教育重心从个案矫治向普及罪犯心理科学知识、从治疗向预防转变。为了全方位加强普及罪犯心理健康方面的科学知识，监狱在每个监区、分监区设立了心理知识宣传栏、心理知识教育园地和心理知识兴趣小组，配备了罪犯心理咨询信息员，负责罪犯的心理知识宣传和心理信息的收集、上报。同时，监狱还在入监教育中开展心理知识讲座成功经验的基础上，准备在全监罪犯中开展

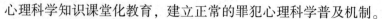

心理科学知识课堂化教育，建立正常的罪犯心理科学普及机制。

（四）同伴教育

> ◎ **案例**：罪犯 A，男，28 岁，某外企的一名技术员，因为犯强奸罪被判入狱。入狱后他想到自己的父母、同学、同事、朋友将来对他的态度，以及自己的工作、地位等全部丢失，思想极不稳定，一直情绪低落，到监狱后也认为干警甚至包括其他的罪犯也会看不起他，十分苦闷，经过监狱人民警察多次做工作后，情绪渐渐平稳。有一次，他在劳动时与另一个罪犯 B 一起出来办事，在走廊里遇见大队长同一个管教干部边走边谈话，罪犯 A 就向他们打招呼，但对方两个人都没有与他们招呼，径直走了过去……自此罪犯 A 的情绪又低沉起来。自认为："是不是某次冒犯了领导（干警），他就故意不理我了，下一步可能就要故意找我的茬儿了，我积极改造也没有意思了……"罪犯 B 就对罪犯 A 说："有没有其他可能？他们可能正在谈论别的重要事情，没有注意到你。即使是看到你而没理睬，也可能有什么特殊的原因……他们没有理睬你，他们理睬我了吗？他们与我们都没有打招呼，我怎么没有你这种担心？这种情况有很多可能的理由，你为什么就选择了最糟糕的一种呢？"
>
> 罪犯 B 提醒他再想想："你总是这样担心，能改变现实吗？"并启发他应该做些什么，如果真正去做了，又会有什么样的改变。B 指出：他应清楚造成他这种担心的原因，以及给自己带来的不利后果（情绪、健康、生活、劳动、学习等）；如果改变一下想法或站在另一个角度想想又会怎样呢？两种不同的想法就会导致两种不同的情绪和行为反应。一种可能觉得无所谓、没什么；而另一种可能就忧心忡忡，以至无法平静下来干好自己的工作，无法平静地生活。经过同伴罪犯 B 的一番分析，罪犯 A 的情绪有了不小的改善。

罪犯 B 与罪犯 A 是同伴，由于罪犯 B 心理状态较平衡、情绪较稳定，又懂得一些心理学的知识，所以就能看出罪犯 A 的心理问题，抓住他问题的症结，有意与无意间对他进行了心理健康教育。

四、知识链接

（一）罪犯心理的构成

罪犯虽然由自由的社会公民、犯罪人演变而来，但其心理已不同于守法公民的常态心理，也区别于犯罪人心理和罪犯的服刑心理，而是原有的犯罪人心理（包括犯罪心理和常态心理）在特定的服刑环境（刑罚执行和监狱改造环境）的刺激下所产生的复合的矛盾心理。

1. 罪犯的常态心理。罪犯的常态心理，是指罪犯作为一个人与社会守法公民所共有的心理。当然，罪犯的常态心理既有与社会守法公民在心理内容及规律上的一致性，又有在监狱环境影响下的特殊性。

罪犯作为人，虽然因其有社会化的缺陷，而未能成为合格的社会成员，但犯罪心理和犯罪行为，并不是犯罪人心理活动与行为活动的全部，只是其中的一部分内容，他们仍具有守法社会成员所共有的一些心理特征。也正是这些共有心理，使得罪犯在被捕前可以在多数情况下，和其他公民一样进行正常的社会生活。在犯罪人头脑中，犯罪心理和常态心理，有时是并存的，有时是交替出现的。通常，当犯罪人进入实施犯罪的情境之后，常态心理被抑制；当犯罪人离开实施犯罪的情境之后，尤其是犯罪人被判刑入狱后，随着犯罪心理的衰落或犯罪情境的消失，常态心理又得以恢复。在监狱机关良好的教育和影响下，这些常态心理不仅会被重新唤醒，而且会被发扬光大，占领罪犯的整个心灵，从而成为他们改恶向善的良好心理基础。我们改造罪犯，就是要改变其心理成分中恶的部分，恢复、发展其常态的心理品质，强化他们濒于泯灭的良知。

尽管罪犯常态心理和守法公民的心理在形成过程、心理构成上是一致的，但罪犯毕竟是触犯了法律、受到刑罚处罚的特殊公民。他们处在高墙、电网的监狱之中，失去了人身自由，并在准军事化的管理下接受强制性的劳动改造和教育改造，其常态心理必然呈现出特殊性。

总之，罪犯作为一个人，它同常人之间必定有着某些共同点，有着许多共同的需要、愿望、意向，有对未来的设计，有正常人的喜怒哀乐，有悔恨和憧憬，有嫉妒和羡慕，有羞耻心和荣誉感。有些罪犯甚至还保持着某种程度的爱国心，对党和社会主义、对人民的朴素的情感等。罪犯与守法公民相同的常态心理应当成为监狱矫正工作的出发点和基础，这是罪犯改造进程的起跑线。如果我们不承认这些事实，也就从根本上否认了改造罪犯的可能性。

2. 罪犯的犯罪心理。犯罪心理是指行为人在准备和实施犯罪行为过程中的心理现象的总和。犯罪心理是犯罪行为产生的内在原因，因此，消除犯罪心理以及导致犯罪心理形成的各种消极心理，也就可以有效地防止犯罪行为的发生。罪犯被依法判刑、投入监狱后，曾经支配其发生犯罪行为的犯罪心理仍然会不同程度地存在于罪犯心理中，不少犯罪人的犯罪心理甚至是根深蒂固的。所以，对罪犯实施惩罚与改造，从根本上说，就是通过消除罪犯的犯罪心理，从而达到预防其重新犯罪的目的。因此，犯罪心理是罪犯心理学研究的主要对象，也是罪犯心理矫正的主要依据与目的。

3. 罪犯的服刑心理。罪犯的服刑心理有广义和狭义两种理解。广义的服刑心理是指罪犯在监狱服刑期间所有心理现象的总和。它包括罪犯的常态心理、残存的犯罪心理、刑罚心理和改造心理。狭义的服刑心理仅是指罪犯在服刑期间承受刑罚环境的刺激所新产生的心理，主要指罪犯承受刑罚心理和刑罚执行之下所产生的改造心理。这里服刑心理指狭义的服刑心理。

不过应当说明的是，我们将罪犯心理划分为常态心理、犯罪心理、服刑心理，只是理论研究的需要，实际上，罪犯心理是一个整体。在矫正罪犯工作中，我们很难将罪犯心理进行这种理论上的区分。比如，罪犯刑罚心理和改造心理就是密不可分的，罪犯承受刑罚的痛苦必将表现在改造中，罪犯对刑罚的态度也直接影响罪犯的改造态度。

（二）心理健康教育

一谈到心理健康教育，人们通常容易与"心理咨询""心理变态"等概念联系在一起，这是对心理健康教育的误解。心理健康教育具有三级功能：①初级功能——防治心理障碍；②中级功能——完善心理调节；③高级功能——促进心理发展。其中，初级功能又称为障碍性心理健康教育，中级和高级功能又称为发展性心理健康教育。由此可见，通常人们所认识的"心理健康教育"仅仅是其初级功能的体现，心理健康教育最大的功能是帮助人们优化心理品质、提高生活质量。

（三）罪犯心理健康教育

罪犯心理健康教育是在罪犯矫正过程中，面向全体罪犯，通过知识传授、行为训练和实践指导等途径，提高罪犯心理素质，促进罪犯心理健康发展，实现罪犯重新社会化的一种教育活动。

罪犯心理健康是指罪犯心理在自身与监狱环境许可的范围内所能达到的、为改造所能接受的较好功能状态，是不健康心理或人格缺陷的复健及预防。

（四）认知教育

监狱环境下对罪犯的认知教育以罪犯的矫正为前提，以解决罪犯首要问题为原则。主要有：①对生理和心理关系的认知；②对自己与他人的觉察；③对生理与情绪表达之间关系的觉察；④有关价值观的思维；⑤什么是人的合理化的需要；⑥对个人或他人优点和缺点的认知；⑦典型的认知错误。

（五）意志力教育

意志力是个体克服困难、忍受挫折的能力，是指一个人自觉地确定目的，并根据目的来支配、调节自己的行动，克服各种困难，从而实现目的的品质。从某种意义上说，意志力通常是指我们全部的精神生活，而正是这种精神生活在引导着我们行为的方方面面。意志力教育是为了使罪犯了解意志的心理特点，了解挫折的心理规律，从而能够正确面对并理智地采用积极的挫折应对方式。以意志为主体的心理健康教育主要包括：①什么是良好的意志品质；②如何培养自己良好的意志品质；③挫折的基本原理；④如何培养挫折的耐受力；⑤什么是积极（消极）的挫折反应；⑥如何避免消极的挫折反应。

（六）情感教育

要控制个体的行为，必须首先能够控制其情绪，心理问题和心理障碍都会以不同的情绪作为外在的表现。情感教育的内容主要有：①对自己与他人情绪的觉察；②情感的适当表达方式；③如何对待自己与他人的消极情绪；④愤怒的自我控制训练；⑤情绪的自我管理。

（七）人格教育

教育的本质是人格的塑造，教育的根本职能是开发人的潜能，塑造具有健全人格的人。教育当然要为生产斗争和社会斗争服务，但这种服务不是通过直接参加生产斗争和社会斗争实践去实现的，而是通过实现自身的本质（人格塑造）去实现的。国外研究表明，犯罪与某些人格障碍有着非常紧密的关系，如反社会人格几乎是犯罪的同义词。人格教育主要包括：①对人格的含义和形成过程的了解；②了解什么是健康的人格，什么是不良的人格；③了解什么是人格障碍；④通过心理评估了解自己的人格优点和缺陷；⑤如何培养健全的人格。

五、能力实训

（一）自我认知训练

1.生命线训练。

（1）活动目的：通过引发罪犯对过去的自我、现在的自我和将来的自我的思考以及相互评价，而获得对自我的认识和对人生的感悟。

（2）活动时间：约60分钟。

（3）活动方式：小组。

（4）活动所需材料：每人一张纸、一支笔。

（5）活动过程：首先由活动组织者说明活动内容：下面这条线代表你的生命线，起点是你出生的时候，终点是你预测的自己的死亡年龄。预测死亡年龄时，请根据你的健康状况，你的家族的健康状况和寿命，以及你所在地区的平均寿命综合考虑，提出你对自己的死亡年龄的预测。在生命线上找到你现在的位置，再找到你被捕的日子，以及你刑满释放的位置，计算这段时间所占的人生的比例，然后静静思考。然后在生命线上标上你过去难忘的两三件事，以及今后的日子里最希望实现的目标。

出生的时候·············被捕··········现在··········刑满释放··············预测的死亡年龄

然后让罪犯自行填写，10分钟后与小组成员交流。小组交流中，每个人都拿出自己的生命线给别人看，边展示边说明，说出自己的内心感受，在讨论结束后写出自己的体会。

2. 人生曲线训练。

（1）活动目的：通过本活动促进罪犯对自己的人生作出评价、总结，增强其对人生的理解，增进对他人的理解。

（2）活动时间：50分钟。

（3）活动方式：小组。

（4）活动所需材料：一张纸、一支笔。

（5）活动过程：首先由活动组织者说明人生曲线活动对探索自己人生过程的意义。然后要求受训练罪犯画一个坐标，横坐标表示年龄，纵坐标表示对该段生活的满意程度，然后找出自己生活中的一些重要转折点，连成线，边画线边反省，并对未来人生的趋向用虚线表示。最后在小组内（5~6人），每位成员以坦诚的心情向他人介绍自己的人生。通过相互交流，发表对人生的感悟。最后，每人写出对人生的总结。

3. 不同自我的训练。

（1）活动目的：通过本活动促进罪犯对自我的全面认识，了解自己的人格缺陷。

（2）活动时间：约60分钟。

（3）活动方式：小组。

（4）活动所需材料：每人一张表格、一支笔。

（5）活动过程：每人发一张表，认真思考后填写，填完后大家一起来讨论。在填写的过程中会反映出不同的心态。某些存在人格缺陷的罪犯会反映出极端的以自我为中心的人格特点，他们很少从他人的角度去考虑自己，因此在填写表格的过程中会难以区别不同人心目中的自我，对此，应该引导他们从周围人对他们的评价中，学会从他人的角度自我审视，纠正人格缺陷。对于受训练者出现的不同的人格评价，应该引导他们从多角度看待自我，学会客观评价自我。

（二）敏感性训练

敏感性训练是一种致力于在实际的人际交往过程中进行，提高人们人际交往能力的心理学实践。罪犯中许多人对于他人的感受是非常淡漠的，很少去想别人的看法和感受，人际交往存在极大问题，常常会因人际冲突而导致犯罪。敏感性训练可以提高他们的人际交往能力，避免人际冲突犯罪的发生。

敏感性训练的主要内容是通过特殊形式的心理小组，让受训练的罪犯学会如何有效地与别人沟通和交流；如何有效地倾听和了解他人的感情和感受。通过这种特殊形式的心理小组，可以使参加者如实地了解别人如何看待自己，自己的行为又如何影响别人，以及自己如何受到别人的影响等。

1. 敏感性训练的目标。

（1）培养明确、坦率的社会交往和交流方式。

（2）培养社会交往中各种角色的适应性。

（3）培养社会兴趣，以及对社会和对他人的了解。

（4）培养平等、合作、相互信赖的社会交往态度。

（5）培养解决社会交往中出现的问题的能力。

2. 敏感性训练的效果。

（1）通过敏感性训练，通过自己亲身的心理实践，依据具体的事情，通过分析自己的感情，表达自己对别人行为的看法，并且使用适当的方式表达自己的感情，表达自己对别人的反应。

（2）在真诚、坦率、理解、交流的气氛和环境中，尝试去做某些事情，自然地表现自己，自然地表达自己的意见，帮助每个受训练者了解自己的感情和感受，了解自己的言行是如何影响别人的，从中获得实际的心理学知识，得到有效的心理锻炼。

（3）在训练中罪犯可以形成更强的内部控制倾向，认识到自己对生活中所发生的事件有更好的自我控制能力。通过对自我控制能力的认识，能够使受训练者产生解决和纠正个人问题的愿望，变得更加自信；也能够提高罪犯对他人的信任，能够获得更好的社会支持。而社会支持对于罪犯的改造是非常重要的。

（三）自信心训练

1. 自信心训练的提出。心理学研究发现，罪犯的许多消极行为是在对自己能否抗拒诱惑缺乏信心的状态下产生的；同样，由于自信心不足，常常不敢表现出积极的行为。因此，应注意对罪犯进行自信训练，培养和增强罪犯的自信心，使他们能够抵制和摆脱别人的压力和控制，进行自认为正确的行为。

2. 自信心训练的对象。过去由于缺乏自信心，不能恰当表达自己愿望的罪犯。

3. 自信心训练的目标。帮助罪犯学会更有效地表达和满足自己的正当需要的方法。默纳·加拉希（Mema D. Galassi）和约翰·加拉希（John P. Galaasi）认为，适当的自我表达是心理健康的重要成分，那些自我表达有困难的人，一般表现为自尊心较低、抑郁，在人际交往中感到焦虑，他们害怕得不到别人的欣赏，不受别人重视，或者被别人所利用。自信心训练可以帮助那些害怕狱内恶势力的罪犯表达自己的需要和愿望。

4. 自信心训练的内容。罪犯的自信心训练涉及三类行为：①表达积极的感情，如赞扬别人和接受别人的赞扬，与别人进行谈话；②自我肯定，如坚定地维护自己的权利，拒绝做一些事情；③表达消极的感情，如适当发泄烦恼和愤怒。

5. 自信心训练的过程。在自信心训练中，需要消除罪犯的顾虑，解除其心理负担。在进行自信训练时，首先设定某种情境，例如，一个人站在拥挤的人群中，看到一个小偷在偷别人的钱包。然后，讨论这个人在这种情境中的权利、义务和责任。矫正人员引导罪犯分析在这种场合个人采取不同的行为和行动的短期和长期后果，并且让罪犯决定采取什么样的行动，例如，要是个人对小偷不予理睬，假装没有看见，在短期内，他们会保全自己，不会受到别人的侵害和威胁，但是，在较长的时期内，他自己不但会受到良心的谴责，内心会感到不安，而且也会身受其害，自己的钱物也可能被小偷偷去；相反，要是个人站出来制止小偷的行为，在短期内，个人会受到小偷的威胁甚至伤害，但是，他也会得到周围人的帮助和赞扬，从长期来看，个人不但会有心灵上的安宁和欣慰，而且也减少了自己身受其害的可能性。因为，如果小偷是一个初犯，第一次的失败可能会使其停止进行这类行为，即使对一个惯偷来说，失败一次也会使其在一段时间内停止偷窃活动，从而减少了偷窃行为发生的数量和可能性。从社会伦理道德来讲，在这种场合个人有制止违法犯罪行为的责任和义务。

6. 对罪犯的自信心训练的具体步骤。

（1）分析和归纳罪犯在日常生活中最容易遇到的、难以表达自己感情和坚持自己观点的情境，例如，受到不良朋友引诱甚至胁迫的情境，想做好事但是又顾虑重重的场合等。

（2）每次选择和设定一种情境，讨论罪犯在这种情境中的权利、义务和责任。

（3）分析罪犯在这种情境中采取不同的行为可能产生的短期和长期后果。

（4）鼓励罪犯进行他们认为正确的行为，这种行为既包括实际的行动，即在模拟的情境中，进行角色扮演行为，例如，拒绝接受别人的意见，或者劝说别人放弃违法犯罪的行为或打算；也包括言语表达，即让罪犯在别人面前大声讲自己想说的话，如大声向别人道歉，大声称赞别人的良好举动，大声说自己不喜欢什么事情等。

（5）在罪犯进行了上述活动之后，引导他们讨论在以后的实际生活中，是否能够像在这里一样采取行动，巩固和强化罪犯已经学会的人际互动方式，促使罪犯在以后的生活中能够应用这些人际互动方式，避免发生人际冲突行为和违法犯罪行为。

（四）情感训练（愤怒）

许多研究发现，危险的罪犯常常与情绪不能自控和攻击性有关。例如，美国一项对危险犯罪人的诊断提出了危险罪犯的十个因素，其中包括：怀有愤怒、敌意和怨恨情绪，对自己的冲动缺乏控制，严重地伤害了别人或有这种企图，喜欢目睹或者进行使他人遭受痛苦的行为，对自己的心理结构缺乏认知等。因此，对罪犯进行情绪控制和管理的认知教育及心理训练是非常必要的。愤怒情绪自控训练包括以下步骤：

1. 用快速控制呼吸技巧控制愤怒的躯体反应。对受训练罪犯提出要求：①在你觉得自己开始生气时，注意你的呼吸。它是否变得更急促更迅速，你能否深呼吸 5 次把速度降下来。②尽你所能将空气完全呼出，然后吸气保持 1 秒钟，慢慢地从口腔中呼出气体。接着仍是吸气，保持 1 秒钟，慢慢地从口腔中呼出气体，并默默地从 5 倒数到 1。③请记住要彻底地把空气呼出，就像深深的叹息，然后再吸气，屏气，慢慢呼气，倒数 5、4、3、2、1。④再进行 3 次呼吸，到最后一次时轻轻地对自己说"平静下来，控制自己"。⑤当你这么练习时，你应该发现你的愤怒情绪略有降低。这将帮助你更加清楚地进行思考，从而能够选择如何做出反应。请经常练习这一技巧。

2. 应付愤怒的"中场休息"技巧。"中场休息"技巧是最为成功的技巧，也是使用最广泛的一种自我控制的方法。它使得个体能够掌控自己的愤怒，并在丧失控制之前及时进行"中场休息"。"中场休息"意思就是离开当时的情景，避免愤怒进一步升级。使用呼吸技巧或其他技巧帮助自己平静下来。不以失控的方式来处理问题，而等到平静地回来时再应付。

3. 应付愤怒的"温度计"技巧。讲给受训练罪犯的要求：①在你的脑海里想象出一个非常巨大的温度计。试着让自己非常清楚地看到玻璃管上的刻度标记，玻璃管内的水银是红色的，我们将用它来代表你的脾气。②当你平心静气时，管中只有少量的水银，他们足以使你集中注意力，与他人进行有效的交流，但当你开始生气时，温度开始升高，管中的水银柱将上升。现在你已经能更好地识别自己的身体信号了。因此，当你稍微有些激动时。你就能留意到自己的呼吸开始加快，你的肌肉变得紧张，略微眯眼，鼻孔喷火。简言之，当你温度升高时，你就像一头出栏的公牛！你想象的温度计中的水银正急剧地升高。③所有的温度计在顶端都会有一个红色的标记，表明"危险"或"过热"。当你注意自己的愤怒信号时，请开始想象一只温度计，留心你离危险区还有多远。在进入"红色区域"之前，你就得把水银柱降下来，否则你将无法清晰地思考或行动。④如果你容许自己的愤怒沸腾起来，你将为暴躁的情绪所控制，几乎不再有理智的思考。在这种情况下，你很可能惹麻烦，做出一些事后你可能后悔的事或说出一些事后你可能后悔的话，你应该使用一切手段远离暴躁情绪的红色区域。⑤对你的脾气保持警惕，试着使用上面介绍过的快速控制呼吸技巧，向后退一步，降低说话的音量。如果需要的话，进行"中场休息"。采取一切必要的手段把愤怒"温度计"上的温度降低到一个更舒适的水平。⑥当你重新达到室温时，你就可以理智地面对他人或问题了。⑦练习这一技巧，每当发现自己火气上升时，就想象"温度计"，一旦你学会了它并经常使用，这一技巧可以说是非常有效的。

4. 应付愤怒的"直率换位"技巧。在受训练的罪犯掌握了一些控制怒火的方法之后，下一步需要做的是改善沟通。告诉他们人在沮丧或生气的时候，所采取的沟通方式往往总是讽刺、恐吓、喊叫、攻击、责备或"冷战"，在这种情况下对方很可能不参与解决他们的问题，因为对方知道他们正在发火。在他们发火的时候对方不会倾听讲话的内容，因为对方在考虑如何保护自己，到最后的结果就是什么事情也得不到解决。这种情形通常会陷入一种恶性循环，越不能解决越恼火，越恼火越不能解决。"直率换位"分为5个环节：

（1）直言（Reject）。直接讲明令自己烦恼的事情，或者自己希望谈论的话题。

（2）换位（Exchange）。以"我"为主语来表达自己的情感。

（3）行动（Action）。具体指明自己想采取的行动，自己希望对方做什么。

（4）条件（Condition）。如果合适的话，约法三章或指出后果。

（5）感谢（Thanks）。对对方的听从表示感谢。

以上5个环节分别用R-E-A-C-T表示。虽然这5个环节没有什么深奥的内容，但它强调的是在冲突中的交流，避免矛盾的激化，预防攻击行为的出现。例如，当有些人生气时首先会发泄自己的不满，而没有表达自己因什么而不满，张口就是："你想干嘛！""你什么东西！""你真让我恶心！"这时对方可能还没有明白其意思，莫名其妙地受到攻击，也就不去进一步了解，立即投入反击，"你说我要干嘛！你想干嘛！""你是什么东西！""你才让我恶心呢！"而"直率换位"则要求把自己的观点和要求讲出来：①直言："你为什么把我的东西弄坏"；②换位："你让我很伤心"；③行动："你要对你的行为负责"；④条件："如果你不赔我，我就让组织上来处理"；⑤感谢："谢谢你把我的东西修好了"。这就是攻击与直率之间的区别，当直率得恰到好处时，双方将能在更多的方面得到交流，而情绪也常常能够得到控制。结果控制能力增强，问题也更容易得到解决。使用这种方法使自己更容易为人理解，并更有效地得到需要的结果。如果受训练者觉得做到坦率直言而不爆发有困难，可以在实际情形发生之前预演"R—E—A—C—T"公式。在笔记本上记下每一步你要说的话，想象对方可能如何反应以及自己如何应对，想象中的预演将大大增加实际成功的可能性。

（五）行为训练

行为理论认为，人的不适应行为是在社会环境中习得的。因此，对犯罪行为的纠正和对罪犯行为的重建只能通过学习。行为训练是通过指导者的示范和受训练罪犯之间人际互动的形式实现的。

1. 行为训练的原则。

（1）由易到难。将复杂的行为分解成多个简单的行为，先从容易做到的行为训练起，然后再以渐进的方式，逐步训练较困难或复杂的行为。

（2）提供示范。在训练过程中，指导者应提供示范。

（3）及时强化。每次行为训练后，指导者都应该对罪犯的表现进行总结，对做得好的罪犯给予表扬或奖励，以增加该行为在实际生活中再出现的可能性。

2. 行为训练的一般步骤。

（1）情境的选择与描述。由指导者简单描述一个情境，让受训练罪犯能清楚地了解问题。情境必须符合三个条件才可以实施训练：①必须是互动的；②必须有一个明确的关键时刻；③反应结果必须是不愉快、不喜欢、焦虑不安的。

（2）确定训练目标。确定在该情境下想达到的目标。

（3）团体讨论。受训练罪犯提供在这种情境下各种可能的反应，并可以自由地、有创见地提供各种建议。

（4）示范。指导者指定一位罪犯扮演情境中的一个人，而另一位罪犯扮演遇到问题的人，使真正描述情境的人可以通过他人表演看看别人的反应。

（5）正式训练。团体成员两人一组，或多人一组，公开练习自己在特定情境中的反应。

（6）综合评估。指导者对情境做分析，对罪犯的训练作总结，对罪犯积极的行为给以鼓励。

（六）人际交往能力训练

1. 经典实验。20世纪70年代，斯坦福大学心理系津巴多等人在斯坦福大学心理系地下室建造了一座模拟监狱，进行了监狱模拟实验。实验参与者是通过广告以每天15美元报酬而招聘到的自愿参加实验的大学生，研究者以问卷和面试的方式选出了24名最成熟、情绪最稳定且反社会倾向最低的应征者参加实验。24名志愿者被随机分为两组，第一组6人，充当监狱警卫；另外18名为第二组，充当囚犯。研究除了模拟实验这一点之外，其他一切处理都与真实监狱一样。实验开始时，"囚犯"被响着警笛的警车从家中带走，并经搜身、换号衣、喷防虱液、戴镣铐等手续后投入监狱。警卫则发制服、警哨、警棍等用品，并8小时轮班制维护监狱秩序。结果，原计划两周的实验到第6天就不得不终止。因为充当警卫与囚犯的志愿者不论在情绪上还是在行为上越来越像真的警卫与囚犯。"囚犯"们显示出被动、依赖、压抑、无助、自贬等消极情绪与行为，而"警卫"则用污辱、威胁"囚犯"同伴的非人道方式来取乐，甚至罚"囚犯"做俯卧撑、拒绝他们上厕所的要求等。最后，实验不得不提前终止。

监狱模拟实验的戏剧性结果引起了人们广泛的关注，它使人们更好地认识到通过社会角色扮演可以使人们更为深刻地体验到他人的社会角色和情感，引起人们心理与行为的显著变化。由此，社会角色扮演技术被广泛地运用到人们日常生活的几乎每一个领域，如人员培训、态度改变、学生良好个性品质的培养等。在角色扮演技术的运用中，利用该技术来改善人际关系是尤其重要的一个方面，可以说是改变人际关系最为重要的方法之一。

　　2. 应用。角色扮演是一种使人暂时置身于他人的社会位置，并按这一位置所要求的方式和态度行事，以增进人们对他人社会角色及其自身原有角色的理解，从而学会更有效地履行自己角色的社会心理学技术。这一技术最初是由心理学家莫雷诺于 20 世纪 30 年代为心理治疗的目的而创设的。最初的角色扮演是莫雷诺首创的"心理剧"，主要是以个人为中心探讨其内心世界，偏重研究个体的人格，后来发展为"社会剧"，主要以团体为对象，目的在于了解及解决个体在团体内的生活问题，偏重于团体成员相互间的人际关系。

　　3. 原理。角色扮演之所以能够在改善人际关系方面发挥重要作用，主要是因为通过角色扮演能够使交往双方从以自我为中心的思维倾向走向将心比心的思维方式。心理学研究发现，在发生人际冲突时，交往双方对冲突事件的解释和评价并非从自己的身上找原因，而是倾向归于外因，明显地表现出以自我为中心的思维方式，也就是不能站在他人的立场、角度来思考问题，这难免会对他人角色的认知与理解发生偏差，也不易体会到他人的情感和需要。角色扮演的一个重要的特征就是要求扮演者站在所扮演角色的角度上认识事物，思考问题，展开行动。这样，从扮演者来说，只有放弃自己原有的一些固有的观点，从所扮演角色的角度来认知、体验周围的世界，才能很好地完成角色扮演的任务。角色扮演展开的过程，就是扮演者认识角色、理解角色的过程，而在这种情况下所达成的对角色的认识和理解，往往是其他心理辅导技术所完成不了的。所以说，角色扮演技术在发展人们的社会理解力，改善人际关系方面有着重要意义。

　　4. 类型。角色扮演技术的方法有很多种，如哑剧表演、独白法、角色互换、镜像法、比较法、"魔术店"、心理剧、"空椅子"法等，一般根据活动的目的及扮演者需要体验的情景而选择不同的方法。我们在这里要介绍一下在人际关系改善方面用得较为广泛的"空椅子"法。

　　"空椅子"法指的是当求助者诉说自己与他人的冲突时，辅导者让求助者坐在一把椅子上，而另一把空椅子则假设坐着那位与他冲突的人，由该求助者面对其发言。等求助者说出了相当的内容后，辅导者指示他再换到另一把椅子上，扮演与他冲突的那个人来回答其提出的问题，通过这样的练习，求助者可以详尽地理解他人的想法与情感，从而加深对他人的理解。经过反复的练习与巩固，练习者将习惯于用这样的思维方式指导自己的人际交往实践，提高人际交往能力。

为进一步引导罪犯正确处理好狱内人际关系，促进和谐改造，可以录制罪犯心理健康教育电教片。

电教片的内容从人际关系的重要性、狱内人际关系的种类以及如何建立良好的人际关系三个方面入手，贴近罪犯的改造实际，从心理学的角度分析罪犯与警官之间、罪犯与罪犯之间、罪犯与家庭亲友之间的人际关系相处的原则与技巧，引导罪犯以良好的心态正确对待狱内人际交往，通过健康的人际交往，建立良好的人际关系，营造阳光的心态，促进和谐改造。

复习与思考

1. 什么是罪犯心理健康教育？怎样进行罪犯心理健康教育？它在心理矫治中的地位和作用是什么？

2. 罪犯心理健康教育的实施途径或方法有哪些？包括哪些方面的内容？

3. 请你设计罪犯心理健康教育的团体训练方案。

4. 请你设计训练罪犯控制攻击情绪的方案。

工作任务十二　罪犯心理咨询

一、学习目标

知识目标：通过本章学习，了解罪犯心理咨询的基本概念，掌握和理解监狱心理咨询模式、罪犯心理咨询工作的主要原则、罪犯心理咨询的概念及咨询涉及的内容、罪犯心理咨询的常见形式、罪犯心理咨询档案记录要求等基础理论知识。

能力目标：通过本章学习，掌握罪犯心理咨询的一般技巧，对罪犯心理咨询过程及实施有一个基本的认识。尤其是通过相关个案的分析和能力的实战训练，有一个直观感受，更好地理解理论知识，并能开展基本的心理咨询活动。

二、工作项目

◎ **案例1**：李某，26岁，家中次子，自幼丧母，小学文化，被捕前无业，因故意杀人罪被判死刑，缓期2年执行，入监2月余。

基本犯罪事实：半年前某个晚上，李某因琐事与父亲在家中发生争执，进而互相扭打，在打斗中，他将父亲按倒在床上并用手掐其脖子致其昏迷，随后又拿来一瓶农药倒入其口中，致其死亡。李某入监后情绪非常低落，身体消瘦，食欲减退，常无法入睡。

摄入性谈话内容摘要：

咨询师：有什么可以帮助你的吗？

来访罪犯：法院对我的判决不公，不应该判我死刑。

咨询师：你的意思是说，你是冤枉的？

来访罪犯：是的，我是"激情杀人"，我并不想让父亲死，是他逼我的，那天我不杀了他，他就会杀了我。

咨询师：你杀死了父亲是事实吗？

来访罪犯：是事实，但我是"激情杀人"，不是故意的，所以要求法院改判。

咨询师：除此之外，还有什么让你感到痛苦的吗？

来访罪犯：我是天底下最不幸的人，所有的人都离开了我，讨厌我！

咨询师：你是说所有的人？

来访罪犯：是的。

咨询师：从来没有人疼爱过你吗？

来访罪犯：我妈妈很爱我。

咨询师：她来看过你吗？

来访罪犯：她死了。

咨询师：对不起，我无意间触痛你了。但我还是想知道她是怎么离开你的。

来访罪犯：爸爸总是喝酒，经常喝醉，醉了以后就打我和妈妈。我6岁的时候，妈妈因为受不了父亲的打骂和家庭的贫困，上吊自杀了。后来，是我站在椅子上用剪刀剪断绳索，将妈妈放下来的……她死的时候什么话也没给我留下。

咨询师：这确实是让人非常难过。那么除了妈妈之外，还有什么人心疼过你吗？

来访罪犯：我还有一个爷爷，不过也不在了。

咨询师：能和我详细谈谈吗？

来访罪犯：可以。妈妈走了后，爸爸总是带不同的女人回家，对我打得也更凶了。我没钱读书，就出去流浪和打工。一个我原先不认识的爷爷看我可怜，收留了我。可是爸爸不但不感激，还冲到爷爷家里骂爷爷，要他不要管我，否则就要打死他，后来还掐爷爷的脖子，爷爷气得生病，就死了（哽咽）。是他害死了爷爷，让我又成了孤零零的一个人。

咨询师：所以你不得不回到了那个让你恐惧的家。

来访罪犯：（点头）爷爷死的时候留给我一套城里的房子，但后来被坏人骗走了，我就又回到了爸爸身边。

咨询师：你爸爸对你好些了吗？

来访罪犯：没有，他还是那样。我在外面交了一些朋友，也打打零工，自己养活自己。

咨询师：也许你不愿再回首那个夜晚，但作为帮助你的前提，我还是想从你这里了解当天晚上究竟发生了什么。

来访罪犯：那天晚上，我的情绪本来就不好，外面下着大雨，我像往常一样吃过药后靠在床上准备休息。但我爸爸把电视声音开得很响。我让他轻点，他就骂我，说我要是嫌吵就滚出去。可是那么大的雨我能去哪呢？我就回了几句嘴，他就冲过来打我，我就反抗，再后来就不知怎么把他掐晕了。我怕他醒来再打我，就想把他灌醉，糊里糊涂就拿了农药给他喂了下去，我不知道他死了，后来还打了120。

咨询师：你是说，你杀死父亲是无意的。

来访罪犯：（点头）是的。

咨询师：你现在怎么看待这件事？

来访罪犯：杀人偿命，我把命还给他好了。

咨询师：你死了会改变这一切吗？

来访罪犯：我活着没有意思（流泪），我是天底下最苦命的孩子。

咨询师：（转移话题）你还有别的亲人吗？

来访罪犯：（思索）我还有一个哥哥，但是从进看守所起，我给他写了很多信，他从来没来看过我。

咨询师：这会让你很失望。在社会上的时候你与哥哥关系好吗？

来访罪犯：以前还可以，我犯了这个罪后，他肯定有很多想法。

咨询师：现在你还希望他来看你吗？

来访罪犯：他不会来的。

咨询师：你入监后，与同犯关系怎么样？

来访罪犯：不太好。

咨询师：这怎么说呢？

来访罪犯：同犯看不起我，有人还骂我杀父亲是畜生，我听到后非常难受。

咨询师：有与你关系较好的同犯吗？

来访罪犯：基本没有。

咨询师：通过交谈，你的情况我有了初步的了解，现在咨询时间快到了，你想想还有什么想补充的？

来访罪犯：（想了想）我爷爷的房子被坏人占去了，请政府一定要帮我要回来。

咨询师：能谈谈怎么被坏人占去的吗？

来访罪犯：我那时还小，不懂事，吃饭欠了饭店四千多块钱，爷爷的邻居说帮我还钱，然后又问我要，我拿不出，所以房子就被他占去了。

咨询师：你有爷爷把房子给你继承的遗嘱，或者房产证之类的证明吗？

来访罪犯：没有，爷爷走得很快，没留下遗嘱，房产证在我被逮捕后都弄丢了。

咨询师：关于这个问题怎么办我们下次再谈，今天我们就谈到这儿，你回去以后还可以仔细想想有什么漏掉的，下次来的时候再告诉我，或写在纸上交给我，好吗？

来访罪犯：好的。

通过摄入性谈话，咨询师基本了解了来访罪犯的基本情况、目前的心理状态，以及困扰来访罪犯的最主要问题，并为下一次咨询确定咨询目标、制订相应的方案做准备。

○ **案例2**：罪犯占某，32岁，因盗窃罪被判刑8年6个月，已服刑8年2个月，一天刑未减。占某有强烈的反社会倾向，自认为是"反改造"，并说回归后百分之百要重新犯罪，要用爆炸的手段报复社会，还要把这几年来收集到的种种反社会手段、方法印成传单分发，让更多的人去破坏社会；他还说出去后要对监狱的某位警官进行报复。

咨询师通过4次咨询，运用理性情绪疗法的基本技巧改善其认知，使其用合理的想法代替不合理的想法，取得良好的咨询效果。现将咨询的部分内容摘录如下：

第一步：咨询师通过罪犯自己的叙述，引导、帮助他共同找出其不合理的认知，概括起来主要有以下几点：①这世界是不公平的，不公正的；②我要报复所有对我不好的人，我百分之百会重新犯罪；③我是失败者，我改造至今一天刑都没减过，而更多的责任在于警官；④从来没有哪个警官真正关心过我；⑤我的个性很正直，而周围的同犯奴性十足，很虚伪。

第二步：咨询师提出问题，与他共同分析。

针对第一个问题，咨询师与他共同分析：与他入监前相比，社会是否在发展？咨询师对他说，我们不能因为某项指标，如国家有关部门统计在贫困线以下的人口去年又增加了80万人，而否定社会整体的发展。咨询师又与他分析：监狱是否也在不断发展？与他刚入监时相比，监狱的整体执法水平、公平公正程度等方面是否相对好多了？以前有没有狱务公开？有没有减刑前公示？由此引导他要客观看待社会，客观看待他人，客观看待自己。并与其谈到执法者也存在一些差异性，如由于民警的经历、学历、素质不同，看待事物的角度不同，对事情的看法不同，他们在对事情的处理上肯定有差异。这种差异是正常的。另外，民警是人不是神，也有情绪起伏波动的时候，也有七情六欲、喜怒哀乐等，对这些问题如果能客观地看待，可能他心里就会好受许多。他若要求民警做到绝对公正公平，不允许有差异存在，这种绝对化的思想会直接影响自己的情绪。咨询师还问到是否所有民警都对他不公正，并把他所在分监区的民警一一指出，发现所谓对他不好、不公的，也就三名，其余他认为还是好的。

针对第二个问题，咨询师问他：你觉得监狱很舒服还想来是吗？你想从这个世界上消失是吗？占某回答并不希望这两种结果发生。于是咨询师又与他分析：若重新犯罪，结果是什么？要么就是被判重刑重新入狱，要么是被判死刑拉上刑场从此消失。咨询师给他打了个比喻，他心中设想去爆炸，去反社会，就像一颗石子投进一个平静的湖里，会泛起一阵涟漪，但过后，这个湖又会归于原有的平静，其结果并不会像他想象的那样给社会造成多大的影响，他也不会成为什么英雄，最多只会成为人们茶余饭后的一个谈资而已。咨询师还谈道，他回去后可能会很有缘地找到生命中的另一半，并谈到其和父母之间的亲情，问他：你总不愿意使他们再次受伤害吧？

针对第三个问题，咨询师与他分析：与你一同入监的其他人有没有减过刑？与你处在同一环境中，为何他们能得到奖励？你觉得对于造成自己一天刑没减的结果，自身没有值得反思的地方吗？

针对第四个问题，咨询师与他分析：真的没有任何人真正关心你吗？你与咨询师之间没有任何关系，你就要刑满了，若不是真正关心你，咨询师可能来找你谈话吗？

针对第五个问题，咨询师与他分析：周围的同犯真的很虚伪吗？什么才是最成熟的个性？咨询师对他说，社会本身就有差异性，正因为这种差异性才显得精彩；人是社会化动物，个性的内化才是真正的成熟。我们要保护的是自己最内在的东西，而并非什么都要保护，不然就什么都保护不了。你所看不惯的这些是否正是自己身上所欠缺的？比如人际关系协调方面，那些人游刃有余，而由于你不具备这种能力，所以从内心排斥他们，或嫉妒他们。咨询师还谈起自身对人际交往的感受，宽容他人，以欣赏的眼光看待他人，向别人学习等，这样才有更大的包容心。

在与占某的咨询过程中，并不是按以上所列问题排序，而是多个问题相互穿插交流的。除了针对以上问题与占某沟通外，咨询师还尽可能地找出他身上的亮点，并一一予以肯定。比如，他很聪明，特别喜欢思考，虽然文化程度不高，但脑子很灵活；还有他对人还是比较真诚的。咨询师还与他探讨，若他将认知模式、思维模式稍作转变，把破坏性思维转为建设性思维，即从整天想报复社会转为整天想着回归后如何去创业，那么他极有可能会成就一番事业。咨询师向他讲起了一些占某也有过耳闻的刑满释放人员创业成功的例子，以树立他的信心。他对这些谈话内容非常感兴趣；在咨询师对他的优点进行肯定时，发现他还有一种兴奋感。于是咨询师推荐他看一些伟人传记，如罗曼·罗兰的《巨人三传》等，并希望他看了这些书后，能感受到这些伟人们在遇到巨大的挫折、痛苦时是如何想的，又是如何将苦难转化为动力，从而激发了自身潜能、实现伟业的。

第三步：理性的自我陈述。

通过不断的沟通、交流和启发，占某的很多观念与最初有了很大的变化。他在后来的谈话时说，"现在监狱民警在执法上是有很多方面比以前好多了""我就要离开这里了，这里的一切都将远去，我没必要对这一切耿耿于怀、太在意""其实走到今天这一步，我自己还是很有责任的""非常感谢你对我的关心""我想好了出去后要干的事，出去时刚好是夏天，先去卖三个月冷饮"，他还告诉咨询师，他知道一种冷饮配方，自制冷饮出售，积累一小笔资金后，再去做玉米加工生意，他们家乡有一种有色玉米，加工成食品肯定能打开市场。

……

回归两年多后，占某给咨询师来电话时告知，他目前生活已稳定，主要是在做收购废品生意，已经打算在家乡盖房子了。

罪犯心理咨询最重要的技能就是通过谈话这一形式，达到预期的目标。而谈话在一般人看来是一件非常简单的事情，不就是说话聊天嘛！事实上不是这么回事，从专业的角度来讲，心理咨询中的谈话是一种特殊的谈话，它对咨询师的要求非常高，与平常的讲话聊天及教育有很大的差别，要求必须掌握一定的专业技巧。现在介绍几种在罪犯心理咨询中常用的技术。

（一）结构化技术

结构化技术是指咨询师在咨询开始时，对来访罪犯说明与界定从咨询开始到咨询结束之间所涉及的要素。若把罪犯心理咨询比喻为写一篇文章，那么结构化技术就类似于文章的框架。但咨询的结构化技术又与写文章框架有所不同，写文章大多是作者一个人的事，而咨询却是两个人的事，咨询师除了要把框架搭好外，还要把结构中的相关功能内容告知来访罪犯，尤其是对于初次来访的罪犯，使来访罪犯对咨询过程有个基本的了解。

具体地说，结构化技术包括四个方面的内容：①说明心理咨询的性质；②说明心理咨询的保密原则及相关程序；③说明咨询师的角色和限制；④说明来访罪犯的角色和责任。

比如，对监狱服刑人员进行相关程序的告知：咨询间隔时间、咨询内容如何保密、每一次咨询时间有多长、若需要进行下一次咨询可通过何种程序申请、什么时候结束咨询等。咨询师还可以将来访罪犯的权利与义务列在书面资料上，以协助来访罪犯明白自己的角色、责任与权利。如咨询师应适时告知来访罪犯："我们对咨询内容保密，没有你的同意决不会向任何人泄露""我们每次谈话为45分钟左右""下次若你自己认为还要来咨询的话，可以先通过分监区民警预约，填好预约单后再咨询"等内容。

在咨询过程中，尤其是咨询开始时，咨询师要懂得使用结构化技术。通过此技术，可以让来访罪犯了解咨询的作用，减少或消除他们在咨询时的错误观念。还可以协助来访罪犯了解咨询过程，以减少其焦虑，有利于他做好咨询的准备，使咨询能顺利进行。比如，有的来访罪犯认为咨询师可以解决一切问题，包括减刑假释或具体的生活困难问题等；还有的来访罪犯怀疑咨询内容是否真的能得到保密，想说又怕说；也有的来访罪犯不清楚若下一次咨询该如何办手续等，这些问题通过咨询师运用结构化技术都能得到妥善解决。

咨询师还可以利用监狱的各种宣传手段，如印刷小册子或在黑板报上向罪犯宣传普及心理咨询的性质、咨询双方在咨询过程中的行为与责任等知识。这样可以避免接待每个来访罪犯时咨询师都要运用结构化技术。既节省了时间，也便于来访罪犯充分利用咨询的功能。如：

　　来访罪犯：我觉得一次咨询的时间才45分钟，太少了，我与别人交流的时候一谈就要好几个小时，问题也无法解决，可不可以延长时间？我想早一点把问题解决掉。

　　咨询师：你认为45分钟的谈话时间不够，无法解决你的问题，所以内心很着急是吗（初层次同理心技术）？其实对一般当事人来说，45分钟的谈话时间是适当的，延长时间对当事人的帮助不大。若问题难以解决，我们可以根据实际情况增加谈话次数。咨询跟一般的谈话不一样，咨询通常涉及当事人内心深层的世界，而当事人开放内心世界的速度因人而异，与每一次谈话时间的长短无关。虽然你想早点解决问题，可这不是延长谈话时间就可以达到目的的（结构化技术）。

　　来访罪犯：我的人际关系很差，我觉得周围的人都在排斥我。这个问题是否可以通过咨询得到解决？

　　咨询师：听起来你的问题让你很苦恼（情感反映技术）。通常在咨询一开始时，我们必须先谈谈你想达到的目标，好让我们的谈话有个方向。你刚刚提到想处理好人际关系问题，我们可以依照这个方向定目标。当然目标不是不可变动的，很可能随着咨询的进行，目标会有所调整（结构化技术）。

（二）倾听技术

倾听在咨询过程中有着非常重要的作用，有时甚至比说还重要。有的学派把心理咨询的过程称为点头咨询，也就是说只要一名咨询师知道该在什么时候点头就足够了。这话有些绝对，但对监狱心理咨询师而言应受启发。因为大多数监狱心理咨询师正在从事或曾经从事过对罪犯的直接管理与教育工作，习惯于以教育者的身份面对来访罪犯，因而在咨询过程中不重视倾听或者根本不愿倾听，并容易过早地下结论，认为来访罪犯的问题是小题大做、无事生非，有时甚至做道德性和正确性的评判。这是因为监狱心理咨询师还没有忘记自己是个民警，角色还没有转换，这样不仅使咨询难以正常进行，同时也会使咨询效果大大下降。比如，有的咨询师听到来访罪犯说"我认为民警执法不公，总是盯住我不放，我非常痛苦"之类的言语，就听不下去，马上会用一些诸如"民警与你无冤无仇，怎么可能盯住你不放呢""你怎么不找找自己身上的原因"等话语进行教育。而作为一名合格的心理咨询师，正确的做法是：引导来访罪犯具体说出民警哪些方面执法不公，哪些方面盯住他不放，并耐心倾听，及时疏导。对于来访罪犯的初次咨询倾听技巧显得更为重要。

监狱心理咨询师在实践中，不仅要学会听，习惯听，还要善于听。所谓善于听，是指咨询师在咨询过程中不仅要关注来访罪犯的语言内容，而且也要注意到他在说话时语调的抑扬顿挫、声音的高低强弱，以及伴随的非语言行为。

咨询师虽然处于听的位置，但这是一种主动的听，是参与式的倾听，其作用至关重要。可以把咨询师的听比喻成放风筝，风筝虽然漫天飞，但这根线却始终掌握在咨询师的手里，而如何更好地抓住这根线，靠的正是倾听的相关技巧。常见的倾听技巧包括开放性提问、封闭性提问、鼓励、澄清、释义、情感反应、概述等。

1. 开放性提问。咨询开始或转换话题时大都采用开放性提问。通常以"什么""为什么""能不能""可不可以""行不行"开始，它能促使来访罪犯把有关问题、思想、困惑等予以较为详细的说明，让咨询师能获得一些事实资料，对某件事情发生的过程、次序或情绪性的事物得以弄清。比如，"你为什么会觉得别的罪犯会这样看你呢""看到这样的场景，你当时有什么反应""能不能告诉我，你为什么看不惯他"等。但对于那些资历不深，缺乏经验的咨询师来说，不宜多用"为什么"，尤其是忌讳用一连串的"为什么"，询问是咨询的需要，而不是为了满足我们的好奇心。

2. 封闭性提问。当谈话内容较为深入，需要进一步澄清事实、缩小讨论范围或集中探讨某些特定问题的时候，可以适当采用封闭性提问。封闭式提问的问与答都比较简单明了，通常使用"是不是""对不对""要不要"等词语询问，回答也是用"是"或"不"等简单的词语。这种询问方式便于咨询师线条式地理清事实真相，快速地掌握问题的重点或核心，能够在正确范围内开展讨论。比如，"这件事让你非常痛苦，对吗""这段时间是不是经常失眠"等。但是，在来访罪犯中，绝大多数不喜欢这种"审问式"的询问。因为他们的潜意识里，会不断浮现刑侦人员、法官或监狱民警在侦查案件、处理问题时的审问情景，从而会使他们本能地心理设防，或不愿回答，或沉默，甚至产生厌恶心理。当然，在来访罪犯的讲述中出现偏离主题时，可以适当地运用封闭性提问来适时中止其叙述，或将讲话引回主题，避免过分地讨论和谈话个人化。另外，一次不要提出多个问题，否则，会使来访罪犯产生混乱，结果可能只回答了最不重要的那个问题。

3. 鼓励。鼓励是指咨询师直接、简明地重复来访罪犯的话，尤其是重述来访罪犯回答中的最后一句话，或仅以某些词语如"嗯""好""接着说""还有呢""以后呢""别的情况下如何""我明白"之类过渡性短语来强化来访罪犯叙述的内容，并鼓励其进一步讲下去。比如，在一次咨询中，来访罪犯说："家里经济状况很糟，我爱人在外面打工，父母年纪很大，我自己目前改造又不好，身体健康状况又很差，好像得了重病，我真不知如何是好？"咨询师选择"好像得了重病"为主题引导方向，通过问"你说好像得了重病"引导其朝着这个方向倾诉并达到一定的深度。后经深入咨询，在来访罪犯所谈的问题中，这个问题正是其所有问题中的核心和重点。

4. 澄清。澄清是指咨询师要求来访罪犯对于含糊而模棱两可，或意义隐藏的语句给予详细、具体的叙述。许多来访罪犯，对自己的很多想法本身就是模棱两可的，有些甚至是混乱不清的，表达又不是很确切，易引起咨询师理解偏差，甚至混淆。可能引起混淆的信息是那些包括复数代词（他们）、含糊的短语（你知道）和一词多义的语句。如果咨询师不能理解信息的准确含义，则有必要进行澄清。它通常以疑问的形式表达，如"你是说……""你能试着再描述吗""你能澄清……吗""你指的是……"等。比如，一来访罪犯说："我认为民警对我很不公！"作为咨询师并不能确切地认清来访罪犯是指某个民警还是所有民警都对他不公。还有，如一来访罪犯说"我害怕民警"，他表达的到底是指直接管理他的民警还是所有民警，这就需要澄清。咨询师可以这样问："你指的是所有民警，还是特指哪个民警呢？"

5. 释义。释义是指咨询师对来访罪犯在谈话中的信息内容加以解释后，再反馈给来访罪犯。这种释义是比较简明扼要的，直接引用来访罪犯原话中的关键词句是最常用的方法。释义的目的主要在于：①检查咨询师是否准确理解了来访罪犯所说的话；②让来访罪犯感受到咨询师正在认真倾听；③可以鼓励来访罪犯对一些关键想法或事实做进一步阐释，使他们深入地探讨某个重要话题而不至于分心。释义的最基本功能仍是"澄清"，也就是使咨访双方对正在谈论的内容达成共识。如：

来访罪犯：我入监后觉得真是生不如死，活着真没有意思。

咨询师：你的意思是想一死了之？

来访罪犯：是的。以前我多风光，可是现在我只想死。

咨询师：嗯！以前很值得你留恋。

来访罪犯：我初中毕业后很早就出来做生意了，在村里我算是最早富起来的人了（声音高起来）。

咨询师：那时你很有钱。

心理学家布拉默提出释义反应要掌握三个要领：①听取来访罪犯的基本信息；②提纲挈领地向来访罪犯复述基本信息；③观察来访罪犯的反应或线索，看来访罪犯是否真的被准确理解了。

（三）影响技巧

与倾听技巧相比，影响技巧对来访罪犯的影响更为直接，它促使来访罪犯意识到自己需要改变，而且需要一个更为客观的参照框架来指导自己行为的改变。这样一来，来访罪犯的进步就会明显加快。另外，影响技巧还能体现出由咨询师引导而不是来访罪犯引导的咨询风格。影响技巧包括解释、指导与提供信息、影响性总结、自我开放等。

1. 解释。解释指咨询师根据某一咨询理论或咨询者个人的经验与观察，对来访罪犯的心理问题的成因、过程和实质等作出合理化的说明，从而使来访罪犯能够从一个新的角度去看自己的问题，加深自我了解，从而获得新的领悟，促进变化。这项技术若运用到位则有助于赢得来访罪犯的信任，同时有助于来访罪犯的自我了解。在运用解释技术的时候，应注意这样几个问题：①一般来说，解释技术更适合于咨询过程的中后期。咨访关系建立良好的情况下，来访罪犯表示愿意倾听和接受咨询师对自己的问题的解释，这样才能更好地发挥解释的效果。②解释应因人而异，解释的同时，注意观察来访罪犯的反应，尤其是非言语行为，如沉默、微笑等。③解释不应强加给来访罪犯，解释的内容不要与来访罪犯的信念、文化背景存在过大差异或产生严重的冲突。④最好将咨询师心目中的解释设法变成来访罪犯的自我解释。如：

来访罪犯："每次我弟弟来会见时，我本应感到高兴，但我一看到他就很生气，毫无理由地生气。"

咨询师："这是因为他是你继母生的，你内心觉得继母对你不好，就把怨气发到弟弟身上。"（解释技术）

2. 指导与提供信息。就是咨询师针对来访罪犯关心的问题，给予一些指导性的建议或参考性信息。指导与提供信息技术可以应用在咨询过程的任何阶段。但要注意以下几点：①要审慎地判断来访罪犯来咨询的动机及真正的需要，咨询师若一味地站在指导的立场，给予主观的劝告或指示，则无法实现真正的咨询，对来访罪犯也没有帮助；②要掌握提供资料的时间，判断合适的时机，否则资料就会不受重视或不被接纳；③咨询师并非一味地去提供所有的资料，要避免养成来访罪犯的依赖习性，有时要鼓励、激发来访罪犯主动去搜索资料，来访罪犯在引导下所获得的资料更有价值；④提出指导的措辞应委婉，避免措辞生硬引起来访罪犯的抵触心理；⑤不要给予太多的指导，避免引起来访罪犯的抵触、逆反。如：

来访罪犯："每当小组讨论或分监区开会要我当众发言时，我就会脸红，真是丢人。"

咨询师："你在众人面前讲话脸红并为此感到丢脸？"（内容反映技术）

来访罪犯："是的，我觉得自己有这样的毛病，很失面子。"

咨询师："你觉得你不该有害羞的行为，偏偏控制不了，觉得很无奈（初级同感技术）。我这里有一本关于害羞方面的书，咨询结束后借给你看，重点阅读第二章，那部分所描述的情况与你的情况很相似，它会有助于你进一步了解自己的问题。下次来咨询的时候，我们交流一下你读书的心得。"（资料提供技术）

来访罪犯："好吧，谢谢！"

3. 影响性概述。影响性概述指的是咨询师将自己讲述的主题、意见等经过组织整理后，以简明扼要的形式表达出来。在此过程中应做到：①概括本次咨询中发现的来访罪犯存在的问题是什么；②概括本次咨询中重点对哪些问题进行了交流；③概括本次咨询的要点是什么；④在结束谈话时进行影响性概括，如果能让来访罪犯以回答问题的方式进行，效果会更好。它能让来访罪犯有机会重温以前谈过的主题，进一步明确咨询师谈话的重点。并把有关的信息串联起来，借此机会拾遗补阙、纠偏、强调某些重点。还能在一个话题谈完后巩固阶段性成果，为这个主题过渡到另一个主题作准备。如：

　　　　咨询师：刚才我们说过，如果……你该怎么办呢？
　　　　来访罪犯：……

　　4. 自我开放。自我开放技术指的是咨询师在必要的时候适当地将自己的感觉、经验和行为与来访罪犯分享，也称作"自我暴露"。自我开放有两种形式：一种是咨询师把自己对来访罪犯的体验感受告诉他（包括正信息和负信息，在传递负信息时应注意可能产生的负作用）。另一种是咨询师暴露与来访罪犯所谈内容相关的个人经验，从而表明理解他并促进他更多地自我开放。自我开放的作用有以下几个方面：①使来访罪犯更愿意与咨询师接近；②增加了来访罪犯对咨询师的信任感；③对来访罪犯具有示范作用；④可以缩短咨询师与来访罪犯之间因角色不同而产生的距离；⑤经过咨询师的自我开放，来访罪犯不只是倾诉者，同时也成为一个倾听者，从咨询师的经验当中，来访罪犯可以看到一些自己忽略的地方，从而对自己的行为进行反思。但在采用自我开放技术时，也要注意以下几点：①咨询师必须在认定自己的经验对来访罪犯有帮助的情况下才能进行；②咨询师的自我开放应与咨询的某些目的有所关联；③应注意开放的内容与时机；④咨询师的自我开放不应分散来访罪犯对自己问题的注意力；⑤咨询师自我开放的次数不宜太多；⑥咨询师的自我开放必须适时，并且绝对要避免反客为主。咨询是以帮助来访罪犯为前提的，不可让重点转移到咨询师发泄自己的情感上。如：

　　　　来访罪犯："我胆子很小，很怕与陌生人讲话，遇到警官我更是一句话也说不出来，我不知道该怎么办？"
　　　　咨询师："我刚参加工作时胆子也非常小，尤其是看到领导更是有些害怕，后来花了很长一段时间才克服了这种困扰。你现在似乎正在经历我在你这个年纪时的那种害怕感觉，或许我们可以来谈谈这个问题。"（自我开放技术）

（四）共情技巧
　　所谓共情，就一般意义而言，就是聆听来访罪犯叙述，深入来访罪犯内心世界，以感同身受的方式体验来访罪犯的想法与情绪，把关切的理解传递给来访罪犯，有点类似于"穿上病人的鞋子"。

按照心理学家罗杰斯的看法，共情就是"感受来访者的私人世界，就好像那是你自己的世界一样，但又绝未失去'好像'这一品质——这就是共情，它对治疗是至关重要的，感受来访罪犯的愤怒、害怕或烦乱，就像那是你的愤怒、害怕或烦乱一样，然而并无你自己的愤怒、害怕或烦乱卷入其中，这就是我们想要描述的情形"。

有人把共情描述为"开启心灵之门的第一把钥匙"，这是比较贴切的。因为共情显然能够增进来访罪犯和咨询师之间的情感协调，并产生一系列心理效应。当一个人感到被理解的时候，他们会倾向于更自由、更开放、更坦诚地表达他们内在的想法，去探索存在于他们内心深处隐秘的情感和体验。因为他们感到有人站在了自己这边，是自己的同盟者，这种信任感会极大地提升他们面对内在痛苦的勇气和能力。

正因为共情非常重要，一些初学的咨询师为追求共情效果，会倾向于不自觉地使用过多的自我暴露、主观推测、投射、同情、甚至夸张的语言来获得共情，但效果往往适得其反。例如，当一名来访罪犯谈到自己的母亲在探望他返回的路上出车祸身亡时，就控制不住自己的情绪开始哭泣，咨询师立即说"我了解你的感受"，来访罪犯马上予以否认："不，你不了解我，你并不知道我有多痛苦!"而当来访罪犯谈到自己与父亲很难交流时，咨询师用主观推断式的语言说："父亲不能与你很好地沟通，你一定很生气，也感到很无奈吧?"来访罪犯又否认道："不会的，我和父亲的关系随它好了，反正一直来都这样的，我已经习惯了。"

作为咨询师，准确共情的唯一途径是不断提高你理解和体验别人情感的能力。你应该记住：共情不是判断，而是体验，用你的心体验来访罪犯的体验；共情不是你自己内在被唤起的什么东西，而是去理解来访罪犯内在的东西，一切因别人的故事激发起来的你自身固有的感动都不是共情。

共情反应可分成四个层次：①咨询师没有专注与倾听来访罪犯语言与非语言行为，因此，回应的内容不能反映来访罪犯表面或隐含的信息，对来访罪犯问题的探讨没有帮助。②咨询师回应的内容，只反映来访罪犯表面的想法与感觉，而且反映的情感并非关键性的感觉，因此，对来访罪犯问题的探讨没有帮助。③咨询师回应的内容，能够完全反映来访罪犯的想法与感觉，没有缩减或过度推论来访罪犯表达的内涵，不过无法反映来访罪犯深层的感觉。④咨询师回应的内容，能够反映来访罪犯未表达的深层想法与感觉。这种回应，可以协助来访罪犯深究与体验先前无法接受或未觉察的感觉。如：

来访罪犯：每次会见我总尝试着能与父亲心平气和地交谈，但是的确不行，因为我父亲对我一直都太严厉了。

咨询师1：不要急，我相信将来总能行的（安慰否认）；一个人在青春期对父母逆反是很自然的事（否认）；我想，你应该努力去理解父亲的想法（教育和建议）。

咨询师2：你与父亲的关系正处于很困难的时期，尽管你想改善这种关系，但没有找到好的办法（单纯内容反映，没有情感反映）。

咨询师3：你尝试与父亲心平气和交谈，但又不成功，面对严厉的父亲，你感到沮丧（既反映了内容，也反映了有情感）。

咨询师4：你似乎无法接近严厉的父亲，没法与他沟通，所以感到沮丧，你想让他对你宽容一些，可目前没有找到好的途径（恰如其分地进行了内容和情感反映，并指出了来访罪犯的心理期待）。

点评：

咨询师1非但没有专注与倾听来访罪犯语言与非语言行为，而且回应的内容并非同心理技术的使用。

咨询师2只反映来访罪犯部分的表面讯息，而且反映的感觉并非来访罪犯的关键性感觉，因此对来访罪犯问题的探讨没有帮助。

咨询师3只反映来访罪犯表面的感觉，并未触及来访罪犯深层的想法与感觉，因此对来访罪犯问题的帮助有限。

咨询师4的回应触及来访罪犯深层的想法与感觉，因此有助于来访罪犯问题的探讨。

三、操作流程

（一）罪犯填写《监狱心理咨询预约单》

由各监区（分监区）负责心理咨询工作的民警——心理信息员填写预约单并对申请咨询情况作初步评估。

（二）报单

心理信息员应当在预约单填写后2个工作日内，将它报监狱负责部门，如心理咨询科或心理矫治中心或心理健康教育中心。

（三）监狱负责部门审核

审核内容包括预约人的情况是否适合咨询；预约人心理问题基本类型及严重程度；安排落实心理咨询师；将审核结果反馈给心理信息员。若不宜咨询的须说明原因并提出建议，适合咨询的确定咨询时间、地点。

（四）心理咨询师开展咨询工作

进行面对面咨询、热线电话咨询、网络视频咨询、书信咨询或团体辅导与咨询。下面对面对面罪犯心理咨询的过程与实施作详细说明。

简单的心理问题，咨询师一次咨询可能会解决，但一般比较复杂的心理问题，就需要几次咨询才能解决。面对面心理咨询有一个过程，一般分为三个阶段，即心理咨询初期阶段、心理咨询中期阶段和心理咨询后期阶段。

1. 初期阶段。

（1）心理咨询师咨询前的准备。心理咨询师自我心理状态的准备：咨询效果如何与咨询师咨询前后自身的心理状态是密切相关的，所以咨询师在咨询前，要把自身的心理状态调到最佳。如果咨询师自己还有很多心事，或自我心理状态不佳，那么咨询效果则会大打折扣。咨询前的准备主要包括以下内容：

第一，最原始材料的收集。在咨询前，咨询师并不一定要通过分监区或监区民警了解来询罪犯的现实改造情况。如果去了解了，对咨询有利有弊，有时甚至弊大于利。在实践中发现，民警所提供的信息很多是带着主观色彩的，这样就容易让咨询师受影响，产生先入为主的观念，导致判断出现偏差而影响咨询效果。但是，由于监狱的特殊性，有些相关资料还是有必要提前收集的。如通过狱政档案系统，把需要先期了解的来访罪犯年龄、罪种、刑期、入监时间、家庭成员和犯罪基本情况等这些最基本的原始材料收集齐全。如果有来访罪犯以前的心理测试结果，也应积极收集，可以对来访罪犯以往的心理健康状况作一些了解。

第二，咨询空间及时间的准备。咨询的空间特指咨询的场所，若监狱设有专业心理咨询室，那咨询师就不需要做其他准备了；若没有专业的心理咨询室，在咨询前咨询师就要对场所做必要的选择与适当的布置。咨询室最好要独立，并有隔音效果，这样能确保咨询期间不受干扰，同时满足谈话的保密性要求。有条件的话，咨询室里物品的摆设，桌椅的放置以及相关量表等尽可能按专业的要求予以配备与摆放。

第三，咨询的时间。首先，咨询师自身要确保在咨询时不受其他事情的干扰。其次，考虑来访罪犯的时间安排。除了监狱统一安排规定时间咨询外，由于监狱的特殊性，罪犯要劳动改造，尤其是在生产流水线上劳动的罪犯，往往每个人都有固定岗位，因此，安排咨询时间要注意合理性，要提前与来访罪犯所属单位联系，以避免民警及来访罪犯因劳动方面的问题而引发负面情绪，影响咨询的效果。

（2）确立良好的咨访关系。监狱心理咨询的咨访关系是指咨询师与来访罪犯结成的一种独特的人际关系，通过这种关系能达到改善来访罪犯心理的效果。

心理咨询过程中，咨访关系的建立很重要，它是咨询是否能够获得最大效果的关键。因为，解决心理问题需要心灵的沟通，如果来访罪犯不信任咨询师，就不愿意敞开心扉，就会影响心理问题的解决或缓解。在信任、真诚、同感、积极、关注、保密、安全、相互接纳等基础上，才能建立良好的咨访关系，架起心灵沟通的桥梁，才能保证咨询的顺利进行，使来访罪犯的心理问题得到缓解和解决。

监狱作为刑罚执行机关，民警的身份、罪犯的身份以及监狱心理咨询整体的氛围等都具有特殊性，而且罪犯对心理咨询的认识水平等因素，在很大程度上影响着良好咨访关系的建立，所以心理咨询师要用心去建立良好的咨访关系。

第一印象。优秀的咨询师会非常注意观察来访罪犯的非语言行为，如穿着、眼神、手势、说话音调及语速等。有心理学家认为，一名优秀的咨询师通过对来访者非语言行为的观察，可以判断出来访者70%左右的心理特点。另外，来访罪犯也会有意无意地观察咨询师的非语言行为。要使来访罪犯感觉到咨询师是一位和蔼可亲的人，是一位善解人意的人，同时又是一位确有解决其心理问题能力的人。有了良好的第一印象，就能增加来访罪犯对咨询师的信赖程度。

咨询师是建立良好咨访关系的决定性因素。虽然咨访关系的好坏是取决于双方的，但咨询师往往在对象选择上是被动的，不能要求来访罪犯都具备易于发展咨访关系的能力。在实践中，来访罪犯中有很大一部分人恰恰是因为缺乏与他人建立良好关系的能力而导致心理问题的。因此，作为咨询师，不能把建立良好咨访关系的责任推给来访罪犯，而应该主动承担建立良好咨访关系的主要责任。对于不同的来访罪犯，咨询师要充分展现其职业所应当具备的对人真诚、值得信任、平等和无条件接纳、宽容关爱等精神，这样做才有利于良好咨访关系的建立。

咨访关系的发展过程。在咨询过程中，并没有一个专门用来发展咨访关系的阶段。咨访关系的建立与发展是贯穿于整个咨询过程的。但要建立良好的咨访关系，每一阶段又有其基本特点，比如在咨询初期，咨询师所表现出来的态度与表情就非常重要，应当多运用倾听的技巧，完全做到以来访罪犯为中心，非常平等地对待他、尊重他，将保密性原则说透，以取得来访罪犯的信任，而不宜过深地涉及情感内容，或探查很隐秘的事实。在咨询中后期，要做到充分共情，把准来访罪犯的心理脉搏，予以切实指导，共同解决一些心理问题，使来访罪犯感到通过咨询能对自己有切实的帮助。从整个咨询过程看，咨访关系的建立相对集中于咨询的前期，即在探索问题、收集资料和明确问题、确定目标等阶段，而后期的咨询、评估、结束等阶段更多的是对已建立的原有咨访关系进行巩固。

2. 中期阶段。

（1）对来访罪犯问题的诊断分析。咨询对象的区分：来访罪犯可能是精神病人、脑器质性病变的人或有人格障碍的人，这些都超出了心理咨询的工作范围，应介绍来访罪犯去相应的医疗机构。除此之外的来访罪犯，一般来说都可以进行心理咨询。

首先需要对来访罪犯的问题进行确认和分析。对于适合心理咨询的来访罪犯，要进一步确认他的问题并分析其原因。①要明确问题的具体情况。要搞清楚他发生了什么问题，问题是何时发生的，问题是在何处发生的，来访罪犯对问题的反应怎样，来访罪犯对自身问题的看法怎样。②要了解问题形成的可能原因。心理问题形成的原因是多种多样的，既可能与来访罪犯看问题的方法有关，也可能与其个人经历、人格特征有关，也可能与其家庭、单位等环境背景有关，还可能是生活中发生了重大变故或与事前的原因、事后的强化有关。问题形成的原因可能有很多，咨询师要边提问、边分析，一个一个地排除，最后找出产生问题的真正原因。

（2）确立咨询目标。确立咨询目标有助于咨询双方明确努力方向，有助于双方积极合作，有助于对咨询效果进行评估。有的来访罪犯的期望与目标很模糊。如"我也说不清楚，就觉得这段时间情绪特别低落"这种说法，就说明来访罪犯缺乏明确具体的期望。但来访罪犯缺乏明确具体的期望，并不说明他对咨询不抱希望，他仍想得到帮助。遇到这种情况，咨询师要尽可能地从来访罪犯的消极情绪入手，让其逐渐具体化，到底烦在哪里？郁闷在哪里？要触及其内心深处的真正困惑，从而确定比较明确具体的咨询目标。也有的来访罪犯咨询目标很明确，但却与一般心理咨询目标不一致，比如要求解决非常具体的问题：该不该离婚；减刑好还是假释好；希望调换改造环境等。这都是罪犯在改造生活中的选择问题，不能作为咨询的直接目标。还有就是来访罪犯目标与咨询师目标不一致。在这种情况下，就需要咨询师及时反思自己设定目标的准确度，分析来访罪犯目标的合理性，若发现自己目标制订得有偏差，要及时调整，若发现来访罪犯目标不合理，则要及时做好澄清与解释，从而让来访罪犯理解并接纳新的目标。

确立咨询目标有以下三个原则：①咨询双方共同制定咨询目标。这要求咨询双方在心理问题的确认和原因的分析上取得一致意见。咨询师将自己的认识、看法、结论反馈给来访罪犯并得到认可，并引导和鼓励来访罪犯思考、提出自己的要求以及希望达到的目标，在此基础上逐步达成一致。②中间目标与终极目标相统一。中间目标是向终极目标发展的步骤，以终极目标引导中间目标，通过中间目标的实现增进终极目标的达成。③目标要具体化。心理咨询的目标必须具体、可行，否则难以操作、难以实现。要把抽象、笼统的目标具体化，使其具有可行性。

（3）选定方案，解决问题。选定方案对解决问题有重要意义。一般来说，解决问题的方案可有多种选择。例如，矫治来访罪犯因对劳动工具恐惧而造成的焦虑情绪，可以通过认知改善，运用放松疗法进行调控；还可以使用系统脱敏技术逐步消除，或者使用多种方法综合矫治。究竟采用哪一种解决方案最为合适，咨询师应认真进行比较、筛选，并适当征求来访罪犯的意见，然后根据咨访双方的实际情况和成功的可能性做出选择。

方案选定之后，就要依据方案具体实施。在解决问题时，首先要注意解决关键性问题，次要问题留后逐步解决。由于心理现象的复杂性、多变性，某些心理问题在解决过程中会出现反复或显效迟缓，这是正常的。关键在于咨访双方都应对咨询过程的这一现象有足够的认识，互相合作、彼此信任、持之以恒，这样才有可能达到预期的效果。

3. 后期阶段需要作出结论性解释。在咨询结束之前，咨询师要与来访罪犯作一次全面的总结，回顾整个咨询过程，强调咨询要点，使来访罪犯对自己有一个更清醒的认识，进一步了解自己的问题的前因后果，明确今后的努力方向。

（1）帮助来访罪犯运用所学的经验：咨询师要渐渐退出自己的角色，使来访罪犯摆脱对自己的依赖，引导来访罪犯把咨询中学到的新经验应用到日常生活中去，逐渐做到不需要他人指点也能适应周围的环境。

（2）追踪研究：通过追踪研究，可以评估诊断是否正确，帮助指导是否有效，而且可以起到强化咨询效果的作用。这也是心理咨询过程中不可忽视的一步。

（五）咨询结束

由心理咨询师进行咨询小结，建立心理档案，并根据需要进行信息反馈。需进一步咨询的，应约定下次咨询时间；咨询师对来访罪犯心理问题存在疑惑的，应申请会诊；对不宜本人下次咨询的，咨询师要作转移咨询；对有严重心理障碍或心理疾病的来访罪犯，应请社会心理专家评估或鉴定。

四、知识链接

（一）监狱心理咨询模式

很长时间以来，罪犯心理咨询工作"谁来做"以及"怎么做"的问题一直困扰着有关部门。尤其对"谁来做"的看法很不一致，主要有三种观点：①监狱民警做不了，因为民警作为管理者与被管理者即罪犯之间存在着不平等性，不符合心理咨询的原则，因此必须由社会心理专家来做；②监狱民警完全能承担起这项工作，因为民警通过专业培训后可以成为合格的心理咨询师；③由民警与社会专家共同完成；但这个观点又有"以谁为主"而产生的分歧，有的认为应以社会专家为主，有的认为应以监狱民警为主。

从对监狱罪犯心理咨询工作的多年实践取得的经验来看，罪犯的心理咨询模式可分为三部分：①对入监初期的罪犯，可以参照大学生人格问卷（UPI）的心理健康教育模式开展工作；②对改造后期即刑释前的罪犯的心理咨询，采用以心理调适、归正后的心理准备及回归前心理健康状况评估为主的模式开展工作；

③对改造中期的罪犯以三级心理咨询模式开展工作。三级心理咨询模式的第一级是各单位心理咨询信息员，他们的主要职能是普及心理科学知识，对罪犯作必要的心理辅导，收集并及时把有心理问题的罪犯的有关信息反馈到监狱心理咨询业务部门。第二级是获得国家心理咨询师资格的民警，其主要职能是对具有心理问题或心理障碍的罪犯进行咨询。第三级是监狱对一些心理障碍较严重或有心理疾病的罪犯定期邀请社会专家来监咨询治疗。

这个模式中，除了极少数疑难病症邀请专家进行矫治外，大量的心理矫治工作是由监狱民警心理咨询师完成的。实践证明，这个模式是可行的。

（二）罪犯心理咨询工作的主要原则

1. 预防在先原则。监狱要将普及罪犯心理健康知识放在首要位置，引导罪犯自觉运用心理健康知识指导心理实践活动，提高自我保健能力。

2. 理解支持原则。要充分理解罪犯存在的心理问题，在精神上给予积极关注和支持。

3. 耐心细致原则。心理咨询师要耐心倾听罪犯的叙述，善于通过细节把握罪犯心理问题的实质。要学会倾听，既不能随便打断罪犯的叙述，又要通过恰当的询问来控制咨询方向。

4. 有条件保密原则。心理咨询的内容不能等同为"犯情"，原则上应做到保密。但鉴于监狱工作的特殊性，当出现妨碍监狱安全的特殊情况时，应当突破这一原则，以确保监管安全。

5. 疏导教育原则。在对来访罪犯心理问题进行分析、疏导的同时，要给予启发和教育，帮助来访罪犯正确认识自己和他人，从而建立新的认知结构，提高其环境适应能力。

6. 中立原则。监狱心理咨询师要合理区分民警和咨询师的角色，始终保持不偏不倚的立场，不将自己的价值观强加于来访罪犯。

7. 促进成长原则。咨询过程中，在对来访罪犯进行外部指导的基础上，要将重点放在启发和促进其内部成长上，与来访罪犯共同分析、讨论解决心理问题的方案，实现心理咨询助人自助的宗旨。

（三）罪犯心理咨询的概念及咨询涉及的内容

1. 概念。咨询师运用心理学的理论和方法对存在心理问题并希望得到解决的罪犯提供帮助的过程。

2. 内容。罪犯心理咨询的内容涉及罪犯服刑生活的各个方面，主要有人际关系问题、环境适应问题、压力问题、情绪控制问题、婚姻家庭问题等。

（四）罪犯心理咨询的常见形式

1. 面谈咨询。面谈咨询是指咨询师在咨询室等来访罪犯上门咨询，并以谈话为主的一种咨询方式。这也是监狱中最常见的咨询方式。与其他咨询方式相比，面谈咨询有许多优越性，如来访罪犯在良好的咨询环境中易放松，能更快更直接地进入主题，更容易说出内心深处的想法；能让咨询师更清楚地观察来访罪犯的非言语行为；更能达到共情效果。当然由于是面对面咨询，故对咨询师的要求也比较高，要求咨询师不仅要有丰富的专业知识和经验阅历，还要有积极诚恳的态度和娴熟的技巧。

2. 电话或视频咨询。电话或视频咨询是指咨询师通过电话或网络视频的方式对来访罪犯进行谈话咨询。这种咨询方式更适合监狱异性咨询师开展咨询，这样既能确保安全又基本能起到咨询的效果，尤其是男犯监狱运用女警资源，使用监狱电话、视频咨询更有效果。

3. 书信咨询。书信咨询是指咨询师通过书信往来的方式进行心理咨询。这种方式除监狱咨询师对不愿暴露身份的来访罪犯进行解答咨询外，一般是请社会专家对相关疑难问题进行解答较多。许多监狱都在监内设有咨询信箱。

4. 团体咨询。团体咨询这种咨询方式是相对个别咨询而言的，是对多个求助罪犯开展的咨询。一般来说，监狱团体咨询是咨询师把存有同类问题的罪犯组织在一起，让他们倾诉、讨论并予以指导。比如，对刚入监的罪犯因环境适应不良的情况，就可采用团体咨询的方式。但由于团体咨询人员较多，往往只能解决一些共同存在的表层心理问题，若在团体咨询过程中发现有深层心理问题，还是要通过个别咨询予以解决。

（五）罪犯心理咨询档案记录要求

心理咨询在进行正文记录之前，先要记下来访罪犯姓名、咨询次数、咨询时间、咨询地点、咨询方式以及需要首先强调的咨询原则（如保密原则和咨询时间）等。正文记录一般由五个部分组成：外在印象、成长经历、主诉、分析与措施、效果评估。

1. 外在印象。主要是指咨询师对来访罪犯的第一印象，包括外在行为表现、神情、精神状态的描述，要求概括、简练。如外表衣着是否整齐、清洁，有无离奇的表情和动作，有无神经质动作，姿势、态度如何；交谈过程中语速如何，是否健谈，说话内容与声调所表达的是否一致，姿势、手势、表情与语言表达是否协调等；对这些内容作一简要描述。

2. 成长经历。要收集的资料主要包括：①简要的个人成长史，最好能从幼时写起，如幼时家庭境况贫穷或富裕、儿童时是否有过伤残和疾病、亲子关系如何、父母的文化程度和教育方式、个人学习工作生活经历、对工作的态度、是否改变过职业、婚姻状况和关系等，应突出与现在症状有关的部分；②家庭状况及社会基础，包括家庭成员相关情况及社会关系、社交兴趣、对他人的责任感等；

③当前的改造生活状况，包括个人情况，如犯罪基本情况、判决情况、剩余刑期、近期的改造表现等。

3. 主诉。这部分记录非常重要，要予以详细记录，主要是记录与产生心理问题可能相关的资料。从出现这些问题表现的起因或诱因说起，简要概括问题的发生、发展、变化过程，如从什么时候因何出现，初始时情况怎么样，又因何而加重，现时内心冲突及严重程度，对身体、生活、工作、学习的影响程度等，记录时以自我描述用词为主。

4. 分析与措施。咨询师综合所获得的临床资料，如智力水平、个性特征、情绪特征、适应环境情况、人际关系情况等，对来访罪犯知情意识进行判断分析，如思维内容、认知上有无不断抱怨和纠缠不放的问题，有无幻想、错觉、恐惧、执着和冲动的表现，感觉、知觉、记忆、思维、想象等是否基本正常，情绪是否稳定，能否观察、意识到自己行为或情感的问题，对问题的原因是否有中肯的认识，如何理解生活中出现的问题，对改变现状是否有目标和要求。对来访罪犯问题持续的时间、强度和典型心理与行为异常表现的性质和严重程度进行分析判断，以及在咨询过程中针对性地采用了哪些技巧与措施。

5. 咨询效果评估。由咨询师评估本次咨询效果，包括是否需要下次咨询的判断、确定短期或长期的咨询目标。如：

　　来访服刑人员姓名：王某某
　　咨询时间：2011 年 11 月 23 日 9：00~9：50
　　咨询地点：心理咨询室
　　咨询方式：面对面咨询
　　咨询原则：①保密原则；②咨询时尽量放松；③咨询时间大约45~
60 分钟。

　　外在印象：身高 1.68 米左右，衣着比较整洁，性格偏内向，整个人比较拘谨，几乎很少正眼看咨询师，一问一答，话匣子打开后，有什么说什么，不设防，感情比较压抑但丰富，情绪比较容易冲动，说到伤心处，会流泪。

　　成长经历：王某某，出生于农村，父母均健在，有一哥哥。因家里穷，母亲在他很小的时候就外出打工，在他记忆中，母亲只回过家三四次，但母亲会经常寄钱回家贴补家用。父亲在家带两个儿子。父亲经常忘了把钱放在哪里，就怀疑两个儿子偷拿，然后就打他们。读小学期间，一次教室里抽屉被撬，本子和笔被偷，同学和老师都冤枉他，说是他偷的，他辩解了，不但没用，还被老师打，整个小学期间，基本上是被同学隔离的。刚上初中时，同学们来自不同地方，相处得蛮好，但没过多长时间，一个同学的复读机丢了，大家又怀疑是他偷的。虽然后来打扫卫生时找到了，但从那以后王某某内心就一点也不想和同学们玩了。内心有些恨他们，觉得人与人之间没有多大信任，都是凭感觉的。有些事情，如果大家认定是你做的，若拿不出实质性证据，还是默认吧，否则越说不是，就被打得越厉害。初中毕业后，王某某到母亲那里打工，母亲对他很好，他做过一段时间车床，嫌工资太少了，就到超市当营业员。与店长关于商品耗损的事情，由于两人相互不信任，导致误会越来越深，后来起了冲突，在争执过程中，王某某拿出水果刀猛刺店长多刀，致使店长失血性休克死亡。最终于 2011 年 9 月 1 日王某某因故意杀人罪被判处死刑缓期 2 年执行，送到监狱服刑。

　　主诉：入狱后第 3 天（9 月 4 日）傍晚约 4、5 点钟时，抬头看到墙上的钟，突然心里有一个不好的兆头出现，觉得今天过完，明天会受到处罚，死缓上去就是死刑，自己活不长了，内心感到害怕，而且这种感觉越来越强烈，大概持续了有十几分钟，害怕的感觉才慢慢地消失。从那以后几乎每天到傍晚 4、5 点钟时都会觉得害怕（经咨询师采用具体化技术确认在每天的那个时间段并没有不好的事情发生），就是到那个时候就会感觉到一阵害怕，一种说不清楚的害怕。

　　（在咨询师引导下，说起了害怕过程中的一些细节及想法。）在我感到害怕时，特别害怕看到打饭的人，轮到我打饭时，头低着，都不敢抬头看他，心也跳个不停，平时我几乎不与他说话，有时候也会碰到，好像也没有感觉到害怕，但就在打饭时害怕看到他。在害怕的时候看到其他同犯，似乎也不会感到特别害怕。记得刚到监狱，有一次打饭的时候，打饭的人叫我站到前面一点，碗拿近一点，当时我心里一惊但还是照做了。我也觉得他说得对，不拿近点，饭会掉到地上，就浪费一块，少了一份饭。虽然我和打饭的同犯之间从来没发生过争吵这类的事情，但我还是害怕看到他。来监狱也两个多月了，平时就是学规范，也没有发生什么特别的事情。就是会老想家人，记得在看守所的时候，父母找人代写了一封回信，寄了一点钱，哥哥也来看了一次，但到监狱后，家人就没来看过，写了几封信，也没有回信，现在很想家人，不知道怎么联系他们，也害怕与家人联系，我害怕家人伤心，害怕他们都不理我，不要我了。（说着说着就带哭腔了，咨询师鼓励他有委屈就说出来，想哭就哭出来，他就转过脸去，手抱着头，哭了起来，约 5 分钟左右，情绪慢慢平复，接着说。）我在寝室时，有时想着想着，就想哭，但不敢哭，怕同犯看到了笑我。我经常想我犯罪的事情，有时候我自己都难以相信自己杀人了，现在想起来也觉得很残忍，我觉得自己挺善良的，平时看见有些人虐待受伤的小动物都觉得很残忍，有点不敢相信是自己做的。我怎么就杀人了？如果当时店长冤枉我拿了店里的东西，我走开，不在那里做就好了，我好后悔，真的好后悔，从小就被人冤枉惯了，再忍受一下又有什么关系呢？（说着说着又哭起来了，约4、5分钟。咨询师耐心地等待并给予慈祥的注视。情绪平复后，他说现在觉得舒服些了，并有些不好意思地看了咨询师一眼，笑了笑。）最后，王某某说，说句心里话，我之所以来咨询是因为我现在对自己真的很没有信心，我害怕与同犯发生冲突，害怕自己又做出傻事来。

分析：本次咨询以倾听为主，适当地加以引导，主要是营造一个安全、温暖的氛围，让其宣泄出心中的不安、委屈等不良情绪，引导其梳理自己的想法，让其明白自己害怕的真正原因，并教其一些放松的方法。从王某某所述情况来看，小时候的成长经历对其影响非常大，他非常的孤独、无助，父亲、同学、老师对他的冤枉、打骂，他只能默默地忍受，被动地接受，怨恨、无助等所有的负性情绪只能淤结在心里。就像他所说的"内心有些恨他们，觉得人与人之间没有多大信任，都是凭感觉的，如果大家认定是你做的，若拿不出实质性东西，还是默认吧，否则越说不是，打得越厉害"。在超市里当营业员时，店长又因商品耗损的事情冤枉他，所有积蓄在心底的负性情绪暴发出来，就把人杀了。他也深知这个结果不是他想要的，他本意不想这样的，他害怕类似的事件重演。来到监狱，一个陌生的环境，与家里人断了联系，再次让他感到无助，当打饭人叫他站近点，碗拿近点，可能当时的他觉得心里不舒服，但理智告诉他不能有不舒服的心理，不能与人发生冲突，不能让类似的事件重演。内心矛盾、担忧、无助、压抑让他每天在开饭前会产生一种害怕心理。还有一点是王某某从小与人就没有过多亲近接触的机会，现在到了监狱，相对来说，人与人之间的空间距离缩小了许多，无形之中又给王某某心理上留下了不安全感。

当王某某领悟了自己害怕的真正原因不是一种莫名的害怕，心理就放松了许多，咨询师对他的接纳、关心，让其积压在内心的负性情绪宣泄出来，让他感到温暖。这个咨询个案需要更多的关爱及外界支持。

咨询效果评估：

（1）求助者评价：他说现在觉得舒服些了，有些不好意思地看了咨询师一眼，笑了笑。

（2）咨询师评估：通过本次咨询，可以说已建立了良好的咨访关系，来访者感受到了咨询师对其的无条件接纳、关心，把心中积压的负性情绪宣泄出来，压力得到了适度缓解，认知也得到了适度改善。

五、能力实训

（一）咨询师的自我意识

1. 训练目的：通过本训练，咨询师能够更加了解自我，不断探索反思自我内心深处的一些东西，包括躯体的、心理的、社会的和文化的自我。

2. 活动设计：对问题进行自我解答及句子完成测验。

> 我能完全平等地去接待来访罪犯吗？
>
> 我能设身处地地走进来访罪犯的内心吗？
>
> 我自己心理健康吗？
>
> 遇到现实问题，我自己是否总能以积极的方式去解决？
>
> 我是否主观性很强？
>
> 我能说到做到吗？
>
> 我能完全接纳来访罪犯的过激语言吗？
>
> 作为一名咨询师我会：_____
>
> 咨询师应该：_____
>
> 我的第一次面谈将会：_____
>
> 对于面谈我最大的恐惧是：_____
>
> 好的咨询师是这样一类人：_____
>
> 如果找我面谈的那个人想要自杀，我会：_____
>
> 我最希望来访罪犯把我看成是：_____
>
> 对他人进行咨询我最喜欢的一点是：_____
>
> 我喜欢帮助别人，因为这使我感到：_____

（二）非言语行为的识别

1. 训练目的：通过本训练，个体能学会清晰地体会自己在会谈中的非言语信息的表达和使用，并能够有效地识别他人的非言语行为。

2. 活动设计：表情，姿势，动作等。

第一部分：这个活动的目的是让咨询师体验一下与情绪有关、表现在不同身体部位的非言语动作，可以由两人或多人一组一起来做。用你的脸、手臂、腿和嗓音来表演下列五种情绪的每一种：①悲伤、抑郁；②高兴、满意；③焦虑、激动；④愤怒；⑤困惑、不确定感。

例如，要表演的情绪是"惊奇"，你可以用动作或姿势表示你的眼睛、嘴、手、腿、脚和全身应怎样去做，显示出你的音量、音调应该如何，以及话语流利程度应该怎样。当一个人表演完一种情绪后，小组其他成员可以共同交流、演示他们对于同一种情绪的不同的非言语行为。

第二部分：这个活动将有助于咨询师培养对求助者的非言语行为的敏感性。可以 2 个人或 3 个人一起完成。选择一个人作为消息传达者，另一个人作为聆听者，第三个人作为观察者。传递消息的人回忆你最近觉得非常快乐、非常伤心、非常愤怒的情境。任务是用非言语的方式回忆这些经历，不要对聆听者说什么，不要告诉他你回忆的是哪一种情绪，你只需告诉聆听者开始的时间。聆听者的任务是观察传递信息者，注意他回忆中的非言语行为及其变化，并猜测他正在回忆三种情绪中的哪一种。大约 3~4 分钟后，停止扮演并讨论。观察者可以补充他刚才注意到的行为及变化。当传递信息者回忆完一种情绪后，进行角色互换。

（三）对求助者的非言语行为做出反应

第一部分：这个活动的目的是练习对求助者非言语行为做出言语反应。一个人扮演求助者，另一个人作为咨询师，第三个人作为观察者。求助者给出一致的言语或非言语信息，给出混合的信息保持沉默，漫谈和传递大量的信息，使非言语行为从会谈开始阶段到结束阶段不断变化。扮演咨询师的人对这 5 种情形中的每一种做出言语反应。做完后，交换角色。在角色扮演中，主要注意"咨询师"对其他人的非言语行为所做出的反应。

第二部分：在角色扮演会谈或咨询过程中，作为一名咨询师，你要观察来访罪犯的一些有意义的非言语行为，如呼吸的变化、视线的转移、音调和空间效应（不要注意那些和话语内容无关的、微小的非言语行为），注意这些行为，并询问他是否意识到自己的声音、身体姿势、眼睛等其他方面的变化。要知道，你所关注的地方，正引导着求助者。

（四）结构化技术

1. 训练目的：掌握结构化技术的基本技巧，懂得利用结构化技术，减少来访罪犯的疑惑与不切实际的期望；协助来访罪犯了解咨询过程；减少来访罪犯的焦虑；协助来访罪犯做好咨询准备，以利于咨询的顺利进行。

2. 训练导语：

（1）定义。结构化技术是指咨询师在咨询开始时，对来访罪犯说明与界定从咨询开始到咨询结束之间所涉及的要素。

（2）内容。结构化技术主要有两方面的内容：①咨询的相关程序与说明，与咨询程序相关的行业做法；②相关咨询理论的要求等。比如，咨询的相关程序与说明就包括以下事项：每一次咨询间隔的时间多久？在咨询时间外，如果来访罪犯觉得需要与咨询师会谈时，要如何联络？咨询内容如何保密？什么时候结束咨询?

（3）适用时机。适用于咨询任何时期。在咨询开始时，尤其需要。

（4）注意事项。①监狱可以将来访罪犯的权利与义务列在书面资料上，以协助来访罪犯明白自己的角色、责任与权利；②注意来访罪犯的确切理解，尤其是在涉及理论概念的时候。

3. 合组练习：

（1）一人念题目，每人做出自己的回答，并阐述自己的答题理由。

（2）共同讨论，对每人的回答进行评议，优选出 2~3 个答案。

（3）小结本技术的回答要领。

（4）题目：

▶来访罪犯：这间咨询室看起来很舒服，不过我不知道在这里谈话到底安不安全，外面的人会不会听得见我们里面的谈话。

咨询师：_____

▶来访罪犯：接受咨询时，我不知道我们两人到底是什么关系。我能不能把你当成老师或朋友?

咨询师：_____

▶来访罪犯：我对咨询不是很清楚，似乎不像是我们两人坐在这里谈那么简单，不知道我的看法对不对? 还有，我想知道，心理咨询不是思想教育吧，那些我已经听够了。

咨询师：_____

▶来访罪犯：我们每次只谈 50 分钟，我想知道我们大概要谈多少次，我的问题才可以解决。

咨询师：_____

▶来访罪犯：我想知道你以前碰到像我这类问题时，你是如何处理的? 效果如何?

咨询师：_____

4. 分组训练：

（1）器材：摄像编辑系统。

（2）方法与步骤。①每人预先准备一个案例，相互不能预先沟通，进入训练现场。② 2 人一组，一人扮演咨询师，另一人扮演来访罪犯，咨询师对来访罪犯咨询时，请使用结构化技术及其他相关技术，并且全程录音录像。10 分钟后，2 人分析录音录像资料，讨论咨询师的结构化技术使用得是否正确。③评估咨询师扮演者表情、姿势、语气语调的合理性。④角色互换，重复以上步骤。

（五）倾听技术

1. 训练目的：掌握倾听技术的基本技巧，懂得利用倾听技术，建立并维持良好的咨访关系；激励来访罪犯开放自己、坦诚表白；聆听与观察来访罪犯语言与非语言行为，深入其内心世界。

2. 训练导语：

（1）定义。倾听技术是指咨询过程中，咨询师全神贯注地聆听来访罪犯的语言表达，细读来访罪犯的非语言行为，关切、同情并重视来访罪犯的遭遇，愿意伴随来访罪犯共同关注和分析问题的始末。

（2）倾听技术的方式及其要求。①咨询师身体的倾听。面对来访罪犯、身体姿势开放、身体稍微倾向来访罪犯、保持良好的目光接触和放松的身体姿势。②所谓咨询师倾听，是指咨询师不只是听来访罪犯的语言内容，而且也注意来访罪犯语言叙述中语调的抑扬顿挫、声音的高低强弱，以及伴随来访罪犯语言行为而发生的非语言行为。

（3）适用时机。倾听技术适用于整个咨询过程。在核心、关键、感人、通情等时机，尤其要重视使用。

（4）注意事项。咨询师的身体动作不能固定不变，必须随着来访罪犯语言与非语言行为的变化，随时调整自己，以同样的节奏跟随来访罪犯，才能反映出咨询师的专注与倾听。

3. 合组练习：

（1）一人念题目，其他人作倾听状态，做出自己的回答，并阐述自己的答题理由。

（2）共同讨论，对每人的状态及回答进行评议，优选出 2~3 个答案。

（3）要求特别讨论倾听状态时的身体感受和内心想法，大家交流分享。

（4）小结本技术的基本要领。

（5）题目：

▶来访罪犯：我初中毕业后很早就出来做生意了，在村里我算是最早富起来的人了（声音高起来）。我承包过鱼塘，开过美容院，反正什么赚钱做什么。说来你不信，我做什么都赚钱。那时跟我一起吃喝的不是一两个人而是一群人，反正那时钱来得也容易，我做人也豪爽，出手都很大方（比较兴奋）。但我喜欢赌博，他们一叫我就去，越玩越大，也越输越多，亏光了一百多万家产，生意也做不下去了（神情有些沮丧）。

后来我听说采砂投入少，回报快，便在朋友的帮助下开起了砂石场，每日可以轻松赚得 300 元左右。我本来想累积到足够的资金后再把所欠的债全部还清，但不曾想那人追债太急，又动手打我，我吃药后情绪失控，迷迷糊糊中拿了一把菜刀，就把他砍死了（声音越来越轻）。

我也不清楚怎么就把他砍死了。我砍了他后很害怕，就跑回家。朋友打电话说那人死了，我还不信，也不知道怎么办，后来我母亲劝我去自首，我就去了派出所自首（音量降低，低下了头）。

咨询师：＿＿＿＿＿＿＿＿＿＿＿＿＿＿＿＿

▶来访罪犯：我爸爸因为生意失败，把家里所有值钱的东西都卖掉了，还欠了人家一大笔债。债主常常到我家来要债，不是破口大骂，就是恶言诅咒（双拳紧握）。爸爸整天借酒消愁，每天喝得醉醺醺的，什么事都不管（摇头、低头、叹气）。我曾试着跟他沟通，希望他振作，大家一起来努力。可是，他就是不听（皱眉），只是流着泪告诉我，他这一生已经完了（哽咽）。妈妈整天以泪洗面，不是唉声叹气，就是发呆出神（音量降低、无力）。妹妹告诉我她没办法待在这个家了，所以天天往外跑，甚至在外过夜（皱眉、垂头）。这个家大家都不管，只有我一个人扛，我当时情绪也非常低落（双眉紧锁）。

咨询师：＿＿＿＿＿＿＿＿＿＿＿＿＿＿＿＿

▶来访罪犯：我不知是自己很花心（音量降低，头低下），还是男人都是这个样子（音量提高，头抬高）。我有一个交往了好几年的女朋友，我是她的第一个男人，我以为跟她会有结果。

没想到，不知道为什么我对她愈来愈没有感觉，其实心早已不在她身上。后来我喜欢上另一个女孩。一开始，我骂自己没良心，以为这只是感情的过渡时期。可是，日子愈久，我愈痴迷另一个女孩，愈无法自拔（音量降低，头低下）。这种感觉，就像当初跟我女朋友恋爱时一样，没有她是不行的。我挣扎了好久，不知怎么办。如果我的女朋友知道，反应一定很激烈，她会恨死我（音量降低，头低下）。可是，没有感觉的感情很痛苦，我不知道要怎么办。

咨询师：＿＿＿＿＿＿＿＿＿＿＿＿＿＿＿＿

▶来访罪犯：同犯都以为我在装病，自己的兄弟朋友也不来看我，哪怕来看我也只是问以前欠我钱的人的情况，好去讨债。这让我觉得人情冷淡，世态炎凉（叹了一口气）。我一想起父母总是愧疚不已，特别是父亲，70多岁了还在承包鱼塘，为我还债。另外，我判的是死缓，出去最少也50岁了，只能苟且偷生了，所以现在想的只有死（头低下来）。我想打报告，调监狱或监区。这里的警官对我太好了，我死了要拖累他们，我不忍心，所以请你帮我这个忙（声音发抖）。

咨询师：＿＿＿＿＿＿＿＿＿＿＿＿＿＿＿＿

4. 分组训练：

器材：摄像编辑系统。

练习一：①每人预先准备一个案例，相互不能预先沟通，进入训练现场。

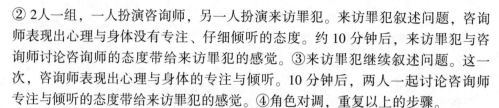

②2人一组，一人扮演咨询师，另一人扮演来访罪犯。来访罪犯叙述问题，咨询师表现出心理与身体没有专注、仔细倾听的态度。约10分钟后，来访罪犯与咨询师讨论咨询师的态度带给来访罪犯的感觉。③来访罪犯继续叙述问题。这一次，咨询师表现出心理与身体的专注与倾听。10分钟后，两人一起讨论咨询师专注与倾听的态度带给来访罪犯的感觉。④角色对调，重复以上的步骤。

练习二：①每人预先准备一个案例，相互不能预先沟通，进入训练现场。②3人一组，一人扮演咨询师，一人扮演来访罪犯，另一人扮演观察员。来访罪犯叙述问题，咨询师表现出心理与身体的专注与倾听。每3分钟后，来访罪犯就停止叙述，然后3人讨论咨询师的回应是否正确。③10分钟后，角色对调，重复以上的步骤。

（六）共情技术

1. 训练目的：掌握共情技术的基本技巧；懂得利用共情技术，建立良好的咨访关系；修正咨询师对来访罪犯的了解；协助来访罪犯了解内在深层的想法与感受。初层次共情技术具有前两项功能，而高层次共情技术具有后两项功能。

2. 训练导语：

（1）定义。共情技术是指咨询师一面聆听来访罪犯叙述，一面进入来访罪犯的内心世界，以感同身受的方式，体验来访罪犯主观的想法与情绪，然后跳出来访罪犯的内心世界，将他对来访罪犯的了解，传递给来访罪犯。

（2）共情技术的主要内容。

第一，共情技术的结构。咨询师使用共情技术时，所表达的内容通常包括两部分：一部分为简述来访罪犯叙述的内容，另一部分为来访罪犯所体验到的情绪。

第二，共情技术的种类。共情技术可以分为初层次共情技术与高层次共情技术。

第三，共情技术的层次。（详细内容参见本书的304页）

（3）共情技术的适用时机。初层次共情技术适用于任何咨询阶段，但是，更适用于咨询初期，即当咨询师与来访罪犯未建立良好关系之时。高层次共情技术适用于咨询的中、后期，即当咨询师与来访罪犯已有良好关系时。

（4）共情技术的注意事项。①在咨询初期，咨询师须尽量使用初层次共情技术，以帮助自己与来访罪犯建立良好关系。即使咨询师已先一步看到来访罪犯问题的症结，或者觉察到来访罪犯的逃避、隐瞒行为，仍然只能使用初层次共情技术。②在咨询的中、后期，咨询重点放在协助来访罪犯探讨问题的根源上，通常以高层次共情技术为主。但是，有时候为了配合来访罪犯的速度与状况，仍然可以配合使用初层次共情技术。③咨询师使用共情技术时，回应的内容必须反映来访罪犯语言与非语言行为所蕴含的信息。

3. 合组练习：

（1）一人念题目，每人做出自己的回答，并阐述自己的答题理由。

（2）共同讨论，对每人的回答进行评议，优选出 2~3 个答案。

（3）小结本技术的回答要领。

（4）题目：

▶来访罪犯：我成天难受，血管里好像有蚂蚁在爬，头痛、胸闷、喉咙里像有火在烧（紧皱眉头）。除了身体难受，我觉得刑期实在是太长了，出去时我都50 多岁了，出去了又有什么用？还不如死在这里面算了（唉声叹气）。我父母70 多岁了，还养猪种田给我还债，上个礼拜来看过我，看到他们那么遭罪，想想我这么不孝，我忍不住哭了（哽咽，擦眼泪）。

咨询师：_____

▶来访罪犯：人老了就是没有用。说实话，当初我贪污犯罪也是为了这个家，可现在儿子女儿都长大成人了，也不关心我。现在的人很忙，这一点我是可以谅解的（皱眉、低头、眼睛看地下），只是我希望他们常来看看我。我年纪已经这么大了，身体又有很多毛病，什么时候走，没有人可以预料得到（语气低沉、叹气）。

咨询师：_____

▶来访罪犯：我是个很重义气的人，可以为朋友两肋插刀，肝脑涂地。我这次犯罪就是为朋友进来的，可是现在朋友却让我非常失望。我入监两年来，没有朋友来看过我（声调加重，语调高昂、激动）。我的付出根本没有得到应有的回报（紧握拳头）。现在我不相信任何人，我越想就越难过，就越控制不住自己的情绪，一到晚上就无法入睡。我知道这样总有一天我会疯掉的，可是我没有办法（摇摇头，很无奈）。

咨询师：_____

4. 分组训练：

（1）器材：摄像编辑系统。

（2）方法与步骤：①每人预先准备一个案例，相互不能预先沟通，进入训练现场。②2 人一组，一人扮演咨询师，另一人扮演来访罪犯。咨询师对来访罪犯咨询时，使用共情技术与前几章所学的技术，并且全程录音录像。20 分钟后，2 人分析录音录像资料，讨论咨询师使用的共情技术是否正确。③评估咨询师扮演者的表情、姿势、语气语调的合理性。④角色互换，重复以上步骤。

复习与思考

1. 罪犯心理咨询工作的主要原则是什么？
2. 罪犯心理咨询有哪几种常见形式，各有什么特点？
3. 倾听技巧主要包括哪几方面技术，具体谈谈何为释义技术？
4. 如何把握影响技巧中的自我开放技术？
5. 你如何理解心理咨询的保密性原则与罪犯监管改造工作的关系？
6. 共情技术的主要内容和注意事项有哪些？
7. 如何评估咨询效果？

工作任务十三　罪犯心理矫正

一、学习目标

知识目标：学生能初步建立起罪犯心理矫正的理论体系；学生能掌握罪犯心理矫正的基本技巧，以及在监狱部门进行心理矫正工作的具体工作方法。

能力目标：学生能运用相关罪犯心理咨询与矫正技巧与罪犯进行心理沟通、对罪犯进行心理教育；学生能初步运用罪犯心理咨询与矫正技巧对罪犯心理进行矫正。

二、工作项目

◎ **案例1**：黄犯，男，1964年4月生，已婚，初中文化，江苏人，农民（个体驾驶员），1994年4月因盗窃罪被判处有期徒刑11年，1994年11月移押某监。

黄犯入监一周即出现双下肢浮肿不能行走的现象，12月份又出现右上肢不能运动的现象，自诉曾有"脑震荡后遗症"和"脊骨断裂后畸型"病史，不能劳动，生活、起居均由他犯照料。曾多次在卫生所诊疗，并于1995年元月送监狱局总医院住院诊疗一个月，被诊断为坐骨神经痛，出院后黄犯仍不能行走，白天双下肢及右上肢皆不能运动，一切活动及生活皆需别人帮助，但夜间入睡呈自由位置，双下肢可以翻动。黄犯肢体瘫痪持续7月余，心理门诊部获悉后采取主动干预，下监房对黄犯进行了详细的体格检查、心理检查、心理测验、心理诊断和心理矫正。

体格检查及神经系统检查中发现黄犯警戒性高，三肢瘫的症状不符合医学规律，不符合神经系统分布和正常解剖生理特点。

心理测验提示黄犯为神经质人格，带有伪装病倾向。心理检查发现黄犯存在较强保护机制，行为动作做作。在经过调查观察和详细体格检查后排除了神经系统疾病致瘫痪的可能，确诊为"伪瘫"，立即实施了对黄犯的心理矫正。第一次心理交谈中首先讲解了解剖生理特点，然后对其三肢瘫痪的症状进行分析，一针见血地指出其三肢瘫痪不符合医学生理规律和装病问题的严重性及后果，并向其提出"下台阶"的方法，让其考虑。次日的第二次心理交谈中黄犯承认了伪装瘫痪的行为，说："我刑期长，害怕，想早点出去，听说真正不能走路就能保外就医了，所以我就不动了，干脆就装到底了"，并对装瘫被揭穿事宜顾虑重重。针对黄犯的心理状态，心理医生运用现实疗法的心理矫正技术，指出他装病的行为是不能被接受的，过去的犯罪行为和现在的装病对抗改造行为都是愚蠢、有害的，必须正视和面对刑期长和装病被揭穿这一现实，采取现实的态度和积极的行为方式来适应改造生活和刑期长这一事实。交谈结束后黄犯表示接受忠告，恢复正常人的生活。第三次心理交谈在心理门诊室进行，黄犯已能正常行走，并告知已在分监区承认了错误，但对后果有所担忧。心理医生除给予其精神鼓励外，继续运用现实疗法进行心理矫正，交谈结束后，黄某已具备了一定的抗挫折力，表示接受惩罚，吸取教训，踏实改造，争取通过正当途径提前出狱。

之后 5 年黄犯踏实改造，积极劳动，认真学习，获监狱表扬 3 次，记功 3 次，2 次被评为监狱罪犯改造积极分子，2 次获减刑司法奖励，被减去徒刑 2 年 6 个月。

◎ **案例** 2：严犯，男，1979 年 2 月生，未婚，高中一年级文化，上海市学生，1996 年 8 月因抢劫罪被判处有期徒刑 9 年，1996 年 10 月押少管所服刑，1997 年 4 月移押某监。

严犯入监后因劳动工种变动觉得很不适应。加之其父探监时表示身体不佳，严犯表现出心情烦躁，坐立不安，紧张害怕的情绪，以致为小事与同监犯斗殴，劳动中经常上厕所，但又不大小便，不能完成劳动指标，渐渐对前途感到悲观失望，觉得活着没有意思，夜间多噩梦，于 1997 年 7 月 20 日投信至心理咨询信箱，要求心理援助。1997 年 7 月 22 日进行了第一次心理咨询，咨询师首先倾听了严犯的叙述，鼓励其畅所欲言，将心中的苦闷统统宣泄出来。然后再应用一般性心理支持疗法给予心理安慰和精神支持。1997 年 8 月 12 日进行第二次心理会谈，咨询师首先与严犯一起分析他的心理测验结果，共同讨论了心理素质方面的不良倾向性，然后指出了其神经质人格、情绪不稳定性和人际关系不协调等方面的心理缺陷，严犯表示认同。严犯表示，虽经努力仍培养不出对现劳动岗位的兴趣，劳动中仍提不起精神，无法完成劳动指标，对前途无信心。咨询师考虑到严犯的焦虑、忧郁情绪和注意力分散及人际矛盾等心理问题是在工种变动、环境变化后产生，所以采用了"改善环境与指导适应"心理疗法和"开之以其所苦"的疏导疗法，对严犯进行适应狱内服刑环境和人际交往的指导，劝导其采取现实的态度，面对和适应环境的变化，树立改造信心，改变消极心理状态。同时又与所在监区进行磋商，"解铃还须系铃人"，从有利于调动罪犯改造积极性的角度出发，建议在适当的时候重新调整严犯的劳动工种。另外，针对其较重的焦虑、忧郁情绪和睡眠障碍，给予适量抗焦虑药矫正。在监区的密切配合下，对严犯又进行了两次心理咨询和心理综合矫正，发现其焦虑、忧郁情绪消失，睡眠正常，自控力增强，人际关系得到改善。

之后 2 年，严犯心态稳定，积极劳动，认真学习，遵规守纪，努力改造，获监狱表扬 3 次，监狱记功 2 次，1 次被评为监狱罪犯改造积极分子，获减刑司法奖励 1 次（8 个月）。

◉ **案例 3**：蔡犯，男，1952 年 4 月生，离婚，大专文化，上海人，1976 年至今，因多次触犯《刑法》被判刑 4 次，曾因脱逃被加刑 1 年。1995 年 2 月因诈骗罪被判处有期徒刑 8 年，1996 年 9 月移押某监。

入监初，蔡犯想博得干警好感，以便挑个"洋差"，曾有过帮助文盲罪犯代写书信和汇报材料、给经济困难的罪犯提供物质帮助的行为，但未能得到干警的激励。继而采取"合法斗争"，专抓干警执法中的漏洞，后发展到与干警严重对立，不和干警讲内心话，消极怠工，对抗管教，屡次违反《罪犯行为规范》的要求，干警抱着"你犯一次错，我就整一次"的想法，17 个月中蔡犯受到 5 次电警棍，4 次上铐（16 天），1 次行政记过的处罚，与干警的敌对情绪愈加严重，感觉在这里"改造无前途、无希望，要求移地改造或换队改造"，自认"思想上患了癌症"，成为一名顽危犯。心理门诊部主动配合顽危犯转化工作，开展了对蔡犯的心理转化和矫正。

1998 年 1 月 18 日第一次心理会谈，蔡犯抗拒、逆反心理明显，情绪激动，怨恨监区干警。针对蔡犯的心理状态，为了稳定其情绪，采取了宣泄疗法，鼓励他把心中所谓的苦闷全部讲出来，然后给予了疏导，会谈结束时蔡犯的心理已能与心理医生相容，表示相信心理医生。

1998 年 2 月 11 日第二次心理会谈，蔡犯问："我的情况不知你调查没有，你说都是我的错吗？我错在哪里？"针对蔡犯的歪曲认知，采取了认知疗法，劝导他做监区作业，回忆入监以来的所作所为，自己哪些言行错了？该负什么责任？监区干警为什么给予他处分？下次会谈交作业。1998 年 2 月 22 日蔡犯将监区作业分别投信到监狱长信箱和心理咨询信箱，自诉了入监以来的情况，信中怨恨、逆反、消极心理仍非常严重。为了有效地转化蔡犯，心理医生对蔡犯进行了全面调查和分析，针对其犯罪经历、心理特征和顽危行为的成因，制订了对蔡犯的矫正转化对策，得到了监区、分监区的支持和密切的配合，也得到了刑务处和监狱领导的支持，为其营造一个有利于转化的氛围。

1998年3月15日心理医生与蔡犯进行了第三次心理会谈，答复了他来信中提出的问题，并指出他的四大毛病，对此，蔡犯表示认同。在认同基础上，再指出他认知上的以偏概全和目前的处境主要是自己造成的结果。再应用内省疗法，让其回顾和检讨自己在适应狱内改造环境中存在的问题和不良态度，反省自己抗拒管教所造成的恶劣影响及对自己造成的后果和损失，回忆自己曾有过的幸福自由的生活，激发其靠拢干警，积极改造，争取奖励的信心。经过9次、历时半年的心理咨询和心理矫正，同时在分监区干警有别于以前的方法和有针对性的个别教育下，蔡犯的抗拒、逆反、怨恨心理得到了明显转化，能遵守监规监纪，积极改造，完成劳动和学习任务，内务卫生良好，并及时制止一起他犯自伤自残事件。2年来获监狱表扬3次，监狱记功3次，被评为监狱罪犯改造积极分子1次，获减刑司法奖励1次（8个月）。

（一）罪犯心理矫正的目标

一般而言，有效的心理矫正应达到下列目标：

1. 解除病犯的症状。精神与身体不适或心理问题都会妨碍求治罪犯适应监内生活，并因此造成心理上的痛苦，所以心理矫正的主要目的是解除求治者在心理或精神上的痛苦，或帮助解决其无法自己解决的心理冲突。例如，用心理矫正方法（系统脱敏疗法、满灌疗法、厌恶疗法等）矫正求治罪犯的恐惧、焦虑心理等。

2. 提供心理支持。在急慢性应激状态下，求治罪犯因应付不了或忍受不了危机的环境，从而产生心理疾患或障碍。心理矫正可以帮助他们增加对环境的耐受性，降低易感性，提高心理承受力，增加应付环境和适应环境的能力，使之能自如地顺应和适应社会。这方面的心理矫正技术有危机干预、应激应付、应激免疫训练等。

3. 重塑人格系统。这一点尤其被深层心理学流派（如精神分析等）所强调，他们认为，只有重塑人格系统，才能从根本上改变求治者的病态心理和不良行为方式。矫正的内容包括：帮助求治者理解自己、分析自己情绪冲突的原因，获得内省能力，以了解意识和潜意识的内容。其矫正方法可分为两大类：一类为指导性的，另一类为表达性的。前者是针对求治者存在的心理问题，由施治者进行劝告、建议、指导、解释；后者又称非指导性的。在心理矫正过程中，求治者处于主导和中心地位，施治者以倾听为主，居被动地位，但仍应努力营造良好的气氛，使求治者在讲述自己心理问题的过程中完成自我理解，达到自己解决自己问题的目的。总之，无论采取哪种方法，施治者期望达到的仍是重塑求治者成熟的人格的目标。

（二）罪犯心理矫正的方法

罪犯心理矫正的方法从形式上来分，主要有个别心理矫正和团体心理矫正两种：

1. 个别心理矫正。这是心理矫正师以谈话形式与个别病犯进行的心理矫正。心理矫正师与求助罪犯交谈的目的在于使心理矫正师了解疾病发生的过程与特点，帮助病犯掌握自己疾病的情况，对疾病有正确的认识，消除紧张不安的情绪，接受心理矫正师提出的矫正措施，并与心理矫正师合作，与疾病作斗争。个别心理矫正是一种普遍应用的心理矫正方式。

为了做好个别心理矫正，取得良好的矫正效果，必须注意以下几个问题：①心理矫正师的态度应该是诚恳、热情、耐心而细致的，以取得求助罪犯的信任，获得可靠的信息。②在交谈过程中，要耐心地倾听病犯的陈述，然后心理矫正师根据病情与求助罪犯的个性心理特点，进行指导与帮助。③心理矫正师要有目的、有计划地对病犯进行心理矫正。每次都安排好内容，矫正时间以 1 小时左右为宜，矫正后做好记录。④个别心理矫正的房间应该布置在安静的环境中，要简易舒适，整洁调和。

2. 集体心理矫正。这是心理矫正师把同类疾病的求助罪犯组织起来进行的心理矫正。一般把求助罪犯分成几个小组，每个小组由数个或十几个求助罪犯组成，并选出组长。集体心理矫正的主要方法是讲课、讨论与示范。心理矫正师根据求助罪犯中普遍存在的消极心理因素与对疾病的错误看法，深入浅出地对求助罪犯讲解有关疾病的症状表现、病因、矫正和预防等。这使求助罪犯了解疾病的发生发展规律，消除顾虑，建立起与疾病作斗争的信心。在医生讲课之后，组织病犯分组讨论。求助罪犯联系自己疾病的实际情况，加强理解心理矫正师讲课的内容，讨论要力求生动活泼，鼓舞求助罪犯进行自我分析，提出与疾病作斗争的具体措施。心理矫正师邀请矫正效果较好的求助罪犯作矫正的经验介绍，通过求助罪犯的现身说法，起到示范作用。

集体心理矫正一般每周 2~3 次，每次 1 小时左右。整个疗程所需时间根据病情等确定。一般以 3~4 周为一疗程。个别心理矫正与集体心理矫正还可以结合起来。集体心理矫正侧重同类病犯的共同问题，个别心理矫正侧重解决病犯的具体问题。

罪犯心理矫正的方法从程序上来分，可以分为最初接触、评估与诊断等 5 个步骤：

步骤一：最初的接触。向求助罪犯提供其急切关心的信息，尽快建立良好的关系。求助罪犯是否对矫正者产生了基本的信任、形成了基本的好感，是该阶段是否成功的标志。

（1）主动和求助罪犯打招呼，相互问候。

（2）介绍心理矫正的门诊情况和矫正者个人的情况，心理矫正的性质以及通过矫正能解决的问题。

（3）初步询问并了解求助罪犯求诊的原因后，要向求助罪犯讲清矫正的形式、程序、时间安排、保密原则以及需要求助罪犯作出努力的方面。

步骤二：评估与诊断。包括与求助罪犯进行诊断性的会谈，以了解求助罪犯的现在和过去。在分析信息时要注意事物之间的联系，还要分清问题的主次。

（1）主要问题：求助罪犯最关心、最困扰、最痛苦、最需要改善的问题。通常只有经过多次会面，求助罪犯逐渐产生了对矫正师的信任，才有可能逐渐暴露问题的实质。

（2）要注意问题之间在时间上的联系：把求助罪犯的过去、现在、将来的信息综合起来考虑。

（3）注意心理过程之间的内在联系：了解求助罪犯的认知和情绪是什么关系，认知和行为又是什么关系。

步骤三：矫正目标的确定。当对求助罪犯的评估资料确定之后，矫正师就要和求助罪犯共同协商矫正的目标问题。

（1）必须明确如下问题：处理问题的方法、整个矫正的过程、矫正的时间安排以及矫正期间矫正师和求助罪犯各自应该承担的责任和义务。

（2）矫正目标应具体、切实可行、分清轻重缓急。

步骤四：矫正目标的实施。运用心理矫正的方法和手段，如运用认知、精神分析等对求助罪犯进行多次的心理矫正。

步骤五：心理矫正的结束、评估和随访。当矫正师开始确信求助罪犯已经能够独立解决自己的问题、预期的矫正目标已经达到时，就应该着手讨论结束矫正的问题。结束矫正是一个循序渐进的过程。

（1）矫正师要向求助罪犯讲述在矫正中取得的成绩和进步，并向他讲述还有哪些应该注意的问题。

（2）帮助求助罪犯重新回顾矫正的要点，检查矫正目标实现的情况，进一步巩固矫正所取得的成果。

（3）在征得求助罪犯同意的前提下，留下求助罪犯的通信联络方式，以便今后随访。

（4）矫正全部结束后，矫正师要对整个矫正过程进行回顾性的客观评估，总结经验，吸取教训。

（三）罪犯心理矫正的实施

由于监狱工作的特点，以及心理矫正自身的规律，决定了监狱开展心理矫正也不能完全遵循心理矫正的规律进行，而必须遵循以下基本原则：

1. 宣传教育是首要任务。心理矫正的实际效果主要取决于矫正人员的素质、监狱人民警察的配合和参与程度以及服刑罪犯对它的依赖。如果说，对于先进的设备和设施，只要有钱，谁都能很快办好，但是专业人员的素质、其他监狱人民警察的观念以及罪犯的态度，除了通过深入细致的工作，是没有其他捷径可走的。在与其他监狱人民警察、罪犯的直接互动过程中，矫正人员既能面对面地和准确地直接传播心理矫正知识，又可以及时掌握他们的想法并进行针对性的工作，因而，能较为深入地进行宣传教育，并取得良好的效果。与此同时，集中力量进行试点，由于具有资源优势，因而更容易取得较为满意的效果。一旦监狱人民警察或罪犯体会到了心理矫正的好处，他们就会成为心理矫正的积极支持者、参与者，从而产生一传十、十传百的级数增长式的心理矫正宣传教育效应。

2. 培训专业骨干是关键任务。在心理矫正人员严重匮乏的情况下，要想物色到一个合格的心理矫正专业人员是很难的。实践中，监狱的心理矫正人员，包括组织者，大多只经过短期培训即走马上任。即使是具备这样条件的专业人员，开始时一个单位也就只有 1~2 个。在人数少，自身专业知识、技能和经验都严重缺乏的情况下，让他们全面启动一个单位的心理矫正是极不现实的。针对此情况，一方面，可以通过狱外专家的指导、自己的亲身体验，使现有的心理矫正人员在实践中增长知识和技能，获得极为宝贵的心理矫正工作经验；另一方面，也可以在这一过程中，进一步选拔并培养日后推广心理矫正所需的专业人员和辅助人员。

3. 先易后难，循序渐进。随着罪犯改造难度的加大，监狱工作要求的提高，特别是心理矫正在监管改造工作中实际作用越加明显，越来越多的人认为应当加快推进监狱的心理矫正工作。但任何事物的发展，不论是有机界，还是无机界，必然要经历一个由低级到高级，由简单到复杂的过程。经过十多年的探索，一些先行单位的心理矫正工作不仅内容和形式日益丰富多样，而且矫正工作的层次也由最初关注"小毛小病"，到今天尝试矫正心理疾病。那么，刚刚开始心理矫正工作的单位，能否一步到位直接进入较高层次的矫正工作呢？我们认为虽不排除极个别单位因具备高素质的专业人才等条件，可以齐头并进，同时开展咨询、矫正等不同层次的矫正工作，但就绝大多数单位来说，心理矫正工作的推进，既要适应监狱人民警察、罪犯对心理矫正的认识需逐步提高的现实，又要适应心理矫正人员的专业素质需逐步增强的事实，严格遵循先易后难、循序渐进的原则。所谓先易后难，循序渐进，在这里是指监狱开展心理矫正工作，要根据矫正人员的素质、人们的认识水平等实际情况，按照先容易、后困难，先简单、后复杂的顺序，逐步推进监狱的心理矫正工作。当然，由于各个单位的实际情况存在差异，逐步推进的进程也就不可能完全相同。有的单位可能进展得快一些，有的单位则可能进展得慢一些。

根据开展心理矫正工作需要的专业水平的高低不同，心理矫正依次可以区分为心理卫生教育、心理辅导、心理测验、心理咨询和心理矫正等几个层次。遵循先易后难，渐进的原则，也就是要根据心理矫正人员的实际专业能力，首先选择开展心理卫生教育、心理辅导等相对容易的工作，然后，随着专业水平的逐步提高，开展心理测验、心理咨询和心理矫正的工作。

4. 以我为主，内外结合。罪犯心理矫正是一项专业性很强的工作，而监狱目前又缺乏这方面的专业人员，为此，逐步建立自己的专业队伍，主要依靠自己的力量，还是借助社会力量开展心理矫正工作，在理论和实际部门一直存在着争论。主张以社会力量进行心理矫正的同志认为，心理矫正专业素质要求高，监狱人民警察难以达到这样的要求，所以在监狱心理矫正工作中，监狱心理矫正人员至多只能充当外聘专业人员的辅助人员。毋庸讳言，自心理矫正工作开展以来，制约心理矫正工作深入发展的主要因素就是心理矫正人员的素质，那么，是不是监狱就建立不起自己的专业队伍，或依赖社会专业力量就可以解决押犯中出现的各种异常心理了呢？我们认为，罪犯的心理问题大多与监禁改造生活密切相关，狱外心理专家虽具有处理一般人心理问题的专业知识和技能，在很多情况下这种知识和技能也完全可用于对罪犯心理问题的处理，但由于他们不了解监狱，不熟悉罪犯的情况，因此，有时难以对罪犯的问题作出正确的判断，从而影响矫正效果。但是外部专家力量却有着自己的理论与实践优势，因此我们可以借助外脑，向社会专业力量学习，而最终目的是建立自己的心理矫正人员，坚持以我为主，内外结合的原则。

（四）罪犯心理矫正的注意点

建立有中国特色的罪犯心理矫正理论体系和方法、技术，既要积极借鉴和吸收国外成熟的先进经验，又要深入分析我国监狱工作的实际和罪犯现状。我们认为，要首先在"心理矫正工作的最终目的是改造罪犯"这一思想指导下逐步建立起具有中国特色的专业矫正和非专业矫正相结合的理论体系、方法和技术。在这一过程中应注意如下几个方面的问题：

1. 要重视心理健康知识教育对罪犯改造的作用。对罪犯开展心理健康教育要紧紧围绕"罪犯改造"这一目标，通过教育使大部分罪犯能够了解心理健康知识，自觉维护心理健康，合理调节自己的不良情绪，对自己不健康的心理——"犯罪心理"达到"领悟"，努力消除犯罪心理结构和不良行为习惯，减少违规违纪行为，更好地适应改造生活。围绕这一目的，在教育内容上应侧重让罪犯了解心理健康的基础知识；犯罪心理是怎么形成的，犯罪行为是怎么发生的，不良行为习惯的形成及后果，如何才能自我消除犯罪心理避免犯罪；如何调适刑罚心理以便更快更好地适应改造生活；改造过程中如何理性调节在应激（挫折、家庭重大事件、人际关系紧张等）状态下的情绪问题，避免不良后果的发生；参与心理矫正的目的、意义及如何参与；常见心理问题及人格缺陷的症状；服刑期间为什么会出现违规违纪及违法行为，其心理因素是什么，如何自我控制；同时还要针对不同的罪犯群体，如老病残罪犯、新入监罪犯、出监前期罪犯进行专门的心理辅导。

　　单纯进行心理健康基本知识的教育，一方面脱离了"改造"这一目的，另一方面也无助于罪犯自觉地从心理根源上去认识自己、改造自己。同时，心理学中某些术语、概念，对大部分罪犯来说简直像天文，根本弄不懂。某监狱曾组织罪犯进行过一次心理健康知识竞赛，参赛选手背的非常熟，但问其所背是什么意思时，大部分人却摇头说不明白意思。可见，对罪犯开展心理健康教育，要充分认识到中国罪犯文化水平低、情感表达词汇匮乏的特点，在教育所使用的语言中要尽量避免过于知识化，尽可能少用概念、术语，应以通俗的适合中国人情感表达的语言和道理编写教材，要做到通俗易懂。

　　2. 要注意与我国长期积累的改造经验的结合，尤其是与个别教育的结合。罪犯心理矫正分为专业矫正和非专业矫正。对于罪犯改造来说，更多的是管教干警进行个别教育的结果，他们在罪犯改造过程中积累了丰富的经验。近些年来在个别教育中，广大基层监狱人民警察自觉或不自觉地在运用心理学原理和方法进行个别教育，他们是非专业矫正的骨干力量，他们通过系统学习心理矫正理论，可以站在更高的高度，运用更科学的理论，结合法律的、行政的等综合手段作用于罪犯，更有助于从根源上消除犯罪心理，矫正不良行为习惯，及时化解应激状态下的情绪，直接快速地进行心理危机干预，避免恶性监管事故的发生。一些监狱提出了建立以心理矫正等理论为基础的专家型管教队伍的理念，这是很好的，有助于真正在基层监狱中建立起中国特色的罪犯心理矫正体系。对于人格障碍或已经形成了心理疾病而影响到改造生活的罪犯，要求心理咨询室专业的心理矫正人员进行矫正，监狱心理矫正职能部门不仅管理心理咨询室的业务开展行政领导工作，还要对通过心理测量等手段甄别出来的具有各种心理问题及顽危倾向的罪犯提出个别教育的心理学指导意见，由监区进行矫正。

　　3. 应注意研究罪犯心理矫正理论对其他改造手段的心理学指导。狱政管理、教育改造、劳动改造这三种传统改造手段，近些年来随着押犯结构的变化，随着改造工作的进一步科学化，心理矫正人员都在研究如何将这三种改造手段作用于罪犯心理，促进罪犯心理向积极的方面转化。心理矫正理论应当善于总结这些经验，对这三种改造手段提出心理学的指导意见。除了从"点"上应用心理学理论去"完善"传统改造手段之外，更要站在全面的、宏观的、科学的角度，评估这三种改造手段，进而提出心理学指导意见。

在构成人类本质的三种属性（生物属性、社会属性、精神属性）中，经常占主导地位的是社会属性，它既制约着人的生物属性，也制约着人的精神属性。在监狱这个特殊环境中，影响罪犯心理变化的社会属性在大多数情况下起着决定性的作用。因此，监狱改造环境对于罪犯的心理转化起着极其重要的作用，现实的改造环境应与心理矫正形成整体联动，才能收到应有的矫正和巩固效果。而监狱的改造环境主要体现在管理环境、生活环境、劳动环境、人际交往环境（罪犯之间、罪犯与警察之间）、教育内容和形式以及警察素质对罪犯的引导和示范作用等方面，具体落实到三大传统改造手段的正确、科学、合理、适度使用上。所谓正确、科学、合理、适度，既应体现法治原则又要体现心理学原则，才能实现对罪犯的有效转化并巩固转化成果。心理学对三大传统手段是宏观的、指导性的，三大传统手段对心理矫正起到依法补充、完善的作用，心理学在监狱工作中的应用有助于使三大传统改造手段更科学、更有意义。如通过剖析狱政管理制度，探索如何才能更系统地通过制度矫正不良行为，更好地实现心理转化，剔除那些对心理转化效果不好的部分；根据心理矫正的需要和罪犯合理的心理需求设置教育改造内容，心理学在这方面是可以大有作为的。

4. 要注意侧重对心理矫正技术的总结，建立适合于罪犯的心理矫正技术。当前，许多监狱和理论界的心理矫正人员都很热衷于对罪犯心理测试工具的研制与开发，过分夸大量表测试的作用，甚至寄希望于找到罪犯心理矫正的灵丹妙药，但要注意它不是"药"，而只是一种诊断工具，并不能治"病"，只是开展心理矫正的充分条件而不是必要条件，充其量只是心理诊断的辅助工具，量表制定虽然看似容易出成果，但它是在大量矫正实践基础上产生的，离开了实践其"效度"也是很难讲的。虽然心理测试对心理诊断有时会起到事半功倍的效果，但对罪犯心理矫正的核心工作是应用各学派的心理学理论及罪犯心理的矫正技术，这才是治"病"的手段，这才是矫正取得成效的关键。由于这些心理学理论多来源于国外，这些技术的本土化研究和应用是当前开展罪犯心理矫正工作的核心，如不能尽快形成中国特色的心理矫正技术理论，势必影响到矫正效果，从而导致人们对这项工作的许多错误认识，如"心理矫正是花架子、心理矫正中看不中用……"这样就难以引起领导和全体干警的重视，那么"徘徊不前"的局面还要走很长的路。因此，理论界和基层监狱应下大力尽快形成中国特色的罪犯矫正技术，只有取得了明显的效果才能得到认可，才能真正把这项工作开展起来。

三、操作流程

◎ **案例**：史某，24岁，犯故意杀人罪，被判12年有期徒刑，已服刑3年。中秋之夜，犯人们正在欢度佳节，而女监舍里的史某紧闭房门，含泪写下绝笔遗书，然后吞下了大量窗玻璃碎片，企图结束自己年轻的生命。幸好被提前回监舍的同室犯人发现，经医院及时抢救才得以脱险。事后史某仍然情绪抑郁，心理很不稳定。

据此，该监狱的心理咨询室人员立即主动与史某联系，并进行针对性的了解、咨询与心理矫正工作。史某的家庭环境比较优越，从小受到父母的宠爱，因而养成了一种懒散、放任而偏激的生活习惯。她内心单纯，社会化程度比较低，而心理耐受性极其脆弱。这样的心理素质是诱发她日后实施违法犯罪行为及偏执行为的根源。她的中学时代过于天真烂漫，过早地坠入了"爱河"，可她的真情没有换来幸福，她为对方付出了所有的一切，然而，最后她感到自己被玩弄、抛弃了。而正在这一时期，她的父亲生了一场大病，她的大哥失恋，小弟失学，家庭也不和睦，她把这一切都归咎于自己。她的失身、失恋给予她的打击是巨大的，最终促使她产生了杀机。

史某的心理创伤是深刻的，她正是在这种精神创伤和心理冲突尚未得到疏导和排遣时，带着沉重的心理负担进入监狱的。在监狱里，史某在管教过程、人际关系、学习生活等诸方面又遇到障碍，从而加剧了其心理矛盾。当这种精神创伤、心理冲突与心理负担长期积压在心里不能宣泄时，又适逢中秋佳节，在他人欢乐而独自悲哀之际，便使她内心体验更加强烈。她正是在惊恐、悔恨、忧虑、悲观、绝望的情绪中产生自杀动机的。也即，其心理危机的发展过程是：失身—失恋—杀人—入狱—绝望—自杀。

心理咨询人员根据史某的心理病态过程及其个体特点，采用了下列心理矫正技术：

1. 宣泄—倾述疗法。通过设置相互信任的谈话环境，巧妙地提问，让史某自然地、无拘束地倾述、哭泣，以释放出她长期压抑在心底的忧虑和潜意识心理压力，并从中了解、把握心理状态和原因，寻求最佳的矫正方法。

2. 领悟疗法。向史某启发说明其父亲生病、大哥失恋、小弟失学并不是她造成的，以在一定程度上消除她的心理负担和自我归罪感。在这个过程中，帮助她逐步建立较为合理的认识归因结构，学会客观地看待现象的本质。

3. 厌恶疗法。史某由失身、失恋到杀人，可入监后仍爱恋其男友，监狱生活的苦闷进而使她产生了难以抑制的单相思，这实质上是一种具有某种程度的钟情幻想。客观上，史某明知其男友不爱她，可在心理上、感情上又忘不了他，潜意识中对他还抱有某种幻想。采取厌恶疗法（对抗性条件反射作用），促使她产生对其男友的厌恶，甚至憎恨的情绪，这在一定程度上可以起到心理矫正的作用。

4. 转移注意。即对史某安排一些不十分花费精力的工作，不要求有多大成绩，目的只是分散她对自己、对周围环境及异常的心理注意力，以帮助其危急心理的康复。

5. 激励法。例如，在第一次咨询后，运用了"说明你正在战胜内心的怯懦，开始变得坚强起来。我相信你能成为自己命运的主人，尽早改造成为新人"等暗示、激励语言，激发她的向上积极性。

6. 增强自信。经过一段时间的心理矫治和个别教育后，史犯已知道自己的心理与行为异常，想改又难，自感焦虑，但又缺乏自信。此时，对其采用自信疗法，起到一定效果。通过定期找史犯个别教育、拉家常，唤起她过去引以为自豪的事情的回忆，指出她的成绩和潜在的优点、特长；鼓励她把能力和特长在改造中表现出来，以增强她的改造兴趣和自信，从而达到纠正其心理困惑的目的。经过一段时间系统的情绪与行为较为稳定的心理咨询、心理矫正之后，史某的心理逐步稳定下来，认识上也有提高，改造表现也明显好转，这表明心理矫正已经开始发挥出积极的效用。

◎ 案例：

一、一般资料

1. 人口学资料。罪犯杜××，男，1985 年 5 月 13 日出生，汉族，小学文化，农民，未婚。

2. 个人成长史。杜××小时父亲酗酒赌博，家里终日争吵打骂不断，父母于 1994 年离婚，当时杜××只有 9 岁，父母无心照料他，他小学未毕业就辍学在家，此后与社会上的一些坏人交往，小偷小摸、打架斗殴事件经常发生。最终于 2004 年 12 月采取翻围墙钻窗等手段窃得价值人民币 3 万余元的不锈钢铸件，被女友举报而被逮捕入狱，刑期 5 年 6 个月。入狱后女友与其分手并在不久后与别人结婚。杜××在监狱期间曾被转到精神病监区待了半年。

3. 精神状态。感觉知觉尚好，情绪略显低落，逻辑思维清晰，思维状态有些偏激，存在认知偏差，情感表达自如一致，自控能力较差。

4. 社会功能。不愿与其他犯人有过多的交往，不能很好地和别人相处，一言不合就容易失去控制。

二、求助者主诉和个人陈述

杜××主诉：心情压抑、难受，看什么人都不顺眼，和其他犯人相处得也不好，自己好冲动，控制不了自己的脾气，容易产生暴力行为且不考虑后果。受女友举报后入狱，在入狱后女友一次也没来看过他，并于1年后和别人结婚，自己对此有强烈的报复心理；自己在入狱后被鉴定为精神分裂症，被转到精神病监区待了半年，再回到原监区时受到其他犯人的歧视；在精神病监区时，他曾经向一位犯人吐露心事，却遭到对方的嘲笑，并把他的话当玩笑说给别的犯人听，让他从此再也不愿和别的犯人啰嗦；家里人也不理解支持他，视他为累赘，妹妹曾经对他说希望他不要再拖累家人，入狱后唯有母亲来看过他，自称入狱后才首次感受到母爱，觉得这世上唯一关心他的只有母亲。家人的不接纳让他对出狱后的生活不抱期望。

三、观察和别人反映

1. 咨询师观察：杜××自知力较正常，对自己的情绪现状有一定的认识，心理过程协调一致，在提及自己的母亲为自己做的事时伤心落泪，逻辑思维正常，思想略显偏激。

2. 同监区的犯人反映：杜××容易被激怒，情绪较难控制，有暴力行为，有时为了泄怒，会用手捶打墙壁，平时爱一个人待着，不喜欢搭理人，觉得他挺怪的。

四、评估与诊断

1. 综合分析所收集的临床资料，对心理状态的评估。

（1）求助者精神状态：情绪不稳定，脾气暴躁易怒，心情压抑。

（2）社会工作与社会交往：回避与同犯交往，偶有交往也容易形成口角，引起暴力行为。

（3）相关资料：自小父母离婚，缺乏关爱；入狱后女友他嫁；精神病监区的经历引起其他犯人的歧视；家人不理解不支持甚至嫌弃；回避与别人交往。

（4）资料可靠性：可靠。求助者有自知力，对自己的状况有客观的评价，并能认识到自己的问题所在并主动求询。

（5）求助者问题的关键点：所有症状的表层都是与人际关系紧张有关。其背后的实质是：自卑，无价值感，无安全感。

（6）求助者问题的性质：根据郭念锋教授判断心理正常与异常三原则，该求助者可排除重性精神病。理由：该求助者的主客观世界是统一的，对自己的症状能自知，内心感到痛苦压抑，能主动寻求帮助；精神活动内在协调一致，提及母亲时表现出悲伤、内疚、思念等情绪；个性相对稳定。

（7）原因分析：该求助者自小时候，父亲和母亲就对他极其忽略，离婚后更是对他不管不问，造成了他极度缺乏关爱，没有建立安全感，不懂得怎样和别人相处，很难和别人建立亲密关系；由于深层的自卑心理导致了自尊心极强，无法容忍别人的看不起或歧视；思维方式单一，遇到问题时由于口拙说不过别人，往往以简单粗暴的方式解决，导致暴力行为；由于特殊的童年经历使他对人或事物的看法有所偏颇，不能正确对待挫折。

2. 鉴别诊断。

（1）根据正常不正常三原则，该求助者知情意统一、一致，对自己的心理问题有自知力，有主动求医行为，无逻辑思维混乱，无感知觉异常，无幻觉、妄想等精神病症状，因此可以排除精神病。

（2）由于该求助者冲突与现实处境相连，涉及公认的重要生活事件，有明显道德性质，属于常形冲突，因此可以排除神经症和神经症性心理问题。

（3）由于该求助者问题持续时间较长，情绪反应强烈，有泛化现象，社会功能有一定受损，所以可以排除一般心理问题。

3. 诊断：该求助者的问题符合严重心理问题的诊断标准。

4. 诊断依据。

（1）由强烈的、对个体威胁较大的现实刺激引发。

（2）时程较长，在2个月以上。

（3）反应强烈，痛苦无法自行解决。

（4）内容充分泛化。

五、咨询目标的制订

根据以上的评估与诊断，与求助者协商，确定以下咨询目标。

具体目标与近期目标：缓解压抑情绪，改变其不合理观念，减少暴力和自伤行为，改善当前人际关系。

最终目标和长期目标：使求助者正确看待自我，克服自卑心理，提高自信心及自我价值感，建立良好人际沟通模式，习得健康有效的人际交往技巧。

六、矫正方案的制订

主要矫正方法和适用原理：合理情绪行为疗法。

合理情绪疗法是20世纪50年代由艾利斯在美国创立的，它是认知疗法的一种，因其采用了行为矫正的一些方法，故又被称之为合理情绪行为疗法。这种方法旨在通过纯理性分析和逻辑思辨的途径，改变求助者的非理性观念，以帮助他解决情绪和行为上的问题。这种理论强调情绪的来源是个体的想法和观念，个体可以通过改变这些因素来改变情绪。该理论认为，使人们难过和痛苦的，不是事件本身，而是对事情的不正确解释和评价。事情本身无所谓好坏，但当人们赋予它自己的偏好、欲望和评价时，便有可能产生各种无谓的烦恼和困扰。

　　合理情绪疗法的基本理论主要是 ABC 理论，在 ABC 理论模式中，A 是指诱发性事件；B 是指个体在遇到诱发事件之后相应而生的信念，即他对这一事件的看法、解释和评价；C 是指特定情景下，个体的情绪反应及行为结果。通常人们认为，人的情绪的行为反应是直接由诱发性事件 A 引起的，即 A 引起了 C。ABC 理论指出，诱发性事件 A 只是引起情绪及行为反应的间接原因，而人们对诱发性事件所持的信念、看法、理解 B 才是引起人的情绪及行为反应的更直接的原因。

四、知识链接

（一）罪犯心理矫正内容与目标

1. 心理矫正概念。从广义讲，凡是通过言谈、举止、表情、态度、环境气氛、使用相关仪器给出的信息等良性刺激，以减轻或消除病犯心理疾病症状，都被称之为心理矫正。从狭义上说，心理矫正是指在良好的矫正关系基础上，由经过专门训练的矫正者运用心理学的理论与技术对患者进行帮助，以消除或缓解患者的问题和障碍的过程。心理矫正一般具有以下几个特征：

（1）矫正者必须经过心理学或医学专业训练，具有心理矫正的专业知识和技能。

（2）矫正者与患者之间必须建立起良好的矫正关系。

（3）矫正手段为以心理学理论为基础的方法与技术。

（4）利用各种针对性的矫正方法和技术改变患者的认知、情绪和行为，调动患者的主观能动性，改善或消除病犯的心理障碍，使病情好转乃至康复，是心理矫正的最终目的。

2. 心理矫正类型。依据心理学的主要理论与矫正实施要点，可以分为五类：

（1）分析型心理矫正。这类方法在于帮助病犯进行内心分析，将病犯受幼时经验影响而形成的无意识冲突转化到意识层面，从而使病犯理解自己的内心动机，领悟到症状的真正原因，并使症状失去存在的意义。

（2）认知型心理矫正。这类方法认为，人对主客观世界的认知都会影响其情绪和行为。非理性的认知和信念导致不良情绪和行为的产生。如果用理性的认知和信念去替代非理性的认知和信念，就会改善病犯的情绪和行为。

（3）行为型心理矫正。这类方法的理论基础是巴甫洛夫的经典条件反射原理、斯金纳的操作条件反射原理和社会学习理论。这些理论认为，人的任何行为都是通过学习获得的，人的反常行为经过适当的奖惩，会使当事人通过另外的学习而得以矫正。

（4）人本型心理矫正。这种方法认为，任何人在正常情况下都有着积极的、奋发向上的、自我肯定的无限的成长潜力。如果人的自身体验受到闭塞，或者自身体验的一致性丧失、被压抑、发生冲突，使人的成长潜力受到削弱或阻碍，就会表现为心理病态和适应困难。如果创造一个良好的环境使他能够和别人正常交往、沟通，便可以发挥他的潜力，改变其不良行为。

（5）整合型心理矫正。行为矫正家把认知心理学的语言、理论、技术融合到行为主义的刺激—反应模式中，心理分析学家也接受了学习理论，环境因素的致病作用和行为主义学派的语言。认知行为矫正是心理矫正整合的典范，他们既反对行为主义的刺激—反应模式，也不完全接受心理动力学的观点，特别注意人的思想和理念，认识到人的外在表现实际上是深层认知结构的反映。这种认知结构的形成与过去的经历有关。在理论整合方面，有人试图寻找一种综合的理论，用更熟悉和合理的概念来解释心理障碍的成因和心理矫正生效的机制，指导临床实践。

3. 心理矫正原则。在心理矫正过程中，医生必须遵循接受性原则、支持性原则和保证性原则。三者是一个相互联系和相互影响的有机整体，但首要条件是必须遵循接受性原则。

（1）接受性原则。接受性原则，亦称"倾听"（对矫正师而言）或"倾诉"（对病犯而言）原则。其基本要求包括：①矫正师对所有求治的病犯，不论其地位高低、年龄大小、症状轻重、初诊再诊，都要一视同仁，热情相待。②要深信病犯的理性和康复的潜能。③要尊重病犯，特别是求助的病犯。由于"监狱化"的结果，病犯的智能下降、自卑、敏感，如果医生在言语、表情、态度和举止等方面稍有不尊重病犯的表现，就会使病犯更加感到自身的卑微和无能，从而也就不愿暴露自己的内心情感，使矫正难以进行。因此，矫正师只有诚心诚意地去倾听，才能取得病犯的信任，也才能使病犯倾诉自己压抑很久的内心感受。

病犯能够畅所欲言地倾诉，矫正师能够诚心诚意地倾听，这本身就具有了矫正作用。在这一矫正过程中，病犯的情绪会得到安定，心理障碍会明显改进。所以，接受性原则是心理矫正中的一条关键原则。

（2）支持性原则。在矫正师充分了解病犯症状的病因后，就可以运用心理学的理论和心理矫正的技术，给病犯不厌其烦地解释，帮助病犯找到一个适合的解决办法，并在心理上给病犯鼓励和支持。遵循这一原则应当注意两点：①解释必须有据可循，有充分的说服力；语调要温和、坚定、慎重，具有亲和力。②对悲观消极、久治不愈的重症病犯，矫正师要不厌其烦地解释疏导。一次不行，可以进行多次，通过反复给予鼓励和支持，使病犯感受一种强大的心理支持力，从而调动病犯的心理防卫机能和主观能动性。

（3）保证性原则。保证性原则，是指在心理矫正过程中，矫正师逐渐对病犯的心理症结和病理机制等情况有了深刻了解，并对病犯加以说明、解释和保证。矫正师要充分利用心理矫正的人际沟通和心理相容原理，在心理上给予保证，逐步解决病犯的具体心理问题，进一步提高疗效。

对病犯而言，还必须遵循主观能动性原则。如果只有矫正师的接受、支持和保证，而不注意引导病犯对自己的心理疾病进行正确认知，充分发挥和调动病犯自我调治的主观能动性，也不可能取得良好的心理疗效。具体来讲，要做到以下几点：①要有真实的求治动机，这是心理矫正能取得成效的关键因素。通过矫正师的帮助和引导，病犯对自己要有一个正确的定位，即知道自己存在的优点、长处与短处、缺点，并且有愿意改变自己的问题的动机。②要相信自己的理性和潜能，相信自己经过努力是可以痊愈的。同时，还需有积极的行动使这种想法改变成为现实。③病犯要对自己具有责任心。"监狱化"的结果往往使罪犯具有较强的依赖心理，因此，在矫正病犯的过程中，必须使病犯克服对矫正师的这种依赖性，激发起病犯对矫正的责任心，让病犯积极参与到心理矫正中去，与矫正师相互配合、共同努力。

（二）罪犯心理矫正的技术

心理矫正是比较深入的层次，在这一阶段中，采用何种矫正技术，心理矫正师的水平、态度，病犯与心理矫正师的配合等因素都会直接影响矫正的效果。因矫正方法不同，这一阶段的步骤也各异。关于矫正的技术问题，如倾听、解释等与咨询相似，这里重点介绍移情、反移情和防御方式。

1. 移情。移情是病犯把过去生活里与他人关系中产生过的情感转移到矫正师身上。这种移情对下一步的矫正具有积极的影响，但是矫正师必须充分认识到，若处理不当就会产生不利影响。例如，增加病犯对矫正师的依赖性，移情成为某种形式的矫正阻力，病犯不愿意结束矫正关系，以致病情出现反复等。矫正师根据移情的具体情况，或让其自生自灭，或进行必要的解释。

2. 反移情。亦即医生自己未经解决的对某个主要人物的情感转移到病犯身上。这种反移情会影响到医生对病犯的正确理解，使其失去判断能力，因此医生必须对此有清醒认识。

3. 防御方式。就总的意义来讲,防御机制可以理解为是自欺的各种手段。它们助长了我们向自己撒谎。这些谎言的目的在于:当任何形式的信息有降低某人自尊心的危险时,它们有助于提高他的自尊心。防御机制被认为是一种常态行为方式。它们的存在相当普遍。但是,如果它们被过分地应用或干扰生存中的有效功能作用,就可能变成神经过敏或者适应不良。为了应付焦虑,自我必须要有办法来处理这些情况,自我防御机制否认或歪曲现实,在无意识水平运作,当自我防御机制不常应用时,自我防御机制在减轻压力中有适应性价值。然而,如果他们频繁地被应用,这就变成病态了,个体形成了回避现实的风格。

4. 阻抗。阻抗是指阻止那些使自我过分痛苦或引起焦虑的欲望、情绪和记忆进入意识的力量。阻抗作用在意识中使人拒绝承认实际上影响他的行动和经验的潜意识动机。在心理矫正中,正确解决病犯的阻抗与移情现象,是获得矫正成功的关键。解决病犯的阻抗问题,矫正师要有耐心与技巧,随时要做观察记录与分析,并针对病犯不同的具体情况采取不同的方法。病犯出现阻抗,并不表示矫正的失败;相反应视为接触到问题的核心或者真正致病情结的症结所在的信号,应更加有信心地鼓励病犯合作,以便将病犯的“心病”根源发掘出来,将其疾病治愈。

5. 解释。在矫正过程中,矫正师有一项很重要的工作就是向病犯解释他所说的话中所隐含的潜意识含义,帮助病犯克服阻抗,而使被压抑的心理内容得以通过分析带入意识中来。解释是逐步深入的,根据每次会谈的内容,用病犯所说过的话做依据,用病犯能理解的语言告诉他自己的心理症结所在。解释的程度随着长期的会谈和对病犯心理的全面了解而逐步加深和完善,而病犯也通过长期的会谈在意识中逐渐培养起一个对人对事成熟的心理反应和处理态度。

6. 心理动力学诊断。要搜集资料,目的是了解以下问题:病犯的主要冲突是什么?次要冲突是什么?病犯主要的防御机制是什么(成熟的、不成熟的、神经症性的)?病犯的人格结构有哪些特征(自我检验程度、自我控制能力、防御机制、现实检验等)?在了解清楚以上内容后判断来访者人格发展的过程,从而较准确地预测其今后的心理发展轨迹,心理动力学诊断不仅应用于心理有问题的求助罪犯,更应该广泛地应用在对新入监罪犯的心理评估上。

(三)罪犯心理矫正的实施

1. 工作方法。

(1)明确指导思想。监狱在开展该项工作之初,首先应该明确指导思想,“为服刑人员改造服务,为监狱安全稳定服务”应该作为监狱罪犯心理矫正工作的宗旨。“为服刑人员改造服务”就是通过心理健康教育以及心理咨询提高罪犯心理健康水平,稳定改造情绪,提高改造质量;“为监狱安全稳定服务”就是以保持监管场所的安全稳定为目的，以心理矫正工作的基本理论为依据，深入分析研究新时期罪犯心理及其矫正方法，加大罪犯心理矫正工作力度，不断提高狱政管理的科学性、教育改造的针对性。

（2）建立心理矫正工作网络。建立由心理健康教育中心、心理咨询联络员、心理健康宣传员组成的三级心理矫正网络是做好该项工作的组织保障。心理健康教育中心一般隶属于监狱的教育改造部门，由若干专、兼职心理咨询师组成；心理咨询联络员由各监区热心于此项工作的管教干部担任，主要是负责检查心理健康板报情况，收集反馈信息，并指导有心理问题的罪犯前来心理咨询；心理健康宣传员由各监区具有一定文化水平的服刑人员担任，宣传员的主要任务是向本监区罪犯宣传心理健康知识，动员有心理问题的罪犯前来咨询并及时收集咨询后的效果反馈等。

（3）完善规章制度。需要制定并完善以下规章制度：《罪犯心理档案管理办法》《罪犯心理矫正室工作职责》《心理咨询联络员职责》《服刑人员心理咨询程序》《罪犯心理咨询信箱管理办法》《心理健康宣传员职责》《心理矫正室工作制度》《心理咨询人员守则》《服刑人员心理咨询要求》等。

在完善相关制度和台账的同时建立并规范典型罪犯心理矫正档案。罪犯心理档案是用来记录罪犯入监及接受心理矫正时的情况，并经立卷归档集中保管使用的各种资料。一些典型罪犯，如有自杀倾向、人格障碍者或其他一些有比较严重的心理疾患者应作为建立心理档案的对象。心理档案应包括：罪犯基本情况、心理测验结果及分析、心理诊断结果、心理矫正方案、历次心理咨询与矫正记录、效果反馈与评价等内容。

（4）心理健康教育是重点。很多阻碍该工作的"拦路虎"归根到底都是由于罪犯的不了解或误解，例如，一些罪犯不配合心理测试工作，认为是在套他们的内心想法，所以不实事求是地填写；还有一些罪犯认为心理测试就是心理咨询，感觉做完测试卷后，没效果；有些罪犯认为去心理咨询就是"脑子不好"，去咨询会遭同犯嘲笑；有些罪犯认为去心理咨询不能说实话，咨询员不可信；有些罪犯认为心理咨询应该是替他们办点实事；有些罪犯认为去心理咨询就像打针一样，立竿见影，把希望都寄托在咨询员身上，自己不愿去反思、去努力；有些罪犯认为心理咨询只是用嘴说说，不会有作用；等等。所以，宣传教育的好坏乃是其他工作能否成功的根本保证，心理测量的准确度如何，心理咨询与矫正的效果如何，都依赖于罪犯对自己心理的正确认识及对这项工作的了解程度。而对罪犯的心理健康教育本身也可以提高罪犯自我调节能力，起到预防心理疾病的作用，因此心理知识宣传与教育应是监狱罪犯心理矫正的一个重点工作和长期工作。

具体心理健康教育的方法多种多样，可以在监狱黑板报、墙报、监狱小报上开辟心理卫生专栏，可以在出入监教育中开办心理健康课，利用电化教学的方式对全监罪犯普及心理健康知识，还可以通过心理健康宣传员进行宣传等。

（5）重视专业人员培养。心理矫正工作人员的学习培训、补充"养料"是做好该项工作的保证。目前，监狱系统正在培养具有心理咨询师国家职业资格证书的专职人员，但是因为心理矫正是一门理论性、实践性较强的学科，是专业性很强的技术，且需要有一定深度的人际知觉能力，短暂的几次培训是远远不够的，这就要求从事该项工作的同志要具有除心理学、精神医学以外的犯罪学、监狱学、人类学基本知识。同时这项工作不仅要求具备一定的业务知识，而且对思想道德及心理素质都有着较高的要求，这也就需要心理咨询师们在实践中不断提高，平时在认真学习业务知识的同时，还要不断提高自己在各方面的综合素质。从事这项工作也可能会遇到各种困难和阻力，若没有一个较好的心理素质和对该工作的热爱，这项工作也很难进展下去。

（6）心理矫正工作和日常管理相结合。心理矫正师对罪犯的心理矫正主要采用个别式门诊咨询，但也可以采用一些集体咨询、现场咨询等灵活的咨询形式。心理矫正师结合对罪犯心理矫正的情况，如何向该名罪犯的管理干警建议有针对性的管理教育手段，这是保持心理咨询效果延续性的重要环节。

此外，对被怀疑有精神疾病的罪犯的初期诊断，也是心理咨询工作的重要内容。

（7）心理测量与诊断及个别教育相结合。心理测试的形式可以采取集体和个别测试相结合的办法，在需要了解某一类型罪犯共同心理特征或在入监罪犯中进行普查时可以采用集体测试的形式。在对个别罪犯进行矫正或需要进一步诊断时，可以对其进行个别测试，为心理诊断提供依据。

心理测量应和个别教育结合，心理测试的运用可以为制订个别教育方案提供心理学依据，丰富个教的方式和方法；可以掌握罪犯个性心理特征，预防突发事件；可以使干警在掌握罪犯各种情况的前提下，提前介入，为罪犯设计一个理想的改造方案，有目的地按照我们设计的方案改造罪犯，完善其人格，纠正其恶习，改变过去由于把握不住罪犯思想动向、心理特征而造成谈一次话好几天，不谈话事不断的被动局面，从而减少盲目性。

（8）重视宣传总结交流。和外单位加强交流，可以借助外脑，开阔视野，因此监狱心理学工作者应该和精神病院、大学心理咨询中心建立一定联系，取长补短，促进该工作的开展。但是考虑到罪犯心理的特殊性以及目前心理学在我国发展的现状，我们必须要认识到外部资源作用的有限性，因此，我们认为，对罪犯心理矫正工作的探索应该主要依赖于从事该项工作的同志长期刻苦的摸索与钻研以及干警整体心理学意识的提高。

开展狱内调研，撰写调研论文也应该是罪犯心理矫正工作的一项很重要的任务，这既是对工作经验的总结，也可以对基层管理工作起到很好的指导作用，此外，它还是向广大基层干警及监狱领导进行宣传的一种手段，因为该项工作缺少广大干警及监狱领导的支持也是很难开展的。

2. 罪犯心理矫正工作开展的条件。

（1）领导认识是否到位。根据单位开展罪犯心理矫正工作的动因不同，罪犯心理矫正可以分为内发型和外推型。所谓内发型，是指基于单位自身的实际需要而主动开展的心理矫正工作；所谓外推型，是指在主管机关要求、外单位竞争压力等外力的推动下，被动开展的心理矫正工作。但不管是哪一种类型的心理矫正，单位主要领导和主管领导的支持，是心理矫正工作得以启动的基本前提。为此，心理矫正工作者，尤其是组织者，既要了解领导态度，同时，更要以富有成效的工作去争取领导的支持。

在监狱，要开展心理矫正没有主要领导，至少是分管领导的首肯是不可能的。因此，让你组织开展这项工作本身，已经说明领导，至少是部分领导对心理矫正工作是支持的。然而，如果领导认识不统一，或者认识统一却不能到位，心理矫正工作的开展，仍然会面临诸多困难。

（2）工作人员的人选是否适合。领导对心理矫正的态度影响监狱挑选什么样的心理矫正工作人员，而什么样的心理矫正工作者又会反过来影响领导的态度。试想一个扶不起的"阿斗"，又怎能通过开创性的工作发挥心理矫正作用，坚定领导开展心理矫正的信心呢？为此，作为监狱领导，不管你对心理矫正存在怎样的想法，但只要真心想在监狱推动开展心理矫正工作，就要时刻反省自己是否具备了作为组织者最基本的条件。根据心理矫正自身的特点和监狱工作的状况，我们认为作为心理矫正工作的组织者应当具备以下基本条件。

第一，有志于心理矫正工作。我们经常能够听到一些外派学习的学生抱怨，"领导信任……送自己出来学习……可自己不感兴趣……不学不行……学又缺乏动力……真是左右为难"对于很多单位来说，这部分学员是作为心理矫正骨干或组织者派出来的。然而，由于没有认真考虑该学员对心理矫正的兴趣，因此，这些人既难学到真才实学，也难以承担心理矫正的重任。心理矫正是一项专业性很强的工作，也是需要更多奉献的工作。作为尚不具备专业知识、技能的工作者，如果缺乏从事心理矫正工作的兴趣，那么，他也就不可能投入很多的精力去钻研业务，更难以用一种良好的心态去面对来自同事的误解，去处理求助犯人复杂的心理问题。相反，工作者只要有志于心理矫正工作，即使缺乏专业素质，缺乏实践经验，他们可以通过不断学习、锻炼得以弥补。现阶段活跃于监狱心理矫正一线的组织者和心理矫正骨干，绝大多数都是在强烈的兴趣和责任驱使下，通过自身的不断努力，使自己由门外汉变成"土专家"。

第二，具有心理学、精神病学、监狱学、犯罪学的专业知识。具有专业知识，但对心理矫正不感兴趣，成不了好的心理矫正工作者。同样，仅有热情，却对专业知识一无所知，也不是一个理想的心理矫正工作者。由此，监狱在初选心理矫正工作者的时候，如果能够同时具备这两方面的条件，那是最好不过了。但如果在这两项条件中，只有具备一个条件的人选，那么，我们宁愿选择有志于心理矫正的人员。当然，这些人一旦被确定为一个单位心理矫正的组织者，就必须接受系统的专业知识、技能的学习和培训。否则，不能马上承担组织者的重任。

作为一名心理矫正人员，所做的工作比心理咨询应该更加深入，解决的问题也更加彻底，这就使得矫正者需要比一般的咨询师有更高的要求，不仅仅应该具有心理咨询的工作经验，还应该掌握精神病学、犯罪学、监狱学甚至医学的专业知识，由此看来，作为心理矫正主体的监狱心理矫正工作人员的要求要比监狱心理咨询师高得多。

第三，具有较强的工作协调能力。心理矫正工作的组织者同时也应该是心理矫正的专业人员。如果说兴趣和专业知识、技能等是从事专业工作本身的需要，那么，协调能力则是作为心理矫正组织者特有的素质。如前所述，心理矫正作为一项开创性的工作，与传统的监狱工作既有观念上的冲突，又有实际操作中的矛盾，因此，作为组织者，无论是在全监狱推广心理矫正，还是在某一个监区进行试点，都必然要涉及方方面面的关系协调。这种协调工作，尤其是心理矫正工作启动初期的协调工作做得好与坏，直接关系到心理矫正工作的成败，也正由于此，心理矫正的组织者还应该是协调各种关系的能手。

当然，心理矫正组织者所需要的素质应该是多方面的，有些素质是可以在任职以后逐步培养的，但以上三方面的素质在选拔任用时就应该考虑。

（3）开展工作所需的资源是否具备。要产出，就得有投入，不仅经济活动是如此，监管改造活动，包括心理矫正也是如此。罪犯心理矫正所具有的预测、预防、矫正等作用，是通过心理矫正人员运用自己的专业知识和技能，进行一系列的测验、评估、咨询、矫正等活动来实现的。而每一项活动的开展，都需要相应的人力、物力等资源的投入。所以，监狱要开展心理矫正，在确定心理矫正组织者的同时，不仅要赋予其相应的权力，而且要为其提供基本的工作条件。

第一，独立的身份。监狱工作的特殊性决定了心理矫正工作的组织者一般都是由管理、教育或医生岗位的监狱人民警察担任的。他们熟悉犯人，了解监狱工作的运作情况，有的还有主持一个部门的经验，对组织心理矫正具有明显优势。但一些单位或考虑到警力紧张，具有组织能力的人才更是难得，或是认为心理矫正本是教育改造的一种延伸，或是觉得既然是试点就不宜对人事等作大的变动，因此，任命的心理矫正组织者都是兼职者。具有兼职身份的心理矫正组织者虽然也具有利于协调关系、便于共享资源的优势，但是却存在着难以克服的弊端。

第二，基本的职权。组织罪犯进行心理矫正必然涉及人员的组织、工作关系的协调、物资的调配等，因此赋予组织者与其所承担的责任相适应的权力，既是组织开展心理矫正工作的需要，也是责权相一致原则的要求。一些单位的心理矫正工作组织者，因只有责任而无权力，不仅工作寸步难行，而且工作热情严重受挫。

第三，工作的条件。这里所讲的工作条件主要是指开展心理矫正所需要的物质基础，包括：测验所需的量表，处理测验结果的电脑、配套软件、打印机等设备工具；制作、复印问卷、档案，购置专业书籍、贮存档案资料的柜子等所需资金；提供办公、咨询的专门场所；提供并创造学习交流的机会；分散单位还要提供下监区工作的交通便利；其他开展工作所需的设备和设施。

（四）罪犯心理矫正工作的注意点

1. 困扰该项工作的"五大矛盾"。

（1）心理矫正的主体的自愿性与改造的强制性的矛盾。心理矫正要求来访者完全自愿，但监狱中罪犯由于长期处在监管改造的被动约束下，习惯了被动听从命令，另外由于自身认识的偏差存在种种顾虑，导致不能主动前来矫正。

（2）心理矫正的自由性与监规的约束性的矛盾。心理矫正不论何时矫正、找谁矫正都应该可以自由选择，而监狱的罪犯却不可能，去咨询要经过本人申请，监区签署意见，咨询室审批等程序。这就在需要咨询的罪犯心里无形地形成了障碍，从而导致一些罪犯就会因为手续的烦琐而不来咨询。

（3）心理矫正的保密性与监管安全性的矛盾。心理矫正工作必须坚持保密原则，但如果被矫正罪犯透露出自杀、逃跑、伤人等具有危险性的心理倾向时，就会给矫正师造成两难处境：到底是坚持心理咨询的保密性原则还是要维护监管安全的稳定。

（4）心理矫正主体与管教主体的矛盾。心理矫正工作要求咨访者之间是一种职业性联系，除此之外双方不再有别的联系，在双方预期中没有长远的利益、情感联系，不用担心对方日后会利用这种联系对自己进行控制，造成威胁。然而，监狱中咨询人员多是由人民警察兼任，在来访者之间存在管理者和被管理者的关系，从而使双方交流产生障碍，阻碍了咨访关系的建立。

（5）心理矫正理论的西方化和实践本土化的矛盾。国内监狱的罪犯心理矫正理论，大多引自西方国家的心理咨询和矫正的理论技术，但我们在实际应用中有很多理论技术和中国实际、监狱实际不相符的地方，这就给从事该项工作的同志提出了一个巨大的挑战，也就是如何把西方的理论技术中国化、监狱化。

2. 心理矫正工作要和监狱的特殊性相结合。

（1）以心理健康宣传教育为抓手。我们应该看到，一些矛盾的产生很大部分是因为对心理咨询这项工作，或对自身心理认识不足、有偏差，所以心理健康宣传教育要紧紧抓住，在任何时候都不能放松。这就要求从事该项工作的同志根据本监狱特点编写或是改编现有教材，使它符合本监狱和各个不同时期宣传教育的需要。

（2）以主动介入特殊罪犯为重点。心理咨询要求求询者主动前来，才能积极配合咨询矫正达到效果，但监狱有监狱的特殊性，对罪犯的心理矫正应遵循心理学规律，以罪犯主动前来为主，但对一些特殊罪犯（如关禁闭的罪犯、抗改罪犯等）也可以采取咨询员找到恰当的切入点主动介入的办法，但被咨询罪犯的信任和配合仍是不可缺少的，因此前提是必须要用一些时间来建立相互信任的关系，打消他们的顾虑，使其主动地配合咨询，这样做往往能收到很好的效果，因为此类罪犯的内心往往也是矛盾交织的，希望有倾诉的对象。

（3）始终坚持心理矫正的保密原则。需要清楚的是，保密的内容应该是咨询中所涉及的隐私，但对罪犯威胁监管安全稳定的内容不能保密。心理咨询工作者应是专职人员，不应从事管教工作，特别是在服刑罪犯面前，更不应以管教干警的身份出现，否则，咨询员的双重身份只会加深罪犯对他们的不信任感，从而使罪犯的心灵再一次封闭起来，最终把咨询员又推回到管教干警的立场上。

（4）心理矫正技术本土化应该注意两个问题：①准确地把握这些心理矫正技术的要领，区分其精华与糟粕；②与我国罪犯以及监狱环境的实际结合起来，针对具体的个案或团体，加以改造和修正，逐渐创立适合我国监狱实际的心理矫正方法体系。正在研制中的中国罪犯心理测试（COPA），是研究本土化测试量表的一个努力，应该看到咨询技术的本土化工作不是靠一两个人短期内能够完成的，而是要靠所有从事该项工作的人，经过数年、数十年甚至几代人的努力才可能实现。

中国幅员辽阔、监狱数量众多，尽管监狱体制相同，执法统一，但由于监狱之间存在着地域分布、自然条件、经济力量、监狱人民警察素质、押犯构成等方面的差异，因此，难以以统一的心理矫正工作模式去要求每一个监狱。但监狱工作的特点，以及心理矫正自身的规律，决定了监狱开展心理矫正也不能随心所欲。

（五）对未成年罪犯心理矫正的建议

1. 未成年罪犯心理矫正的关键在于爱的给予。未成年人很多是由于其早期爱的匮乏，而导致其长大以后人格和心理的缺陷，进而走上犯罪道路，因此监管机构所体现出来的不应该仅仅是冷冰冰的制度，而是对其施与的爱。

2. 未成年罪犯心理矫正的途径在于监管人员要树立起家庭治疗模式观。未成年罪犯和成年罪犯的一个很大区别就是未成年罪犯在进入监管机构之前往往并没有脱离家庭环境的约束，在心理上也对自己的父母等重要关系人有依赖感，这个心理上的依赖感会很快地转移到监管人员身上。精神分析理论认为，凡被视为权势重的、地位高的人，往往会在潜意识里被认为是早期客体关系中的重要人物。在未成年犯管教所这个特殊环境中，管理警察和罪犯朝夕相处，对罪犯实施管理教育，罪犯往往会把原始关系（童年和重要关系人的关系）转移到现在和干警的关系中。因此要改变当事人的病态行为，只有把眼光放在整个系统中，以"家庭系统"的观点与取向，来了解当事人的心理与行为，运用家庭结构、沟通、角色扮演等方法来改善人际关系，以达到使未成年罪犯健康成长的目的。应该说这是一种更加有效的方式。

（1）要从"家庭"这一宏观体系去分析未成年罪犯的心理问题。未成年人身上出现的各种偏差甚至是犯罪，常常是由于自身的不良个性所导致的。但我们的着眼点不能光放在这些未成年人身上，这些不良个性常常是家庭环境的各种问题折射到孩子身上所致的，因而监管机构要以"家庭"系统为着眼点，去分析未成年罪犯问题的症结，监管人员往往在潜意识里会被未成年人替代为父母的角色，而我们监管者就需要清楚地认识到这些未成年罪犯以前和父母之间的关系。管教人员在管理未成年罪犯时如果能够充分了解到罪犯的早期原始关系（如：父母在早期对他们是如何教育的？该未成年罪犯对父母抱有什么样的感情？和父母有没有发生过冲突行为？是什么样的冲突行为?），并做好记录进行分析，就可以针对性地管理未成年罪犯，并把握和预测他们的心理、行为。

（2）未成年罪犯心理矫正要以"情"为重。有问题的家庭，由于长期的冲突，往往情绪、情感很恶劣，面对矫正者会争着数落、说理，要求评断是非，而矫正者决不能充当法官。判断出谁是谁非，反而更伤感情。要想办法让他们去注重解决眼前矛盾，尽量避免翻旧账，要淡化缺点，发现闪光点，树立当事人的自信心。

（3）积极引导，充分促进矫正主体间的沟通与交流。家长对子女要求过严、子女对家长逆反，常常是由于互相缺乏理解，而缺乏理解的根源就是当事人之间缺乏沟通和交流，不能了解彼此的所思所想及行为的出发点，甚至相互之间还有许多误会。在监管场所，这种情况同样存在，管教民警和未成年罪犯之间缺乏沟通，会加深本来就存在于未成年人内心和成年人的鸿沟，而矫治人员和未成年罪犯之间最好的沟通方式莫过于对未成年罪犯耐心的倾听。"家庭治疗模式"最突出的优点是诱发当事人倾诉心声，在矫正者的帮助和分析之下获得理解和同情。

（六）中国传统文化教育在罪犯心理矫正中的作用

1. 文化与监狱文化。

（1）文化。广义的文化是指人类社会历史实践过程中所创造的物质财富和精神财富的总和，狭义的文化是指社会的意识形态。

（2）监狱文化。从不同的角度来看待监狱文化，我们发现监狱文化的构成因素是多方面的。从内容构成角度看，主要有马克思主义文化、西方文化、中国传统文化；从教育改造的主客体的角度看，有警察文化和罪犯文化；从发挥作用的角度看，有主流文化和亚文化等。

（3）文化的力量。一个社会的文化通过家庭父母和子女的联结传递给下一代，并建构了下一代的人格。文化的力量是大家共同遵从和信仰的东西，在多元文化的社会，要有深层的纽带，而中国文化的力量是靠历史传递的，也是具有信仰力量的文化，文化的力量也决定了下一代人格的力量。

2. 中西方的不同文化对我国监狱教育工作的启示。西方提倡平等、尊重、自主、独立。罪犯需要理解，理解的方式有很多，我们可以选择一种最简单的方式——坐下来倾听。从罪犯的话语中，倾听他的心声。中国的家庭、学校以及监狱都缺乏一对倾听的耳朵，这恰恰是西方心理学给我们的最重要的贡献。

中国传统文化讲智慧，在监狱里，由于罪犯的人格不成熟或者受教育的局限，因此他们未必能知道他应该接受的东西，教育者就要负起责任，但是担负这个责任需要智慧，这也叫作民主。可能有些教育要 3、5 年以后才能产生明显的效果，甚至更长时间才能结出硕果，但我们应该保有耐心。

3. 中国传统文化对罪犯的矫正作用。传统文化是我们的精神家园，是保持内心和谐的重要因素，对于罪犯也不例外。由于每个罪犯都是带着传统文化的烙印进入监狱同其他犯人接受改造的，可以说每个犯人的血管里都流淌着传统文化的血液，只是多寡不同。这些因素在罪犯当中，相互作用，相互影响，构成了一个传统文化场，虽然罪犯们也受其他文化的影响，但是，对于改造好的罪犯来说，传统文化因素的影响是至关重要的。进行以下几个方面的传统文化的教育可以对罪犯的人格起到重塑和矫正作用，当然，这种变化需要监狱警察的身教。

（1）孝顺父母——"为人子，止于孝"。罪犯大都是极端的利己主义者，在犯罪的时候，他们不考虑别人（包括自己的父母），只想到他们自己；入狱后又有相当一部分人，不好好接受教育改造，不悔恨犯罪给他人和父母造成的伤害，反而怨恨父母无能，甚至不考虑父母的境况，一味地向父母要钱物。在对某监狱近 500 名犯人进行调查的问卷中，发现 40% 的犯人不尽孝道。

（2）疼爱儿女——"为人父，止于慈""无情未必真豪杰，怜子如何不丈夫"。罪犯中不疼儿女，不讲求慈爱者有之。在对某监狱近 500 名犯人进行调查的问卷中，发现30%以上的犯人在犯罪之前对子女不尽慈道，入监以后又没有良心发现。因此教育罪犯正常地慈爱儿女也是非常必要的。

（3）讲求诚信——"与国人交，止于信"。信，即诚实守信。这是中华民族自古以来所倡导的为人处世的道德规范。经我们考察，大多罪犯为了一己之利，很少讲信用，他们吃、喝、嫖、赌、抽、坑、蒙、拐、骗、偷，都是以"自欺欺人"为基础的。因此，我们教育罪犯必须讲求信用、光明磊落、心胸坦荡、坦诚实在、表里如一，成为一个值得社会信赖的人。

应该说，孝、慈、信是做人最起码的道德标准，也是"止于至善"的最高标准。也许罪犯的思想境界距离"止于至善"的思想境界还很遥远，然而，向善靠拢一步，就是一种飞跃、一种历练、一种净化、一种升华、一种进步，我们的矫正教育工作也就向前迈进了一步。因此，《大学》的"三纲领"，特别是"止于至善"为罪犯矫正教育提供了重要目标。

罪犯作为一类特殊的群体，因为触犯了刑法而被剥夺了自由。他们或由于社会责任感淡薄，以自我为中心；或缺乏理智，动机茫然；或情感淡漠，不计后果；正是在这种心理影响下，走上了违法之路。归根结底，他们缺少了真正的仁爱之心。

犯罪是一定环境的产物。在影响犯罪的各种环境因素中，文化传统、社会经济状况等社会性因素和以时间、空间为内容的自然环境对犯罪的影响具有普遍意义。而其中的文化传统规定了人类的思维与活动方式，构成了一切实践的基础。如何用传统文化中的"仁爱"精神唤起他们的"赤子之心"，使他们成为对社会有用的人已经成为全社会共同的责任。

五、能力实训

○ **案例**：今年刚满26岁的王某，因邻里纠纷以故意伤害罪被判有期徒刑10年。在监狱为新入监服刑人员定期举办的心理健康教育上，咨询师为服刑人员讲解心理健康知识之后，王某立即举手要求预约咨询。可到了监狱咨询室，他又闪烁其词，除了说自己白天精神恍惚，训练力不从心，晚上像翻烙饼一样辗转难眠外，其他的事避而不谈，似乎有什么难言之隐。他的异常情绪使咨询师感到有问题。咨询师立即调出其档案。查阅中，一份诊断治疗记录引起了咨询师的注意。

记录显示：王某在看守所羁押长达3年，其间多次出现烦躁抑郁症状。特别是羁押的最后一年，也就是判决前夕，其一直在当地看守所警察指导下服用镇静剂来勉强入睡。是什么原因导致王某产生此种异常心理呢？

心病还得心药治

为了找到王某心理问题产生的根源，咨询师决定对其实施倾诉疗法。

2008年3月15日，王某如约来到监狱心理咨询与矫正中心接受矫正。在"静心间"（心理咨询室专门为求助者设立的一个平静心情的空间），咨询师让他首先通过音乐疗法（听了一首轻音乐，大概6分钟）缓解紧张情绪后，再将其带入"咨询间"。从刑期开始谈到人生，从人生又转向家庭，咨询师一步步将话题引入正题。

看到王某低着头，膝盖上的双手不住颤动、脸额微红，几次欲言又止时，咨询师果断动用刺激疗法。

咨询师："你是来咨询心理问题的，却讳疾忌医，不肯说出心里的想法。心理的问题，越憋越严重，它不仅会影响人的精神，还会摧垮人的身体，你就算不替自己考虑，也该想想家人的感受。难道你还想让年迈的母亲和瘦弱的妻子为你落泪吗？"

这番推心置腹的话语，终于触动了王某封闭的心扉。断断续续地，他缓缓道出了自己心中的淤积：自己家境贫寒，弟弟长年在外打工谋生，年迈的母亲靠其一人赡养。犯罪入狱后，生活的重担都落到了妻子身上。从2005年开始家中音信全无，因此他非常担心年轻的妻子会难耐贫困离他而去。又因为王某与妻子是在新婚不到半年就犯罪入了狱，旺盛的精力和对妻子思念的冲动无处宣泄，王某在看守所时就有了自慰的毛病，尤其是在看到电视、杂志中漂亮的女性画面时，性冲动随时而来。事后又总觉得这是一种不道德的可耻行为，既倍感自责又怕被人发现。在这些心理的交互折磨下，他开始出现呼吸困难、手指震颤、无法入睡等症状，加之不善与人沟通，致使其陷入心理误区一直无法解脱。

咨询师边倾听王某的诉说，边观察王某的表情及肢体语言——呼吸加重、额头稍有汗珠、双手紧握、不知所措。

在其尽吐郁结、负性情绪尚未产生时，咨询师中断话题，有意暗示他进行释放性宣泄：即在"宣泄吧"里面对沙袋尽情击打。

大约26分钟后，咨询师通过监视镜头画面看到，他已是大汗淋漓，疲惫不堪。咨询师要其停止击打，递给他一杯水时，发现其双手手背微有血渍。咨询师要他把宣泄感受书写下来，下次咨询时带来，就这样结束了第二次咨询，实际也是对其性压抑有效释放的首次矫正。

解开心里郁结加脱敏疗法奏效

找到王某的心里症结后，咨询师会同中心的其他同志精心制订了矫正方案。首先，对王某采取认知疗法：一方面通过个别谈话、指导阅读和监狱网络视频心理咨询，使他正确理解性知识、性道德；另一方面想方设法与其家人取得了联系，邀请其妻子来狱亲情帮教，为他解开了最大的心理郁结。

在与其第三次咨询时，按照预定矫正方案对其性冲动的宣泄行为表示理解，暗示他其宣泄方式要健康，作为年轻人更应把精力放在学习和劳动上。亲情帮教后王某发生明显转变。

矫正中心趁热打铁，运用脱敏疗法对王某进行全面的心理及行为矫治。同时鼓励王某多参加监狱组织的各种集体活动，培养健康兴趣，通过气质转变和人际关系和谐巩固治疗效果。在警官们的关爱下，王某圆满结束了入监教育，走上了改造岗位。

王某下队后，咨询师又多次进行跟踪回访，教育引导他将对妻子的思念转化为改造和学习的动力。经过两个月的巩固期，爽朗的笑声、红润的面色再度回到了王某的身上。走出心理误区的他很快投入到积极改造的行列中。捧着火红的奖状，王某感慨地对同犯说："没有监狱心理咨询与矫正中心警官们的悉心帮助，就不会有我的今天啊！"

结合上面的案例和本章理论，谈谈罪犯心理矫正的方法和技术？

复习与思考

1. 困扰罪犯心理矫正工作的矛盾与解决办法都是什么？
2. 罪犯心理矫正的工作方法有哪些？
3. 理解移情的含义。
4. 理解反移情的含义。
5. 尽量多地获取一名来访者的信息资料，运用心理矫正技术对其进行咨询，并记载咨询中各种技巧的使用以及移情与反移情的产生。
6. 简述心理动力学诊断的含义。

1. 梁军荣："刑满释放前罪犯焦虑心理问题的分析"，载《社会心理科学》2007年第C2期。

2. 姚峰："对一名服刑人员的心理动力学分析及其启示"，载《犯罪与改造研究》2004年第7期。

3. 姚峰："潜意识创伤：天使还是魔鬼——对一名服刑人员犯罪原因的分析"，载《科技信息》2008年第28期。

4. 姚峰："早期环境对于犯罪心理形成的影响——对犯罪原因的一个心理学阐释"，载《重庆工商大学学报（社会科学版）》2011年第1期。

5. 姚峰等："未成年犯犯罪原因调查及传统道德教育实验"，载《安庆师范学院学报（社会科学版）》2011年第12期。

6. 姚峰："罪犯危险性的心理学与犯罪学评估"，载《宜春学院学报》2011年第9期。

7. 温泉润：《矫正人生——心理治疗学》，山东教育出版社1992年版。

8. 程灶火、唐秋萍编著：《实用短程心理治疗》，人民卫生出版社2003年版。

9. 许又新：《心理治疗入门》，贵州教育出版社、贵州科技出版社1993年版。

10. 吴宗宪：《西方犯罪学史》，警官教育出版社1997年版。

11. 罗大华主编：《犯罪心理学》，中国政法大学出版社2003年版。

12. 张雅凤主编：《罪犯改造心理学新编》，群众出版社2007年版。

13. 吴宗宪：《当代西方监狱学》，法律出版社2005年版。

14. 黄兴瑞主编：《罪犯心理学》，金城出版社2003年版。

15. 于爱荣等：《矫正技术原论》，法律出版社2007年版。

16. 阮浩主编：《罪犯矫正心理学》，中国民主法制出版社1998年版。

17. 章恩友主编：《罪犯心理矫治技术》，中国物价出版社2002年版。

18. 中华医学会精神科分会编：《中国精神障碍分类与诊断标准（CCMD-3）》，山东科学技术出版社2001年版。

19. 章恩友编著：《罪犯心理矫治》，中国民主法制出版社2007年版。

20. 狄小华：《罪犯心理矫治导论》，群众出版社2004年版。

21. 孙昌军、徐绫译：《犯罪类型学研究》，湖南人民出版社2007年版。

22. 陈士涵：《人格改造论》，学林出版社2001年版。

23. 何为民主编：《罪犯改造心理学》，中国人民公安大学出版社 1997 年版。

24. 宋胜尊：《罪犯心理评估——理论·方法·工具》，群众出版社 2005 年版。

25. 王登峰：《临床心理学》，人民教育出版社 1999 年版。

26. 翟中东：《刑法中的人格问题研究》，中国法制出版社 2003 年版。

27. 罗大华、何为民、解玉敏：《司法心理学》，人民教育出版社 1999 年版。

28. 江光荣：《心理咨询与治疗》，安徽人民出版社 1995 年版。

29. 唐春风：《回归社会心理学》，中国政法大学出版社 2003 年版。

30. 何为民主编：《罪犯心理矫治》，法律出版社 2001 年版。

31. 阮浩主编：《罪犯心理矫治》，金城出版社 2003 年版。

32. 于爱荣等：《矫正激励统论》，法律出版社 2008 年版。

33. 王鑫宝主编：《中国回归社会问题研究文集》，社会科学文献出版社 1992 年版。

34. 周祖勇、胡方锐、郑群著：《新时期监管改造方法》，大元出版社 2005 年版。

35. 姚峰主编：《犯罪心理学》，中国检察出版社 2011 年版。

36. 章恩友主编：《中国监狱心理矫治规范化运作研究》，中国市场出版社 2004 年版。

37. 吴宗宪编著：《国外罪犯心理矫治》，中国轻工业出版社 2004 年版。

38. 马立骥、董长青、朱国强编著：《大墙内心理问题探秘：罪犯心理咨询与矫治案例》，人民卫生出版社 2011 年版。

39. ［意］加罗法洛著，耿伟、王新译：《犯罪学》，中国大百科全书出版社 2004 年版。

40. ［意］菲利著，郭建安译：《实证派犯罪学》，中国政法大学出版社 1987 年版。

41. ［意］菲利著，郭建安译：《犯罪社会学》，中国人民公安大学出版社 1990 年版。

42. ［意］龙勃罗梭著，黄风译：《犯罪人论》，中国法制出版社 2005 年版。

43. ［奥］阿德勒著，李心明译：《挑战自卑》，华龄出版社 2001 年版。

44. ［美］米尔腾伯格尔著，石林等译：《行为矫正：原理与方法》，中国轻工业出版社 2004 年版。

45. ［美］查尔斯·布伦纳著，杨华渝等译：《精神分析入门》，北京出版社 2000 年版。

46. ［美］罗伯特·厄萨诺著，杨华渝译：《精神分析治疗指南》，北京出版社 2000 年版。

47. ［美］罗杰·R. 哈克著，白学军等译：《改变心理学的 40 项研究》，中国轻工业出版社 2004 年版。

48. ［美］谢尔登·卡什丹著，鲁小华等译：《客体关系心理治疗：理论、实务与案例》，中国水利水电出版社 2006 年版。

49. ［法］米歇尔·福柯著，刘北成、杨远婴译：《规训与惩罚：监狱的诞生》，生活·读书·新知三联书店 2007 年版。